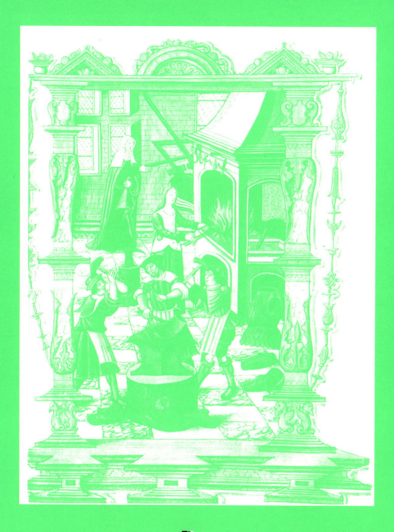

让 我 们 一 起 追 寻

Before the Industrial Revolution

European Society and Economy, 1000-1700
Carlo M. Cipolla

〔意〕卡洛·M. 奇波拉　｜　著

苏世军　｜　译

1000

工业革命

前的

欧洲社会

与经济

1700

社会科学文献出版社
SOCIAL SCIENCES ACADEMIC PRESS (CHINA)

目　录

上篇　静态近似法

下篇　动态描述

图目录

插图

地图

图

表目录

前　言

不提及名为工业革命的大动荡，就无法理解我们所生活的世界和我们所面临的问题。但是工业革命仅是最后阶段，是公元第二个千年的那前700多年欧洲历史发展的必然结果。本书旨在对人类发展做一个最新的、文献充分的总结，而我们生活于其中的世界正是从中出现的，伴随着所有的幸福和苦难。

因此，本书的对象是学生和普通读者，尽管它聚焦于社会和经济问题，但其所使用的基本上是跨学科方法。这种双重矛盾可能会有助于说明其中的一些独特性。

本书力求保持行文的适度简洁，为读者提供精确的参考资料、丰富的统计材料以及大量的书目信息。令人纷扰的术语被剔除，而又不失学术的准确性。与此同时，经济和社会分析的逻辑工具也被清晰地阐述出来，而不是被视作理所当然或被隐蔽在叙述的组织中，以期有助于经济学专业的学生探究经济理论和经济史之间的联系，同时使外行熟悉当代社会科学的一些基本工具。

本书由两部分组成。在上篇中，我们的分析基本属于静态，目的在于澄清工业化之前的欧洲社会和经济的运行方式，同时强调这种社会和经济的某些恒定特征。下篇阐述了在这一框架内所发生的变化，这种变化使欧洲逐步脱胎换骨，从一个经常受到强大邻居威胁的、原始的、乏味的、不发达的世界角落，变成一个充满活力的、高度发达的、富有创造力的社会，并一度在全球范围内建立起政治、文化和经济主导地位。

毋容置疑，我们研究的性质取决于我们自己的时代和社会所独具的价值、精神和信仰。当另一个社会受到严格审查的时候，与其哲学、价值和信仰相关甚少或毫不相关的问题不可避免地会造成问题。例如，在这一个千年的初期，也许我们的兴趣在法国兰斯省的人口数量、消费模式和生产水平上，但是有关那个地区的文件却给我们提供了有关圣吉布里安（St Gibrian）所创造的奇迹的详细信息。由于过去留下来的文件反映着过去的兴趣和价值，随后篇章所提出的问题中有许多只能得到假设性的或近似的答案。随着人们开始提出与我们所提问题相同的问题，这种答案离我们的世纪越近就会越准确。

这次再版使我有机会把初版时未曾发现的材料吸收进来，并根据读者和评论家的建议对材料加以修订。主要的修订在对人口统计和农业经济进行讨论的部分，包括对有关荷兰北方以及意大利制造业和贸易的历史新材料的介绍。

马尔切拉·库伊（Marcella Kooy）和阿立德·库伊（Alide Kooy）小姐把意大利原文译成英文。罗伯特·E. 基欧（Robert E. Kehoe）对本书做了悉心的编辑并对其进度予以把关。这英文第三版中所包括的全部附加资料都是由克里斯托弗·伍德尔（Christopher Woodall）翻译的。

于加州伯克利

上篇
静态近似法

第一章　需求

分析类型

任何经济体系的运作都可以从两点加以考察，即需求和供给。这两点密切相关，并且是同一现实的反映。但当对这两点加以描述的时候，需要先分析其中一点，而另一点则倾向于武断地强调两者之间的区别。

人口

从需求的层面来看，要考虑的第一点就是人口。如果没有人，就没有人的需要。如果没有人的需要，也就没有需求。

人口研究以收集人口数据为前提。威尼斯早在 1059 年就开始了人口普查。托斯卡纳大公国分别在 1552 年、1562 年、1622 年、1632 年、1642 年做过涵盖全大公国的人口普查，之后还做过几次。但是，在国家层面上，有关人口数量及结构的适度合理的数据，除了斯堪的纳维亚外，在 19 世纪以前都没有，而斯堪的纳维亚的准确数据在 18 世纪就已经有了。西班牙 1789 年完成了一次全国人口普查，其所取得的成果特别显著：从技术层面上来讲，它成了一个样板。它调查出全国的居民数量为 10409879 人。其他国家全国性的人口普查接踵而至：美国（1790 年）、英国（1801 年）、法国（1801 年）。但它们在质量上都不如西班牙 1789 年的人口普查。

就 1800 年以前的时期而言，人口学家努力克服数据短缺的困难，根据间接而多样的信息进行估算，这种信息来自考古学、植物学和地名学等各自迥异的领域，以及五花八门的笔头记录，比如庄园的盘存目录、服军役人士编制清单，以及壁炉税或人头税账目。表 1.1 显示了欧洲主要地区总人口的估算数量。这样的数字只能被当作大体近似数值。

4 　　有关 11 世纪和 14 世纪的纵列数字是粗略假设的产物，其误差幅度相当大，不低于 20%，也许会更高。虽然最后两个纵列的数字比较可靠，但也绝不能认为其准确无误。选定的城市才有比较可靠的数据（见附表 1），但也受到严重误差的影响，只能将其当作估值来看。

　　表 1.1 中的数据尽管都很粗略，但它们却一致表明，直到 18 世纪，欧洲的人口都相对较少，在很长时期里欧洲人口根本没有增长，在偶尔增长的时候，增长率也非常低。城市居民很少有超过 10 万的（见附表 1）。拥有 5 万或更多居民的城市被认为是大都市。前工业化时期的世界依然是一个由各个人口较少的社会组成的世界。

　　如果人口在没有大规模移民运动的情况下没有增长或只有些微增长，其原因不是生育率低就是死亡率高，或两者兼而有之。在工业化之前的欧洲，生育率在不同时期和不同地区都各不相同，因此，任何概括都会使人将信将疑。独身一向十分普遍，而且即使结婚，婚龄一般也都比较大。这种事实易于降低生育率；但是通常的生育率还是很高，总会超过千分之三十（见附表 2）。虽然生育率很少达到生理极限值，但它比 20 世纪发达国家的通常水平更接近这种极限值。如果说工业化之前欧洲人口还是很少，其原因与其说是生育率低，不如说是死亡率高。我们将在第五章再回过头来讨论这个问题。

表 1.1　1000~1700 年欧洲主要国家的近似人口

单位：百万

	约 1000 年	约 1300 年	约 1500 年	约 1600 年	约 1700 年
巴尔干国家	—	—	7	8	8
低地国家	—	—	2	3	3
不列颠群岛	2	5	5	7	9
多瑙河国家	—	—	6	7	9
法国	5	15	16	18	19
德国	3	12	13	16	15
意大利	5	10	11	13	13
波兰	—	—	4	5	6
俄国	—	—	10	15	18
斯堪的纳维亚国家	—	—	—	2	3
西班牙和葡萄牙	—	—	9	11	10
瑞士	—	0.8	0.8	1.1	1.2

　　这种对正常死亡率和灾难性死亡率所做的区分难免主观随意，且受到人为因素的影响，但却具有利于描述的优点。我们把正常死亡率大体定义为在正常年度里的死亡率，也就是在没有战争、饥荒、瘟疫等灾害的年度里的死亡率。灾难性死亡率是灾难年度的死亡率，一般会远远超过当前的生育率。在具有正常死亡率的年度里，人口自然平衡（即出生人口与死亡人口之差）为正值。但在具有灾难性死亡率的年度里，人口自然平衡总是很高的负值。由于与饥荒、战争、瘟疫等相关的灾难性死亡的反复破坏，工业化之前欧洲不同地区的人口总是剧烈波动，从而成为对供给和需求都有严重影响的经济体系的一种不稳定因素的根源。

需要、欲望和有效需求

一个社会的所有成员都有"需要"，这种需要随着环境的千差万别而在数量和质量方面千差万别。即使是那些看似弹性最小的需要，如对营养的生理需要，从性别、年龄、气候和工种方面来讲，它也因人而有相当大的差别。一般来讲，一个社会的需要取决于：

　　a. 人口数量

　　b. 人口的年龄、性别和职业结构

　　c. 地理和物理因素

　　d. 社会文化因素

我们对第一点无可置评。就第二点而言，似乎没有必要说明老人与孩子或男人与女人的需要并非完全相同。对于第三点，可以明显看出，生活在瑞典或西伯利亚的人的需要完全不同于生活在西西里或葡萄牙的人的需要。而需要与社会文化环境之间的关系更加微妙。

在工业化之前的英格兰，人们认为蔬菜"产生黄色体液，往往会引起痰热、忧郁和胀气"。由于这种观念，人们对水果和蔬菜的需求微乎其微，处于坏血病前期状态。[1]而另一方面，虽然很多人拒不喝新鲜牛奶，但很多富裕的成年人雇用奶妈，有机会直接从乳房吸吮乳汁。盖厄斯老医生（Dr Caius）认为，他的性格随着给他哺乳的奶妈的性格而变化。他气质的变化主要取决于乳汁的质量还是他自己的荷尔蒙分泌，这并不是我们在这里应该关心的问题，要点在于，对奶妈的持续需求不仅仅是为了喂养婴儿。

其他文化因素也会对需要及其性质和结构产生同样具有决定性意义的影响。在长达数百年的时间里，天主教徒把在星期五吃鱼当作一种责任，而所罗门岛的男人禁止他们的女人吃某些种类的鱼。伊斯兰教禁止其信徒饮酒，而天主教在其所有教区创造了一种饮酒需求以庆祝弥撒。奢侈过度的观念对被认为必不可少的需求的形成也起到了推助的作用。古希腊名医盖伦的体液学说创造了一种流行了数百年的对水蛭的需求。

选择上述事例实际上可以证明，经济学家有充分理由不信任"需要"一词。这个词暗示"缺乏替代品"，因此，它在经济分析中会引起严重误导。人们必须考虑到，必需和多余之间的分界线是难以确定的。显然，日常食物是必需的，而巴哈马群岛之行是多余的，但是很多商品和服务的分类是困难的。显然，需要的定义不能限于维持生命所需的最小量的食物。但是只要标准超出这一限度而把其他事项包括进来，就很难说必需和多余之间的界限在哪里。每周一块牛排是一种需要吗？抑或每个月一块牛排确实是必需的吗？我们感觉我们需要浴缸、中央空调和手绢，但是三百年前，在欧洲，这些东西是奢侈品，人们做梦也不会将其归为必需品。有人曾写道，我们把我们自己消费的东西认为是必需的，而别人消费的东西是多余的。

只要一个人可以自由追求想要的东西，那么在市场上重要的就并非真正的需要，而是想要的东西。一个人可能需要维生素，但他却可能想要香烟。这种区分不仅从个人观点而且从社会观点来看都至关重要。一个社会可能需要更多的医院和学校，但是这个社会的成员可能想要更多的游泳池、剧院和高速公路。也许会有独裁者强加或放任对军事征服、政治威望或宗教升华的欲望。对市场来说，关键的不是客观需要——除了维持生命的最低水准之外谁也无法定义的需要——而是由社会和个人所表达的欲望。

在实际中，我们作为个人的欲望是无穷的。不幸的是，无论是作为个人还是作为社会，我们所能支配的资源都是有限的。结果，我们不断被迫做出选择，把我们基于一系列经济、政治、宗教、道德和社会考量而得出的一个优先顺序强加在我们的欲望之上。

欲望是一种东西，有效需求是另一种东西。要在市场上占据一席之地，欲望必须得到购买力的支撑。一个饥饿的个人可能会对食物极度渴望，但如果他没有购买力来支撑他的需求，市场就会对他和他的渴望视而不见。只有通过购买力来表达欲望，才能使欲望变成有效需求，使之为市场所证实。

由于购买力取决于收入，那么在给定一定数量的私人和公众欲望以及一定比例的优先顺序的情况下，有效需求的水平和结构取决于：

    a. 收入水平

    b. 收入分配（在个人和机构当中，以及在公共和私有部门之间）[2]

    c. 价格水平和结构

收入及其分配

大多数分配可以分成三大类：

a. 工资

b. 利润

c. 利息和租金

这些不同种类的收入对应于参与生产过程的不同方式。收入以有效需求的形式给个人和机构在市场上表达欲望的权力。显然，赚取和得到收入的人不仅为自己花钱，还为其所抚养的人花钱。换言之，一家之主，即上班拿工资的那个人，不仅将收入用来养活自己，还用来养活其配偶和孩子，可能还有年迈的母亲或父亲。因此，赚取收入者不仅把他自己的个人欲望，而且还把他家人的欲望转换成了有效需求。也就是说，在业人口把全部人口（在业人口加受赡养人口）的欲望转换成了有效需求。

在几百年间，对人民大众来说，收入为工资所代表（在农业领域为作物份额所代表）。直到工业革命之前，可以说，由于劳动生产率低下（见下文）以及其他制度性因素的影响，工资相对物价而言是极低的，也就是说，工资实际上是极低的。从反面来看，我们可以认为，目前的商品价格对于目前的工资来说太高了。从实际情况来看我们也会这样认为，但是我们会强调基本问题在于物资匮乏。

欧洲社会从根本上来说是贫困的，但在欧洲的每一个角落，都有贫困阶层和富裕阶层，都有穷和很穷，与此同时，又有一些富和很富。在最贫困的阶层中，农民所占比例过高，然而，即使在他们当中，人们也会发现有很穷、穷和不那么穷的人。差别显而易见，其不仅存在于指定地区或明确界定的地区，而且广泛存在于边界地区。17 世纪初期，有一位见多识广的英国旅行家记载如下：

8

> 法国农民生活拮据，主要靠面包和水果度日，但这对其本人来说是很舒适的，虽然其生计与英国的耕农和穷工匠相比相差甚远，但要比意大利的农民好得多。[3]

就手艺人而言，其中很多与17世纪波尔多地区圣－雷米（Saint-Remi）教区的手艺人有着共同的命运，当地牧师认为，他们能活下来完全是因为他们经常接受慈善机构的施舍。[4]但像佛罗伦萨或纽伦堡这样较发达城市的手艺人，如果说不能过上舒适的生活，但至少也不会一贫如洗。16世纪，纽伦堡的手艺人每周在餐桌上不止吃一次肉是常有的事。[5]还有一些佛罗伦萨手艺人能够拥有少量的积蓄或者能够为女儿积攒嫁妆。[6]现实从来都不是泾渭分明的。但是不可否认，工业化之前欧洲的主要特征之一，如同所有传统农业社会一样，在于民众的饥寒交迫和数量有限的富人的家财万贯之间形成的一种鲜明对照。如果借助于幻灯片就可以展示蒙雷阿莱（Monreale，位于西西里）修道院的金质镶嵌画和当时一位西西里农民的茅舍，那么就不需要用语言来描写了。虽然把这种画面刻在脑海里已经很有价值，但是还要更进一步，用一些量化的方法来补充这幅画面。可惜现有的数据寥寥无几，而且不十分可靠。根据1427年佛罗伦萨（意大利）和1545年里昂（法国）的财政评估，其财产的分布分别见表1.2和表1.3。如果这种评估是正确的话，10%的人口控制着所估算财产的50%以上。现有的其他城市的财政文件也显示出类似的结论。[7]

财政评估靠谱的不多，而中世纪和文艺复兴时期的尤其值得怀疑，但可以寻求其他证据。市政当局经常调查个体家庭的粮食储备情况，成袋的粮食难以隐藏，储藏的粮食数量是家庭收入及人口数量的一个映射。在16世纪中期伦巴第大区的一个城市里，私有粮食储存分布如表1.4所示。由此可知，2%的家庭拥有45%的粮食储备，而60%的家庭根本没有粮食储备。

表 1. 2　1427 年佛罗伦萨（意大利）的财产分布

人口占比(%)	财产占比(%)			
	不动产	动产	债券	总财产
10	53	71	86	68
30	39	23	13	27
60	8	6	1	5
100	100	100	100	100

来源：Herlihy，"Family and Property，" p. 8。

表 1. 3　1545 年里昂（法国）的财产分布

人口占比(%)	财产占比(%)
10	53
30	26
60	21
100	100

来源：Gascon，*Grand commerce*，vol. 1，p. 370。

表 1. 4　1555 年帕维亚（意大利）的粮食储备分布

每户粮食储备规格	户数占比(%)	储备占比(%)
20 包以上	2	45
2～20 包	18	45
2 包以上	20	10
0 包	60	—
	100	100

来源：Zanetti，*Problemi alimentari*，p. 71。

9　　　　总而言之，要鉴定不准确的评估、财政逃税等因素所造成
的失真是极其困难的。当时有些个人根据直接的经验，偶尔会
试图做我们不能做之事。如果那个人天资聪颖且能力强，他的
结论会是非常有价值的。1698 年，沃邦（Vauban）对法国人
口进行了如下分类：

10　　　　　　富有：10%
　　　　　　非常贫困：50%
　　　　　　近乎乞丐：30%
　　　　　　乞丐：10%

这种估算只不过是一种有根据的猜测。[8]10 年前在英国，有一个
天才人物——格雷戈里·金（Gregory King），他除了根据自己
的观察结果之外，还很好地利用了能掌握的全部资料，对国民
收入、贸易和财富分布做出了更为准确的估算。他所做的估算
被总结在表 1.5 中。如果金的估算是正确的，那么在 1688 年的
英国，5% 的人口（A 阶层和 B 阶层）掌控着 28% 的收入，而
构成人口 62% 的较低阶层占有 21% 的收入。在图 1.1 中，金的
数据与英国 1962 年的收入分配数据形成一种鲜明的对照。

表 1.5　1688 年英国收入分配（据格雷戈里·金估算）

社会经济地位	户数 （千）	总收入 （千标准英镑）	户数占比 （%）	收入占比 （%）
A（现世与精神层面的领主、 从男爵、骑士、绅士、先生、办 公室人员及科学与人文教育 从业人员）	53	9816	4	23

续表

社会经济地位	户数 （千）	总收入 （千标准英镑）	户数占比 （％）	收入占比 （％）
B（海上贸易商人）	10	2400	1	5
C（享有产业者和农民）	330	16960	24	39
D（店主、商人和工匠）	100	4200	7	10
E（海军、陆军军官及神职人员）	19	1120	2	2
F（普通海员、劳工和外勤人员、佃农和乞丐、普通士兵）	849	9010	62	21
总计	1.361	43506	100	100

来源：King，"Natural and Political Observations，" p. 31。

图 1.1 1688 年和 1962 年英国的收入分配

来源：L. Soltow，"Long‐run changes in British income inequality，" p. 20。

上述五种估算虽然在性质和来源方面迥然相异，几乎没有可比之处，但都表明了财富和收入两者的一种极为不平等的分配。[9]
而且它还显示出，与帕累托的声称相反，财富和收入分配并不是一个常数。[10]弗朗切斯科·圭恰迪尼（Francesco Guicciardini）16世纪初在西班牙发表的报告注意到："人们可以认为，除了王国的几位达官贵人过着非常奢侈豪华的生活之外，其他人都处于非常贫困的状态。"[11]这种评论的语气表明，即使是一位当代的观察家，也必然会注意到收入和财富分配在不同国家是千差万别的，财富和收入在每个地方都被不平等地分配，但是在某些国家和/或某些时期，比在其他国家和/或其他时期不平等得多。

在工业化之前，社会的基本贫困以及财富和收入分配的不平等表现在相当数量的"穷人"和"乞丐"（这两个词在当时被作为同义词使用）的存在上。与收入最低的广大人民群众一起的还有一群人，他们由于缺少就业机会、没有工作能力、愚昧无知、患有疾病或游手好闲而没有参与生产过程，并因此不能享有任何收入。在中世纪或文艺复兴时期的欧洲，没有一部编年史或圣徒传记不提到乞丐。小人书和绘画作品用了大量的篇幅来描写这种可怜巴巴的人物。旅行家和作家也经常提到他们。在英国，约书亚·吉（Joshua Gee）早在1738年就评论道：

> 尽管我们（在英格兰）有如此众多美妙的法律，但是众多身强体壮的乞丐以及无所事事和流浪漂泊的人困扰着这个国家，伦敦市及其毗邻地区受到困扰的

程度最为严重。如果一个人有先天疾病或残疾，或者由于火灾、意外事件或任何严重瘟疫致残，成为悲惨的对象，他们往往会去伦敦，在那里，他们可以展示他们惹人厌恶的形象，令人们感到恐惧，迫使人们施舍以摆脱他们。[12]

法努奇（Fanucci）在 1601 年写道："在罗马，人们看到的都是乞丐，其数量如此之多，以至于在街上走不可能不被他们包围。"在威尼斯，乞丐是如此之多，令政府深感不安，于是政府所采取的措施不仅反对乞丐本人，还反对把他们从大陆摆渡过来的船夫。这样的证据很容易令人产生乞丐"多"的印象。但到底有多少呢？

大量贫困人口的存在令人如此不安，以至于有些人甚至想去清点他们的人头数，然而结果只是发现了，在 1630 年的佛罗伦萨，"穷人的数量远远超出了以前的估算"。

如前所述，沃邦估算 17 世纪末法国的乞丐占总人口的 10%，这看起来并非牵强。对不同国家所做的种种调查表明，"穷人""乞丐"和"可怜人"通常占城市总人口的 10% ~ 20%（见表 1.6）。穷人倾向于流向城市，因为那里是富人生活的地方，是比较容易得到施舍的地方。然而，即使考察整个地区而不仅仅是城市，人们仍会发现，穷人占社会的一个非常大的部分。

表 1.6　15 至 17 世纪欧洲部分城市穷人占总人口的比例

城市	时期	穷人占总人口的比例（%）
鲁汶[a]	15 世纪末	18
安特卫普[a]	15 世纪末	12

城市	时期	穷人占总人口的比例（％）
汉堡[b]	15 世纪末	20
克雷莫纳[c]	约 1550 年	6
克雷莫纳[c]	约 1610 年	15
摩德纳[d]	1621 年	11
锡耶纳[e]	1766 年	11
威尼斯[f]	1780 年	14

来源：a Mols, *Introduction*, vol. 2, pp. 37 – 39；

b Bücher, *Bevölkerung*, p. 27；

c Meroni, *Cremona fedelissima*, vol. 2, p. 6；

d Basini, *L'uomo e il pane*, p. 81；

e Parenti, *La popolazione della Toscana*, p. 8；

f Beltrami, *Storia della popolazione di Venezia*, p. 204。

在 17 世纪末阿尔萨斯地区的阿朗松，居民总数为 41 万人，其中乞丐为 48051 人，也就是占约 12％。布列塔尼人口为 165.5 万人，其中乞丐为 149325 人，即占约 9％。[13] 在 18 世纪初，萨伏依公国的君主感到自己很幸运，因为他的各个诸侯国总共有 150 万居民，而仅有 35492 人在人口普查中被定为乞丐，即 2.5％ 的人口。[14] 在英国，穷人的占比非常高，亨利八世及随后的君主对此忧心忡忡，并驱动了明确的监护人立法，这部法律最终以《济贫法》（*The Poor Laws*）之名留名青史。17 世纪末，查尔斯·威尔逊（Charles Wilson）写道：

> 要寻找这个问题在 17 世纪末的严重性的鲜明证据，我们只须查看格雷戈里·金的统计数据。在他统计的全部 550 万人口中，有 130 万——接近四分之一——被直接归为"佃农和贫民"。另有 3 万人是

"流浪者、吉卜赛人、小偷、乞丐等等"。即使做一个保守的估计，也有四分之一的人口被认为永久处于一种贫困和就业不充分的状态之中，如果不是完全失业的状态的话。这是长期的状况，但是当经济萧条发作的时候，这个比例会上升到接近人口的一半。[15]

如前面引语结尾处所暗示的一样，穷人的数量大幅度波动，大多数人过着勉强糊口的生活。他们没有储蓄也没有社会保险来帮助缓解经济拮据的状况。如果他们还没有工作的话，他们唯一求生的希望便在于获取施舍。查看当时语言中的"失业者"这个词语徒劳无益，失业者与穷人混为一谈，穷人与乞丐画上等号，这几个词语的混乱反映出时代的冷酷现实。在经济停滞的歉收年度，穷人的数量会明显上升。我们习惯于失业人口数据的波动，而前工业化时代的人们则对乞丐人数的剧烈波动习以为常。穷人数量在饥荒年度暴涨，尤其是在城市里，因为食不果腹的农民逃离空空如也的乡村，涌入城市中心；而在那里，他们更容易得到施舍，他们期待殷实的人家有储藏的食物。据塔迪诺博士（Dr Tadino）报道，米兰（意大利）在1629年饥荒期间，几个月之内乞丐的数量就从3554人增加到9751人。[16]加斯科涅人（Gascon）发现，在里昂（法国），"在正常年度穷人占总人口的6%～8%，在饥荒年度这一数字上升至15%～20%"[17]。

　　穷人的基本特征在于没有独立的收入。如果他们能活下来，原因在于收入通过慈善的方式志愿地转移给了他们。收入是通过劳资加入生产过程产生的，但是收入可以挣得也可以转移，收入转移不一定非得与生产活动相联系。在每个社会里都

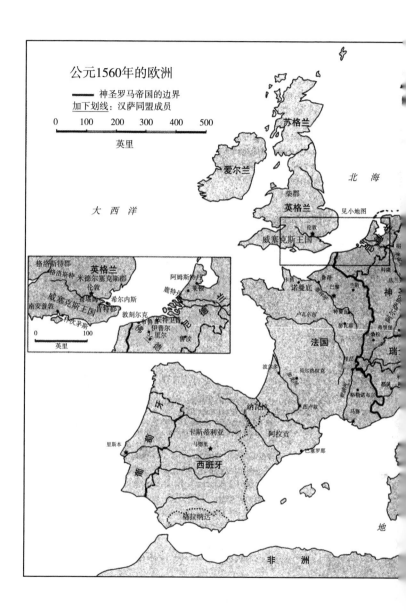

公元1560年的欧洲

—— 神圣罗马帝国的边界
加下划线：汉萨同盟成员

0　100　200　300　400　500
英里

苏格兰

爱尔兰

大 西 洋

北 海

莱郡

英格兰

见小地图

伦敦

威塞克斯王国

英格兰

格洛斯特郡
格洛斯特
米德尔塞克斯郡
伦敦

阿姆斯特丹
鹿特丹
塞特

威塞克斯王国
南安普敦
索尔兹伯里
温切斯特
希尔内斯

敦刻尔克
敖斯特卫普
伊普尔
里尔
图内

0　100
英里

诺曼底
巴塞

卡昂
巴黎

卢瓦尔

法国

波尔多

贝尔热拉克
图卢兹

里昂

神圣罗马帝国

科隆

弗赖堡

斯特拉斯堡

瑞士

都灵

埃勒诺布尔
尼姆
马赛

纳瓦拉
阿拉贡

卡斯蒂利亚
马德里

里斯本

西班牙

阿拉贡
巴塞罗那

格拉纳达

非 洲

地

瑞典

尼雪平

波罗的海

雷瓦尔
多尔帕特
利沃尼亚
里加

库尔兰

条顿骑士
团领地

俄罗斯

梅美拉尼亚
什切青
贝菲克
施克伦堡

勃兰登堡
柏林

波美拉尼亚
柯尼斯堡
条顿骑士
团领地
但泽贝格
普里瓦河

奥德河

布雷斯劳

奥德河
华沙

波兰

立陶宛

马帝国

布拉格
摩拉维亚

克拉科夫

圣瑟河

匈牙利

摩尔多瓦

黑

斯

瓦拉几亚

黑 海

洛尼亚
罗戈萨

塞尔维亚

多瑙河

塞

王 国

波斯尼亚和
黑塞哥维那

帝

国

阿尔巴尼亚

海

亚 洲

内格罗蓬特

罗马
海

有不同种类的收入（或财富）转移。为了把问题简化，我们可以将之归为两大类：志愿转移和被迫转移。慈善和礼物是常见的志愿收入（或财富）转移，税收是常见的被迫转移形式。

在当代世界，我们尤其习惯于采用税收形式的转移。一位现代经济学家直接注意到"慈善和礼物不符合体系的逻辑"。但是工业化之前欧洲的情况并非如此。在那个时期，慈善和礼物非常符合体系的逻辑。编年史和文件不断提及君主和普通人所进行的收入或财富的志愿转移。慈善的传统非常强大，慈善行为是一种日常事务。某些事件突出了这种现象。

当死亡前来叩门，人们出于害怕魔鬼，或者更多是出于合理的情感，会更加慷慨解囊。编年史家乔瓦尼·维拉尼（Giovanni Villani）讲述道：

> 在1330年9月，我们的一位市民在佛罗伦萨去世，他无儿无女……除了捐赠其他遗产之外，他还立下遗嘱，送给佛罗伦萨讨乞的每一个穷人六便士……送给每一个穷人六便士，总共就是430余英镑，共计17000余人。[18]

普拉托"巨商"弗朗切斯科·迪·马尔科·达迪尼（Francesco di Marco Datini）于1410年去世时，留下10万弗罗林金币用于建立一家慈善基金会，还给佛罗伦萨圣玛利亚诺瓦医院（Hospital of Santa Maria Nuova）留下1000弗罗林金币用来建造一家孤儿院。1501年在威尼斯，大航海家菲利波·德龙（Filippo Dron）给威尼斯的医院和其他机构留下了丰厚遗产，还留下一份遗产用来建设一百所小房子，献给"穷水手，以示上帝之爱"[19]。

灾难也起到了突显慈善现象的作用。在瘟疫或饥荒时期，人们为抚慰上帝和圣人，或出于一种天然的团结精神，会更加慷慨捐赠。在 1340 年复活节到 1348 年的 8 年中，巴黎圣日耳曼奥塞尔教区共收到 78 份捐赠。随后瘟疫暴发，仅在 8 个月内捐赠数量就达到了 419 份。[20]在 1348 年所发生的同一瘟疫期间，佛罗伦萨圣玛利亚诺瓦医院收到总额达 2.5 万弗罗林金币的捐赠，慈善公会收到价值为 3.5 万金币的捐赠。[21]捐赠人并非都来自富人阶层。有一位古文物研究者编辑了为佛罗伦萨圣玛利亚诺瓦医院施惠的捐赠者名录，他注意到，这份名录表明，每个社会阶层都慈悲大发，为弟兄们慷慨捐赠，他还在捐赠者当中发现了一个地位卑微的女仆，她捐赠的几枚弗罗林是她靠多年辛苦劳动攒下来的积蓄；其中还有有钱有势的市民，以及像乔瓦尼·皮科·德拉·米兰多拉一样的众多房地产所有者。[22]

除了个人的慷慨捐赠之外，还有君主和公共机构的捐赠。在瘟疫流行的 1580 年，热那亚公社为慈善和卫生开支总共花费了 20 万埃居。[23]它经常为穷人捐赠食品，偶尔也为他们捐赠衣物。而英国的亨利八世则对捐赠鞋袜情有独钟。

盛宴也适合慈善场合。在威尼斯，总督在选举期间为穷人进行大笔捐赠：1618 年，安东尼奥·普利尤里（Antonio Priuli）捐赠了 2000 枚杜卡特小号币和 100 枚杜卡特金币。在罗马教皇当选庆典会以及随后的周年庆祝会上：

> 谁过来要半个朱利奥硬币（giulio）就给谁，这枚礼物馈赠给每一个孩子，孕妇一人当两人计算。人

们互相借用或雇用他们的孩子，用枕头伪装成孕妇以获取更多硬币，还有投机取巧的人想方设法多次去领取，以获取大量硬币。[24]

在威尼斯，1528 年和 1576 年的流行病和饥荒促使国家征收一般济贫税，在这种情况下，穷人并非通过自愿行为而是通过公共当局的强迫性转移支付款得到救济。[25]在英国，伊丽莎白的行政官员及其 17 和 18 世纪继承者，反复试图制定一种以对有产阶级征收济贫税为基础的公共救济体系。[26]不管他们的观念有多么美妙和现代，这种努力依然受到孤立，其效果是有限的：就是在威尼斯和英国，也是私人慈善事业在解救社会极度贫困的大众方面起到极为重要的作用。

18　　　从前的观察结果是有意义的，但是基本的宏观经济问题依然没有得到回答：从收入关系来看，慈善占收入的比例是多少？

16 和 17 世纪富裕和小康的各种不同家庭的预算表明，"普通的慈善"占消费开支的 1%～5%，此外私人在临终前还把他们财富的一部分作为礼物捐赠出去；商务企业也通常进行慈善捐赠，佛罗伦萨商务公司的账本显示，慈善支出通常记录在名目为"多米内迪欧爵士的账户"（conto di messer Domineddio，字面意思为"财神老爷的账户"）的账户里。但是"慈善捐赠"的很大一部分实际上是向教会的财产转移。[27]反过来，教会仅把它所接受的捐赠中的很小一部分送给穷人。我们这个时代的教会在新建筑和宗教集会上的开支依然远远超出慈善开支。[28]中世纪末期，在正常时期里，极为富有的英国修道院将其少于 3% 的收入送给穷人。[29]事实上，有文件表明，作为受托人的僧侣有时把留给他们的善款窃为私有。[30]如果把个人、公司、公共当局和教会的善款加在一起，人们会认为赠送给穷人的转移支付远远大于国民生产总值的1%。[科勒（Kohler）认为，在1970年前后的美国，家庭内部的转移总共仅为国民生产总值1%中的非常小的一部分。]

　　慈善在满足一大部分人口需要中所扮演的角色不仅仅表现在所涉善款的数量上，而且还表现在所涉善款用来满足需要的广度上。在1561年到1565年的5年间，威尼斯圣洛克学校（Scuola di San Rocco）——一个不信教者的宗教社团——执掌的善款达到13027杜卡特，这相当于一个工人70290天的工资。这笔款包含如下项目：[31]

　　　　58%用于施舍
　　　　23%用于给贫穷女孩提供嫁妆
　　　　15%捐给医院
　　　　4%用于购买药品

直到近期，医院、弃儿院以及给贫穷女孩捐赠嫁妆的基金会都一直依靠多年积累的私人捐赠这一收入来运行。学校也经常获得私人捐赠的补贴，特别是在宗教改革运动之后的天主教国家，慈善越来越多地用于教授穷人实用技能。[32]

　　礼物像慈善捐款一样是一种收入或财富转移，但其动因不是（或不一定是）受施舍者的贫困。像慈善一样，礼品在工业社会还没有完全消失，但其经济意义已经大为缩水：所有商品和服务都有一个价格，在市场上用钱购买是获取所要商品和

19

服务的最通常的方式。在工业化之前的欧洲，情况则不同，越往前追溯，礼品在交换体系中的作用就越重要。礼品背后的动机往往不是慷慨，而是捐赠者显摆其社会地位的冲动，或者对通过交换得到另一份礼物或某位有权势者青睐的期待。这种传统的蛛丝马迹在工业社会的大事件场合比比皆是，如在婚礼上或圣诞节之类的节日上。

礼物和慈善并非财富志愿转移的所有可能方式。在工业化之前的欧洲，嫁妆和赌博也相当重要。虽然这样的转移与生产活动没有联系，但也会对其产生影响。如同在所有不发达的社会中一样，人们认为嫁妆和赌博是为生意筹资的手段。正如格罗·迪·斯塔基奥·达提（Goro di Stagio Dati）所记录的：

> 我于1393年3月31日与玛丽·迪·洛伦佐·维拉努兹（Mari di Lorenzo Vilanuzzi）的女儿贝塔（Betta）订婚，并在4月7日星期一复活节送她戒指……我从吉欧科米诺·迪·格吉欧（Giocomino di Goggio）的银行及公司收到一笔数目为800枚弗罗林金币的付款，这是嫁妆的一部分，我将之投资到了布欧那考尔索·贝拉尔迪（Buonaccorso Berardi）及其合伙人的商店上。

贝塔死于1402年10月。在1403年的交易账目中，格罗记录道：

> 在与米凯莱·迪·瑟尔·帕伦特（Michele di Ser

Parente）的合伙关系到期后，我独自开了一家商店……
我的合伙人是皮耶罗（Piero）和贾克坡·迪·托马
索·拉纳（Jacopo di Tommaso Lana），他们俩投 3000
枚弗罗林，我投 2000 枚。我提出我该如何集这笔款：
我和米歇尔·迪·瑟尔·帕伦特过去的合伙关系可以
为我带来 1370 枚弗罗林。其余部分如果今年我再婚
就可以指望获得，我希望找到一个有丰厚嫁妆的女
人，最好那丰厚的嫁妆能让上帝都乐不可支。[33]

布欧那考尔索·皮蒂（Buonaccorso Pitti）在他的报纸上讲述赌
博如何给他带来用于马匹买卖的必要资本（非常真实）：

> 他们开始玩，随后我和他们玩，玩完后我带回家
> 20 枚赢来的弗罗林金币。第二天我又去赌，赢了 11
> 枚弗罗林，这样，大约 15 天下来，我赢了大约 1200
> 枚弗罗林。米凯莱·马鲁奇（Michele Marucci）不停
> 地在我耳边央求我不要再玩了，喃喃道："买一些
> 马，去佛罗伦萨。"实际上，我听从了他的劝告，买
> 了 6 匹好马。[34]

　　至此，我们讨论了收入和/或财富的志愿转移，还有前面
提到的被迫转移。当我们想到被迫转移，我们通常会想到税
收，从狭义上来讲，掠夺奇袭、拦路抢劫和盗窃属于同一类
型。在中世纪的欧洲，有些政治理论家认为，税收和抢劫之间
只有细微的差别。就此而言，战争、掠夺和抢劫之间的差别的
确微乎其微。威塞克斯（Wessex）的国王伊尼（Ine）的法律

中有个奇怪的条款，试图给住户及其财产所遭受的各种不同的暴力攻击下定义：如果涉案不到 7 人，他们就是小偷；如果在 7 至 35 人之间，他们就构成一个帮；如果超过 35 人，他们就是一次军事探险。[35]

一边是税收，另一边是抢劫和偷盗，两者的相对重要性不可能从定量上加以评估，但很显然，论及的时期越早，掠夺和盗窃相对于税收的重要性就越大。

下面我们要讨论工业化之前欧洲的税收范围，在此有必要讲一下掠夺和偷盗。从法律和法庭的角度来看，有关偷盗的书面材料有很多，但是相关的统计数据却寥寥无几。但我们知道这是一种非常频繁的事件——如果考虑到整个人口中穷人的巨大占比、收入分配的不平等、前工业化时期国家控制人及其运动的有限能力，就不会对此感到惊奇了。所有这一切都有助于说明普通和底层民众盗窃和抢劫的频率问题。但是贵族和富人也是如此，特别是在中世纪较早的几百年里。1150 年，马赛的圣维克多修道院向巴塞罗那伯爵和普罗旺斯侯爵雷蒙·贝朗热（Raymond Beranger）提出申诉：纪尧姆·德·西涅（Guillaume de Signes）和他的儿子多年来从修道院的不同处所偷走了 5600 只绵羊或山羊、200 头公牛、200 头猪、100 匹马，以及驴和骡子。1314 年有大量木材被从克劳山谷（Craus Valley，法国上普罗旺斯）的一个皇家处所偷走。有一项调查表明，这项偷盗是由伯伊（Beuil）的伯爵指使他的人所为，他在做木材交易。[36] 就战争掠夺而言，有人提到在 15 世纪初期，阿尔布雷陛下（sire d'Albret）向一位布列塔尼爵士承认："上帝宽恕"的战争使他和他的臣民得到了丰厚的回报，但是当他站在英国国王一边战斗的时候，其所得到的回报更加丰厚，因为当时

"进行一次冒险，就可以俘获图卢兹（Toulouse）、孔东（Condom）、拉雷奥尔（La Réole）或贝尔热拉克（Bergerac）的巨贾"[37]。雇佣军的首领塞巴斯蒂安·舍尔特林（Sebastian Schertlin）1526 年到 1529 年在意大利作战，参与对罗马的抢劫，他带着现钞、珠宝和服装等战利品回到德国，价值近15000 弗罗林。几年以后，好人塞巴斯蒂安给自己买下一处房产，包括总价值为 17000 弗罗林的一处乡间别墅、家具和牛。在参加过三十年战争的瑞典指挥官当中，克拉夫特·冯·霍恩洛厄（Kraft von Hohenlohe）获得的战利品约为 11.7 万泰勒，科洛内尔·A. 拉姆赛（Colonel A. Ramsay）获取的现金和贵重物品约为 90 万泰勒，约翰·G. 巴纳（Johan G. Baner）获取的财富估计在 20 万到 100 万泰勒之间，他将其存入汉堡银行。[38]

21

　　赎金是一种掠劫。我们十分了解贵族、高官为得到释放而支付的高额赎金。当安条克的公爵伊萨克·科穆宁（Issac Comnenus）在迈克尔二世统治期间被塞尔柱王国俘获后，要获得释放必须支付 2 万枚贝赞特金币（gold besant）。[39]1530 年，法国国王弗朗索瓦一世必须给查理五世皇帝支付 120 万枚杜卡特金币的巨额赎金才能使他的两个孩子获得释放。[40]身份较低的人的价格要低得多。被海盗俘房的游客、战争中被俘虏的士兵和公民以及被敌人占领的城镇所需要支付的赎金一直代表着大量财富的持续转移。

　　我们绝对无法估计单项转移（包括慈善捐赠、礼品、嫁妆，以及掠劫品、赎金和偷盗物）和交换的相对重要性。但好像所要考察的时期越早，转移相对于交换的重要性就越大。

的确，对黑暗时代而言，格里尔森（Grierson）认为："贸易的替代品（礼物和抢劫）比贸易本身重要得多。"[41]另一位权威人士敏锐地观察到："野蛮社会为掠劫的习惯和捐赠的需要所主导。抢劫和捐赠，这两种互补的行为涵盖交换的很大一部分。"[42]实际上这就是那种体制的逻辑。

当时贸易量非常小（不管是物物交换还是涉及货币的贸易），每周开一次的市场或交易会就可以完全满足人口的需要。这种每周一次的市场在领主住宅、修道院附近或村子里进行。有的地方具有地理上或政治上的优势，除了每周一次的市场外，还会举办每月或每年一次的市场。在这种情况下，人们会从更远的地方来，有时商人带着外国货赶来。

随着时间的推移和文明的发展，在 10 世纪末之后，贸易开始扩大并开始非常自然地集中在城市，其当时的发展在一定程度上与贸易增长互为因果关系。随着劳动分工的进一步发展，城里人自给自足的能力越来越弱，他们越来越依赖贸易。因此，对当代人来说，城市看上去像是永恒的市场。12 世纪末，特鲁瓦行吟诗人克雷蒂安（Chretien）对此做过美好的表述：

> 人人都说而且也都信
> 城里总有集市却是真

22　　　因此，这种体系变化很缓慢，但是贸易占主导地位且单向转移减到最低程度的世界在过去几个世纪才出现。

收入或财富转移，不管是自愿的还是被迫的，都需要分配。一般来说，慈善有利于比较平等的分配。通过慈善事业，收入或财富从富人手中转入穷人手中。而在欧洲中世纪和文艺复兴时期，面向教会的每笔捐赠都被认为是慈善物。就慈善物移交给教会并为其所持有而不分配给穷人而言，这则有利于财富集中（在这种情况下财富为教会所掌控），而不利于教会的公平分配。

同样，税收也是矛盾统一体。因为税收被用来维持医院运转、支付公办学校教师或社区医生工资，或资助食品免费发放，所以税收意味着一种较为公平的收入分配。但是如果税收被用来把现有资源的大部分集中在君主手里，那么财富分配失衡就会变得更加严重，特别是在税收的负担按比例较多地压在较低阶层身上时。

需求的类型

总有效需求可以分为：

a. 对消费商品的需求

b. 对服务的需求

c. 对生产资料的需求

这种分类与另一种分类项交叉，因为需求还可以分为：

a. 个人内需

b. 公共内需

c. 外需

a、b、c 每一部分都可以进一步分为 1、2 和 3 三部分，反之亦然。

个体需求

让我们先来看看私有部门对消费品和服务的内需。可支配收入越低，食品的开销就越高。这种现象的原因，用术语来讲就是，食品需求具有的收入弹性低于整体。这听起来令人生畏，所有这一切意味着，当收入减少时，人们不能轻易压缩食物开支，而当收入增加时，人们的食物摄取也不能超过某一点。[43]

1950 年，食品开支占美国总消费开支的 22%，英国为 31%，意大利为 46%。显而易见，国家越穷，其居民食品支出占可使用收入的比例越大。类似的论证也适用于面包开支与整个营养开支之间的关系。收入越低，对面包和淀粉这类"贫穷"食品的支出就越大。[44]

在 16 世纪的伦巴第，一座有关劳动成本和生活成本的纪念馆强调：

> 农民靠小麦为生，……我们好像不在乎他们的其他开支，因为正是小麦的短缺导致劳动者提出索赔要求；他们对衣服和其他需要的开支实际上是不存在的。[45]

农民被归为工业化之前欧洲的最低收入群体。城市大众生活比较优裕，但是每当现存的文件允许对开支结构做出一些估算的时候，人们通常会发现，在正常年度，甚至在城市，普通大众 60%～80% 的开支是用于食物（见表 1.7）。

表 1.7 15 至 18 世纪部分地区普通大众个人支出分类估算

		支出占比(%)					
	英国 (15 世纪)	法国里昂 (约 1550 年)	安特卫普－ 低地国家 (1596～ 1600 年)	荷兰 (17 世纪中叶)	法国北部 (1700 年前)	意大利米兰 (约 1600 年)	英国非农业 地区劳动力 (1794 年)
食物	≈80	≈80	≈79	≈60	≈80		74
面包(占食物比例)	(≈20)	(≈50)	(≈49)		(≈25)	(≈30)	
衣服和纺织品	≈8	≈5	≈10		≈12		5
供暖,照明和租金		≈15	≈11		≈8		11
其他							10

来源:Phelps Brown and Hopkins, "Wage‐rates and Prices," p. 293; Phelps Brown and Hopkins, "Seven Centuries of Building Wages," p. 180; Gascon, *Grand commerce*, vol. 2, p. 544; Schollier, *De Levensstandard in de 15 en 16 Eeuw te Antwerpen*, p. 174; Eden, *The State of the Poor*; Posthumus, *Geschiedenis der Leidsche Lakenindustrie*。

虽然普通人用于食物的开支占收入的 60%～80%，但这并不意味着他们吃得好喝得好，恰恰相反，广大群众食不果腹，一般人的收入非常低，即便是不良的饮食，其所需的花费都要占收入的 60%～80%，而且是在平安岁月里。但平安岁月不是工业化之前的欧洲的常态。人们对植物并不加以选择，不知道该如何同害虫做斗争，肥料也鲜为人知。结果，作物歉收司空见惯。此外，比较原始的运输系统使得任何长途食品供给，除了在海上，都不可能做到。因此，食品价格剧烈波动，这反映出需求的刚性和人类对恶劣自然力量控制的限度。1396 年到 1596 年期间，在安特卫普这样的港口，海航运输非常容易，在某 11 年中，黑麦的价格每年都长 100%～200%；而在另外 9 年中，每年都有 200% 以上的跳跃式增长。[46]如观察所示："工人阶级的购买力基本取决于气候条件。"[47]当遇到歉收，食品价格暴涨，甚至一个工人把收入全部花出去也很难养活自己和家人。这样，饥荒就出现了，人们就会死于饥饿。

较低阶层长期处于营养不良状态，不断受到饥饿的威胁。
25 这可以解释食物在工业化之前的欧洲所获得的象征性价值。富人和穷人的其中一个不同之处就是：富人能填饱肚子。宴会是区分节日庆祝、村庄庙会、婚礼与日常生活的标志。慷慨提供食物是好客的象征，亦是一种尊重的标志：大学生在毕业日必须为老师举办奢华的晚宴；来访的君主或外国使者总会受到丰盛宴会的款待。在这种场合，人们会恣意放纵，大吃大喝，这是一种对饥饿的反应，人人对这种饥饿感到害怕，且这种饥饿的状态浮现在贫民的憔悴面孔上。好客的程度、宴会的重要性、对长者的尊敬——所有这一切都体现在食物的丰盛和由此而产生的胃胀之中。

《农民的婚礼》。老彼得·勃鲁盖尔（Pieter Brueghel the Elder）的画作，约 1565 年。这幅画是对农民生活的一瞥，婚礼在一个谷仓里举行，谷仓里的家具很简陋，只有粗糙的棍棒家具、陶器和陶罐。藏于维也纳艺术史博物馆。

　　买到了食物，普通人就再没有什么别的需要，不管其有多么基本。在工业化之前的欧洲，一件衣服或一块做衣服的布依然是普通人一生中只能买得起几次的奢侈品。医院管理者主要关心的问题之一在于，确保死人的衣服"不会被盗走，而是传给合法的继承人"[48]。在瘟疫流行期间，城市当局千方百计地没收死者的衣服，这种衣服一般都会起到传播流行病的作用。普拉托（托斯卡纳）1631 年发生瘟疫，有一位外科医生在传染病医院工作生活了大约 8 个月，切割腹股沟腺炎和处理褥疮，最后他染上了瘟疫，但得以康复。在这期间，他都穿着同一套衣服。最后，他要求镇政府给他赏钱，用来给自己买一套价格为 15 杜卡特的新衣服，这相当于他一个月

26

的工资。[49]

在普通人当中，谁能在过节时穿上一件体面的上衣就算是幸运的，农民总是衣衫褴褛。所有这一切导致地位象征制度化的出现。如法国路易九世经常所言："一个人按照自己的身份穿衣是再合适不过的。"由于布价相对当前收入非常高，就是"外衣的长度也在很大程度上取决于社会地位"[50]。贵族和富人惹人注目，因为他们能买得起长外衣。为了省钱，普通人穿的外衣只齐膝盖。由于外衣长度获得了象征性价值，因此这就变得制度化了。在巴黎，外科医生分成两类，受过高级培训的外科医生有权利穿长外套，而低级的理发师外科医生没有权利穿过膝的外套。

较低阶层的民众把大部分收入用来买食品和衣服后就所剩无几，租房、取暖都成问题。在大城镇，房租相对于工资而言极其高。在 17 世纪下半叶的威尼斯，租一个或两个简陋不堪的房间所需的费用超过一个技术工人工资的 12%。[51]因此，住房往往不过是很多人挤在一起的小茅舍，这使得细菌在流行病暴发时期容易传播。在佛罗伦萨 1631 年瘟疫流行期间，较低阶层民众的死亡率非常高，龙迪内利（Rondinelli）对此加以评论：

> 清点人口时发现，有 72 人挤在德多纳蒂（de' Donati）院子里的一个丑陋不堪的旧塔里，有 94 人挤在戴尔阿夸街（Via dell'Acqua）上的一所房子里，有大约 100 人挤在圣泽诺比街（Via San Zanobi）上的一所房子里。只要有一个人病了，就会祸不单行，

所有的人都可能会受到感染。[52]

内科医生 G. F. 费欧切托（G. F. Fiochetto）在他的关于都灵 1630 年流行病的报告中写道：头批受感染的病例中有一例是鞋匠弗朗西斯科·卢波（Francesco Lupo），他待的房子里"住着 65 人，有男人和女人，都是工匠"[53]。在米兰 1576 年瘟疫流行期间，市中较贫穷地区有 1563 栋房屋被认为受到感染，这些房屋里共有 8956 个房间，住着 4066 个家庭。[54]这说明每个屋子平均有 6 个房间，每个家庭有 2 个房间。米兰公共卫生董事会于 1579 年发布了一道法令，大意为：

> 不管人们多么贫穷，地位多么低下，都不允许在一个房间里拥有多于两张床，一张床上不许睡两人或三人以上。那些声称自己有可以宽绰摆下多于两张床的房间的人，必须通知公共卫生董事会，董事会会派检查员来检查。[55]

这是智慧之举，但是贫穷成了智慧的障碍。1630 年米兰瘟疫暴发，有一位牧师在报告中写道：

> 瘟疫对穷人的打击最大，这是由于他们在被俗称为马厩的房子里拥挤不堪的居住条件，其中每个房间里都挤满了大家庭，臭气熏天，传染病流行。[56]

在热那亚 1656～1657 年流行病期间，有一位修女报道说：

很多穷人的居住环境非常拥挤。每所房子住十到十二户人家，经常看到八个人或更多人住在一个房间里，没有水源或任何其他设施。[57]

当然，并非所有的劳动者都生活在这样可怕的环境里。如前所述，在较低阶层内部也有差别。还有在较小的中心里，情况并不像在大城市中那样糟糕。1630 年，在普拉托小镇里，平均每三四人有一所房子，很少有超过五或六人住一所房子的。[58]在乡下，大多数农民拥挤的居住条件和大城市贫民窟的极为相似。由于家庭生活并不快乐，男人只要有可能就搬进客栈住。

如前所示，小康家庭和富人能吃饱喝足。作为对身边饥饿现象的一种反应，他们实际上吃得过多，结果患上痛风，不得不经常找外科庸医放血。由于富人家庭一直有家仆，还经常有客人，因此要估算出其食物消耗就变得错综复杂。估算食物消耗的另一个难处在于富人和小康家庭通常是土地所有者这一事实：他们消耗的食物至少有一部分是在他们自己的土地上生产的，往往不计入他们的账本里。

做出准确的计算往往是不可能的，但是根据现存的 17 世纪家庭账簿，人们可以做出一个大胆的粗略估算。对于 16 世纪和 17 世纪来说，人们往往会认为，富人全部消费的 15%～35% 在食品上，小康家庭则为 35%～50%（见表 1.8a）。但是这种比例与所计算出来的较低阶层的比例（70%～80%）没有可比性。大多民众的收入和消费实际上是一致的（结余可忽略不计），而对富人而言，收入远远大于消费，两者之间的差额难以确定，从平均的角度来讲，这无论如何

都没有什么意义。但与整个收入而不是与消费相比较时，富
人和小康家庭的食物开支就占一个较低的比例，不超过前面
提到的 15% ~35%。

表 1.8a　16 和 17 世纪中产阶级与贵族中三种家庭的日用
消费与服务支出结构

	支出占比(%)		
	I (中产小康)	II (中产富人)	III (贵族)
(a)食品*	47	36	34
(b)服装	19	27	8
(c)住房	11	3	27
小计(a + b + c)	[77]	[66]	[69]
(d)仆人工资	1		10
(e)卫生和医疗	2	1	3
(f)娱乐	6	5	
(g)购买珠宝及艺术品	2.5	27	
(h)税金	1		豁免
(i)慈善	0.5		6
(j)其他	10	1	12

来源：I—Expenses of the notary Folognino of Verona in 1653 – 57 from Tagliaferri, *Consumi di una famiglia borghese del Seicento*；

II—Expenses of the middle – class burgher Williband Imhof of Nuremberg, about 1560, from Strauss, *Nuremberg*, p. 207；

III—Expenses of the Odescalchi family in 1576 – 77, from Mira, *Vicende economiche di una famiglia italiana*, Chapter 5。

* 在由 L. 斯通 (L. Stone) 收集的 16 和 17 世纪英国贵族家庭支出账簿中，食品支出占消费支出的 10% ~25%。17 世纪末，阿姆斯特丹巨富科尔内利·德·扬格·范·埃尔米特 (Cornelis deJonge van Ellemeet) 的食品支出约占年度总支出的 35% (不计税金)。必须考虑到这样一个事实，即对富裕阶层来说，食品支出包括仆人的食品和向大量客人提供的食品。

诱使富人吃得过饱的相同心理力量驱使他们在穿着方面过分显摆。公共当局不得不用节约法令进行干预，限制富裕公民的过分张扬，防止他们在吸睛的服装上铺张浪费。收购珠宝在一定程度上是出风头的表现，也是一种收藏。但服装和珠宝开支往往是分不开的，可以推想，在16世纪和17世纪，这类开支取决于年景，它占到富人和小康消费的10%～30%不等（见表1.8a）。15世纪末，法国国王的服装和珠宝开支不到整个皇家收入的5%～10%。[59]

还有取暖、蜡烛、家具、园艺等方面的日常开支。当一个人在一个类别上开支过多，在另一个类别上就自然会节省。总之，食物、服装和日常花费通常足足占富人和小康当前消费开支的60%～80%。

收入分配明显不平等、实际工资水平低，这两个因素相结合就有利于对家庭服务的需求。这种需求相对于收入而言弹性非常大，仆人的数量是一种富裕的象征。甚至在18世纪末，属于英国小康家庭而不是十分富有家庭的玛丽·贝里（Mary Berry）在与未婚夫筹划未来家庭资产负债表时，得出结论认为，必须列专款雇用家仆：四个女仆——一个女管家、一个给她打下手的厨子、一个招待员和一个侍婢，以及三个男仆和一个车夫。[60]

随后我们会看到，仆人数量相对于人口来说非常多，当然家仆集中在富人和小康家庭中（见表2.9）。由于平均工资水平低，雇用仆人的费用一般不会超过有钱人家消费开支的1%～2%，虽然在个别情况下会达到10%。当然还要补充一点，那就是支付给仆人的薪水并不代表对他们的全部有效开支。要估算这笔开支，就应该考虑到雇主提供给仆人的食物、

表 1.8b 英国贵族与机构消费者支出的一些例子

托马斯·德·伯克利(1345～1346)		吉尔伯特·塔尔博特爵士(1417～1418)	
食品	£ 742(57%)	食品	£ 176(71%)
饲料与马垫	£ 148(11%)	食品与马匹	£ 16(7%)
马匹与猎鹰	£ 26(2%)	蜡烛	£ 1(0%)
服装	£ 142(11%)	酬金与工资	£ 22(9%)
家用织品与银器	£ 45(3%)	服装	£ 20(8%)
蜡烛	£ 22(2%)	旅行	£ 3(1%)
律师费	£ 11(1%)	通信	£ 6(2%)
抚恤金与礼金	£ 65(5%)	其他	£ 4(2%)
建筑费	£ 21(2%)	总计	£ 248(100%)
其他(包括施舍、靴子、鞋子、奖金等)	£ 86(6%)	剑桥圣·约翰医院(1484～1485)	
		食品	£ 32(45%)
总计	£ 1308(100%)	工资	£ 13(18%)
约翰·盖茨比(1392～1393)		租金	£ 2(3%)
食品	£ 13(12%)	建筑费	£ 12(17%)
马匹	£ 1(1%)	燃料	£ 5(7%)
仆人费用	£ 15(13%)	服装	£ 1(1%)
服装	£ 18(16%)	蜡烛	£ 1(1%)
建筑费	£ 14(13%)	其他	£ 6(8%)
农业	£ 17(15%)	总计	£ 72(100%)
教育	£ 2(2%)	一位绅士(1471～1472)	
厨房用具	£ 2(2%)	食品与燃料	£ 24(48%)
租金	£ 23(21%)	服装与施舍	£ 4(8%)
什一税和普通税	£ 3(3%)	建筑费	£ 5(10%)
其他(包括施舍与娱乐)	£ 2(2%)	马匹、饲料	£ 5(10%)
总计	£ 110(100%)	仆人工资	£ 9(18%)
		礼服	£ 3(6%)
		总计	£ 50(100%)

来源：Dyer, *Standards of Living*, p. 70。

住宿、取暖以及其他事项的开销。到 17 世纪末，阿姆斯特丹巨富科内利斯·德·扬·冯·埃尔米特每年花费 40 弗罗林给他十个仆人中的每一个提供衣服。此外，冯·埃尔米特还为每一个仆人花费大约 17 弗罗林肉钱、8 弗罗林奶油钱以及数量不明的用于酒水、取暖、住房和其他设施方面的开销。每个仆人的平均工资大约为每年 70 弗罗林。[61] 显然工资只代表给仆人开支的一小部分。不那么富裕的家庭的情况有着明显的不同。如果佛罗伦萨手艺人的女仆巴尔托洛梅奥·马西（Bartolomeo Masi）能在 5 年里省 14 弗罗林，那是因为她的食物、住宿，可能还有一些衣服是由她的雇主家庭提供的。

认为富有阶级对服务的需求仅限于对家仆的需求，那就大错特错了。需求的各种服务人员包括律师、公证员、为孩子请的教师、施行宗教礼仪的人士、维护和美化生活区的各种不同的工人和艺术家；对旧贵族家庭而言，要有各种不同的演艺人员，如音乐家、诗人、侏儒和小丑、放鹰者和马夫；最后必须要提及的是医生，18 世纪初期，著名的内科医师伯纳迪诺·拉马齐尼（Bernardino Ramazzini）就此评论道：

> 如果工人不能迅速康复，他就得带病回到车间，如果服药时间过长，他就会放弃治疗。这类服务只适用于生得起病的富人。[62]

富人的消费尽管有时不乏奢侈浪费的色彩，但花样绝不会很多。当时的经济体制和技术水平不能提供具有工业社会特色的各种各样的产品和服务。食物、服装和住房在富人的主要开支项目中占了绝大部分。富人与穷人之间的差别在于，富人可以在这三个事项上挥霍无度，而穷人则往往没有足够的钱买食物。此外，普通民众没有省钱的机会，而富人则有，尽管他们穷奢极侈地消费。

并非得到的所有收入都一定花费在商品和服务上。不花费在这样的商品和服务上的收入自然就储蓄下来了：这种不言自明的命题来自储蓄的定义。另一个不言自明的命题在于，并非所有的个人或所有的社会的储蓄程度都相同。储蓄由以下三个因素决定：

  a. 心理和社会文化因素

  b. 收入水平

  c. 收入分配

对于 a 点，不必用很多话来加以说明。不言而喻，有些人更倾向于花费，而另一些人更倾向于储蓄。但是从一种宏观经济的层面来看，社会文化因素对人们的消费或储蓄的倾向有着强大的影响力。甚至在没有组织宣传的情况下，时尚、效仿、显摆或流行的保险或非保险条件，都会影响当前收入用于消费开支的数量。对 b 点来说，当收入高时，就有储蓄的可能性，当收入低时，这种可能性就不存在，这是显而易见的。这对于个人和社会都是适用的。从长期来看，收入和消费之间的关系不像从短期来看那样稳定：制度的变化、道德和流行趋势会严重影响所谓的"消费函数"。但是再从更长远来看，事实依然如此：收入越低，储蓄的可能性越小，反之亦然。

在 1630 年的都灵，由于瘟疫，所有的人都被隔离在他们的住房里接受检疫，但是市议会注意到，大多数工人都是"得过且过"[63]，也就是说，他们没有可依赖的储蓄，因此当他们被限制在住房里的时候，就不得不接受市里的补贴。但如我们反复指出的，即使在较低层的阶级当中，贫困程度也是不一样的，如果有"得过且过"的人，那么也就有勒紧裤腰带、节制欲望、千方百计来节省几个硬币的人。

如果对大多数人来说，储蓄下来的小钱暗示着英勇的牺牲，那么收入对有些人来说，就能高到允许轻松地积累大量的财富的程度。希尔顿（Hilton）认为，在 14 和 15 世纪的某些年里，康沃尔郡（Cornwall）的公爵能将高达其收入 50% 的钱储蓄下来进行投资。1575～1578 年，在罗马，奥德斯卡奇（Odescalchi）家族享受着一种很高水准的生活，它当时每年耗掉约 3000 里拉。1.3 万里拉左右是一个显眼的数字，但却是这个家族的平均收入，它每年有可能储蓄下来 1 万里拉，也就是其收入的 80%。[64]在 16 世纪下半叶，热那亚银行家及其总督安布罗吉奥·迪·内罗格（Ambrogio di Negro），在 1585～1587 年，平均将超过其年收入的 70% 储蓄下来用于投资，尽管他生活标准很高，开支很大。[65]在 17 世纪早期的那几十年，佛罗伦萨的里卡尔迪（Riccardi）家族将其收入的约 75% 储蓄下来进行投资。科内利斯·德·扬·冯·埃尔米特是 17 世纪末阿姆斯特丹五六个最富有的人之一，他每年平均能储蓄下其收入的 50%～70%。在一种贫困猖獗、矫正手段（税收和/或配给）缺乏的社会里，财富高度集中是形成节省的一个必要条件。让我们看一下格雷戈里·金对 1688 年英国的估算数据。这些数据的可靠性与我们所讨论的问题并不相关，它们即使纯粹是人为的，仍然可以被当作一个假设性样板。英国全年的总收入估计为 4350 万英镑，其中 28% 集中在 5% 的家庭手里（见前文表 1.5），这一事实意味着，这种家庭的年平均收入为 185 英镑，因此显然有可能储蓄下来一部分。实际上，格雷戈里·金估计这种家庭能将其年收入的 13% 储蓄下来。它们总共能储蓄 130 万英镑，这是全国储蓄钱数（180 万）的 72%。如果把 4350 万英镑的全国收入按照完全平均的方式在构成英国人口的 136 万家庭中进行分配，每一个家庭会得到 32 英镑的收入。在这个水平上，没有一个家庭能够储蓄，全国的储蓄实际上会化为零。

根据格雷戈里·金的估算，17 世纪末，全英国的结余不少于全国收入的 5%。此时的英国是曾经存在过的最富有的工业化之前的社会之一，但它并不具有一种收入高度集中的特征，而是恰恰相反。一种收入更加集中的比较贫穷的经济体完全可以储蓄 5% 以上。[66]

雄伟的教堂、壮丽的修道院、豪华的住宅以及宏大的防御工事向世人证明，肯定有巨大的结余用来进行大量投资。普遍的低收入水平会妨碍结余积累，而收入集中却有助于结余积累。收入的结余是这两种相反力量作用的结果。把所有因素都考虑进来，就可以认为，在地区的普遍状况下，工业化之前的欧洲社会在"正常"年度里能储蓄收入的 2%～15%。"正常"年度中的工业社会能储蓄收入的 3%～20%。但是两者的实质差别在于，工业社会在给大众提供高水平消费的同时还能够实现这样高水平的结余，而工业化之前的社会只有在对广大民众强加一种低得可怜的生活标准的情况下才能有结余。况且"正常"年度是工业社会的标准，"正常"一词用于工业化之前的欧洲就具有一种讽刺意味。在那种岁月里，生活艰辛，欢笑是用泪水换来的，盛宴是用悲剧换来的，悲剧的频率和程度都高不可言。人口死亡率的剧烈波动是这种整体上变幻莫测的形势的一种反映。丰收年可能有结余，歉收年的结余则是负数。求平均值没有什么意义，因为会勾销那个时期的主要特征之一，即一年与下一年之间的强烈反差。

收入被用于购买商品和服务，反过来开支又以工资、利润、利息和租金的形式创造新的收入。因此货币收入的流动是循环的。但是这种流动的一个关键点在于，不同的机制必须确保其连续性。相关机制必须确保没有用于消费的货币收入不被闲置，而是被人借走用于购买资本商品，换言之就是把结余转换成投资。

如果储蓄下来的钱或其中的一部分还没有花，那么流通的量就会相应减少，经济就会受到通胀的压力。如果这个过程持续不断，流通的收缩实际上会达到一个不可能有进一步结余的程度。

在现代经济体里，货币储蓄要进入货币市场，关键在于要确保有足够的人和/或机构愿意借贷用于投资。但是在前工业化的欧洲，大量的货币结余往往被储藏起来，也就是没有进入（仅仅以原始形式存在的）金融市场，而依然闲置在床垫下、罐子里或坚固的箱子里。储藏的伎俩实际上是非常有效的。相关的考古证据随处可见，甚至很容易就可以开办一家货币学杂志，意外发现的货币储藏罗列不尽。例如，法国《货币杂志》（*Revue Numismatique*）1962 年期就报道了当年引人瞩目的下列发现：

1954 年初期，在库尔瑟莱弗雷穆瓦，一个瓦匠修井时发现了一个铜瓶，里面有 13 世纪的硬币 13000 枚，相当于接近 13 公斤的白银；1960 年 1 月，工人在拆迁普瓦捷圣伊莱尔教堂期间，发现一个袋子里面装有 16 和 17 世纪的金币 490 枚，每枚重近 3.5 克；

1960 年复活节，一个工人在平整一条乡村公路的边界时，发现一个装有 280 枚 13 和 14 世纪的低级银合金币的袋子；

1961 年初，一个农民在沙普（Chappes）的一个农场拆墙时，发现一个装有 640 枚 12 和 13 世纪硬币的袋子；

1961 年 10 月在旺塞（Vancé，马耶讷地区），一个农民在用推土机推墙时，发现三个罐子，里面装有 5 枚银币、12 枚低级银合金币和 4483 枚铜币，都来自 16 和 17 世纪；

1962 年 3 月，建筑工人在蒙塔日挖土为一座新建筑物奠基时，发现了 132 枚来自 1445~1587 年的金币。

大多储藏点藏有 50 到 500 枚硬币，但比这大得多的储藏点的发现也并非不常见。1908 年，在巴黎阿索大街（rue d'Assaut）维修一所房屋期间，工人发现的一处储藏点藏有 14 万枚 13 世纪的银便士。1935 年，在捷克斯洛伐克科西策，工人发现一处储藏点藏有近 3000 枚 16 和 17 世纪的金币。

热衷于储藏的原因不难解释，情形随地点和时期而变化，但可以有把握地认为，在一般情况下，人们总是生活在对土匪和士兵（在那些年代里，这两个职业几乎难以区分）的恐惧之中。"紧急储藏"在遭受政治和军事骚乱的地区和时期特别频繁，但是储藏在和平和稳定的地区和时期也司空见惯。要理解这一事实，就必须考虑到流通的货币是由金属块组成的。对于人而言，金银总是有一种特殊的魅力，储藏闪闪发光的金块和银块的诱惑力大于储藏纸质印刷品的诱惑力。更为重要的是，收集储蓄并将其导入生产用途的机构不是缺少就是资质不够。就此而言，我们将会看到（下篇第七章）10 世纪过后发生了重大变化。到 14 世纪，托斯卡纳的一个普通人保罗·迪·梅塞雷·帕切·达·切塔尔多（Paolo di Messere Pace da Certaldo）力劝"有现金的人不要将其闲置在家中"[67]。但是商业和信贷发展大多发生在大城市，在小城市或乡村，储藏一直是比较好的储蓄手段。帕西诺·戴格利·尤思达奇（Pasino degli Eustachi）是一位富商和米兰大公政府官员，当他 1445 年在帕维亚（伦巴第）去世时，他的财产包括：[68]

	杜卡特金币价值	占财富的比例(%)
现金	92500	77.6
珠宝	2225	1.9
食物	150	0.1
衣服	1495	1.3
家具及日用品	483	0.4
建筑物	5000	4.2
土地	12300	10.3
租金资本价值	5000	4.2
	119153	100.0

按照相对价值计算，硬币占财产价值的约 78%。由于一枚杜卡特金币为 3.35 克，按照绝对值计算，其所储藏的货币大约相当于 720 镑黄金，而且在那个时代，黄金的购买力比在今天要强得多。无可否认，帕西诺是一个极端的案例，因为他作为政府官员收入极高，而他所生活的小镇帕维亚并没有良好的投资机会。

在信贷和商业机构业已发展和持续发展的大城市，情况有所不同。然而，即使在这样的大中心，人们还是偏向于寻求储藏。塞缪尔·佩皮斯（Samuel Pepys）就是一个很好的例子。他是一位才能极为卓越的行政官，生活在 17 世纪熙熙攘攘的重商主义的伦敦。1667 年 6 月 12 日夜晚，荷兰人砸碎梅德韦（Medway）的铁索，火烧"查尔斯皇家"（The Royal Charles）号军舰，塞缪尔·佩皮斯与妻子和父亲商量如何处置"手头上有的一点儿现金"。第二天早上，他派车送他俩离开，带着 1300 枚金币，他要求他们把钱安全地藏在他在亨廷登郡的乡村房产里。当天晚些时候，他派遣他的职员带着另外 1000 基尼赶往同一目的地，而他自己搞到了一条腰带，能随身携带 300 枚金币，即便很不舒服。直到四个月后，他才把埋藏的金币找到，夜晚他在花园里借助于一盏灯笼挖掘，感到极其恼火：隐藏的确切地点找不到，他和父亲争辩也无济于事，因为后者是个聋人，佩皮斯不敢大声喊叫，害怕引起邻居的注意。

我感到这件事很滑稽，我将其详细报告出来的原因在于，其表明在 17 世纪喧喧嚷嚷的伦敦，甚至像塞缪尔·佩皮斯一样生活宽绰但并不富有的人，也在屋里储存了接近 300 英镑的金币，并在提及此事时称之为"手头上有的一点儿现金"[69]，且这显然不是矫情做作。

36

当然，有人囤积财富，就有人抛售财富。在 11 世纪初期，科隆的大主教把其前任积累的所有财富都用光了，用来帮助饥荒时期的穷人。沃尔姆斯的主教伯卡德（Burkard）于 1025 年去世，留下一些书籍和三便士，把其所继承的所有财富都慷慨捐赠给了穷人。根据时代的神秘精神，教会达人的从容抛售往往都是奇迹般的神圣活动的结果。因此，当奥尔良主教将其所有财宝都用于建造新教堂时，拉乌尔·格拉贝（Raoul Glaber）用下面的话讲述了这个故事：

> 当主教及其所有同事正加紧忙于已经开始的工程时，他明显受到了神的鼓励。瓦匠为大教堂地基选址，检验地面是否坚固，却意外发现了大量黄金。他们估计这些黄金的价值无论如何都足以支付完成这项工程。他们捡起黄金转交给主教。他感谢万能的上帝带来的礼物，他接受后将其委托给负责工程的人，告诉他们要将之全部花在建筑教堂上。[70]

武装匪帮的掠夺和抢劫反过来又起到财富积累并使其再度进入流通的作用。查理曼（Charlemagne）成功攻破了阿瓦尔（Avars）错综复杂的防御工事，发现里面有积累了几百年的财富，把金银珠宝运回亚琛（Aachen）需要 15 辆四头牛拉的大车。

从一种宏观经济学的角度来看，关键问题在于，在一定时期里，总储藏量是大于、等于还是小于总抛售量。历史上显然有储藏压倒一切的时期，也有净抛售时期。在 10 和 11 世纪的意大利，主教和修道院在反对德国皇帝的斗争期间耗尽了他们的宝藏。[71]整个阿尔卑斯地区的主教为了各种不同的改革运动的利益,也都是这样做的。[72]整个欧洲宗教工程建设热火朝天,这是 11 和 12 世纪的特色,它看起来是通过一个大量抛售的过程而得到资助的。[73]当财富得到储藏时,就无法用于投资。从另一方面看,储藏的出现是因为投资没有吸引力。[74]相反,抛售储藏一般与投资热以及开垦土地的诉求有关,教堂、城堡、宫殿拔地而起,运河开凿挖通,船只扬帆起航,这些都清楚地表明,在前工业化的欧洲,人欢马跃的进步时期并非罕见。

87

公共需求

至此,我们讨论了私人需求,现在让我们来思考公共需求。

有必要声明,在 18 世纪以前,公有和私有部门是难以区分的,我们所讨论的时期越靠前,区分的主观性和反历史性就越强。实际上,在 8 到 11 世纪的封建世界里,公有和私有之间是毫无区别的。随着城市国家以及随后的专制国家的出现,公有和私有之间的区分再度出现,但这两个概念是在各个不同领域缓慢而并非同时形成的。就政府财政而言,欧洲君主直到近期还不划分私有遗产和国家财富。在 14 和 15 世纪的法国,甚至王国的领主都认为"他们有权享用国家的财政资源,他们得到一大部分这样的资源是合法的"[75]。就 17 世纪的英国而言:"从各种意义上来看都可能是皇家财政而非公共财政的说法更有启发性,因为当时的人对皇家财政和私人财产难以区分,反而热衷于在国王的地位和个体地主的地位之间做类比。"[76]

有助于模糊私人和公共领域之间区别的另一个因素是教会作为一种世袭和经济实体的强势存在。教会是一种私有实体还是一种公有实体？任何回答都会具有主观随意性，因为尽管我们今天提了出来，但当时这个问题在人们的心目中是不存在的。下面我们将把教会有别于私有和公共部门两者来加以考虑。这种区分也具有主观随意性，但是如上所述，任何替代答案同样具有主观随意性。

公共需求的水平和结构取决于：

a. 公共权力的收入

b. 掌权人及其所控制或代表的社区的"欲望"

c. 价格结构

需要对（a）点做一些评点。虽然就私人而言，从某种意义上讲，收入是给定的，但是公共权力可以增加税收，这样，达到某个一点，他们的收入也就是他们"欲望"的一个函数。只能达到某一点，因为超过那一点，预算压力就会耗尽收入来源，换而言之，你不能吃掉牛还要喝牛奶。

从根本上说，公共当局的收入可以来自：（1）私有部门通过税收进行的强迫性收入转移；（2）通过公共贷款获得的收入和/或财富转移（我们将看到，这往往也是强迫性的）；（3）我们现在所谓的经济开发；（4）"铸币税"或"铸币增益"。

就公共债务而言，人们会想到，这种收入或财富转移在古罗马或古希腊并不为人所知。公共债务是中世纪意大利城市国家的一种发明。这种所谓的"贷款"是个体公民借给国家的，但大多是"强迫性"的贷款。换而言之，一个公民被迫借给公社一笔钱，其额度是公社官员根据这位公民的经济资源计算出来的。该公民会得到借出总额度下的利息，如果不合并贷款，他会希望本金最终会被还回来。但是被迫借给公社钱的公民经常发现，在把现金投资于财产或商业后，他们自己手头缺现钱。于是他们也许准备把他们对公社的借贷转让给另一位公民，以换取一笔小于原来借出总额的现钱。他们因此直接蒙受一笔损失，而现金充裕的公民会肆无忌惮地进行有利可图的投机。

公共债务在热那亚、威尼斯和佛罗伦萨得到最深入的发展。佛罗伦萨由于使用代价更高的雇佣军以及大炮进行战争，其公共债务从 1300 年的约 5 万弗罗林金币升到 1338 年的约 45 万弗罗林金币，1343 年超过 60 万弗罗林金币。在热那亚，公债债券被称为地方股份，由国家债权者财团——圣乔治银行（Banco di San Giorgio）管理，圣乔治银行发行的地方股票每一股面值为 100 里拉，完全像今天的股票和证券一样为公民和外国人所买卖，市场价格在面值上下浮动，这反映出供给和需求的波动。热那亚地方股份基于共和国的税收提供一种可变收入债券（由银行管理），这不同于威尼斯发行的固定收入公债债券。

在西班牙，从 1550 年到 1650 年，此时已积累下几百年公债管理业务经验的热那亚人，利用由于债台高筑而濒于绝望的西班牙国提供的机会，通过被称为"永久所有权"的公债债券建立了一种繁忙而复杂的交易渠道。在法国，公债是 1522 年在弗朗索瓦一世的领导下被引进的，当年这位法国国王以 12.5% 的利息从巴黎商人手中借到 20 万枚里弗硬币。查理九

39

世的摄政王凯瑟琳·德·美第奇（Caterina de Medici）通报贵族，国王负债 4200 万里拉；到 1642 年，债务升至 6 亿里拉，须支付的利息高达国家收入的一半以上。在英国，公债最初发行于 1689 年，由于战争开支庞大，到 1697 年，公债升至 2150 万英镑。随后的西班牙战争把债务推至 5400 万英镑，到 1748 年奥地利战争结束时，债务总计 7800 万英镑。

纳税人的抗议和投诉是每个时代和国家的文件中最常见的事件。在中世纪，一致的抗议活动有道德学家和政治理论家的共同参与（这两个群体几乎难以区分），他们从来都不失时机地指出，任何靠搜刮臣民过着奢侈生活或发动战争的君主都在犯下一种死罪。如果从字面来看所有这类文件和文本的内容，就可以得出结论认为，人民经常被贪婪无度、残忍成性的统治者"放血"致死。

毫无疑问，在整个中世纪晚期和文艺复兴时期，公共权力能够扩大课税基础，扫除宪法对课税的障碍，提高税率。他们还经常设计出花样翻新的财政手段。1522 年之后，在法国，国王致力于增加财政收入的种类，寻求更多权宜之计，于是在制度上成立了一个财政局，并精心策划了一个办公室，美其名曰临时党派办公室。所有这一切都反映出现代国家从封建世界废墟中的崛起及其功能的逐渐扩大。13 世纪初，锡耶纳共和国的收入大约为每月 1000 里拉的贡品和借贷；到该世纪中叶，每月大约为 2 万里拉；到世纪末，大约为 5 万里拉。[77]威尼斯共和国的总收入从 1340 年的约 25 万杜卡特上升至 1500 年的约 115 万杜卡特，进而又升至 1600 年的约 245 万杜卡特。[78]教皇的收入在 1480 年是 17 万杜卡特的"精神税收"和 12 万杜卡特的"临时收入"，到 1525 年上升至 20.2 万杜卡特的"精神收入"和 22 万杜卡特的"临时收入"。[79]在西班牙，收入来自两种税收，商业税和谷物税，这两者从 1504 年至 1596 年增长了超过 500%。而且，在 1504 年，商业税收占国家总收入的 85%，而在 1504 年仅占 25%。[80]在英国，国王的总收入从 1510 年左右的每年约 14 万英镑增长至 1640 年左右的每年约 86 万英镑。[81]在法国，国王的总收入从 1500 年左右的约 400 万里弗增长至 1610 年左右的约 3100 万里弗。[82]

　　这种信息可以激发人们的想象力，但是我们必须意识到令人误解的表面现象：必须从物价上涨的背景来看待以上引述的数据。同样，必须从井然有序的国家不能靠税收来获得财务支撑的观点，来解释道德家和政治理论家的呐喊。[83]

　　事实上，公共管理带来的财政压力总会受到阻力，它往往非常强大而且有时难以克服。前工业化国家没有工业化国家所掌握的可操控技术和调查手段，隐藏财富比较容易。况且贵族和牧师享有财政豁免权。近在 1659 年，在拉韦纳（Ravenna，意大利）领地，牧师、贵族和外国人免于赋税，其分别拥有 35%、42% 和 15% 的土地。[84]有些专业群体，如文艺复兴时期意大利的教授和 14 世纪法国的律师和医生，通常也免于赋税。这样的特权像护身符一样永远保护着享有者。随着时间的流逝，教会和贵族在反对赋税的斗争中失势，有时极为严格的规章制度将现存特权一扫而光。然而，在大多时期的大部分欧洲地区，财政特权造成的拖延实际上减少了收入，使增税过程更加复杂。最糟糕的是，财政特权还迫使公共权力转向间接税收，这样对必需品消费的课税大幅加码。结果，财政负担使穷人受到更加严厉的打击，这可以解释前面提到的投诉、抗议和悲痛。

40

总而言之，必须要承认公共部门抽取的收入部分从 11 世纪起在整个欧洲确实在增长，除了在特殊时期和地点之外，公共权力总能抽取多于国民收入的 5%～8%，这是令人难以想象的。[85]

如前所述，从公共收入的规模和价格结构来看，公共需求水平和结构取决于公共权力的要求及其所控制或代表的社区。在前工业化的欧洲，算数的要求当然是掌权者的要求。这种要求一般涉及战争和防御、民事管理、宫廷生活和欢庆活动。

公共组织的宴庆活动既有实用目的，又有一种象征价值。它们可以得到民众的欢心，用娱乐活动和慈善事业使他们得到安抚。[86]与此同时，这种活动意在象征性地代表民众和君主之间的某种利益和情感的共享，因此就有了军事胜利、子嗣诞生、君主康复和瘟疫结束过后的欢庆活动。这种庆祝活动中的一些耗资巨大。

为了更好地进行说明，我们把庆祝活动开支与行政管理开支区分开来，但是当时的人们对这种区分会感到意外。国家的行政管理任务寥寥无几，简单不繁，公共庆祝活动的组织被认为是其中之一。（国家的）一项主要开支用于外交和其他形式的展现。这类开支的一部分用来举办豪华的仪式、隆重的宴会和盛大的欢庆活动，一部分用来打发线人和间谍，这样经费就所剩无几。事实上，从 12 世纪起，官僚逐渐增多，很多行政工作继续由贵族执掌，他们在遵守贵族阶级原则的前提下，不接受俸禄，虽然他们常常能找到其他的、并非总是不损名誉的方式来获取一些补偿。

有一种公共需求虽然在预算中并不占很大比例，但却特别值得考察。由于收入水平低，广大民众对食物、住房和衣服的

最基本需求难以得到满足。与此同时，民众强烈感到，一系列
其他需求，特别是对医疗和教育服务的需求，得不到满足，因
为他们没有能转换成有效需求的必要收入。在意大利和佛兰德
（Flanders）的公社里，人们很快认识到，这些需求中有些具有
伦理和社会价值，有资格成为必需品，不能视而不见。因此一
种支付医生和教师的薪酬体系被设计出来，这样任何人有病，
甚至是穷人，也可以得到治疗，普通民众的孩子也可以上学。
1288 年，米兰（意大利）人口近 6 万，有医生"从公社拿薪
水"，他们必须为"所有需要治疗的穷人看病"。1324 年，威
尼斯的人口大约为 10 万，有 13 名内科医生和 18 名外科医生
拿公社的薪水为穷人服务。1630 年，在佛罗伦萨和比萨省较
小的中心里，55 名内科医生中的 30 人和 62 名外科医师中的
24 人"属于市管"。除意大利之外，13 世纪在布鲁日，14 世
纪在里尔、伊普尔和敦刻尔克，以及后来在波尔多、弗赖堡、
巴塞尔、科尔马、巴黎、里昂和其他城市，也有市管医生。[87]
在教育方面，公共需求也日渐增强。中世纪初期，接受教育的
少数人在修道院或从私塾教师那儿获得教育。随着公社的崛
起，用公费给老师付酬的做法流行起来。私塾教学从来没有完
全消失，直到近期还在继续起着重要的作用，特别是在上层阶
级的子弟教育当中。但在 11 世纪之后，公共教师和学校普及
得非常迅速。托斯卡纳一个小型社区——皮亚诺堡（Castel del
Piano）——的管理者在 1571 年决定从社区的小笔基金中拨出
一部分来聘请一位学校教师，做出这种决策时所使用的明智话
语值得回味：

　　　　对他们来说，没有任何其他理由或机会能比雇用

42　　　一位学校教师更方便和更合法地利用社区的基金。

教育并不被看作一种消费，而是对人力资本的一种投资。对一种较为传统的公共投资而言，必须要提到军事建筑，如城墙（见表 1.9）、防御工事、城堡等等。其他类公共建筑包括公共楼房、医院和桥梁。最后还有非常显眼的建筑，如皇宫等。在文艺复兴时期的意大利，较为著名的君主还把大量投资用于城市的装饰。枪支和战舰是一种缺乏魅力的资本，但却是资本商品，从 15 世纪中叶起其消耗的公共开支迅速上涨。

表 1.9　部分城市的城墙建造日期与城墙长度与人口的关系

	建造日期	长度（千米）	人口（千）
阿维尼翁	1355～1377 年	5	30
图尔	1355～1360 年	4.5	10
根特	13～14 世纪	12.7	60
奥尔良	1466～1486 年	6	12
兰斯	1337～1360 年	6.5	14
鲁汶	1357～1379 年	7	15
布鲁塞尔	1357～1379 年	7	13

我们下面将会看到，在私有部门里，现有资源的一部分总是用于建立和维持食品储备，公共部门也是如此。公共当局更加热衷于食品供给问题：首先是出于人道和善政的原因，其次是为了政治稳定，因为饥饿是民众造反和暴动最常见的根源。1549 年，威尼斯官员伯纳多·纳瓦吉罗（Bernardo Navagero）向威尼斯议会致函指出："我认为在城市治理中没有什么比这

更为重要，也就是粮食储备，因为没有食品堡垒也控制不住，因为大多叛乱和暴动都源于饥饿。"佛罗伦萨、比萨、卢卡、锡耶纳和其他城市在12世纪末到13世纪初之间都成立了"丰裕办事处"（Uffici dell'Abbondanza）。这种办事处的任务是在紧张时期监督食品供给和建立公共仓库，以便在粮食短缺时进行分配。公开的佛罗伦萨公社的粮食购买量早在1139年的文件里就有所提及。[88]佛罗伦萨公社为建造公共储藏而收购粮食的另一个案例记录在1258年5月的一份文件中。[89]到15世纪初，法兰克福（德国）市中心就有一套完备的依靠食物税收供养的储备系统。社区偶尔寻求市场运作，如在1437年购买了多达28380蒲式耳的粮食来储藏。[90]15世纪下半叶，在巴萨诺（Bassano，意大利），镇政府建造了一座粮仓以备未来之需。[91]在摩德纳（意大利），有一个公共组织负责建立和维持粮食储备。除了这些公共组织，根据教父吉罗拉莫·达·韦罗纳（Girolamo da Verona）的倡议，1501年建造了一座面粉圣山（Holy Mountain of Flour）用于储备粮食，但它归城市行会管理。[92]显而易见，对国家官僚机构的信任危机四伏。

在开明政府掌权之地，更有成效的公共投资也在进行。在1168年到1191年期间，佛兰德的伯爵、阿尔萨斯的腓力一世（Philippe d'Alsace）开辟运河，将埃斯科（Escaut）山谷与海岸连接起来，并建造了新的格拉沃利讷、尼乌波特（Nieuport）和达默（Damme）港口。大约与此同时，不来梅和汉堡的主教组织开垦了被称为施陶芬（Stauffen）的沼泽地。在1230年到1231年期间，博洛尼亚公社投入大量资金购买机械，免费送给移民的工匠，用于开发羊毛和丝绸产品。在佛罗伦萨伴随1631年瘟疫而出现的萧条期间：

大公给羊毛和丝绸车间提供 18 个月无息贷款，
总计达 15 万斯库多，这样它们就可以继续生产，支
持城市中的这种主要手工业的劳动力。他还下令开始
建造圣母百花大教堂（佛罗伦萨大教堂）的立面以
及完成皮蒂宫的建设。所有这些都是为了养活更多的
工匠和劳工。由于农场劳动者是国家的骨干，大公还
让他们开挖渠道和运河，引入大量河水供城市使用和
进行美化，以此来供养他们。[93]

显然各种不同的公共开支随着地点和时间的不同而不同，
因此任何重构一种典型预算模式的企图都会缺少或毫无意义。
此外，还应该把中央行政机构和地方行政机构的需求区分
开来。

但是，无论是考虑到欧洲的南方或北方、好时代或坏时
代、中央机构或地方机构，人们都会发现，公共开支的最大部
分总是用于支付利息，而更多是用于军事事务。从铸铁到兽医
科学和工程学校的兴起，很多具有技术性质的大开发都起源于
军事，这一事实清楚地表明，这个领域受到公共开支的青睐。

44

法比奥·贝斯塔（Fabio Besta）对威尼斯共和国的预算进
行了说明，并得出结论认为，用于公共工程的公共开支"并
不多"（不算用于潟湖防御以避免海洋与河流会造成的损害的
开支），公共贷款支付的利息"看起来在所有预算中都很高"，
用于大使馆和代表的开支总是相当多，军事开支"远远超过
所有其他开支，有时达到非常水平"。[94]据估计，16 世纪末，在
威尼斯，仅用于舰队和兵工厂的开支就占收入的 25% ～
30%，[95]此外还必须加上陆军开支。这还是在和平时期。在战

争时期，常规税收不足，必须依赖志愿性和/或强制性贷款或货币贬值来支付军事开支。早在 16 世纪初，军事开支大约占米兰大公预算所给出的公共开支的 60%。[96]在英国，亨利五世将其预算的大约三分之二，外加来自其法国领地的几乎全部收入用于军事目的。在伊丽莎白统治的最后 5 年中，公共开支的四分之三被用于战争或与战争相关的活动。在詹姆斯一世统治的头一年，这个比例降至三分之一，但是在其统治晚期又提高了。[97]自从那时以来，情况并没有发生很大变化。今天，军事开支可能占公共开支中的较小份额，但是公共开支占国民收入的比例却更高。[98]

　　至此，有关公共开支的论述还需要由对几种精选公共预算的介绍来加以补充和完善。表 1.10 总结了 14 世纪上半叶佩鲁贾（意大利）年度平均公共开支。佩鲁贾那时是一个自由公社，即一个城市国家，军事开支占预算的三分之一。表 1.11 总结了那不勒斯王国 1591~1592 财政年度的预算。如表中数据所表明的，军事开支占总数的 55%。

表 1. 10　14 世纪第一个十年佩鲁贾公社预算中的年平均公共开支

开支种类	里拉	占预算的比例（%）
工资	21299	34
军事	21022	33
外交	2420	4
市政工程	5050	8
慈善	3600	6
其他	10184	15
	63575	100

来源：Mira，"Le entrate patrimoniali di Perugia，" p. 21。

表 1.11   1591~1592 年那不勒斯王国预算中的开支

开支种类	杜卡特	占比（%）
罗马教会会费	12632	1
总督酬金	10000	1
宫廷开支	10021	1
外交与机密开支	187690	9
工资与薪金	66696	3
大学	2256	—
主管医师（健康）	145	—
邮递与通讯	22000	1
警察	38557	2
慈善	2556	—
陆军与海军	1091299	55
未偿利息	485172	25
其他	48752	2
总计	1977776	100

来源：Amodeo, *A proposito di un antico bilancio*; compare also Coniglio, *Il viceregno di Napoli*, pp. 123 et seq。

在评估前工业化时期欧洲国家的中央行政开支时，必须记住，那时的中央权威比工业国家中央权威的渗透和无孔不入要少得多。有几项活动要交由地方政府管辖，地方政府也将其开支用于公共需求。一般来说，在地方政府的预算中，行政开支占总数的较大份额，但也并非很多。在地方政府的预算中，特别是在法国、德国和意大利城镇的预算中，军事开支的比重往往格外高，其形式有部队宿营、武器购买和城墙维修。从这方面来看，出于完全不同的原因，英国和瑞士城镇的情况要好得多。

教会的需求

　　教会作为前工业化欧洲的一种经济实体的重要性几乎从未被高估。教会随时都做好准备，谴责追求财神的人，但从来不把其对他人的告诫应用于自身。

　　教会所获取的财富大多来自寻求通往天堂的通行证的人们的捐赠。就此而言，基督教会的黄金时代是 11 世纪之前的几个世纪。当时，野蛮的国王是罗马皇帝馈赠的大庄园的继承人，以拥有土地的形式掌管着近乎取之不尽用之不竭的财富，这些土地大多人口稀少，他们自己完全无法管理。伯爵和男爵也有相似的地位，他们为教会捐赠的偏好与他们抢劫和掠夺的爱好不相上下。尤其是，修道院积累下了巨额财富。圣贝尔唐修道院（Abbey of St Bertin）在 9 世纪时拥有约 2.5 万英亩土地。洛尔施修道院（Lorsch Abbey）的主要房产后来成为莱茵河畔的普法尔茨贵族领地的半壁江山。圣日耳曼德佩修道院（Abbey of St Germain des Prés）在 9 世纪拥有约 35 ~ 38 平方公里的土地。[99] 现代观察家难以想象这种财产的规模。

　　但在随后的几个世纪里，积累以较慢的速度继续，但在灾害和劫难的年代里会加快步伐。1347 ~ 1351 年，黑死病流行，伊比利亚半岛哀鸿遍野，卡斯蒂利亚的贵族和富人竭尽全力为教会捐赠土地和建筑物。到瘟疫结束时，财富转移的规模是如此之大，以致在 1351 年，国王佩德罗一世命令教会至少要把接受捐赠的一部分还回来（可能是接受了幸存者的恳求，从事后分析来看，他们为得到上帝的帮助所付出的代价肯定过高了）。

　　捐赠还为收购所补充，由于种种原因，教会的财富不断增

46

多（见表1.12）。在整个16和17世纪，教会持有的土地规模持续扩大，这是威尼斯共和国忧心忡忡的一个源头。16世纪末，在托斯卡纳区，教会占有的城市房地产和皮斯托亚领地已经达到了相当大的比例，以至于当地人呼吁教皇禁止教会和修道院收购或继承额外财产。在拉韦纳省，神职人员在1569年占有大约27%的土地，1612～1614年占有30%，1659年占有35%，1731年占有36%。到18世纪中叶，教会拥有两西西里王国土地的50%～65%。[100]

表1.12　15和16世纪佛罗伦萨领地某些地区的教会财产规模

领地	领地规模（英亩）	教会占地比例（%）		
		1427年	1498年	1508～1512年
阿克内（Acone，锡耶韦河流域）	319	14	13	27
加维尔（Gaville，瓦尔达诺河谷）	1986	10	23	24
马齐奥里［Macioli，穆纽讷（Mugno-ne）和卡尔扎（Carza）河谷］	3684	7	15	15
蒙特切拉亚（Monteceraia，穆杰洛）	2249	2	7	7
蒙图利维（Montulivi，佩萨河谷）	907	2	24	
莫夏诺（Mosciano，佛罗伦萨）	385	9	33	36
潘扎诺（Panzano，格雷韦及佩萨河谷）	2852	19	21	19
帕西尼亚诺（Passignano，佩萨河谷）	1804	46	60	64

续表

领地	领地规模（英亩）	教会占地比例（%）		
		1427 年	1498 年	1508～1512 年
帕泰尔诺（Paterno，佛罗伦萨）	692	6	31	27
普利卡（Pulica，佩萨河谷）	1124	15	26	28
莱罗赛（Le Rose，佛罗伦萨）	504	23	18	16
罗斯托勒纳（Rostolena，穆杰洛）	3197	8	6	6

来源：*Conti, La formazione della struttura agraria*, vol. 3, part 2, pp. 26ff。

但是教会时常遇到艰难时期，遇到管理不善或个人的狡诈对其财产造成不利影响的时期。在 18 世纪之前，最坏时期也许是宗教改革时期。亨利八世因在 16 世纪上半叶解散英国修道院而功成名就。大约在 1430 年，英国修道院大约拥有英国土地的 15%，而教会的其余部分拥有另外 10%，国王只拥有 6%。1530 年，英国有约 825 所修道院、约 9300 个僧侣和修女。宗教团体年度总净收入达到约 17.5 万英镑，即差不多同一时期国王平均年收入的四分之三。[101] 到 1550 年，英国修道院及其庞大的财产荡然无存。它们的土地不仅被没收和出售，它们的家具、白银、图书馆、珠宝以及其他财产也被瓜分。仅在约克郡，国王从这种掠夺中所获收入就如下：[102]

结算年	珠宝及盘子价值以及商品收入（英镑）	租金收入（英镑）	总收入（英镑）
1536	3102	186	3288
1538～1539	1639	3200	4839
1541～1542	158	11061	11219
1544～1545	149	8837	8986

在瑞典，古斯塔夫·瓦萨（Gustav Vasa）气势如虹，绝
不亚于英国的亨利八世。在 1500 年到 1550 年期间，瑞典的教
会财产实际上都是因要保障国王的利益而遭到清算的（表
1.13）。

表 1.13　1500～1700 年瑞典土地所有权分布情况

单位：%

	年份		
	1500 年	1560 年	1700 年
王室	5	28	36
教会	21	—	—
贵族	22	22	33
农民	52	50	31
	100	100	100

来源：Hecksher, *An Economic History of Sweden*, pp. 67 and 126。

宗教改革在这些地区造成的恶果，在伦巴第是由管理不
善、任人唯亲和公爵的政策造成的。实际上，在伦巴第，教会
财产遭到摧毁比在受宗教改革运动影响的国家开始得早得多。
腐败在 14 世纪下半叶就开始显而易见，并在 15 世纪和 16 世
纪上半叶不断地恶化。到 1555 年，在米兰国，教会仅仅占有
约 15% 的土地。[103]我们无法确切地知道在一个半世纪以前教会
占有多少土地，但是我们有理由认为，那时其财产要多得多，
米兰国也不例外。到 16 世纪末，在帕尔马和皮亚琴察公国以
及曼托瓦公国（Duchy of Mantua），教会只剩下 9% 的土地。[104]
但在其他地区，如在托斯卡纳大公国、两西西里王国和西班
牙，教会财产在整个 16 和 17 世纪继续增长。1592 年，托斯

卡纳大公向佛罗伦萨红衣主教宣布其"人口很多，领土拥挤，而教会拥有其中的大部分"，由于仿佛出自死魂之手的制度，"在六七十年中，修女会吞噬一切"。翌年，在皮斯托亚，鉴于教会拥有"其城市及周围乡村财产的五分之四还多"，市民要求不管哪一类财产都不能"进一步扩大"。[105]

如前所述，教会目前的收入不仅仅来自房地产收入，还来自财产转移。这种转移部分出于自愿（慈善、捐赠等），部分出于强迫（什一税）。宗教改革也影响了这种来源。例如，在日内瓦，仅在 1544 年就有 12000 弗罗林的教皇什一税被公社据为己有，4000 弗罗林为新教牧师使用，1500 弗罗林为医院使用。[106]

长期以来，教会国家抵制寻求公共信贷的诱惑，因为它们担心无法支付其在布道坛上宣布的利率。但在 1526 年，迫于财政上的巨大压力，教皇克雷芒七世（佛罗伦萨美第奇家族人，因此非常善于处理公共贷款和利率问题）做出了一个大胆决定：发起总额为 20 万枚杜卡特金币的公共贷款，利率为 10%。到 1592 年，其债务达到 560 万斯库多，到 1604 年约为 900 万，到 1616 年为 1500 万，到 1657 年为 2800 万。1599 年时，这笔债务的利息支付占国家总开支的 35%。

谈起教会人们从容不迫，从某种意义上说，还义正词严，但教会是一个抽象的概念。在现实中，教会为一大批具有数量迥然不同的财富和收入的经济单位所代表，有教皇、红衣主教、主教和富裕的修道院，其经济条件从各方面来看都可以与最富有的贵族相提并论；[107]还有乡村牧师和托钵僧阶层，他们与最卑贱和最贫穷的阶级有着共同的命运。

教会内部的财富分配从整体上看反映着社会上财富分配的不平等。孔蒂（Conti）强调了 11 和 12 世纪佛罗伦萨领地上中下层神职人员的毁灭，以及修道院的发财致富。[108] G. 波里西尼（G. Porisini）认为，在 17 世纪的拉韦纳区，教会的巨额财富有 70% 为拉韦纳区四大富有修道院所占有，而其余 30% 则被很多教区、教会分会和世俗教士瓜分。[109] 而在乌尔比诺公国，仅占教会业主 9% 的三大修道院控制着教会财产的约 70%。[110] 1639 年，巴黎东北地区有 35 个教区，大部分拥有价值在 140 里弗到 200 里弗之间的财产，而有一个教区的财产达到了约 2 万里弗。[111] 在 1772 年的戛纳（法国）领地，教会持有约 10% 的土地财产，但其中大多为莱兰修道院（Abbey of Lerins）所持有；该地区的其他牧师仅持有很少的份额。[112]

教会累加的有效需求是大量不同计划需求的总和。较穷单位的需求尤其针对食品和衣服，它们的需求计划非常类似于较穷阶级中的家庭单位的需求计划。但是主教、红衣主教和修道院的需求却与上等阶级的需求结构相类似。教廷需求处于这个宏伟结构的顶端，具有奢华的贵族宫殿的显赫需求的全部特征。

外需

至此，我们讨论了内需。然而，每一个经济体系都有一个与其他经济体系间的交换网络。这种交换包括商品和服务交换、财富转移以及资本和贵重金属的流动。

50　　　一个国家的外贸由其进口和出口组成。出口是对外需的反应，而进口取决于内需。

如上所示，大众需求主要集中在食品上，富裕人口的需求主要且鲜明地针对食品、服装和住房。鉴于这一事实，外贸主要由食品和纺织品构成也就不足为奇了。在 16 世纪末，布匹大约占英国全部出口的 80%，而纺织材料、食品、木材和葡萄酒是进口的四大类产品。由于运输成本高，外贸主要——尽管绝非唯一——与高质量产品相关，尤其是在中世纪；因此，香料和昂贵的葡萄酒在国际初级产品交换中占有很大份额，而高档布匹在国际纺织品交换中占很大份额。从中还可以看到，人民大众一般必须要满足于地方产品，只有富裕人家才能购买外来产品。普通人能够走进米兰或伦敦街头的商店购买香港或丹吉尔生产的某种产品，是工业革命使其成为可能的一种近期发展的结果。

要衡量外贸，可以合计进出口总值并将其与国民生产总值相比较。其结果与进出口的数量和价值相关，但是也与其他因素有关，如国家的面积和人口规模，这两者与确定国民生产总值的规模相关。像美国一样的国家可能会有大量的外贸，但由于国家幅员辽阔，其经济活动的大部分都消耗在其可以找到各种资源的疆界之内。但对于像卢森堡这样的小国来说，几乎每一种交换都是国际交换，因此，相对于国民生产总值而言，其外贸价值所占的比例要高得多。近年来，这个比例对美国来说约为 10%，对卢森堡来说约为 160%。

针对中世纪和文艺复兴时期的国际贸易所做的种种研究超出人们的想象，但是几乎都聚焦在商业技术以及个体公司的行为和财富上。由于缺乏名副其实的统计材料，人们永久失去了对某些宏观经济关系的兴趣。现存最好的前工业化时代的外贸统计数据也许非英国的数据莫属（见表 1.14）。

表 1.14　1500～1700 年英国进出口近似值

单位：当时的百万英镑

	出口	再出口	出口总额	进口净额
约 1490 年	0.3			0.3
约 1600 年	1.0			
约 1640 年	2.3	0.5	2.8	2.2
约 1660 年	3.0	0.9	3.9	3.1
1700～1709 年	4.5	1.7	6.2	4.7

来源：Davis, *Commercial Revolution*; Minchinton, *English Overseas Trade*, pp. 9 – 15; Schumpeter, *English Overseas Statistics*; Gould, *Economic Growth*, p. 221n; Coleman, *The Economy of England*, p. 133。1500 – 1700 年，价格水平普遍上涨约 400%。

　　我们可以做出一个估算，在亨利七世统治初期，英国每年的进出口总量保持在约 30 万英镑的水平上；到 17 世纪末，（地方生产商品）出口增加至每年约 450 万英镑，进口增加至每年约 470 万英镑。这种增加部分地反映出价格的上涨，但它主要还要归因于贸易量的显著增加。

　　17 世纪末，仅国内商品出口肯定就达到了国民总收入的 10%。

　　在 13 和 14 世纪，对于比英国面积小得多的国家和地区（如佛罗伦萨和热那亚公社或威尼斯共和国）来说，外贸相对于国民总收入的比率与 17 世纪末的英国相比肯定更接近今天卢森堡的水平。其他国家就很难说了。从总体上对英国加以考量有一定的意义，因为英国经济统一性强，但是，比方说把 14 世纪的法国和 16 世纪的德国作为经济单位来加以考量，就会严重扭曲历史。

从总体上看，毋庸置疑，国际贸易发展带来了正面的总体净效应。但从单一地区，甚至单一国家或民族来看，问题就不那么简单了。[113] 贸易作为"增长引擎"的观念被严重地简化了。对于一个具体的社会来说，外贸的长期结果主要取决于这种贸易的定性结构，以及外需对就业和资本构成模式的作用。

意大利公社的经济发展主要与外贸发展相关。如果不考察殖民地或今天拉丁美洲某些国家的案例，则很难找到相反的事例。16 和 17 世纪荷兰对波兰市场上粮食的强劲需求，17 世纪荷兰、英国和法国对意大利市场上石油和丝绸的需求，使波兰和意大利的经济沿着封建农业路线退化，这为这些国家的经济长期停滞创造了先决条件。在葡萄牙，在 1703 年《梅休因条约》（*Methuen Treaty*）签订约半个世纪之后，蓬巴尔侯爵（Marquis of Pombal）可以理直气壮地投诉道："我们必需品的三分之二现在由英国供给。我们国家所需的一切都由英国生产、销售和转销。葡萄牙古老的制造业已被毁灭。"巴西的波特酒和黄金用于支付进口产品，外需的压力使葡萄牙的人力和物质资源紧紧地与农业和矿业部门绑定在一起。

注　释

1. Drummond and Wilbraham, *The Englishman's Food*, pp. 68, 69, 124, 125. ——原注（若无特别说明，本书所有注释均为原注）
2. 收入分配影响需求的水平和结构，因为需求的弹性随着收入水平不同而发生着变化。

3. Dallington, *The View of France*, p. T3 v.

4. Boutruche, *Bordeaux*, p. 504.

5. Strauss, *Nuremberg*, p. 201.

6. Fanfani, *Storia del lavoro*, pp. 421 – 22.

7. 参见 Herlihy, *Pistoia*, p. 188 及 Fiumi, "Popolazione," p. 94。

8. Vauban, *Project de dîme royale*, pp. 2 – 4 (p. 6 in the edition by Coornaert).

9. 财富分配不均通常严重于收入分配不均，换言之，财富的持有比年收入更集中。在前工业时代的欧洲，很难说财富分配与收入分配的差异究竟到了什么程度，但人们会认为，由于当时土地和其他财产都高度集中在贵族和教会手中，当时的差异比今天的更大。

10. Samuelson, "A Fallacy in the Introduction of Pareto's Law of Alleged Constancy of Income Distribution," p. 246.

11. Guicciardini, "Relatione," p. 131.

12. Gee, *The Trade and Navigation*, Chapter 23, p. 57.

13. Reinhard, Armengaud, Dupaquier, *Histoire générale de la population*, pp. 192 – 93.

14. Beloch, *Bevölkerungsgeschichte*, vol. 3, p. 259.

15. Wilson, *England's Apprenticeship*, p. 231.

16. Tadino, *Raguaglio*, p. 11.

17. Gascon, *Grand commerce*, vol. 1, p. 404.

18. Villani, *Cronica*, Book 10, Chapter 162. 实际上如果每人发放 6 第纳里 (denari)，总计 430 英镑，那么受益人数共为 17200 人。佛罗伦萨城墙内的人口大约为 900000 人。

19. Priuli, "Diarii," p. 179.

20. Mollat, "La Mortalité," p. 505.

21. Carabellese, *La peste del 1348*, pp. 51 and 65.

22. Passerini, *Stabilimenti di beneficenza*, pp. 344 – 35. In pp. 873 *et seq.*, Appendix L. Passerini 提供了医院捐赠者的名单。

23. Paschetti, *Lettera*, p. 26.

24. Gnoli, "Roma e i Papi," p. 123. See also Fanfani, *Storia del lavoro in Italia*, pp. 430 *et seq.*

25. Pullan, *Rich and Poor in Renaissance Venice*, p. 632.

26. Elton, "An early Tudor Poor Law"; Leonard, *Early History of English Poor Relief*; Marshall, "The Old Poor Law"; Jordan, *Philanthropy in England*.

27. 在新教国家，宗教改革实质上改变了上述模式。虽然天主教地区多数慈善捐赠持续流向教堂，但新教国家宗教作为私人慈善活动对象的地位则下降很多。Jordan（*Philanthropy in England*）研究了英国县志，得出这样的结果：在 1480 年到 1540 年期间，54% 的慈善资金捐给了教会，这个数字在宗教改革后下降到 15% 以下。

28. 1970 年，美国45 个基督教会总共捐献了 7. 64 亿美元的善款，占国民生产总值的 0. 08%，而他们在新建筑上的开支远远超过这个数字，而用于宗教集会的开支是这个数字的四倍。（Kohler, *Economics*, p. 220. ）

29. Snape, *English Monastic Finances*, pp. 112 *et seq.* and Coulton, *Medieval Panorama*, p. 168.

30. Coulton, *Medieval Panorama*, p. 168.

31. Pullan, *Rich and Poor in Renaissance Venice*, pp. 180 – 84.

32. Jordan, *Philanthropy in England*.

33. Dati, *Libro segreto*, p. 57. See also pp. 113, 114, and 116.

34. Pitti, *Cronica*, pp. 40 – 41.

35. Grierson, "Commerce in the Dark Ages," p. 131.

36. Sclafert, *Cultures en Haute-Provence*, pp. 11, 37.

37. Wolff, *Toulouse*, p. 61, n. 189.

38. 有关这些事例等可参见 F. Redlich, "De Praeda Militari," pp. 54ff。

39. 有关这些事例等可参见 Grierson, *Commerce in the Dark Ages*, p. 135。

40. Mignet, *Rivalité de François I et de Charles-Quint*, vol. 2, pp. 452 – 61.

41. Grierson, *Commerce in the Dark Ages*, p. 140.

42. Duby, *Guerriers et paysans*, p. 60.

43. 所有关于家庭生活支出的研究都证实了恩格斯定律：食品支出成比例增加，而其他商品和服务支出则随着总支出水平的下降而下降。根据 H. Working 的研究："……食品支出与总支出之间的关系表现出明显的一致性，并接近于这种关系：

$$F/T = a - b\log T$$

其中 F 为食品支出，T 为总支出。"（Working，"Statistical Law，" p. 45.）

44. 在能源的生态链中，必须要探究谷物成为穷人食物的根本原因。小麦种植把太阳能直接转化为化学能。另一方面，动物肉类是一种具有双重转化过程的产物，其中，初级过程中的"损失"与饲料生长相关，次级过程中的"损失"与动物发育和生长相关。

45. Cipolla, *Prezzi e salari in Lombardia*, p. 15.

46. Van der Wee, *Antwerp Market*, vol. 2, p. 391.

47. Fourastié, *Machimsme et bien-être*, p. 61.

48. See the *Ordinationi per il buon governo di tutti li Hospitali del Contado di Perugia*, Perugia, 1582, p. 3.

49. Cipolla, *Cristofano*, pp. 117 – 18.

50. Lebarge, *A Baronial Household*, p. 141.

51. Beltrami, *Popolazione di Venezia*, p. 222.

52. Rondinelli, Relazione, p. 59.

53. Fiochetto, *Trattato*, p. 19.

54. Besta, *Vera narratione*, p. 31.

55. Archivio di Stato di Cremona, Arch. Comunale, Inv. 4, t. 3.

56. Archivio di Stato di Milano, Fondo Sanità, Parte Antica, b. 273.

57. Presotto, "Genova," p. 385.

58. Cipolla, *Cristofano*, pp. 156ff.

59. Piponnier, *Costume*, p. 95.

60. Strachey, *Portraits*, p. 111.

61. De Muinck, "A Regent's Family Budget," p. 229. 每个仆人平均一

年要消费 187 磅肉和 77 磅黄油。

62. Ramazzini, *Le malattie dei lavoratori*, p. 27.

63. Cipolla, *Cristofano*, p. 31, n. 1.

64. Mira, *Vicende economiche*, p. 208.

65. 关于 Ambrogio di Negro, 参见 Doria, "Mezzo secolo," p. 773, n.
9; 关于 Riccardi family, 参见 Malanima, *I Riccardi di Firenze*, pp.
127 – 29; 关于 Cornelis de Jonge van Ellemeet, 参见 De Muinck,
"A Regent's Family Budget," p. 224。

66. Gould, *Economic Growth*, p. 154.

67. Paolo di Messere Pace da Certaldo, *Il libro di buoni costumi*, p.
CLVI, n. 356.

68. Aleati, "Una dinastia di magnati medievali, p. 753.

69. 关于这一情节的意义, 见 Grierson, *Numismatics*。

70. Raoul Glaber, *Les cinq livres*, Book 2, par. 5.

71. Violante, "I Vescovi dell'Italia Centro-settentrionale," p. 201.

72. Herlihy, "Treasure Hoards in the Italian Economy," p. 5.

73. Duby, *Guerriers et paysans*, p. 183.

74. Postan, "Investment in Medieval Agriculture," pp. 579, 581.

75. Rey, *Finances royales*, p. 608.

76. Ashton, "Deficit Finance," pp. 15 – 16.

77. Fiumi, "Fioritura e decadenza," p. 455.

78. Lane, *Venice*, p. 426.

79. Partner, "The Budget of the Roman Church," pp. 263 – 66.

80. Vicens Vives, *Manual de historia economica de España*, Chapter 30.

81. Dietz, "English Government Finance," p. 190.

82. Clamageran, *Histoire de l'impôt*, vols 1 and 2.

83. 1467 年, 英国国王爱德华四世在下议院发表了一份声明,
声称"我欲自食其力, 而非掌控臣民, 首要之伟业即在此王

国之内为其谋福利，维护其资产，而非图一己之乐"。严格来说"自食其力"一词含有国王应该靠合法收入生活的意思，也就是从王权的土地上收取租金，领取封建领主的收入。

84. Porisini, *La proprietà terriera nel Comune di Ravenna*, pp. 31, 75 – 76.

85. 19 世纪中叶，大多数欧洲国家的公共开支仍然只占国民收入的 2%~6%。

86. 节日和庆祝日都是在发放慈善品、游行、比赛和旅游的时候，至少以我们的标准来看，这些都是不那么令人愉快的表演。在西班牙，1680 年查理二世和玛丽 - 路易丝的婚礼通过公开处决罪犯来庆祝，其中一些罪犯被处以火刑。

87. For the above, compare Cipolla, *Public Health*, Chapter 1.

88. Fiumi, "Fioritura e decadenza," vol. 117, p. 467.

89. Carabellese, *La peste del 1348*, pp. 7 *et seq.*

90. Wolff, "Prix et marché," p. 465.

91. Lombardini, *Pane e denaro a Bassano*, pp. 29 *et seq.*

92. Basini, *L'Uomo e il pane*, p. 39.

93. Catellacci, "Ricordi," pp. 384 – 85.

94. *Bilanci della Repubblica di Venezia*, vol. 1, book I, pp. ccix – ccxv.

95. Romano, "Economic aspects," p. 80.

96. Formentini, *Il Ducato di Milano*, pp. 618 *et seq.*

97. Bean, *War*, p. 216.

98. 假定公共收入占国民收入的 5%，如果使军费开支高达公共预算的 50%，它也只相当于国民收入的 2.5%。1961 年、1965 年和 1970 年，按成本要素计算军费占国民生产总值的比例（%）：

	1961	1965	1970		1961	1965	1970
阿根廷	3	2	2	以色列	7	12	25
澳大利亚	5	3	4	约旦	16	13	21
加拿大	4	3	2	沙特阿拉伯	12	7	13
古巴	8	7	6	瑞典	4	4	4
捷克斯洛伐克	6	6	5	瑞士	3	3	2
埃及	6	7	9	英国	6	6	5
法国	6	6	4	美国	9	8	8
伊朗	4	4	8	苏联	6 ~ 10	6 ~ 10	6 ~ 10

99. 有关此前的情形，参见 Latouche，*The Birth of Western Economy*，p. 55。

100. 关于威尼斯共和国，参见 Stella，"La proprietà ecclesiastica"；关于皮斯托亚，参见 Fioravanti，*Memorie storiche, di Pistoia*，p. 444；关于拉韦纳，参见 Porisini，*La proprietà terriera*，p. 19；关于两西西里王国，参见 De Gennaro，*L'abate Minervini*，pp. 64 – 65。

101. Woodward，*The Dissolution*，p. 122；Cooper，"The Social Distribution of Land,"pp. 108 – 9；Youings，*The Dissolution*，*passim*.

102. Woodward，*The Dissolution*，p. 130.

103. Cipolla，"Propriété ecclésiastique,"p. 326. 在辽阔的灌溉平原上，教会占有 25% 以上的土地，而贵族占约 60%。参见 Coppola，"L'Agricoltura,"p. 218。

104. Romani，*La gente e i redditi del Piacentino*，p. 88；Vaini，*La distribuzione della proprietà terriera*，p. 7.

105. 关于威尼斯共和国，参见 Stella，"La proprietà ecclesiastica"；关于托斯卡纳大公，参见 Galluzzi，*Istoria del Granducato*，vol. 3，p. 266；关于皮斯托亚，参见 Fioravaniti，*Memorie storiche di Pistoia*，p. 44。

106. Monter, *Calvin's Geneva*, p. 156. 有关伯尔尼（Berne）还俗的情况，参见 Feller, *Geschichte Berns*, pp. 314 – 21。

107. 甚至在需要探讨的时期内加以比较。参见 Woodward, *The Dissolution*, p. 4。

108. Conti, *La formazione della struttura agraria*, vol. 1, pp. 215 – 16.

109. Porisini, *Proprietà terriera*, p. 20.

110. Anselmi, *Insediamenti*, pp. 34 and 51.

111. Desaive, "Clergé rural," pp. 924ff.

112. Derlange, "Cannes," p. 30.

113. 有关这一要点，参见 Gould, *Economic Growth*, Chapter 4。

第二章 生产要素

"输入"的种类

一个生产系统可以被别出心裁地描写成一个大箱子：某些东西从一边流入，其他东西从另一边流出。流入物我们称之为输入，流出物我们称之为输出。

输入由被称为生产要素的一些异质元素组成。从传统上看，经济学家把无数不同种类的生产要素分成三大类，分别为劳工、资本和自然资源（最后这类包括土地、水供给、铁矿、煤矿等等）。像大多分类一样，将之分成三类具有主观随意性，是把问题简单化了，但由于事实证明它对分析有所裨益，我们在下面的历史分析中将对之加以采用，但一定要提高警惕。

历史重构的主要困难之一在于，要表达自我就必须使用当前的语言。不幸的是，我们日常使用的语言在我们的脑海里唤起的是当代世界的图景。诸如劳工和资本这样的表达方式在我们的脑海里唤起工厂的图景，及其经理、工资劳工和复杂机器等的高度集中。需要努力展开想象的翅膀才能重新捕捉到现代口语表达方式背后迥然不同的历史事实。进行这样的想象必须审慎，不要走向另一个极端，落入天真幻想的窠臼。

现代意义的工厂过去并不存在，而那时只有小作坊。现代实业家相当于那时的商人，但它也与我们现在"商人"一词所指的意义不同。那时专业化还没有发展到工业社会所特有的程度，商人往往同时是制造类企业的领导者、放债人和买卖人。作为买卖人，他的交易通常涉及各种产品：服装、香料、谷物和金属。那时，甚至批发和零售贸易的区分都不存在。商人之间可辨的差别在于，有些资本雄厚，在国际范围内经营；而另外一些则是地方小商人，其资本和视野都有局限性。

同样，对于术语"劳工"，我们必须努力重现一个不同于我们今天与之相关联的现实。工资劳工在前工业化的欧洲的确存在，但并不像在现代世界中那样突显。在农业中，分成制十分普遍，在欧洲大多地区，它是一种主要的补偿农业劳动的手段。就制造业而言，所有的教科书都强调，在工业革命之前，工匠是最普通的工种。这是事实，但是工匠与其老生常谈的概念相去甚远。那时有很多在徒弟协助下工作的手艺人，有的作坊是一些手艺人联手开起来的。甚至还有更为复杂的单位，手艺人实际上在其中雇用工薪族和徒弟，我们现在可以认识到，这相当于原始资本家的作为。

劳工

人口中的所有成员都是消费者，但他们并非全都是生产者。除了寄生虫和体弱者外，人口中最年幼者和最年老者也只消费不生产。在任何社会中，人口总数一旦确定，重要的就在于确定：（a）在经济上活跃的人口（既生产又消费的人）；（b）受扶养人口（只消费不生产的人）；（c）以上两者之间的关系（抚养比率）。[1]

常见的出生率和死亡率，以及重大迁移运动中的迁入和迁出，决定着给定人口的年龄结构。前工业化的欧洲社会以高出生率和高死亡率为特征。因此，所谓的欧洲前工业化人口的年龄金字塔呈现出一个相对宽阔的基础，和一个极其尖锐的顶点

（见图 2.1）。我们来看看处于同一个前工业化阶段的两种人口，即 18 世纪下半叶的瑞典人口和刚过 19 世纪中叶的意大利人口，一种是北欧和新教徒人口，另一种是地中海和天主教人口。表 2.1 表示了两个时期的人口中各年龄段人口的分布比例。

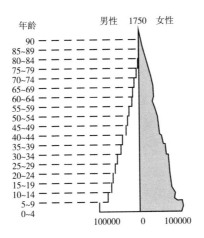

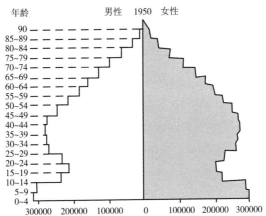

图 2.1　1750 ~ 1950 年瑞典人口年龄与性别结构

来源：*Historisk Statistik for Sverige*, Stockholm, 1955, vol. 1, Appendix fig. 4（1750）and fig. 5（1950）。

尽管两种人口在纬度、气候、眼睛和毛发颜色、宗教、文化等方面存在巨大差异，但是 15～64 岁年龄组的人口均占约60％，而 15 岁以下的人口总能构成总人口的三分之一。19 世纪之前，意大利没有做过人口普查，但是一些城市有据可查的人口数据可以进一步说明，15 岁以下的人口总能构成总人口的三分之一或更多（见表2.2）。

表 2.1 前工业化时期瑞典（1750 年）与意大利（1861 年）人口年龄分布

年龄组	1750 年的瑞典(％)	1861 年的意大利(％)
65 岁及以上	6	4
15～64 岁	61	62
0～14 岁	33	34
总计	100	100

表 2.2 1427～1642 年意大利部分地区青少年占总人口的比例

地区	年份	年龄组	占总人口比例(％)
阿雷佐及附近农村	1427～1429	0～14 岁	32
皮斯托亚及附近农村	1427～1429	0～14 岁	37
帕尔马（城市）	1545	0～14 岁	32
帕尔马（农村）	1545	0～14 岁	41
布雷西亚	1579	0～18 岁	40
锡耶纳	1580	0～10 岁	23
维琴察	1585	0～15 岁	42
米兰	1610	0～9 岁	24
卡马尼奥拉	1621	0～15 岁	41
帕多瓦	1634	0～15 岁	30
威尼斯	1642	0～18 岁	46

因此，先将工业社会人口结构做对比，再继续以上的讨论，会有所裨益。表 2.3 包含与 1950～1951 年瑞典和英国人口相关的数据。从中可以看到，在前工业社会，15～64 岁年龄组占总人口的三分之二，也就是说，与工业化社会不相上下。前工业化的欧洲社会和当代欧洲社会之间最显著的差别在于受赡养人口的构成。在现代欧洲，0～14 岁的儿童构成受抚养人口的 65%～70%，而在前工业化的欧洲，其构成约 90%。换言之，在前工业化的欧洲，抚养的重担几乎全部为儿童所代表。问题的严重性可以从被抛弃儿童的数量看出来。

表 2.3　工业化时期瑞典（1950 年）与英国（1951 年）人口年龄分布

年龄组	1950 年的瑞典(%)	1951 年的英国(%)
65 岁及以上	10	11
15～64 岁	66	67
0～14 岁	24	22
总计	100	100

16 世纪，在威尼斯，皮耶塔慈善医院（Ospedale della Pietà）通常照看约 1.3 万名弃婴，而其总人口在 13 万到 16 万之间，弃婴几乎占 1%。[2] 在 1552 年的佛罗伦萨，孤儿院有 1200 名弃婴，其总人口为 6 万，弃婴占 2% 以上。在普拉托（意大利），1630 年，慈善医院照料着 128 名女童、54 名男童和 98 名婴儿，总共为 280 名弃婴。普拉托当时的人口接近 1.7 万，因此弃婴大约占 1.6%。[3] 必须要看到，在前工业化社会中，占总人口 1% 或 2% 的数值意味着 0～14 岁年龄组中的弃婴约占 3%～7%。不要忘记，以上数据在很大程度上仅指幸存的

弃婴的数量。从威尼斯 16 世纪所做的一项估算来看，80%~ 90% 弃婴死于生命的头一年里。[4] 如果把"入院的弃婴"和城市出生人数相联系，就会发现，在 18 世纪下半叶的威尼斯，弃婴占所有出生人口的 10%（见表 2.4）。在 17 世纪末的米兰，弃婴数量平均在每年 450 名（见表 2.5），这一数量占威尼斯市预估出生人口的 12% 以上。[5]

表 2.4　1756~1787 年威尼斯的弃婴数量

年份	弃婴数量			未出生	已出生弃婴占比(%)
	男婴	女婴	男女婴合计		
1756	199	210	409	5246	7.8
1759	204	201	405	5172	7.8
1765	192	233	425	5090	8.3
1776	230	248	478	5243	9.1
1782	229	238	467	5166	9.0
1783	235	244	479	5077	9.4
1785	228	233	461	5074	9.1
1787	231	250	481	5220	9.2

来源：Beltrami, *Popolazione di Venezia*, p. 143, n. 18。

表 2.5　1660~1729 年米兰的弃婴数量

年份	男婴	女婴	男女婴合计
1660~1669	1967	2090	4057
1670~1679	1802	1913	3715
1680~1689	1774	1816	3590
1690~1699	2616	2699	5315
1700~1709	2697	2610	5307
1710~1719	2479	2625	5104
1720~1729	2250	2172	4422

来源：Buffini, *Ospizio dei Trovatelli*, vol. 1, Appendix, tables 1 and 2。

必须谨慎地看待这样高的比例。我们从不同的来源得知，想要摆脱新生儿的人往往从远方来，把他们抛弃在城里。因此，弃婴数量不仅与地方人口相关，还与更大范围内的人口相关。这就会降低以上提到的比例，尽管如此，也难于否认抛弃新生儿的行为悲剧性地十分普遍。

我们认为，在我们的工业社会中，15～64 岁年龄组是经济活跃人口。这是一种主观臆断，其理由在于：（a）在很多国家，青少年的义务教育持续至 15 岁；（b）在很多职业里 65 岁是退休期限。但在现实中，有人 15 岁过后多年才开始工作，也有人早于这个岁数就开始工作。有人 65 岁前退休，也有人 65 岁后还在工作。有从未工作过的成年人和拿固定薪水的人也被纳入活跃人口当中，这是统计学对现实轻微践踏的一个结果。把工业社会中 15～65 岁的所有人口都看作活跃人口，而把其余人口都看作受抚养人口，也许会过高估计实际参加生产人口的比例，而过低估计受赡养人口的比例。工业社会的生产力是如此之强大，以至于在这样的社会中抚养人口达到 50%～60% 也不困难。实际上，就是这种工业社会的强大生产力才允许引进长达 15 年的义务教育，允许很多人接受教育一直到 25 岁或 28 岁，允许大多数人在 65 岁退休，允许把很多尸位素餐的人纳入活跃人口的统计当中。

前工业化欧洲的普遍状况千差万别。在经济上"活跃"的人们从黎明工作到黄昏，但从已知的低工资或低生产力来看，他们无法养活很多家眷，从而可知，在正常情况下，占少数的老人必须劳动至生命结束之时（顺便提一下，这对他们来说在心理上是有益的），而年轻人在远未达到 15 岁之前就不得不开始工作。

一般来说，童工被认为是工业革命的一种可怕的副产品。事实上，在前工业化社会中雇用童工与在工业革命时期一样广泛。英国1388年通过的一项皇家法案提出："受雇于耕地和赶车或其他劳动或家政服务的男孩和女孩的年龄必须达到12岁。"但是两者之间还是有一种差别。在前工业化社会中，大多儿童被雇用在田间，因此这只发生在夏季（所以学校有在夏季放长假的传统）。随着工厂体系的发展，儿童开始全年受雇。田间的生活也许不像工业革命初期工厂中的生活那样损害健康，但是儿童所遭受的艰苦却更加令人难以忍受。16世纪晚期，伦巴第的一项法令指出：

> 在稻田里拔草或在稻田里干其他活儿的时候，一些被称为"水稻工头"的人千方百计地把大量少年儿童聚集在一起，实施野蛮残酷的折磨。工头通过许诺和诱惑把儿童带到选定之所，残忍地虐待他们，不付他们工钱，不给这些可怜的孩儿提供必要的食品，把他们当奴隶一样使唤，其殴打和虐待的程度比对待囚犯还严重，因此很多孩子尽管刚来时很健康，但却惨死在农场里或周围的田野上。总督阁下不想让这种水稻工头继续像过去一样横行或继续屠杀儿童，便下令终止这种交易。[6]

18世纪，奥地利医生J. P. 弗兰克（J. P. Frank）写道：

> 在很多村庄里，孩子们必须背着粪肥爬上高山，必须蹲伏着身躯来耙田，这是大多年轻人残废和畸形

的原因。[7]

前工业化欧洲还在家政之外的领域广泛使用女劳工。首先，妇女在家生产很多今天工业生产和在市场上交换的商品（面包、通心粉、毛织品、袜子等等）。14、15 和 16 世纪的微型画向我们表明，妇女也经常被雇用去干农活，在主要的制造中心，妇女被广泛雇用在作坊里做纺织和编织工作。在佛罗伦萨的棉毛编织工当中，1604 年，女工占劳动力的 62%；1627年，占 83%。[8]

纺织品生产企业往往以散工制为基础，也就是说，商人散发原羊毛，给例如在自己家干活的工人，随后再把产品从他们那儿收集上来销售或做进一步加工。这种制度有利于对妇女的雇用，她们可以抽干家务的间隙为商人干活。1631 年，托斯卡纳地区的圣洛伦佐阿坎皮（San Lorenzo a Campi）暴发瘟疫，许多家庭被实行检疫隔离，一位卫生检查员的报告指出，他"发现的羊毛数量比预期的还要多得多"，他给上级提供了一份列有 12 户家庭的清单，其中每一户都有一位妇女为某位商人加工羊毛。[9]

妇女还被雇用去干我们通常认为是男人干的活儿。1365年到 1371 年期间，在图卢兹，佩里戈尔学院（Périgord College）的建筑工地雇用的男人和女人的数量几乎相等，女人头上顶着装有石头和砖头的篮子行进。[10] 而法国的微型画再现出相反的情景：妇女受雇于冶炼工程。在威尼斯，妇女大规模受雇于兵工厂，制造船帆。[11]

要对前工业时代对女性的雇用做出正确评价，还必须对奶妈加以考虑。奶妈是为了金钱回报而出售食品（母乳）和服

60

务（看护婴儿）的人。在前工业化的欧洲，奶妈的经济和社
会重要性堪与我们当今社会婴儿食品业的重要性相媲美。

通过生产活动来分析"活跃"人口的分布是有意义的。

一个法国冶金厂。这幅 **16** 世纪的法国微型画显示，妇女也受雇于冶金厂，她们在厨房里练就的基本技能在对小熔炉的操作中派上了用场。

一般说来，统计学家和经济学家喜欢将职业划分为三大类，分别对应于第一、第二和第三产业这三个活跃产业。第一产业通常包括农业和林业，有时渔业和矿业也包括在内。第二产业主要是指加工制造业。第三产业包括其他"剩余部分"；像所有的其他类型的残余一样，这个产业是模糊和困惑的根源。在工业化社会，第三产业主要为生产服务所代表，如运输业、银行业、自由职业、广告业等等。一些年前，一位澳大利亚经济学家科林·克拉克（Colin Clark）提出一种学说认为，经济发展的总体水平与第三产业的相对规模呈高度正相关关系。但是掌握第一手知识的其他经济学家证明：在前工业化社会，第三产业或剩余部分也相当大，差别在于其不包括银行家和保险代理，而包括各种自成一格的贸易商，从赃物交易者到旧货收集者。

因为缺乏统计数据，永远也无法从任何程度上准确地知道，在 18 世纪之前的各个不同时期，欧洲人口在第一产业受雇的比例。到 18 世纪中叶，才有了与英国、法国、瑞典和威尼斯共和国相关的一些估算数据（见表 2.6），但其精确度还远远不够，可以被看作大略的标示。

表 2.6 1750 年左右农业就业人口占总劳动力的估算比例

国家	比例（%）
英国	65
法国	76
瑞典	75
威尼斯共和国	75

在这种基础上，坚持以下观点并非牵强：在 1700 年以前的世纪里，欧洲的每一个社会中积极受雇于农业的人口占比一般在 65%~90%，只有在个别情况下才达到 55%~65% 这一最小值。这种集中的原因在于农业生产率低。

七八个农民难以成功生产养活两三名其他人所需的剩余（除了必须养活他们自己及其家人的产量）。在特别有利的环境里，特别是当水路使来自国外的谷物供给变得便宜的时候，一个国家就能把积极受雇于农业的人口比例降至传统水平以下。一个典型的例子就是经常从伦巴第、意大利南方和黑海进口粮食的威尼斯，当地人口从事除了农业以外的每一个职业。一个标注 10 世纪末日期的文件以惊人的文字描写了威尼斯人：那个国家不耕地、播种或摘葡萄。威尼斯的情况是个例外，但是在 1400 年到 1700 年之间，海上运输的显著发展使得一些地理条件优越的国家在很大程度上依赖于从国外进口粮食。这当然就是通过波罗的海 - 松德海峡 - 北海（Baltic-Sund-North Sea）一线从东欧进口大量谷物的荷兰的情况，这不仅是为了其自身消费，也是为了转口贸易。毫无疑问，17 世纪荷兰在农业领域雇用人口的比例要比其他欧洲国家低得多，但是即使在荷兰共和国的情况中，这一比例是否低于 50% 也值得怀疑。但另一方面，如果荷兰的进口可以促使西欧某些地区的第一产业受雇人员减少一部分，那么就可以促使东欧国家增长相同部分。每十个人吃面包，就有七八个人必须生产小麦，即便这七八个人不在一个地理区域，那么也必须在不同区域。

受雇于第一产业的人口的大比例往往会使人们高估投入这个产业的有效劳动力的比例。要对其投入的劳动力做一个更加准确的评价，就必须考虑这一事实：由于气候原因，农民一年中长期不劳动；他是存在的，但并不活跃，而大多手艺人每个月都活跃。此外，农民的妻子被认为受雇于农业，除了农业活动之外，她们在冬季一般还为加工制造业和服务部门（特别是编织和看护行业）做贡献。

认为农村人口与受雇于农业的人口相一致的想法是错误的。乡下村庄不仅是农民的家园，也是水手、铁匠、木匠、补鞋匠，有时还是理发师外科医生和教师的家园。借用路易·马拉西（Louis Malassis）的分类，在农村世界里，我们可以分别有由农民组成的农业子集、由农业工人组成的农业食品子集——加工、贸易农副产品的上层结构，最后还有农村子集——其覆盖在农村或乡下村庄进行的所有其他类活动。16世纪中叶，什罗普郡迈德尔（Myddle）教区是地道的农村，有大约350人，其中成人男子中约有11%是手艺人、铁匠、木匠、水手、裁缝、补鞋匠和桶匠。[12]

表2.7展示了所选定的欧洲城市人口的职业分布。首先要强调的是这些数据所展示的内容与上章关于需求结构的说法之间的相关性。大部分需求集中在食品、服装和住房上。需求结构影响价格结构，反过来又决定生产结构。因此，可想而知，在表2.7中，三个产业——食品、纺织和建筑——雇用的人口占所讨论的活跃人口中的较大部分，也就是说，占55%～60%。受雇于食品产业的员工占比较小，因为表中数据系指城市人口，而受雇于食品生产的员工大多住在农村。就格洛斯特郡而言，1608年的人口普查不仅包括三个大城市（格洛斯特、蒂克斯伯里和赛伦塞斯特），还包括其周边的乡村地区。[13]把城市和农村居民放在一起，就会发现（表2.8）食品生产和供应

64

的从业者形成了最大的群体（46%），食品、服装与建筑三个
行业的从业者加在一起可占全部男性从业者的 73%。无论小
计数（表 2.7 中为 a + b + c，表 2.8 中为 a + b + c + d）有多
高，它们还是低估了食品—服装—建筑从业者联合群体的相对
重要性，例如，"皮革"行业中有许多人制鞋，因此应归入
"服装"行业，从事与建房屋相关的"木工"也当归入"建
筑"行业。

表 2.7　15～17 世纪部分欧洲城市人口的职业分布情况

单位：%

	维罗纳 1409 年	科莫 1439 年	法兰克福 1440 年	蒙扎 (Monza) 1541 年	佛罗伦萨 1552 年	威尼斯 1660 年
a. 食品供应与农业	23	21	21	39	13	17
b. 纺织与服装	37	30	30	25	41	43
c. 建筑	2	4	8	1	6	4
小计：a + b + c	[62]	[55]	[59]	[65]	[60]	[64]
d. 金属加工	5	8	8	10	7	5
e. 木工	5	4	5	2	2	8
f. 皮革	10	7	4		7	7
g. 运输	2	3 ⎱	⎱ 22	1 ⎱	1	9
h. 其他	6	17 ⎰	⎰	21.5 ⎰	21	2
i. 自由职业	10	6	2	0.5	2	5
	100	100	100	100	100	100

来源：For Verona：Tagliaferri, *Economia Veronese*；for Como：Mira, *Aspetti dell'Economia Comasca*；for Frankfurt：Bucher, *Die Bevölkerung von Frankfurt*；for Monza：Cipolla, *Per la Storia della Popolazione Lombarda*；for Florence：Battara, *Popolazione di Firenze*；for Venice：Beltrami, *Composizione Economica e Professionale*。在本表所依据的人口普查中，家用仆人通常不包括在内。

表 2.8　1608 年格洛斯特郡 20 ~ 60 岁男性的职业分布情况

单位：%

	城市	农村	城市与农村
a. 农业	4	50	46
b. 食品与饮品	7	2	2
c. 纺织与服装	26	23	23
d. 建筑	2	2	2
小计：a + b + c + d	[39]	[77]	[73]
e. 金属加工	6	3	3
f. 木工	6	4	4
g. 皮革	5	1	1
h. 运输	3	2	2
i. 专职人员与贵族	6	3	3
j. 仆人	3	7	7
k. 其他	32	3	7
	100	100	100

来源：Tawney, "An Occupational Census," p. 36。

在讨论需求的标准和结构时我们曾提到，少数人的富有与大众的平均低收入之间的巨大差距理论上可以刺激国内对服务业的需求。不是国王才需要众多的随从。13 世纪，英国莱斯特城伯爵和夫人的家用仆人多达 60 位。在英国，像埃雷斯比领主（Lord of Eresby）这样的小男爵的家用随从包括：一位管家、一位服装管理、一位服装代理、一位牧师、一位施赈员、两位修士、一位采购员、一位司仪、两位食膳总管、两位送餐员、两位厨师、两位食品管理员、一位茶工、一位养鸟工、两位招待员、两位司烛员、一位面包师、一位酿酒师、一位陶工和两位兽医，且每位都配一个童工助理。1096 年，在英国伊夫舍姆（Evesham）修道院, 66 位僧侣由 52 位仆人服侍, 而且这还不包括为他们服务的园艺师、铁匠、泥瓦匠以及各种打杂的仆人。1393 年, 英国梅奥（Meaux）修道院中的 26 位僧侣由 40 位用人服侍。中产阶级和中下产阶级也拥有大量的用人。1551 年佛罗伦萨的人口普查表明, 佛罗伦萨没有雇用仆人的家庭只占全部家庭的 54%（见表 2.9）。

在当时的人口统计和财政记录中, 一般很难验明家庭成员正身, 因为文献记录或是限于家族的头目身上, 或是仆人与家庭成员混在一起。当然, 在一些城市的人口普查中, 家里的仆人是单独列出的。通过现有的数据进行推算, 得出的结论是: 15、16 和 17 世纪, 欧洲城市中的仆人约占家庭人口总数的 10%, 这就意味着其约占 15 ~ 65 岁年龄组人口的 17%（见表 2.10）。

表 2.9　1551 年佛罗伦萨（意大利）按仆人人数所得的家庭分布情况

	家庭占比（%）
5 人以上	5
2 ~ 5 人	18
1 人	23
无	54

来源: Battara, *La Popolazione di Firenze*, p. 70。

表 2.10　1448 ~ 1696 年欧洲部分城市家用仆人占总人口的比例

城市	年份	占比（%）
弗赖堡	1448	10
伯恩	1448	9
纽伦堡	1449	19
巴塞尔	1497	18

续表

城市	年份	占比（%）
伊普尔	1506	10
帕尔马	1545	16
佛罗伦萨	1551	17
威尼斯	1581	7
博洛尼亚	1581	11
罗斯托克	1594	19
博洛尼亚	1624	10
佛罗伦萨	1642	9
威尼斯	1642	9
明斯特	1685	15
里尔	1688	4
伊普尔	1689	7
伦敦（40 教区）	1695	20
敦刻尔克	1696	6

虔诚和迷信在创造和满足宗教服务的需求中相互加强。另一方面，广泛的虔诚使许多男女信徒加入神职人员的行列。其他一些因素也有利于神职人员数量的增加。陪送嫁妆的习俗成了大多数家庭的梦魇，危及了家庭遗产传承的完整性。在欧洲，为了解决这个难题，富裕家庭就常常把女儿送进修道院。

表 2.11 提供了 15 ～ 17 世纪欧洲部分城市神职人员的一些数据。从整个地区来看，会发现 1745 年托斯卡纳区大公爵领地有居民 890605 人，其中包括：

牧师 3955 人

神父 8095 人

僧侣 5482 人

隐士 168 人

修女 9736 人

27436 位神职人员约占总人口数的 3%。[14]贝洛赫（Beloch）估
算，在 18 世纪中叶，意大利所有神职人员人数约占人口总数
的 2%。[15]1591 年，西班牙人口总数约为 850 万人，其中有约
41000 位神父、25000 位修道士以及 25000 位修女，[16]也就是说，
牧师约占人口总数的 1.1%。17 世纪末，法国阿尔萨斯和阿朗
松地区居民总数为 409822 人，其中牧师为 4609 人，即约占人
口总数的 1.1%。1696 年，布列塔尼人口总数为 1654699 人，
其中神职人员达到 18889 人——还是约占 1.1%。在卡昂地
区，609203 名居民中有 5225 位牧师——那就是接近 1%。[17]
1377 年，在英国和威尔士，神父人数约为 24900 人，修道士
和修女约为 10600 人，在人口总数 220 万中，牧师约占
1.5%。16 世纪初期，英国和威尔士人口接近 350 万人，其中
修道士和修女约为 9300 人。[18]波兰在 1500 年前后约有 6900 位
修道士和修女、15000 位神父，波兰人口总数为 450 万，也就
是说牧师约占 0.5%。[19]这些数据使人想到，考虑到工业社会前
的人口年龄结构，人口总数的 1% 或 2% 分别是 15 岁以上年龄
段人口的 1.5% 或 3%。

从经济学的角度来看，神职人员被认为是特殊服务业生产
者，因为存在对这种服务的需求（像所有其他生产者一样，
这种需求由神职人员全力激发出来），神职人员有权利被认为
属于经济活动群体。神职人员对社区的贡献与现代社会中精神
病医生的贡献没有什么不同，而且人们也注意到，在人们不去
求助祭司的国度里，人们最终是去求助精神病医生（不利之处

表 2.11　1400~1700 年欧洲部分城市神职人员人口统计

城市	日期	总人口（千）(a)	牧师人数 (b)	修道士、修女人数 (c)	牧师、修道士与修女总数 (d)	神职人员占总人口的比例（%）		
						b/a×100	c/a×100	d/a×100
图卢兹	约 1400 年	约 23			约 1000			4.3
法兰克福	1400 年	10			225			2.3
纽伦堡	1449 年	20			250			1.3
博洛尼亚	1570 年	62			3310			5.3
威尼斯	1581 年	135	586	3553	4139	0.4	2.6	3.1
那不勒斯	1599 年	233		5702			2.4	
贝桑松	约 1600 年	11			600			5.5
罗马	1603 年	105	1241	4512	5753	1.2	4.3	5.5
克雷莫纳	1621 年	40	150	1852	2002	0.4	4.6	5.0
佛罗伦萨	1622 年	66		4917			7.5	
比萨	1622 年	15		951			6.3	
博洛尼亚	1624 年	62	138	3431	3569	0.2	5.5	5.7
威尼斯	1642 年	120	735	4171	4906	0.6	3.5	4.1
锡耶纳	1670 年	16		1755			10.9	
皮斯托亚	1672 年	8		726			9.1	
贝桑松	1709 年	17	275	571	846	1.6	3.4	5.0

是这项服务个人花费太多）。此外，在前工业化的欧洲，特别是在农村地区，教区牧师也经常履行我们现在认为属于教师和医生的职能。

69　　　传统教科书的一个很大的缺陷在于，它认定前工业化欧洲中的商人、工匠、地主和农民为在业人口，而忽略了专职人员，特别是司法人员、律师和医生。私有部门和公共部门对专职人员服务都有相当大的需求，这方面的问题在第一章已经讨论过。表2.12和表2.13给出了与部分欧洲城市主要职业规模相关的一些数据。13和14世纪的意大利城市特别提出要有一定的职业群体规模，特别是公证人员的职业规模。在10世纪到14世纪期间，意大利城市公证人员占据了官僚机构的大部分。表2.13还表示，意大利城市中医生的数量总是比其他城市要相对多，至少到17世纪末还是如此。这是否有益于民众的健康则完全是另一回事。这很可能是有害的，[20]但是如果人们准备支付医生的服务，这种服务的供给又能满足心理需求，那么无论能力如何，医生所具有的实效性一定可与神父和隐士相提并论。

表 2.12　1268～1675 年意大利部分城市的公证员、律师和医生人数与总人口的关系

城市	年份	每 10000 居民		
		公证员人数	律师人数	医生人数
维罗纳	1268	124		
博洛尼亚	1283	212		
米兰	1288	250	20	5
普拉多	1298	278		

续表

城市	年份	每 10000 居民		
		公证员人数	律师人数	医生人数
佛罗伦萨	1338	55	9	
维罗纳	1409	70	6	3
比萨	1428	90		
科莫	1439	17	12	2
维罗纳	1456	54	4	9
维罗纳	1502	40	6	5
维罗纳	1545	26	7	5
维罗纳	1605	8	17	4
卡马尼奥拉	1621	21	14	3
佛罗伦萨	1630			5
比萨	1630			9
罗马	1656			12
罗马	1675			13

来源：Cipolla, "The Professions," p. 43。

表 2.13　1575～1641 年欧洲部分城市的医生人数与总人口的关系

城市	年份	医生人数	人口（千）	医生人数/10000 居民
巴勒莫	1575	22	70	3.1
佛罗伦萨	1630	33	80	4.1
比萨	1630	12	13	9.2
皮斯托亚	1630	5	9	5.5
罗马	1656	140	120	11.6
罗马	1675	164	130	12.6
安特卫普	1585	18	80	2.2
鲁昂	1605	16	80	2.0
里昂	1620	20	90	2.2
巴黎	1626	85	300	2.1
阿姆斯特丹	1641	50	135	3.7

来源：Cipolla, *Public Health*, Chapter 2。

70   从经济和社会的观点来看，公证人员、律师和医生的重要性并未被夸大，而且可以十分肯定的是，其重要性与其规模还远不相称。首先，医药、法律和公证行业人员属于富裕小群体，其中有些可以富比巨商。医生、律师和公证人员享有高收入，也就产生了对于独特的服装、漂亮的住房、美丽的土地，以及图书、娱乐和孩子教育的需求。此外，医生、律师和司法人员给中产阶级以强大、体面、尊贵的印象，即其独有的丰裕生活是不可复制的。[21]

经济史若要言之成理，一定要讲社会史，比如价值和因素就不能单独被看作经济学术语。职业的历史需要对"抽象的"价值加以必要的具体描述。培育学术素养、加强专业训练、获取资格证书、挣得高薪收入——所有这些因素使个体得到提升，并联合成为前途远大的专业人才群。在世界史上，中世纪和文艺复兴时期的欧洲在这方面堪称典范。在世界其他地区，比如中国，医疗从业者和法律从业者的社会地位就从未达到其经济地位的高度。在某些社会中只有僧侣群体具有较高的社会地位。只有在中世纪的西欧，专业人才是完全与神职人员分开的，而且具有社会地位不断攀升的势头。在中世纪西欧，专业人才脱颖而出成为我们工业社会许多制度和特征的起源。

71   经济史学家过于关注商人、工匠、地主和农民，从而常常忽略"世界最古老职业"的代表。中世纪的圣典学者们比较现实：乔巴姆的托马斯（Thomas de Chobham）无疑是肯定妓女这个职业的，尽管她们的职业是下作的。在一般妓女与合法化的妓女之间必须做出明确的划分。首先，人们不可能希望得到足够的资料；但第二，人们可以理直气壮地认为，尽管这个行业令人羞于启齿，但却和巨大的经济利益挂钩；其三，显而易见的是，某一中心的经济发展与轻浮女子的存在数量呈一定的正相关关系。13 和 14 世纪，瑞典南部斯堪尼亚省（Scania）8 月 15 日至 11 月 9 日举行的集市（斯堪尼亚集市）闻名遐迩，不仅迎来了众多商人和渔民，还有不少与男人打情骂俏的女人。[22]

16 世纪和 17 世纪，欧洲卖淫的两大中心是威尼斯和罗马，随着工业革命的兴起，这两大中心而后被伦敦和巴黎取代。在威尼斯，出卖肉体的女郎被称作交际花，以雍容高雅而著称，如托马斯·科里亚特（Thomas Coryat）所述："威尼斯的交际花文明在整个基督教世界都很有名。"[23]16 世纪伟大的随笔作家和思想家蒙田写道，红衣主教埃斯特（Cardinal d'Este）经常去阿巴诺（Abano）洗浴，但实际上他更多是去看望威尼斯的"小可爱们"。[24]实际上，对于旅行者和商人来说，交际花只是威尼斯主要的吸引力之一，17 世纪初英国旅行者就这个话题留下过珍贵的文字。

要确定妓女的数量是很困难的。首先，对这个职业下准确定义就很难，因为在"良家妇女"和"普通妓女"之间还有大范围模棱两可的中间状态；第二，任何想要对此做调查的人难免会发现自己面临无助的境地；第三，这项课题也容易使人陷入奇谈异事中去。16 世纪，在佛罗伦萨，有人认为有"约8000 交际花"从事交易活动，[25]但 1551 年的人口普查记录显示只有三人。[26]前面的数字难免夸张，但后面的数据也与实际不符，1533 年，一位诗人看见了一张介绍 40 位风月女子的名单，上面列出了她们的姓名以及各自擅长的才艺。[27]在 16 世纪的威尼斯，那些想"一夜暴富"的人会用零钱买本小册子，里面就有"妓女价目表，从中你可以找到威尼斯全部交际花的档次和价格"。根据两位 16 世纪早期的编年史家所述，威尼斯当时大约有正式妓女 12000 人，但这个数字恐有夸大之嫌。[28]

据说，在 16、17 世纪，罗马妓女的数量在 1 万至 4 万之间。[29]这一数字也未免夸张。如表 2.14 所示，官方数据要低得多，其数量只占总人口的千分之七至九。在评估这种数据的过程中，不要忘记当时罗马牧师、修道士和红衣主教人数众多，地位显赫，妇女则微不足道。1600 年，在 109729 名居民中，女性只有 46596 人，15～65 岁年龄段女性约有 3 万人，统计中有记录的交际花为 604 人，约占罗马成年女性总数的 2%。对于一座圣城来说，这个比例颇高，特别是在这些数据专指经过官方认定的妓女的情况下。

表 2.14　1598～1675 年罗马官方承认的妓女的人数与总人口的关系

年份	总人口	妓女人数	妓女数/1000 居民
1598	97743	760	8
1600	109729	604	6
1625	115444	940	8
1650	126192	1148	9
1675	131912	889	7

来源：Schiavoni, "Demografia di Roma"。

这一社会群体在经济上的重要性与其人口数成正比。17世纪初，托马斯·科里亚特这样描述威尼斯：

她们（交际花）中有一些生活节俭，将靠肉体挣来的钱积攒起来，晚年过上富足的生活：许多人腰缠万贯，比得过埃及的拉多普（Rhadope）、罗马的弗洛拉（Flora）或科林斯的拉伊斯（Lais）。比如出资建造奥古斯都大修道院的玛格丽塔·艾米丽亚娜（Margarita Aemiliana）就是其中的一位。[30]

与此同时，法因斯·莫里森（Fynes Moryson）写道：

> 一般每个交际花都养一个自己的情人，除了客户之外，她的笨蛋先生养着她，她的石榴裙下永无宁日。富翁为美人租豪宅、雇用人，而普通人则合伙寄宿，人们称之为无赖，在威尼斯，他们要支付自己收入的五分之一，即 20 先令中的 5 先令，支付床上用品、衣服和宴会以外的账单，用光花光就出去借钱或向同伙或用人讨要。

正式的妓女要交税，这在大城市是财政收入的一笔重要来源。据罗伯特·达灵顿（Robert Dallington）所述，16 世纪末，托斯卡纳大公"拥有妓院管理费，据说仅佛罗伦萨一年至少就有 3 万克朗"[31]。1566 年，在罗马，庇护五世试图将妓女逐出圣城而未能如愿，其原因如威尼斯大使保罗·蒂耶波洛（Paolo Tiepolo）所说：

> 驱逐妓女，殊非易事，须知多少人与之藕断丝连，这样将有超过 25000 人离开这座城市；罗马的税吏们也明白，若妓女被逐，她们或是放弃契约，或是

73

要求每年补偿两万杜卡特。[32]

意大利这个奇特的国度总是选择妥协。科里亚特在文章中描述过，威尼斯奥斯定会修道院（monastery of the Augustinians）就是一位妓女出资建造的。在罗马，妓女有义务向转变信仰的修道院赠送部分财产。当庇护五世致力于修建和装饰奇维塔斯－皮亚（Civitas Pia）街区的时候，作为筹集资金的一个权宜之策，他发布公示要求妓女向他神圣的建设事业义务捐资至少500·斯库多。[33]

如前所述，把农村人口全部认定为农业人口，以及把城市人口全部认定为第二和第三产业的从业者都是错误的。在郊区还有种菜的或干基本农活儿的工人。另一方面，在小型农村社区和半农村社区，还会有工匠以及少数专业人员。如克里斯托弗·戴尔（Christopher Dyer）所说，在对村落遗址的考古挖掘中经常会发现缠有纱线的纺线杆，这表明用纺线杆纺纱几乎是普通村妇的普遍做法。大规模的工业就业常常限于局部地区，比如采锡、炼锡工种的就业人数占康沃尔人口的十分之一。森林本身为各类工匠，如陶工、玻璃匠、制桶匠、车夫、修车匠、造箭工、制弓匠、烧炭工等提供了各种各样的就业环境。1435 年，洛梅洛镇（伦巴第）大约有五六百人，其中至少有两个裁缝、一个织工、一个教师以及其他工匠。[34]1541 年，蒙扎（伦巴第）地区的农村中心人口不足二百，做农活儿的人占人口总数的 75%；余下的 25% 中有工匠、商人、车夫、船夫等等。[35]16 世纪中叶，在英国米德尔的什罗普郡教区，整个农村的总人口大约为 350 人，成年男子中约 11% 为工匠——

铁匠、木匠、制桶匠、裁缝、鞋匠，一般来说，多数人都是微不足道的农夫。[36]1599 年，在英国米德尔塞克斯郡（Middlesex）的伊灵（Ealing）农村教区，426 人中有三个裁缝、一个铁匠、一个木匠、一个修车匠和四个办事员。[37]1691 年，在法国拉吉约勒（Laguiole）农村教区，990 人中有一个律师、六个理发师兼医生、一个教师、五个高级工匠、八个初级工匠、四个高级裁缝、三个初级裁缝、一个建筑师、三个高级瓦匠、三个初级瓦匠、两个木匠、八个编织匠、一个玻璃匠、三个锁匠、一个羊毛商等等。[38]

农村和城市技术工人的出现是制造业成功的重要因素。目前的经济分析倾向于强调人力资本的重要性，但这并不是现代人的发现，准确来说这应该是一个重新发现。在中世纪和文艺复兴时期，人力资本和经济繁荣的关系被认为是天经地义的。政府和王室都积极争取吸引工匠和技术员，防止他们外流。关于技术传播的问题我们在下篇中还要论述。这里只是举一个重要的例子。

1230 年，博洛尼亚公社推出了明确的经济发展政策。这个政策的目的是鼓励纺织业的创建和发展，特别是毛织品和丝织品。为了达到这个目的，公社宣布，愿意到博洛尼亚来创业的手工业者均享受以下待遇：

a. 公社赠送一台拉绒机（或价值 4 里拉的等价物）和两台织布机（或每台价值 2 里拉的等价物）

b. 送 50 里拉无息贷款，以支付初始安装费、原材料费、安家费等等

c. 15 年内免除全部税收

d. 即刻享有公民权

1230～1231 年这两年中，有 150 位手工业者带着家眷及助手来到博洛尼亚定居。（当时博洛尼亚的人口达到 25000 人之多。）博洛尼亚公社按照这种许诺慷慨发放了 9000 里拉，这在当时是一大笔钱。[39]1385 年，这个行动又重复了一次，在 1385 年到 1389 年期间，有 200 多个工匠（不包括其亲属）移居到了博洛尼亚。

博洛尼亚的实例特别有趣，因为它发生的时间很早，从人力和财力上看，其行动的规模很大，而且文献资料也很好地被保存了下来，但是如我们在第六章会看到的一样，在随后的几个世纪中，我们会遇到很多类似的实例。这表明，在欧洲任何地方，公共权力都高度意识到了雇用技术劳工对经济进步是多么重要。

从一种绝对意义上和与其他部门的劳工投入关系来看，某一经济部门雇用的劳工的数量，能部分揭示出该部门劳工的有效数量和质量，但并非全部。很多取决于实际投入的工作天数、每个工作日的工作时数、工人的生理和心理状况，以及工人的受教育程度和技术培训水平。

一份注有 1595 年日期的伦巴第文件记录道：

> 一年 365 天，96 天为宗教节日，还剩下 269 天，其中有很多天都被消磨掉了，主要是在冬季，但也在其他时节，由于下雨和下雪。一年还有另一部分被消磨掉了，因为除了六、七、八三个月，并非每一个人

都总能找到工作。[40]

这里谈到的文件提到农业劳工，而且指出，宗教节日以及气候和季节因素对实际投入生产活动的劳工数量有一种明显的影响。从传统上讲，宗教假期非常多。根据上面提到的文件，伦巴第一年共有 96 天宗教假期，在 16 世纪，威尼斯一年有 80 到 90 天宗教假期，佛罗伦萨有 87 天。[41]在新教的欧洲，宗教改革运动使其数量明显减少。[42]

气候条件和季节性需求波动对农业和建筑活动打击特别大。因此，农业和建筑部门雇用的劳工的比例，往往会过高估计投入在这两个部门的劳工相对于投入在其他经济部门的劳工的比重。[43]

我们对工业革命之前的劳动力的生理和心理状况知之甚少。但我们确实知道劳动大众生活在一种营养不良的状态下，这引起了营养缺乏症以及其他病症。污秽脏乱流行是引起令人烦恼和痛苦的疾病的原因。此外，在某些地区还有疟疾流行，以及引起呆小症的择偶限制带来的有害影响。1835 年，路易－勒内·维勒梅（L. R. Villermé）写道：在法国，从下层社会征募的 343 名新兵当中，只有 100 名适合服军役。[44]除了所有这一切之外，还应该加上由于在可怕的有害环境里从事某些行业，以及处理有毒物质所造成的职业病的影响。

不管从单独还是整体来看，这些因素都对有效劳力输入的数量和质量产生了一种消极影响。欧洲前工业化时期的很多工艺品的美丽和完美不可避免地给人留下这样的印象：当时的工匠从工作中获得一种满足感和尊严，而这与当代工业中心冷酷的组装线风马牛不相及。

人们对工业革命前广大群众受教育的水平知之甚少或一无所知。11 和 12 世纪的城市革命随着公共学校的兴起而进入一个新纪元，很多城市的初等教育有了显著的进步。在佛罗伦萨，乔瓦尼·维拉尼在 1330 年左右记录道："有 8000 到 10000 名"男孩和女孩在学校学习如何读书，"有 1000 到 1200 名男孩"在学校"学习算盘和算数"。[45] 我们从其他来源知道，佛罗伦萨儿童五六岁入学，学习读书和写作。到 11 岁，愿意且有能力的可继续在六所算数学校学习两到三年。1338 年前后，佛罗伦萨有居民 9 万左右。从现在掌握的当时的人口年龄结构来看，5～14 岁年龄组肯定有 2.3 万人左右。如果维拉尼的数据是正确的，那么就有超过 40% 的人上过学。一份注有 1313 年日期的文件表明，在佛罗伦萨，可以理所当然地认为，一个工匠应该会"读写和记账"，众所周知，很多佛罗伦萨小工匠所写的家史文笔流畅，而且对我们有教育意义。[46]

佛罗伦萨在 14 世纪是欧洲的先锋。在 15～16 世纪，一个城市接着一个城市以它为榜样，但是初等教育在大众中普及依然是一个典型的城市特征。在新教国家，宗教改革运动成功地在农村人口中传播阅读和写作基础知识，但在天主教国家，直到现代，大多农民还是文盲。17 世纪中叶，西欧主要城市的成年人中文盲不足 50%，而在其他地区，这一数字在 50%～90% 这一范围内浮动。[47]

这种教育状况致使我们在一种经济背景下探讨教育和职业培训。

抚养和教育孩子就得花钱。如果一个年轻人处于工作年龄

而派他去上学，那么他不生产本身就会让经济付出代价。在派 77
他去工作的情况下他能够生产出他在学校无法生产出的东西，
也就是一种在抚养和教育中被放弃的经济收益，代表一种机会
成本。

这种成本为家庭和社会所承担，以期获得未来的收益。对
一个人的抚养和教育的开销是一种投资，这可以与建设一座工
厂做类比。在建设过程中，工厂也不生产，建设成本由预期的
未来收入承担。在一个人的教育过程中，如同在一座工厂的建
设过程中，投资可能成功也可能失败。一个在学校不用功、成
绩差的学生相当于一座粗制滥造的工厂，当生产开始的时候，
缺陷就会显现出来。

前工业化社会的贫穷不允许大量投资人力。就学几年对很
多人来说是一种负担不起的奢侈，特别是在乡村。学徒制具有
一种优越性，年轻人在学习的同时还能生产；因此，他们受教
育的机会成本实际上就被消除了。实际上，所有的职业和技术
培训都是通过学徒制的方式进行。

17 世纪初，在威尼斯，接收学徒的年龄在 10 到 12 岁之
间（见表 2.15）。平均学徒期依行业而不同，例如：

土壤产品的装储和销售：5 年

服装生产或私人服务：3 年

其他行业：5 年

行会对职业教育进行十分严格的管控，在有些情况下，它偏向 78
于自己成员的子女，它们甚至组织学校课程，讲授阅读和写作
基础知识。[48]

表 2.15　17 世纪威尼斯部分职业收纳学徒的年龄限制

职业	年龄限制	
	最小	最大
修补匠		16
染工		20
编织工	12	17
石匠	11	13
敛缝工	10	20
画匠	14	16
金匠	7	18
香肠师	16	18

来源：Beltrami, *Popolazione di Venezia*, pp. 198－99。

起初，高等职业培训——法学、医学和公证艺术——也是通过各种不同的学徒形式进行。但从 12 世纪末开始，更为明确地是在 13 世纪，专科学校崭露头角，从而大学应运而生。

就业统计带来的主要麻烦在于，它们鼓励我们把人当作土豆来看待。考虑一个工人所受的教育及其生理和心理素质，是朝着正确方向迈出的一步，但却是很小的一步。在任何就业统计数据中，米开朗琪罗将扮演"头号雕刻家"的角色；而如果统计数据相当先进，或许可以把他计入"受过十年多教育的工匠（或艺术家）"之列，而那将是统计数据的灭顶之灾。我们所掌握的统计数据遗漏了工作的最重要特征，即人的因素，从数量角度无法对其最深刻的意义加以衡量；抑或，如果可以对其加以衡量，我们还没有发现该如何衡量。米开朗琪罗是一个极端的例子，但是精心准备和实施的工作与匆忙草率和漫无目的的工作有天壤之别。我们所谓的工作不仅包括非技术性劳动，还包括各种各样的生产活动。有机会对发达和不发达社会做对比的人都会很容易认识到，两者之间的差别在于上层和下层两种阶级中的"人力资本"的价值。困扰不发达国家的麻烦，与其说是缺乏资本或技术知识落后，不如说是人的素质低下：不发达国家的企业家没有什么价值，工人的价值就更加微不足道，教师不称职，学生游手好闲，统治者治国无方，公民缺乏任何文明意识，这是一个国家一直不发达的原因。一个国家资本短缺及技术和行政管理落后，与其说是其不发达的原因，不如说是结果。

教育对于认可人力资本的提升起着重要的作用，但仅靠教育还不够。要使一个社会良好运转，心理和道德品质也至关重要：合作精神、诚实意识、宽容、自我牺牲、主动性、毅力、求知欲、乐于探索等等。对这些因素的分析是社会科学中最困难和最易受忽视的领域之一。计量经济学方法特别不适合这类调查研究，而其他类分析往往十分模糊不清，毫无结果可言。

前工业化欧洲城市社会的基本特征之一在于联盟的倾向，从 12 世纪末起，该倾向越来越明显。如果在之前的世纪里，人们在一种对强大势力（封建主义）的服从中寻求对自我利益的保护和捍卫，那么，随着城市社会的崛起，寻求个人利益的保障主要在于与和自己旗鼓相当的人联合起来。这是城市革命的实质。公社起初只不过是市民共同起誓的联盟——超级联盟，完全超越以公会、行会、公司、协会、会社或大学的名义结成的特殊联盟。

阶级和群体冲突对于谁能或不能建立行会起着十分重要的作用，一个群体的占优势或衰落对于对立群体联合成立一个法律认可的行会是机遇（或丧失机遇）。在行会内部，明确的位次顺序忠实地反映了权力的分配。在整个 13 世纪，商人行会对欧洲舞台的统领依然未受到挑战。在随后的诸世纪中，各种不同职业逐渐获得权利，建立自己的自治行会，手工业行会的影响力变得越来越大。

各行会都会满足一些要求。在行会的各种不同任务当中，通常有集体组织宗教仪式、慈善事业和互助活动的任务。这种任务并非放烟幕弹。对当时的手工业者来说，自己的行会参加镇上的游行活动，以纪念守护神或圣母玛利亚，这如果不比参加一次工资和生产讨论更重要的话，至少也是同等重要。行会的重要作用在于为其会员提供帮助，为其会员子女提供教育，以及建立和实施生产质量监控。

所有这些作用都不应该受到低估。但也不应低估这一事实：所有行会的基本目的之一就是管控和减少自己会员当中的竞争。就劳工供给而言，行会旨在对新会员准入及其进入劳务市场实行严格控制。另一方面，当雇主之间的竞争成问题时，只要是涉及对劳动力的需求，法人团体总会发挥作用，对其会员之间的竞争进行管控和严格规范。因此，在对 18 世纪之前几个世纪的就业及工资水平和结构的任何研究中，行会的行动都必须占据一个突出的位置。

80

资本

有形资本是指由人们生产出来的且没被消耗的商品，它要么作为生产投入被用于进一步生产，要么被储存起来以供将来消费。资本可以有效地分为固定资本和运营资本。

固定资本由人们在一定的生产周期中反复使用的经济产品

组成。机械工具是经典类型的固定资本，但是铁铲、犁、桶，以及船、车和桥也是固定资本。

约翰·希克斯（John Hicks）爵士在几年前写道：

> 什么是我们区分现代工业与手工业的基本标志？……这是对我们正在寻找的两种工业之间的差别的一种提示。
>
> 一个商人的资本主要在于运营资本或流通资本——周转资本。一位特定的商人实际上也可以使用一些固定资本，即一间办公室、一个仓库、一个店铺或一条船；然而，这些只不过是他经营的重点商品的储藏容器。他所使用的任何固定资本都基本上是边缘的。
>
> 只要工业还处于手工业阶段，手工业者或工匠的地位就不会有很大差别。他确实拥有工具，但是他使用的这种工具通常不是很有价值；其资料的周转是其生意的中心。就是在固定资本流入或开始流入中心地位之时才发生革命。在现代工业之前的时代里，唯一被使用的，而且在生产中吸收了相当数量资源的固定资本物品，就是建筑物和交通工具（特别是船只）。[49]

固定资本是随着工业革命才获得了一定程度的重要性，即使在那时，即工业革命的最后阶段，这一命题也从来没有受到过质疑，事实上，它被一些学者反复强调。[50] 然而，即使作为首次提出的一个大体近似的观点，该声明也需要限定条件。

不容否认，固定资本在 11 世纪之前无足轻重，当时所有形式的资本在任何情况下都处于严重的供给短缺状态。8 世纪的文件清楚地表明，大型庄园因牲畜短缺而受到影响。[51]在 9 世纪，圣日耳曼德佩修道院拥有的位于巴黎之外的 29 家农场当中，只有 8 家有水磨（虽然总数为 59 台）；在 10 世纪初，圣贝尔唐修道院的记录把建造一台磨当成一件非同寻常的、令人羡慕的事件。[52]

81　　但是自 11 世纪以来，情况发生了相当大的变化。水磨和风磨急剧增多，成为乡村景观中的一个普遍特色。在近 11 世纪末的英国，有 5600 台磨在运行，在有些地区，如萨里郡（Surrey），每三十五户记录在案的家庭就有一台磨。[53]1350 年，在皮斯托亚（意大利）领地，近乎每二十五个记录在案的家庭就有一台磨。[54]在时间的历程里，磨的数量不仅持续增多，而且其单位功率也增长。接近 18 世纪末，西欧有 50 多万台水磨在运行，其中很多不只有一个轮子。

除了水磨和风磨之外，在公元 1000 年之后的世纪里，与农业相关的建筑物在数量和体积上都有增长。谷仓特别值得一提，因为其中很多不仅代表一大笔投资（见表 2.16），而且建造得相当美丽，以至于在建筑史上可以与城堡和教堂相提并论。[55]

表 2.16　13 世纪建造的部分谷仓的体量

	立方英尺
乔尔西（伯克郡）	482680
比尤利 - 圣伦纳兹（汉普郡）	526590
沃勒朗（Vaulerand，法国）	869980

来源：Horn and Born, *The Barns*, p. 41。

随着建筑物在数量和体积上扩大，工具也得到了改进，并得以大量生产。尤为重要的是，牲畜更加充足。[56]马、牛、羊是一种特殊固定资本。（我称之为一种特殊资本是因为在必要或方便时牲畜可以被消费掉。）从 11 世纪末到 12 世纪中叶，在英国东部 9 座林士修道院（Ramsey Abbey）的庄园里，役畜数量增长了 20%～30%。[57]13 世纪末，在面积超过 2 万英亩的基耶里（Chieri，属于皮埃蒙特）领地上，每 100 英亩就有 4 头牛和 6 只羊。[58]1336 年，莫顿学院（英国）拥有约 1900 英亩的土地，其中三分之一为可耕地，其上每 100 英亩有 4 匹马、12 头牛和 60 只羊。[59]米兰北部布里安扎（Brianza）的 6 个乡村教区在 1530 年有超过 7 岁的人口 11058 名，低于 7 岁的孩子 762 名，牲畜 1823 只。因此，每 100 名年龄超过 7 岁的人就有大约 7 个孩子和 16 头牲畜。[60]属于伊莫拉（Imola，意大利城镇）医院的土地上有 96 人，其中有 33 名工人，他们使用 51 头牛和 37 只羊，牛对劳工的比例约为 1.5∶1。[61] 1471 年，对法国格拉斯、卡斯特拉讷（Castellane）、纪尧姆（Guillaume）和上普罗旺斯地区的圣保罗 – 德旺斯（Saint-Paul-de-Vence）所做的一项调查得出下列结果：[62]

82

	聚集地数量	家庭数量	驴、骡、马数量	绵羊、山羊数量	牛数量
总计	70	3167	2494	114837	5498
平均：					
每处聚集地		45	36	1641	78
每户家庭			0.8	36	2

以下数据是对英国各地在 1560 年到 1600 年期间数据的估算：[63]

	农民劳动力占有各类牲畜的比例（%）		每 100 名劳动力占有的牛数量
	奶牛、小牛、小母牛	其他牛	
北部低地	74	26	227
南部低地	84	16	197
东部地区	82	18	122
中部林区	92	8	142

从上面引用的数据可知，牲畜与土地、牲畜与劳工及牲畜与人口的比例因地区和时期不同而有很大变化。但是，牲畜随时随地都是一种固定资本，它对于生产系统而言绝非"边缘的"。近 17 世纪末，威廉·配第计算道，如果英国所有农业土地的价值可估算为 1.44 亿英镑，那么牲畜的价值可估算为这一总数的四分之一，即约 3600 万英镑。[64]在很多地区，牲畜在中世纪和文艺复兴时期要比在现代充足得多。前面提到的 1471 年所做的调查涵盖了普罗旺斯的 70 个地点，下面对其中 6 个的数据与其现代数据做了比较：[65]

	家庭数量	绵羊和山羊数量	牛数量
1471 年	863	25050	1451
1956 年	12834	471	407

马、牛、羊不仅仅是农业的资本。羊为羊毛产业提供原材料；马和公牛是交通运输不可或缺的动物。此外，军队部门也严重依赖这种资本。从 15 世纪起，随着马和骡子逐渐在军事行动中作为交通工具取代公牛，军队运行速度有了提高。

在 19 世纪下半叶的几个欧洲国家里，人口统计表不仅包括人口，而且包括马和骡子；列举的目的主要是军事性的。到1845 年，据估算，欧洲主要国家所拥有的马和骡子的数量如表 2.17 所示。

表 2.17　1845 年左右欧洲部分国家中马和骡子的数量

国家	马和骡子的数量
奥地利（帝国）	270 万
法国	270 万
英国	230 万
意大利	100 万
普鲁士	150 万
俄罗斯	800 万

来源：Balbi, *L'Austria*, p.165 and *Annuario Statistico Italiano*, 1857, p. 554。

上述提到的作为一种资本的牲畜的优点在于，在必要或适当时刻，就可以将之杀掉作为食物消耗；其成本并非完全是沉没成本。另一方面，牲畜作为一种资本的缺陷在于它易于受到攻击。在中世纪和文艺复兴时期的欧洲，家畜流行病发生的频率和灾难性并不亚于人类流行病。[66]有时候这类疾病具有国际政治意义，如在 791 年的潘诺尼亚，查理曼的马死了十分之九，这位法兰克之王便在军事上遇到了极大困难。[67]一种动物流行病更多时候只对局部有影响，但是其给整个地区带来悲剧的情况也并非罕见。1275 年，"有一位法国富人把一只西班牙母羊带到了诺森伯兰郡，这头母羊有两岁牛犊那么大，它正在溃烂，随后整个国家都受到感染，并蔓延到了整个地区；这次家畜瘟疫持续了 28 年"[68]。弗里亚西（Frisia）在 1713 年到 1769 年间遭受了重大家畜流行病，蒙

受了下列损失：[69]

> 1713 年 12 月～1715 年 2 月：66000 头牛
>
> 1744 年 11 月～1745 年 8 月：135000 头牛
>
> 1747 年 11 月～1748 年 4 月：23000 头牛
>
> 1769 年 5 月～1769 年 12 月：98000 头牛

牛的死亡对当时经济造成的后果堪比会使当代经济中的机器和发电站遭受毁灭的大火造成的后果，而且无法弥补，因为事实上，在马、牛、羊当中，不育症传播非常广泛。在蒙塔尔德奥（Montaldeo，位于意大利）领地，1594 年到 1601 年期间对 49 头乳牛所做的一项调查表明，患有不育症的比例大约为 50%，它们只产下 25 头牛犊；蒙塔尔德奥的羊的不育症比例甚至更高，大约为 70%～75%。[70]

尽管马、牛和羊羸弱矮小，常常忍饥受饿，不能生育，但它们还是一种极为有价值的资本。供给受限，需求旺盛。在 17 世纪的蒙塔尔德奥，如果一个人每天劳动 10 至 12 小时，那么他必须积攒 100 天的工资才能买一头奶牛。在 18 世纪初，必须卖 50 多公升酒才能买一头小猪。[71]

这种资本的价值对贫困大众是一种诱惑。费尔南·布劳岱尔写道："……在 19 世纪初的英国，小偷和偷马贼自成一个阶级。"[72]事实上，偷牛贼构成了一个兴旺发达、人数众多的阶级，不仅在英国，而且在所有欧洲国家都是如此。

与人们的期望相反，固定资本并非处于边缘，甚至在第三产业也是如此。对 15 世纪伦巴第药店的一项调查表明，其周转资金仅相当于投资的 30% ~ 35% ；而以家具、花瓶、研杵和研钵、玻璃器皿、蒸馏器、冷凝器等为形式的固定资本则达到了 65% ~ 70%。[73]

在运输部门，必须把水路运输与陆路运输区分开来，对后者来说，必须把长途运输和地方运输区分开来。直到 16 世纪，在长途陆路运输中，马和骡子一直是固定资本的主要形式——到 16 世纪下半叶才有足够的道路允许广泛使用板车和马车进行长途旅行。另一方面，板车很早就被用在了地方陆路运输上，对于农产品来说尤为如此。不管从哪个观点看待事物，以役畜、驮畜、帆船、舰船、板车和马车为形式的固定资本在运输服务中都不处于边缘地位。

固定资本的重要性在工业革命之前的生产过程中纯粹是边缘性的，这个命题对制造部门来说十分有效。如上所述，博洛尼亚公社在 1230 ~ 1231 年邀请了一些外国工匠创建丝绸和羊毛制作企业，市政府为每位工匠提供了一台当时价值为 4 博洛尼亚里拉的拉绒机和两台价值各为 2 里拉的织布机。因此，一个生产单位必要的固定资本的价值被认为是 8 里拉。与此同时，公社还为每个工匠贷款 50 里拉，用于工厂的创办和启动、购买原材料以及家眷抚养等项开支。工匠保证在 5 年内还付 50 里拉的借贷。这一事实表明，在正常情况下，企业必要的固定资本价值，如我们所见，为 8 里拉，可以在一年内分期还付。其他这类事例也不难举出，只是要做一些论证罢了。就博洛尼亚的纺织生产企业而言，其生产过程并不完全在工匠的房子里完成。从很早开始，作坊就用来漂洗布匹，作坊是用固定资本进行的一大笔投资。在多个世纪中，博洛尼亚在本土建造作坊用于丝绸制作。到 17 世纪，这种作坊达到了极高的机械精密水平，代表着一种重要的投资。托马斯·洛姆（Thomas Lombe）爵士在 18 世纪初期模仿博洛尼亚作坊所建造的作坊由 25586 个纺轮和 97746 个部件组成，巨大的驱动轮每旋转一圈能生产 73726 码丝线。[74] 采矿部门需要用机械泵水，提升、运输矿石；在 15、16 世纪，这种机械往往很庞大。在波兰的一个铅矿里，大约要使用 100 匹马来操作一台泵水装置，16 世纪下半叶，有一条 32 公里长的下水道开挖，当时挖一公里的成本大约相当于奥尔库什（Olkusz）矿镇中心的 15 所房子的价格。在船舶建造部门，水池、船坞、车间、器具和起重机代表了大量的固定资本。在中世纪后半期和现代早期，威尼斯兵工厂因其规模、设施和材料库存而实至名归。在 17 世纪的英国，肯特造船厂在查塔姆（Chatham）、德特福德（Deptford）、伍利奇（Woolwich）和希尔内斯（Sheerness）的固定资本价值大约为 76000 英镑（见表 2.18）。如果我们接受格雷戈里·金对 1688 年英国国民收入的估算（根据表 1.5，为 4350.6 万英镑），76000 英镑的总数几乎相当于英国年国民收入的 0.2%。

表 2.18　1688 年四家主要海军造船厂的厂房固定设备情况

	码头数量	车间数量	仓库数量	工人住宅数量	起重机数量	工厂价格（英镑）
查塔姆（Chatham）	5	24	10	10	4	44940
德特福德（Deptford）	1	17	2	7	2	15760
伍尔维奇（Woolwich）	2	5	1	7	2	9669
希尔内斯（Sheerness）	1	3	1	8	12	5393

布鲁日的大型起重机。这台机器是前工业时代欧洲一种典型的固定资产。人们很容易注意到，其主要问题是动力来源，这台起重机不得不用人力来操作。巴伐利亚国家图书馆馆藏。

但是毫无疑问，除了特殊工业之外，在制造部门，固定资本的规模通常是有限的。况且，由于当时的机械和设备相对简单，沉入制造企业的固定资本的最大部分为建筑物所代表。18世纪末，在热那亚共和国（意大利）运转着的五个工厂里，固定资本的结构如下：[75]

87

	建筑物价值占比（%）	设备价值占比（%）	总计
捻丝厂	87	13	100
造纸厂	87	13	100
造纸厂	85	15	100
造纸厂	85	15	100
熔炉	100	—	100

一种重要的固定资本为武器所代表。一个前工业化国家的军备与一个现代工业国家的武器相比也许看似少得荒唐，但是从它与当时国民生产总值的关系来看，它却代表着一笔相当大的投资。此外，虽然在现代国家，掌握在私人手里的武器与公共权力控制的武器相比实际上微不足道，但是前工业化欧洲的情形则完全不同。特鲁瓦在法国是一座中等城市，1417年那儿大约有2300户人家。官方对所有住户的一次检查表明，当时市民拥有208件夹克，51副全套盔甲，109副护胸甲和外套衬衫，199副马甲和锁子甲，73件外套，49件锁子铠甲和亵服，785个轻便头盔和活动头盔，151个开面盔和轻钢盔，271把十字弓，547把带有自动后坐力和手动控制的毛瑟枪，4座加农炮——其中1座是蛇形加农炮，389把骑枪，855把短柄小斧和锤头，1047只长矛，201只标枪、双钩骑枪和矛，37副弓，657个铅铜铁合金双头锤。此外，镇上商人的店铺在售

的有：69 件夹克、6 副全套盔甲、1 副带有装饰的护胸甲、5
件套装、6 件马甲、79 把骑枪、110 个轻便头盔、16 把钢制十
字弓、8 把锤子、56 把剑、17 双铁手套。[76] 不可否认，法国历
经了一个动荡的时期，特鲁瓦市民十分担心路易十一世和大胆
的查理之间的战争会带来的后果。然而，即使在比较和平的时
期和比较安全的地区，如果把个体公民手中的军械和公共权力
所拥有的武器加在一起，人们就会发现，那种特殊的资本代表
着一笔数量可观的财富。

没有可靠的统计数据来准确评估前工业化欧洲各种不同的
固定资本的相对重要性。现有的唯一数据就是英国的格雷戈
里·金在 1688 年所做的有根据的推测（见表 2.19），这种推
测似乎可以证实人们对现存记录所提供的意外的零星信息的一
般印象，也就是说，可用于再生产的固定资本的最重要种类是
建筑物，其次是牲畜，而工厂、工具和机械排第三位。

88

表 2.19　1688 年格雷戈里·金对英国资本的估算

		英镑（万）
固定资本	建筑	5400
	家畜	2500
	厂房、工具与机械	3300
运营资本	存货与库存	
	总计	11200

来源：Deane, "Capital Formation," p. 96。

如果要区分固定资本的各种不同用途，人们就会注意到教
会和修道院比比皆是。15 世纪，像帕维亚（意大利）这样的
中等城市有约 16000 人口，却有 100 多座教堂，而这也绝非特

例。另一方面，医院病床稀缺，直到进入 19 世纪很久以后，欧洲的各个地区都有让两三个病人挤在一张床上的习惯。此外，桥梁少，公路不足，但城堡却不计其数。

资本在各种不同形式和用途中的分布受到技术以及经济和文化因素的影响。一边宏伟的教堂拔地而起，另一边医院病床严重不足，两位或更多位病人不得不挤在一张床上，这反映出财富分配的不均，以及一种特殊的优先顺序。如果说在桥梁寥寥无几、公路屈指可数的情况下，富丽堂皇的私人豪宅被建造起来，那么这种不平衡反映出一个事实：从各方面来看，公共机构只能吸收有限的一部分可利用资源。但这种解释也不能完全自圆其说。病床不足的医院却装饰有昂贵的艺术作品；不建桥梁的国家却把大量资源用于军事支出。投资方向过去和现在都取决于需求结构，也就是说，取决于价值的品位和标准。

运营资本主要由**库存资产**组成，这可以简单地分为：

a. 原材料库存

b. 半成品库存

c. 成品库存

89　毫无疑问，在前工业化的欧洲，运营资本相对于固定资本的比重远远高于现今的比重。造成这种差别的原因如下。某一社会在一个具体时期内的最大可能消费是由库存量加当前生产量决定的。因此，库存同时是当前生产波动强度和需求的刚性两者的函数。前工业化欧洲经济生活的特征在于收成的剧烈波动、运输安全的缺乏，以及随之而来的食品和原材料供给的不稳定。运输成本昂贵使得低价商品的运输变得不经济。结果，人们通常只要可能就增多食品库存，商人通常建立起充足的原材料和/或成品货物的库存。食品库存特别重要。我们前面在第一章中看到，公共当局不遗余力地增强和维护食物库存。同样的态度也在家庭层次盛行，饥荒和饥饿的幽灵不断在人们的意识里若隐若现，这是一种由恐惧引起的投资。意大利北方小城帕维亚在 16 世纪中叶大约有 12000 名居民。有一年，这个社区从周围领地获得了 28000 袋小麦（接近 10 万蒲式耳）以供目前消费。1555 年，人们在家中存有约 3700 袋小麦。[77]当时已经到了五月，最多储存量的十分之一就可以满足当年直到收获季节的消费。因此，剩余的 3330 袋属于长期储存。

读者会注意到，这种关于食品储存的讨论是以投资为依托的。把小麦和面包当作资本处理似乎会使有些人感到奇怪。事实上，小麦和面包被消费时就成了消费商品。但是当它们免遭消费而被储存时，像小麦和面包一样的商品根据定义就成为被我们称为资本的财富储存的一部分。资本的形成以未来为导向，资本供给取决于它承诺的未来的消费数量和它带走的当下的消费数量。

创建和维护储存会产生费用。有与仓储有关的成本，也有与全部或部分产品变质有关的成本。如果商人通过借款建立库存，他的成本还包括要支付的利息。如果商人用自己的资产建立储备，他就会承担机会成本。

因为储存要花钱，所以存量往往会压到最低，工业世界不会像前工业化的欧洲一样，在承载不安全的重负和运输的高成本的过程中运行，因此，今天的运营资本相对于固定资本的比重有了明显的降低。然而，即使在今天，出于对国际复杂情况和冲突的担心，战略物资和基本生活必需品的储备也在明显地增长，这不禁令人回忆起在前工业化欧洲流行的状况。

到现在为止，我们只提到了货币成本。但在前工业化欧洲，食品储存还意味着当时人们没有意识到的一种高外部成本。储藏大量粮食是老鼠种群大量繁衍和昌盛的根源，这反过来又成为瘟疫和斑疹伤寒经常流行的根源。

储存代表运营资本，与固定资本相比，储存的波动性要大得多。固定资本沉没，被赋予一种特殊的形式（一个建筑物、一台机器、一艘航船），最多只能被从中逐渐释放出来。一旦投资沉没在固定资本里就很难撤出。运营资本与之相反，会不断地周转，不断回流，以进行再投资。当投资采用运营资本的形式，撤回投资就比较容易：可以卖掉存货（如有可能），而不再加以补充。

这意味着存货构成现存资本的一大部分，撤资与一大部分投资沉没在固定资本里的情形相比，规模更大，程度更剧烈。大衰退并非现代经济独具的一种特色。前工业化时期的衰退也可能十分严重，其原因之一在于运营资本的相对规模和波动性。意大利北部和中部在1619~1621年和1630~1632年发生严重萧条是经典的危机案例，危机导致库存量急剧减少，危机又因此而加剧。

由于刚才所阐述的原因，许多累积资本都采取储存的形式。储存是一种稳定性资本而不是一种促进发展的资本。进而言之，由于财富高度集中而产生积蓄这一事实意味着，这种积蓄会被用于军事投资（塔楼、壁垒、城堡）、宗教投资（大教堂、小教堂、修道院）和奢侈品（宫殿、艺术品），而不是被用于更多种生产投资。还应该记住，只要大多可利用能源来自动物或植物，投入生产的边际收益就注定会急剧下降。对于中世纪的农业而言，波斯坦（Postan）教授写道：投资如此受限的原因与其说是"储蓄潜力小"，不如说是实际上"生产投资的机会极其有限"。我认为这种观点不仅适用于中世纪的农业，也适用于欧洲前工业化经济中的其他产业。把这些因素综合起来考虑，有助于解释前工业化社会的低生产水平，及其被谴责的贫穷的恶性循环。

食品仓库。前工业时代欧洲的生活条件迫使家庭尽可能多地储存食品。阁楼和屋顶上的储存室具有特别好的通风环境。这张照片展示的是法国斯特拉斯堡一所房子的屋顶。由斯特拉斯堡阿尔萨斯地区委员会提供。

自然资源

第三生产因素由自然资源组成。这一术语被用来指土地及其他资源。今天对这种资源的流行叫法是不可再生资源，以强调当一种资源，比方说煤矿，被耗尽的时候，人力就无法重新构建它。如果开垦土地能增加现有耕地面积是事实，那么，地球上土地数量有限也是事实。

在前工业化的欧洲，最好的自然资源是土地。在马尔萨斯（Malthus）和李嘉图（Ricardo）时期，土地归根结底依然是"限制人口增长和确定人口分布"的因素。[78] 正如被恰当观察到的：

> 在一个以农业为主的社会里，技术水平低，可利用资本少，一种重大意义自然而然就会被归于人均土地供给。农业技术可以改善，非农业会发展，但其速度过慢，不能抵消人口增长时土地供给下降所带来的消极作用……可耕地对人口的比例是前工业化社会实际收入水平的主要决定因素……人们易于把头五个半世纪中（实际工资的）长期剧烈波动主要归因于人口与土地的比例的变化。[79]

92

人们提到"土地"，一般指可耕地，但是地下资源也未被忽视。18 世纪前，在欧洲开发的自然资源中，银、汞、矾、锡、硫黄、铜、铁等矿藏尤为重要。煤矿在中世纪就已经被使用，但是中世纪的人们对这种燃料十分怀疑，茫然而强烈地感到使用煤会"毒害空气"。虽然这具有迷信色彩，但是中世纪的人们比工业革命时期的人们对可能的污染损害有更加强烈的意识。

必须对森林加以区别考虑。从一种理论的观点来看，不能把森林当作不可再生资源，因为树木能够被种植，而且是被人类种植；因此，森林是可再生资源。实际上，在中世纪和文艺复兴时期，人们栽树而且重视森林保护。在山区，公社森林砍伐从很早开始就受到明文规定的限制了。英国熙笃会1281 年建立了围场来保护其森林中的幼苗。在同一时期，蒙塔古洛托·戴尔·阿丁西西公社（Commune of Montaguloto dell'Ardinghesea）立法规定，在锡耶纳区，继承一张兽皮的每个公社社员每年必须栽十棵树。从 13 世纪末起，在法国，公众对森林命运的关注促进了一系列皇家以及地方法规的建立。国王腓力四世于 1346 年发布了一道管理砍树和木材消费的命令。1669 年，伟大的柯尔贝尔（Colbert）部长支持建立一项保护森林的基本法。在哈布斯堡领地，皇帝费迪南一世在1557 年发布了一道有关森林问题的总命令，设立了"皇家和帝国森林总管"（Königlich-Kaiserlich Förstmeister）这一职务，负责皇帝所有世袭领地上的森林。人们可以感觉到，地方农业单位有同样的担忧。17 世纪，有关卡法吉奥利（Cafaggioli）的美第奇农场的记叙，明确规定"每十年只能在森林中伐木一次"。但是命令、法规、法令和个体规定并非十分有效。人口压力增长和/或对木材的需求增长之时，就是森林丧钟敲响之时。

在整个中世纪和文艺复兴时期，欧洲人对待森林的方式具有严重的寄生性质，造成了极大的浪费。法国南方的玛基群落、西班牙中部的不毛之地，是欧洲人在 10 世纪结束后对森

93

林破坏日益严重的悲惨见证。意大利很早就耗尽了它的森林储备，这也是意大利在建筑中广泛使用砖和大理石的原因。在伦巴第，到 1555 年，树木覆盖的面积减少到不足整个乡村地域的 9%。[80]1500 年，森林面积占法国领土的 33%，而到了 1650年，大约只占 25%；与此同时，森林质量也出现了明显的恶化。[81]出于我们下面要分析的原因，在 16 和 17 世纪，英国为大规模毁坏森林提供了最坏的样本。19 世纪初，欧洲森林面积减少到表 2.20 所示的水平。

表 2.20　19 世纪中叶前后欧洲的森林覆盖面积

	千英亩
俄罗斯	429868
奥匈帝国	36546
德国	34977
法国	21992
意大利	12417
西班牙	11737

　　前工业化经济的主要瓶颈在于其受到严格限制的能源供给。除了人力劳动以外的主要能源是植物和动物，这一事实对任何具体的农业社会扩张的可能性都是一种限制。限制因素仍然是植物生长和动物喂养所依赖的土地的供给。

　　从洪荒时代以来，帆船就使人类有能力掌控水上风能，这一事实为希腊和腓尼基等民族带来了福气，使他们能轻而易举地在海上航行。如我们将在下面所见，在中世纪和文艺复兴时期，欧洲人民学会了掌控水能和风能，并将其范围扩大到用于陆地活动。欧洲设计的磨坊可以完成其他社会需要奴隶来做的工作，中世纪和文艺复兴时期的人们，无论何时何地，只要有可能就疯狂地建造磨坊。因此，在工业化之前的欧洲，稳定风流的可利用性以及瀑布、蒸汽的存在必须被列入自然资源的队伍，它们对于当时的人们来说就如同工业化社会中可运输的煤炭、石油和铀。不同之处在于，蕴藏在煤炭、石油和铀之中的能源可以运输，但风能和水能必须在现场使用。根据这一事实，可以确定前工业化欧洲中大多制造企业的处所：它们通常位于能建造磨坊的地方。

组织

94

为了生产，劳工、资本和自然资源必须根据技术、市场规模和生产种类来采取不同的组织形式进行整合。对于一个具体的社会、一种具体的技术，以及同一种类的生产而言，千差万别的组织形式可以共存。例如，在一个现代大都市，巨大的超级市场与作为家庭企业来经营的小杂货店共存。因此，对下面的概括必须采取怀疑的态度，必须考虑到无限的变数和意外。

当我们的这个千年开始的时候（从公元 1000 年起），在农业部门，流行的（虽然绝不是唯一的）劳工、资本和土地的组织形式为采邑制度。采邑是大地产集中地。在一个大采邑里，土地通常被分成几个农场。其中一个农场很大，由场主（领地或豪宅主）自己直接管理。其他农场数量不同、面积不等，但却比中央农场小得多；这些农场分散在一定的距离内，被赐予农户。这种卫星农场的基本作用是从属于领地：具体来讲，它们必须给场主定期上交贡品，特别是中央农场所需的劳动（corvées）奉献。基本来讲，公元 1000 年左右的经典采邑是一种中央计划的、大体自给自足的微观经济体，在其内部，劳动分工和货币交换起着微不足道和无关痛痒的作用。

到 12 世纪中叶，采邑制度开始解体：首先在意大利，随后在法国，最后在德国和英国。意大利采邑制度的发展似乎比法国早整整一个世纪，而后者则领先英国近一个世纪。

大规模的领地农业作业逐渐消失，以前直接由场主管理的土地出租给小农，通常用财产支付的劳务费转换成货币租金或作物份额。13、14 世纪，西欧农业的历史完全为采邑组织的解体所主导。取而代之的是适合地方经济和地球物理条件的各种花样非凡的组织形式。托斯卡纳流行作物分成制（mezzadria）；在 15 世纪的伦巴第平原上，原始资本主义的农民兴旺发达，他们是缺席的地主与收益分成的佃农之间的调解人；在 16 世纪的英国，包围和独占是流行趋势。对这种以及相似的地方性农业组织形式的详细描述令人如痴如醉，意义也非常重大，但对于本书来说，其篇幅过长。

95 　　让我们转向制造业。我们今天习惯于工厂的观念。但在前工业化欧洲，从我们这个千年（1000～1999 年）的开端到工业革命，通行的制造业生产技术单位过去是而且依然是作坊。工业工厂的特点在于工资劳工和机械的高度集中，而在作坊中，劳工和资本集中度极低，工资劳工几乎不存在。

现代工厂的工人并不靠他自己的资本作业，他们受到严格的工作纪律约束，实行一系列高度专业化的常规作业，对终极产品做出的贡献是有限的。前工业化作坊的手艺人如果不是一直，也是经常拥有全部或至少部分资本，工作时数多于工业工人，但是不受工厂严格纪律的约束，而且在有些制造业部门，他们能快乐而骄傲地看到终极产品出自自己的双手。这些属于人性的方面。为了理解前工业化作坊，有必要探讨更多技术方面的问题，特别是手艺人与商人企业家之间的关系。

在较发达的行业中，手艺人通常不为市场生产。由于财务资源有限，他不会冒与这种生产相关的风险。他通常抽取佣金来工作。给他下订单的人是"商人"，他们往往会给手艺人预付运营资本（原材料），有时还借给他固定资本（如织布机）。因此，手艺人生意的维度取决于商人生意的维度，商人下放工作订单，提供原材料，承担产品分销，开拓市场，确定产品类型，对工人活动实行质量监督。

商人为市场生产。在佛罗伦萨和威尼斯，人们如今依然可以看到，商人的宅邸在结构上一般包含一些专门用于原材料和成品产品储存的大房间。

因此，生产组织围绕着两极旋转：手艺人的作坊和商人的仓库。在前者中，工作是为了订单；在后者中，生产是为了市场，商人关心原材料的供给和成品产品的营销。

这些都是大体的轮廓，还有无数的层次和例外，特别是在16和17世纪，有些企业从规模和组织来看具有较多的现代特色。在盛行"大"的早期阶段，采矿和造船是典型的行业。到16世纪，威尼斯的军工厂更像是一座现代工厂的原型，而不是老手艺人工作场地的附属品。在17世纪的英国："在所有的造船厂中心，尤其是在朴次茅斯和梅德韦河畔的各个小镇，工人高度集中的场面非常清晰，他们劳动的条件与围绕家庭体制运转的条件大相径庭。"[82]在查塔姆，1665年有800名工人集中在地方造船厂。除了采矿、造船业之外，制造业生产规模依然很小，虽然也有例外。在16世纪50年代，吉尔伯特·凡·

斯库比克（Gilbert van Schoonbeke）在安特卫普（Antwerp）建成了一个啤酒厂集成系统，这涉及 271000 弗罗林的巨额投资。[83]在 17 世纪的阿姆斯特丹，一位水晶优质玻璃制造商雇用了 80 名工人。[84]在 17 世纪下半叶的意大利北方，有些丝线制造商雇用了多达 150 到 200 名工人。[85]

但是这些制造、生产的大单位与 17 世纪第三产业中兴起的巨头，特别是海外贸易中的巨头相比则微不足道。荷兰东印度公司在接近 17 世纪末时直接雇用了 12000 人。

"大单位"，不管在制造部门还是在贸易部门，都成为现代资本主义的先锋。然而，不管它们承担的业务量或树立的组织榜样有多么重要，它们依然是个别现象。在它们与传统作坊之间还有各式各样的中间类型，如在帕维亚小镇（意大利）上，焦万·彼得罗制造厂的玻璃和陶器生意就是其中的代表。我们有一份标注日期为 1546 年的这家企业的存货清单。企业的头号人物是焦万·彼得罗。企业首先包括工人、一台锅炉和一些器具；其次包括销售商店和专业推销员，他们有时在店里接待顾客，有时提着专用篮子在城里四处徘徊、推销产品。主人的房屋里有锅炉和商店；有一间办公室；还有一个供工人使用的房间，其中有三张床和两张桌子；以及一个供营销员使用的房间，内有一张床。也就是说，工人和营销员吃住在工厂，与此同时，工厂又是主人的房子。[86]

历史难以是有条理的或简单明了的，混合的、过渡的形式盛行，如同焦万·彼得罗的生产单位：它再不是一个作坊，但也还不是一座工厂。

注 释

1. 如果我们按惯例假设孩子 15 岁与大人分离，65 岁是老人与劳动力的分界线，那么孩子被指定为 $_{15}P_0$，劳动力被指定为 $_{50}P_{15}$，而老人被指定为 $_\infty P_{65}$（在这种典型的表示法中，字母 P 右下角的下标表示年龄间隔的开始，左下角的下标表示年龄间隔的长度）。那么，抚养比可以表示为：

$$\frac{_{15}P_0 + _\infty P_{65}}{_{50}P_{15}} \times 100$$

2. Beltrami, *Popolazione di Venezia*, p. 143, n. 17.

3. 以上数据可参见 Battara, *Popolazione di Firenze*, p. 34, 以及 Cipolla, *Cristofano*, pp. 35 – 44。必须指出的是，在弃婴的总数中，女婴常常超过男婴，即使在遥远的中国，女婴也是杀婴的主要受害者。

4. Beltrami, *Popolazione di Venezia*, p. 143, n. 17.

5. 1680 年至 1715 年间，米兰及其郊区的人口大约为 12 万人。在一个大教区里，出生率大约为千分之三十。按这个比率可以推算出米兰整个城市及其郊区每年的新生儿接近 3600 名。参见 Sella, "Popolazione di Milano," pp. 471 及 478。

6. Archivio Mensa Vescovile di Pavia, b. 123, decree of 22 March 1590.

7. Frank, *Medizinischen Polizey*, vol. 1, p. 16.

8. 见下文，p. 90。

9. Archivio Stato Firenze, *Sanità*, Negozi, b. 161, c. 40 2 September 1631.

10. Wolff, *Toulouse*, p. 441.

11. Beltrami, *Popolazione di Venezia*, p. 201.

12. Coleman, *The Economy of England*, p. 73.

13. 然而人口普查未包括布里斯托尔镇。

14. Parenti, *Popolazione della Toscana*, pp. 73 及 126。

15. Beloch, *Bevölkerungsgeschichte Italiens*, vol. 1, pp. 73－79.

16. Ruiz Martin, "Demografia ecclesiastica," p. 685.

17. Reinhard, Armengaud, Dupaquier, *Histoire générale de la population*, pp. 192－93.

18. 有关 1377 年的数据，参见 Russell, "The Clerical Population," pp. 177－212；有关 16 世纪前十年的数据，参见 Woodward, *The Dissolution of the Monasteries*, p. 2, 也可参见 Knowles, *Religious Orders*, vol. 2, pp. 256－57。

19. Kjoczowski, "La Population ecclésiastique," *passim*.

20. Cipolla, *Public Health*, Chapter 2.

21. Cipolla, "The Professions," pp. 37－52.

22. Gade, *Hanseatic Control*, p. 16.

23. Coryat, *Crudities*, vol. 2, p. 38.

24. Montaigne, *Journal*, p. 142.

25. Dallington, *Survey of Tuscany*, p. 48.

26. Battara, *Popolazione di Firenze*, pp. 58 及 66。

27. Graf, *Il Cinquecento*, p. 265.

28. 关于名录，参见 Bloch, *Die Prostitution*, vol. 2, part I, p. 123；关于妓女的官方估算数量，参见 Beloch, *Bevölkerungsgeschichte*, vol. 3, p. 101。

29. Bloch, *Die Prostitution*, vol. 2, part I, p. 254；Delumeau, *Rome*, p. 420.

30. Coryat, *Crudities*, vol. 2, p. 46.

31. Dallington, *Survey of Tuscany*, p. 48.

32. D'Ancona, in Montaigne, *Journal*, pp. 303 n.

33. Scavizzi, "Attività edilizia," p. 175, n. 7.

34. Cipolla, "Storia delle epidemie," pp. 117－18.

35. Cipolla, "Popolazione Lombarda," p. 152.

36. Coleman, *The Economy of England*, p. 73.

37. Allison, "Elizabethan Village," pp. 91 – 103.

38. Noel, "Paroisse de Laguiole," pp. 199 – 223.

39. 上述内容可参见 Mazzaoui, "Veronese Textile Artisans"。

40. Cipolla, *Prezzi, salari*, p. 14.

41. 关于威尼斯，参见 Sella, *Commerci e industrie a Venezia*, p. 124；
    关于佛罗伦萨和普拉托，参见 Di Agresti, *Aspetti divita*, p. 93。

42. Hill, *Puritanism*, p. 43.

43. Gould, *Economic Growth*, pp. 75 *et seq.*

44. Villermé, *Tableau*, vol. 2, p. 245.

45. Villani, *Cronica*, book 11.

46. 上述内容可参见 Cipolla, *Literacy*, pp. 45 – 47。

47. Cipolla, *Literacy*, pp. 60 – 61.

48. Unwin, *Economic History*, pp. 92 – 99.

49. Hicks, *A Theory*, pp. 141 – 42.

50. 参见 Pollard, "Fixed Capital"。

51. Duby, *The Early Growth*, p. 26.

52. Duby, *L'Economie rurale*, vol. I, p. 74.

53. 根据 Hodgen（"Domesday Water Mills"），可以从 Domesday Book
    中看到，11 世纪末，英国有 5624 台水磨；然而根据 Lennard
    (*Rural England*, p. 278)，" Miss Hodgen 给出的水磨总台数
    5624 台几乎可以肯定是很低的"。

54. Muendel, "The Horizontal Mills."

55. Horn and Born, *The Barns.*

56. Duby, *The Early Growth*, p. 196.

57. 同上，p. 193。

58. Rotelli, *Economia agraria*, p. 20.

59. Slicher van Bath, *Agrarian History*, pp. 180 – 81.

60. Beretta, *Pagine*, p. 84.

61. Galassi, *Campagna Imolese*, p. 112.

62. Sclafert, *Cultures en Haute-Provence*, pp. 140 – 48.

63. Finberg, *Agrarian History*, vol. 4, p. 413.

64. Petty, "Verbum sapienti," p. 106.

65. Sclafert, *Cultures en Haute-Provence*, p. 148.

66. 有关动物流行病史，参见 Haeser, *Bibliotheca epidemiographica*, p. 17所列出的参考文献。

67. *Annales Laurissenses vel Einhardi*, a. 791.

68. Stow, *Annales*, p. 200.

69. Faber, "Cattle-plague."

70. Doria, *Uomini e terre*, p. 52.

71. 同上。

72. Braudel, *Civilisation matérielle*, p. 267.

73. Aleati and Bianchi, *Farmacie pavesi*, p. 31.

74. Poni, "Archéologie," p. 2.

75. Felloni, *Gli Investimenti Finanziari*, p. 49.

76. Contamine, "Consommation et demande militaires," p. 8.

77. Zanetti, *Problemi alimentari*, pp. 56 – 71.

78. Spengler, "Population Problem," p. 196.

79. Gould, *Economic Growth*, pp. 39, 81, 82.

80. Pugliese, *Condizioni economiche*, Table 2.

81. Devèze, *Histoire des fôrets*, pp. 52 – 53.

82. Coleman, "Naval Dockyards," p. 160.

83. 参见 H. Soly 在 Instituto Datini at Prato 第 9 周的对话内容。

84. Barbour, *Capitalism in Amsterdam*, p. 68.

85. Poni, "All'origine del sistema di fabbrica," p. 466.

86. Cipolla, "Storia del lavoro," pp. 12 – 13.

第三章　生产力与生产

选择与生产力

有效需求的水平与结构来自一种双重选择——在花费多少与不花费多少之间的选择，以及在无数种可能的开支之间的选择。这两种选择像选票一样：购买产品 A 而不购买产品 B 就会推高产品 A 的价格而抑制产品 B 的价格。

在一种市场经济中，就供给方来讲，经济经营者根据其给出的参考价格决定生产的时间、品类和数量。一旦他们决定了生产的品类，这些经营者就必须尽可能选择生产要素的最佳组合。

因此，整个经济过程是一个由消费者和生产者做出选择的过程。归根结底，选择是必要的，因为资源比欲望要有限得多。生产是作用于需求方和供给方的所有这些个人和社会选择的结果。

生产的决定性因素

简言之，生产是资本、劳工和自然资源的函数。大约 25 年前，经济学家在做宏观经济分析时还满足于止步在这一点上，但从 20 世纪 50 年代以来，他们就开始进行过于细化的探讨了。

生产因素——劳工、资本和自然资源——是一个生产系统的输入。三者的结合孕育输出，也就是生产。对输入做任何单一的混合都能产生不同的输出——在质量和/或数量上不同。从输入的数量和质量来看，劳动生产力是产品数量和质量的决定性因素。

经济学家最近发现，在 19 世纪，输出（以国民生产总值
98 来衡量）增长快于劳工、资本和自然资源增长所能反映的程
度。这一发现导致经济学家开始探讨另一个因素，它可以解释
"已完成的生产数额"和"原本会完成的生产数额"之间的差
别，而曾经起作用的因素只是劳工、资本和自然资源。

但是，"原本会生产的数额……"代表一种随意的估算，
它取决于从事这项研究的人们所做的一系列假想判断。即使能
在剩余数量（"生产出来的数额"和"如果……原本会生产的
数额"之间的差额）上达成某些一致，剩余的来源还是成问
题。一般会引用下列因素：

    a. 通过发展贸易，扩大不同经济单位之间的劳
动分工

    b. 规模经济

    c. 更加有效的生产因素配置

    d. 技术发展

    e. 更好的教育

这种分类对于逻辑-结构分析是有用的，但却具有主观随意
性。在现实中，没有独自的溪流，一切都汇在一起。例如，
"技术发展"绝非独立于或"超然"于经济体，而经济学家
往往将其归于"超然"，因为这样做符合他们的分析，但这
却会造成一个陷阱。如 R. O. C. 马修斯（R. O. C. Matthews）
和 C. H. 范斯坦（C. H. Feinstein）所写："超然是出于概念原
因而使用的一个标签，而绝非有关因素的一个内在特性。"相
反，技术发展源于人脑——也就是劳动，并被合并在人们所使

用的机械和工具中——即资本中。看来在任何情况下，任何名单都不可能被认为是完整的。在奥克鲁斯特（Aukrust）、丹尼森（Dennison）、索洛（Solow）和其他"剩余主义者"出现很久之前的 1947 年，J. 熊彼得（J. Schumpeter）写道，"只有在十分罕见的情况下"，经济发展才能用"诸如人口或资本供给增长等起因"加以解释。一个经济体或一家公司的成功往往在于做"更多的事"，熊彼得认为，这种"出自充分掌握所有相关事实的观察者观点的'更多的事'……只能在事后认识到，在事前是绝不可能认识到的；也就是说，不可能根据以前存在的事实运用通常的推理规则预测出来"[1]。熊彼得把这种"更多的事"视为"具有创造性的历史回应"。熊彼得具有深刻的洞察力，希望把无形化解为有形，把十分复杂化为十分简单，但他犯下了一个错误，他把整体化解为了部分，在这个具体的案例中，即将整体化解为了企业家活动。

企业家活动是一个必要的成分，但不是一个充分的成分。在遇到机会的时候，是全社会的人类活力在发挥作用，使"具有创造性的历史回应"释放出来。

当一个社会彰显活力的时候，它不仅仅在经济层面上，而且在所有层面上都表现出生命力，它会比看似具有数量相同的可支配资源的其他社会更加成功。当意大利商人对欧洲经济发展做出巨大贡献的时候，但丁在写《神曲》，乔托在进行绘画创新，圣方济各（St Francis）在发动宗教运动，这绝非出于偶然。17 世纪，当低地国家产生如路易·德·格尔（Louis De Geer）和特里普兄弟（the Tripps）这类伟大企业家，成为国际贸易原动力的时候，也产生了像格劳秀斯一样的法学家、像惠更斯和列文虎克一样的实验主义者，以及像伦勃朗一样的绘画艺术家。试图拆分这种人类活力产物的经济学家，武断地把其中的一部分归于这个因素，一部分归于那个因素，这使人想起一个面对着一幅乔托绘画作品的人，他试图衡量作品之美有多少要归功于所使用的画笔，有多少要归功于颜色的化学作用，有多少要归功于艺术家所花费的时间。要理解某些社会中发生的事情，有必要理解一种集体热情、喜不自禁与合作所构成的氛围。当沙特尔大教堂在施工的时候，"人们用车推着石头和木材，以及教堂建设所需要的一切……"[2] "沉默和谦卑"压倒一切，乌戈（Ugo）这样写道[3]；而另一位编年史家评论道："没有见过这些事实的人绝不会再见到同样的事实了。"当 1066 年修道院院长德西代里奥（Abbot Desiderio）开始在卡西诺（Cassino）山顶建设长方形教堂时，第一个大理石柱是用充满神秘热情的人们的肩膀扛到山顶上去的。[4]

在其他情况下，政治意识形态也起了作用；在另一些情况下，起作用的还有对新土地的热情、开拓精神，以及从资源匮乏或僵化的社会和政治制度所强加的限制下被解放出来的感觉。当一个人欣赏过去地位卑微的手艺人创作的某些精美艺术品，了解到当时的经济刺激是多么不合时宜时，不禁会得出结论认为，无形和不可测因素，诸如创造性冲动、对工作的热爱、对自己能力的自豪以及自尊心，在其存在之处就有可能生发奇迹，在其不存在之处，生产在数量和质量上都会受到打压。社会学家在分析这些事实的时候发明了很多不同的术语，如"动机""集体热情""合作"，或者相反意义的"疏远"，绝不缺乏词汇；缺乏的是从功能角度去分析这些东西的能力，是把它们作为有因果关系的因素而不是事后的残余物来加以理解的能力，其不管是积极的还是消极的，在很大程度上依然是神秘的。

中世纪和文艺复兴时期的生产力水平

100

如我们将在后面所见，在中世纪和文艺复兴的这几个世纪中，技术有了明显的进步。毫无疑问，16 世纪末欧洲普遍的生产力水平比早前的 600 年高得多，但按照我们的标准来看，它还是低得可怜。然而，欧洲毕竟是在公元 1000 年之后才开始从一个极度原始的阶段向上爬坡；直到 17 世纪，由于缺乏一种系统的实验和研究标准，每一种创新都有赖于乏味而粗糙的经验主义。劳动生产力受到设备落后、缺少劳动力以及劳动力本身受教育水平低的不利影响。资本生产力依然受到压制，因为技术水平低和可利用能源有限，可利用能源基本上还是动物和植物。[5]土地是最重要的可利用自然资源，但其收益却有限。

所有这一切都令人兴趣盎然，但又极为模糊不清。诸如"低""减少的""有限的"这样的形容词就像迷雾一样，给人留下了太多想象的空间。让我们试着从迷雾中走出来，用一些数据来说明。先从农业开始。

从事农业史定量研究的开山大师是斯里彻·范·巴斯（Slicher van Bath）。在搜集到欧洲各国产量与种子比例的数据之后，范·巴斯计算出了小麦、黑麦、大麦和燕麦的综合平均值。表 3.1 对其结果做出了概括。[6]

绝不能对这种数据采取简单的有所保留的态度。[7]J. Z. 蒂托（J. Z. Titow）耐心地收集到了大量的中世纪英国农业收益数据，表明了通过拓展样本，可以得到与范·巴斯明显不同的结果（表 3.2）。无论如何，在表 3.1 和 3.2 中，不同国家的平均值并非以综合数据为基础，而是以源自较少案例的零散信息为基础。

表 3.1　1200～1699 年欧洲部分国家小麦、黑麦、大麦

和燕麦种子的平均毛产量

单位谷物种子产量			
年份	英国	法国	德国
1200～1249	3.7		
1250～1499	4.7	4.3	
1500～1699	7.0	6.3	4.2

来源：Slicher van Bath，"Yield Ratios，" p. 15。

表 3.2　1200～1349 年英国小麦种子单位平均产量

年份	据斯里彻·范·巴斯	据蒂托
1200～1249	2.9	3.8
1250～1299	4.2	3.8
1300～1349	3.9	3.9

来源：*Titow*，*Winchester* Yields，p. 4。

表 3.3　1209～1453 年温彻斯特主教区庄园的平均收益率

年份	小麦	大麦	燕麦
1209～1270	3.85	4.32	2.63
1271～1299	3.79	3.36	2.21
1300～1324	3.90	3.57	2.21
1325～1349	3.96	3.74	2.25
1349～1380	3.66	3.53	2.43
1381～1410	3.88	4.13	2.93
1411～1453	3.66	3.64	3.03

来源：D. L. Farmer，"Grain yields on the Winchester manors in the later middle ages，" *Ec. H. R.*，2nd ser.，30（1977），p. 560。

　　表 3.4 含有意大利某些被挑选出的地区的类似数据：从肥沃富饶的波河平原（伊莫拉），到托斯卡纳农场，再到利古里

表 3.4　1300～1600 年意大利部分地区小麦种子单位平均产量

地区	年份	产量	地区	年份	产量
阿雷佐[1]	1386	5.3		1625～1634	5.6
	1387	11		1635～1644	5.7
	1390	6.5		1645～1654	4.9
帕尔马[2]	1510～1519	2.4～5.6		1655～1664	5.5
	1520～1529	2.6～6.0		1665～1674	6.6
	1530～1539	2.5～5.7		1675～1684	6.0
	1540～1549	2.6～6.3		1685～1694	6.6
	1550～1559	0.2～5.3		1695～1704	5.8
	1560～1569	1.7～5.8	蒙塔尔德奥[5]	1560	1
佛罗伦萨[3]	1611～1620	9.4		1649	<1
	1621～1630	7.6		1650	<1
	1631～1640	7.4		1664	3
	1641～1644	7.5		1672	2.3
	1656～1660	6.7		1673	1.3
	1661～1670	6.1		1674	2.9
	1671～1680	5.9		1677	1.3
	1681～1690	6.7		1678	3.5
	1691～1700	6.0		1681	1.8
	1683	4			
伊莫拉[4]	1515～1524	7.3		1686	2.5
	1525～1534	6.3		1687	3
	1535～1544	6.7		1688	3.3
	1545～1554	6.3		1692	1.9
	1555～1564	5.2		1693	2.5
	1565～1574	6.0		1694	2.6
	1585～1594	5.6		1695	1
	1595～1604	5.1		1697	1
	1605～1614	6.4		1699	2
	1615～1624	5.4		1700	1.5

来源：1. Cherubini, "Proprietà fondiaria," p. 40；2. Romani, *Nella spirale di una crisi*, p. 137；3. Conti, *Formazione della Struttura Agraria*, vol. 1, p. 359；4. Rotelli, "Rendimenti"；5. Doria, *Uomini e Terre*, p. 29。

亚山脉（Ligurian Appenines，位于蒙塔尔德奥）的贫瘠土地。表3.5 以有关锡耶纳整个领地的一项极为综合的统计数据为基础，锡耶纳的粮食生产量在托斯卡纳大公国遥遥领先。

表 3.5　1593~1609 年锡耶纳领地的粮食播种量、收获量及产率

年份	谷物量 [莫贾（moggia）]		
	播种量（莫贾）	收获量（莫贾）	产率（约）
1593~1594	18063	78914	4.4
1594~1595	16230	98893	6.1
1595~1596	17231	67933	3.9
1596~1597	18727	102717	5.5
1598~1599	21540	89294	4.1
1599~1600	20048	92010	4.6
1600~1601	18048	76545	4.2
1602~1603	17500	90327	5.2
1603~1604	17630	70089	4.0
1606~1607	16281	74741	4.6
1607~1608	15888	94983	6.0
1608~1609	16297	74151	4.5

来源：Diaz, *Il Granducato di Toscana*, p. 339。1 莫贾等于 583 公升。

　　粗略查看下面表中的数据就足以发现，由于人类对自然力量非常缺乏控制能力，一年与另一年、一个地区与另一个地区的农业产量都有非常大的不同。结果，因为存在这种巨大的波动，所以统计出来的平均数值就没有多大意义。即使在最富饶的地区和最吉利的时期，产量仍然低得可怜。小麦的产量比在最好的年份也才达到 6 的水平，而今天，在美国的小麦产区，产量比通常会达到 30 以上。

15 世纪下半叶，在博洛尼亚领地（意大利），2.5 公顷的葡萄园平均每年只产 50 加仑葡萄酒。今天，在同一地区，产量增至其 7 倍，质量也好得多。[8]土地产量低是因为没有选种，轮作方式和工具都非常原始，对害虫一无所知，最后，有同样危害作用的是，粪肥——唯一已知的肥料——的供给总是十分短缺：黑暗时代，在施塔弗尔（Staffelsee）修道院领地，可利用的粪肥还不能满足 0.5% 的土地；13 世纪，在巴黎周边地区——它当然是当时比较先进的地区之一，田地每 9 年才施一次粪肥。[9]

动物和土地一样，成效非常差，因为得不到充分的饲养，也没有进行充分的选育。奶牛的产奶量很少。据估计，在 14 世纪的英国，每头奶牛每年生产约 500 公升的乳脂含量低的牛奶。[10]20 世纪 60 年代晚期，在美国，虽然各个州的平均值明显不同，但是全国总平均值接近每年 3000 公升，且牛奶的乳脂含量高（大约为 4%）。

由于动物体量小，它们的产肉量低。表 3.6 是 17 世纪蒙塔尔德奥地区的牛的体重与今天年龄相仿的牛的体重的对比数据，两者的差别令人震惊。关于 17 世纪欧洲北部的现有数据所展现的画面未能描绘出更美好的景象：甚至是在比蒙塔尔德奥还富饶的牧场上，公牛的体重也只有 400~500 磅，母牛的体重大约为 220 磅。[11]

表 3.6　17 和 20 世纪意大利蒙塔尔德奥地区的公牛重量

年份	动物年龄	重量（磅）	
		17 世纪	20 世纪
1684	5 个月	72	245
1690	1 岁	130	540
1686	2 岁	240	880
1675	3 岁	320	1100
1675	4 岁	480	1310
1675	5 岁	560	1550

来源：Doria, *Uomini e Terre*, p. 57。

而非农业部门的信息就贫乏得多。然而，现有的数据中有很多都表明，这些领域的生产力几乎不比农业部门更加令人受到鼓舞。例如，我们知道，在 17 世纪初，佛罗伦萨的毛织厂的情况如下：[12]

		1604 年	1627 年
厂商数		120	52
纺织机数		1420	782
纺织工人数	男性	878	268
	女性	1457	1315
	总计	2335[13]	1583
年生产匹数[14]		14000	7998
年生产值（斯库多）		>900000	430000
产值与工资比		5	5

从以上数据可以导出下列数值：[15]

	1604 年	1627 年
每家厂商纺织工数[16]	19	30
每家厂商纺织机数	12	15
每台纺织机纺织工人数	1.6	2
每家厂商年生产匹数	117	154
每台纺织机年生产匹数	10	10
每位纺织工年生产匹数	6	5

在 1458～1462 年的佛罗伦萨，一个纺织工需要 4～5 周时间来生产约 30 米塔夫绸，6～10 周来生产同等米数的绸缎，锦缎则为 8 周，天鹅绒为 10～14 周。[17]16 世纪末，在热那亚，一个纺织工平均每天生产天鹅绒略多于 16 英寸（26 英寸宽）。[18]在 17 世纪初的米兰，一个纺织工每个工作日平均只生产半码天鹅绒。[19]在威尼斯，同样是在 17 世纪初，一台丝绸纺织机每天的平均产量在 0.4 码金质天鹅绒的最小量与 1.5 码绸缎和锦缎的最大量之间，各种不同丝绸材料的总体平均数大约为 1.2 码。[20]在 16 世纪 80 年代的约克郡，制作 12 码乘 1.75 码的短绒面呢大约需要 15 个人工作一周。[21]在 15 世纪的英国，一个矿工最多能提取 30～40 磅铅矿物质。[22]在迪恩（Dean，英国），1613 年建造的四台锅炉，每台每年最少生产 250 吨铸铁，最多生产 700 吨铸铁。[23]1621 年，约翰·布朗（John Browne）宣布，在布伦奇利（Brenchley，英国）的铸造厂，他能在 200 天内铸造 200 台铁质大炮；200 完全有可能是一年中熔炉的工作天数。在大约同一时期的瑞典，一家铸造厂每年生产 100～150 吨铸铁大炮。[24]在意大利，还是在 17 世纪，大多数造纸厂只有一两口缸，每只缸每天的产量不超过 4500 张纸，在此实例中，即接近 110 磅纸。[25]

106

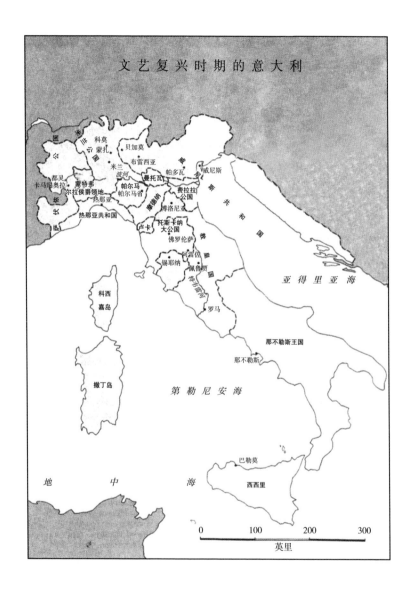

文 艺 复 兴 时 期 的 意 大 利

低劳动生产率显然意味着生产过程是劳动密集型的。当伦敦只有35000人口的时候，博马里斯城堡的建造提供的就业人数为400名石匠、30名铁匠和木匠、1000名非技术工人和200名马车夫。

显然，就生产力而言，建筑产业直到近代以前，如果说有什么进步的话，也是乏善可陈。但在中世纪和文艺复兴时期，其他一些产业取得了明显的进步。例如，据认为，在1350年到1550年期间，英国铁的生产力增长了7至8倍。[26]虽然从图书生产的角度来说，把手抄本与印刷图书从美学角度做对比很荒唐可笑，但是从思想传播的角度来看，将一个抄写员一年能抄写的书稿的数量与一个印刷工在同一时段所能印刷的数量相比，则并非荒唐可笑。在古腾堡的发明过后，一系列不间断的技术改进逐渐增强了印刷工的生产力。最早的印刷工一天能印刷（用行话说是"拔出"）300页左右。到了15世纪末，平均数提升到400多页。在18世纪初，两个印刷工每小时拔出200页，也就是说，在当时的每日工作时长下，每日大约可印刷2500页。在船运部门，船员相对货物的比例也降低了，尽管防御的要求使这种进步减缓。1400年前后，水手相对货物的比例平均为一个水手对五六吨货物。到18世纪中叶，该比例为每七八吨一人。在和平时期，海盗行为减少，防御的需求下降，比例降至每十吨一人。当然还必须从船舶速度、船只安全性及其利用率的角度来看这种水手对货物比例的提高。

生产力提高的主要原因是技术进步，我们将在第六章中讨论这个问题。在中世纪和文艺复兴时期，西欧所取得的成就与具有传统农业社会特征的典型生产力水平相比，是非常显著的。但是前工业化欧洲的生产力达到的最高水平与工业社会生产力水平相比，看起来依然低得可怜。

107　　在证实了上述关于前工业化欧洲生产力的事实之后，还有一个重要的限定条件。允许我们衡量过去生产力的数据往往只涉及数量，而把质量置之度外。前工业化时代的所有产品的质量都比工业时代的好，现在看来，这完全不是事实。我们的地图，即使在艺术性上不如前工业化时代的地图，但在质量上也比它要好；我们的望远镜、显微镜，也许还有我们的水果和蔬菜，也是如此。但是，如果简单地认为一个纺织工的平均产量是每天织多少码布，一个家具匠的平均产量是一年打多少件家具，一个锁匠是每月制多少把锁，就会忽略一个事实：其中一些布匹、很多家具、很多锁都是高雅的艺术品，比类似的当代产品不知美到哪里去、好到哪里去了。如果能充分考虑到质量因素，那么，前工业化时代工匠的生产力就会看起来有所不同。

积极生产

现存生产要素的结合，形成了生产。生产作为一个整体，是由最不寻常的各种商品和服务构成的，包括苹果和船只、针和犁、家庭女仆的服务和外科医生的服务。要分析这样的一个由不同事物构成的复杂体，必须从大类入手。把一个从其他方面看十分复杂的问题过于简化就会认为，为了回应前文第一章中所定义的需求结构，前工业化欧洲最主要的生产形式是食品、纺织品、建筑物和家政服务。到 17 世纪末，英国不再是一个典型的前工业化国家。其外贸不同寻常的发展，使其经济具有了一种完全不同的性质。但在 1688 年左右的英格兰和威尔士，农业仍然占国民生产总值的 50％ 或更多，纺织业占约 8％，建筑业占超过 5％，家政服务占约 10％。

如果大多生产集中在几个基本产业，从地理的角度看，生产就会极其分散。几种产品在一些专门的地点制作：直到 14 世纪，西部丝绸纺织生产还集中在卢卡（托斯卡纳）；纸张生产集中在法布里亚诺（意大利马尔凯）；直到 15 世纪末，威尼斯还对高质量肥皂和玻璃维持着真正的垄断。但是对大多生活必需品来说，还鲜有地理上的劳动分工。我们在前面把劳工作为一种生产要素讨论时看到，农村人口远没有完全从事农业事务。不仅每一个镇，而且每一个村都有其编织工、纺线工、布料商、鞋匠、木匠、制桶工、铁匠、兵器制造者等等，不一而足。地区间和国际间的贸易在 10 世纪之后有了巨大的增长，但是在大多数社区，很多制造企业还是在当地生产。在农业上，单一的种植方式几乎闻所未闻，农民努力在自己的农场上生产尽可能多样的粮食、蔬菜和水果——当然，这是以牺牲生产力为代价的。

消极生产

教科书提到生产时，通常指积极生产，但是人类社会把劳工、资本和自然资源结合在一起，也引起了消极生产。基本上有两种消极生产：

> a. 有意毁灭人和财富
>
> b. 环境的污染和破坏

让我们分别对这两种消极生产进行分析。在所有人类社会中，都有恶贯满盈的人出于这样或那样的理由来毁灭人类性命和财产。其中有些将其行为置于政治意识形态或宗教学说的框架内，但从本质上来看，他们是毁灭的代理人。刺客是"劳工"，使用"资本"（可以说是一支枪）毁灭人力资本，造成一种消极生产。纵火犯是"劳工"，综合利用"资本"（这两者往往像是一根火柴和一个汽油罐）毁灭物质资本。投弹手是"劳工"，利用"资本"（炸药）同时毁灭人力和物力资本。其中大多数人都以这样或那样的借口，或根本没有任何借口，来进行破坏而不是建设，这些人在不同社会和不同时期的数量各不相同。但是他们的潜在数量总高于实际数量，因为社会捍卫自己，投入资源——劳工和资本——努力控制这种现象。

从一种宏观的层面来看，具有重大影响的消极生产是战争。每一场战争的头一个牺牲品都是真理。每一场战争都披着谎言和似是而非的论据，旨在让人们相信其及时性和必要性，如同每一个投弹手都试图说服他自己和别人相信其犯罪行为的必要性和价值。在人类历史的进程中，人不断遭受屠杀，财富不断遭受毁灭，这种最荒唐和最残忍的罪行总是以某种远大理想的名义被实施，有时是宗教的，有时是政治的，有时是社会和经济的。不管最终动机是什么，战争从本质上来看还是对"劳工"（军队）和"资本"（武器）的组织，其公开目的是从数量和质量上最大限度地消灭所谓的敌人的劳工和资本。在动物界，只有人类和蚂蚁创建出了消灭自己同类的大规模组织。

我们已看到，人类的生产能力是在目前的技术水平上，和某一种集体心理气候下，劳工和资本的质量和数量的一种作用的结果。人类的毁灭能力也是如此。资本、技术和组织技能有助于人类的生产活动，也有助于他们的毁灭活动。因此，工业社会的一名罪犯的毁灭潜力比前工业化社会中的对应者具有很大的优越性。同样，一支工业时代的军队具有的毁灭力量比前工业化时代的一支部队的毁灭力量大得多。中美洲（联邦）共和国的任何一个营都能在几个小时内摧毁罗马帝国的军队。

讨论过去的战争必须记住以下这些情形。有人写道，"几千名战士，几百名死者"是前工业化时代大多冲突的"资产负债表"。但是，如果说过去的战争几乎没有直接的杀伤力，也是不对的，它们也可能会严重毁灭物质资本，并可能通过饥荒和疾病造成高死亡率。行进中的军队杀死或没收牲畜，烧毁或没收食品储备，毁坏房屋、磨坊、粮仓和其他农业建筑。由于过去的军队对农村造成了最严重的破坏，相关的以农业为主导的社会经济结构基础受到了重创。从一种纯经济的观点来看，战争是一个比瘟疫大得多的恶魔，而且由于相关社会的资本相对于现存人口来说相对匮乏，战争的邪恶性就更加突出。瘟疫毁灭人类，但并不毁灭资本，在疾病的冲击中幸存下来的人们通常发现自己处于更有利的经济条件下。而战争对资本的破坏尤为严重。当时的编年史和文件对此做了大量的记载，乡村和城镇在熊熊火光中变成废墟，儿童哭声一片，讨要面包，饿死街头。"整个地区都变成一片荒原"或"过去有人居住的地方现在只有野兽"，这样的描写在当时的文件中比比皆是。[27] 这并非夸张的修辞。历史学家常用数字取代文字，用实际数据来确定令人感到凄凉痛苦的记叙。柴郡（英格兰）共有 264 个村庄，其中 52 个在 1066 年诺曼征服中遭到完全或部分毁灭。到 1070 年，由于征服者威廉一世在 1069～1070 年的战役，这一数据上升至 162 个。[28]

大约在 14 世纪中叶，卷入百年战争的军队毁坏了利斯修道院
（Abbaye du Lys，法国默伦附近）的全部财产以及很多其他财物。
在这一次掠劫 15 年过后，即 1384 年，其不动产处于下列状况：

> 森林：460 阿尔邦（Arpent）① 中有 300 阿尔邦
> 被烧毁
> 葡萄园：32 阿尔邦中有 22 阿尔邦被破坏
> 可耕地：190 阿尔邦中有 90 阿尔邦被荒废[29]

15 世纪初，在上普罗旺斯（法国）的茹尔当堡（La
Bastide-des-Jourdans），属于耶路撒冷圣约翰爵士团的 346 英亩
肥沃可耕地中，有 336 英亩被荒废，一个 178 英亩的葡萄园被
完全摧毁。在格朗布瓦（Grambois），一座 74 英亩的葡萄园被
摧毁，一片 618 英亩的可耕地的大部分被废弃。蒙特古特
（Montegut）"过去有一座美丽的农场，现在既没有一个男人，
也没有一个女人，连一只鸡也没有"[30]。百年战争（1337～
1453 年）中的各种战役对法国北方贸易额的影响，反映在巴
黎河谷讷伊港的通行费收入的戏剧性波动中：[31]

> 1301 年：250 里弗
> 1340 年：200 里弗
> 1376 年：248 里弗
> 1409 年：320 里弗

---

① 阿尔邦为法国旧土地面积单位，1 阿尔邦相当于边长约为 10 根杆子的正方形
的面积，但其具体长度因地区和时代的不同而有所变化。——译者注。

110

1425 年：36 里弗

1428 年：80 里弗

1444 年：26 里弗

在三十年战争期间（1618～1648 年）的萨尔堡（Saarburg，德国），如表 3.7 所示，牲畜遭受了巨大的浩劫。这样的破坏具有极大的灾难性，因为可利用资源和生产力通常不会得到迅速恢复。

表 3.7　三十年战争期间德国萨尔堡领地的家畜损失情况

家畜	头数	
	战争之前	战争之后
马	2651	116
公牛	5077	36
猪	5927	10
绵羊	18267	
山羊	2749	

来源：Franz, *Dreissigjährige Krieg*, p. 45。

　　人性的邪恶是某些形式的消极生产的根源。无知和自私是其他弊病的根源。从这方面来看，必须区分：（a）对自然资源的破坏；（b）消耗产生的废品对环境的污染；（c）生产活动带来的不良副产品对环境的污染；（d）对从事生产者的健康的损害。

　　从所有这些观点来看，欧洲前工业化社会的消极生产能力无限地小于工业社会。首先，人口少，人均生产有限。此外，普遍的贫穷迫使人们把浪费减少到最小程度，耐用的商品不断重复使用。最后，像石油和煤炭这样的产品没有被广泛使用，这种产品在很大程度上造成了当代世界的环境污染。

　　这种认识使一位经济史学家最近断言：

> 污染、自然环境的损失、交通堵塞和交通事故显
> 然是工业化和现代技术发展的结果，在前工业化社
> 会，没有明显的严重的类似情况。况且，对传统农民
> 社会做的工作越多，就会越发明显地看到：这种社会
> 对自然的适应能力往往会达到奇迹般的程度，使目前
> 的利用与对未来的保存达到平衡，取得一定成功，而
> 现代经济体几乎无法与之匹敌。[32]

但不幸的是，在前工业化时期的欧洲，情况并不那么乐观。无疑，前工业化社会干扰生态平衡的能力无限小于工业社会。但除了这种缺陷之外，前工业社会甚至还存在管理不善的问题。拉马齐尼医生在1713年发表的名著中讲述的以下事例就是有力的证据，这很好地证明了在前工业化的欧洲，折磨工业社会的某些罪恶尽管规模较小，却也尽人皆知：

> 几年前，意大利北方摩德纳治下的小镇菲纳莱
> （Finale）的一位市民与一位商人之间发生了一场激
> 烈的争执，那位商人在菲纳莱镇拥有一个大实验
> 室，用来制作升华物。菲纳莱镇的这位市民对制造
> 商提起诉讼，要求他把他的作坊搬到镇外或别的地
> 方，理由是，每当他的工人为制造升华物在火炉里
> 烤硫酸的时候，整个街区都会受到毒害。起诉者为
> 了证明其指控的真实性，出示了菲纳莱镇医生的宣
> 誓证词和教区死亡记录，这似乎可以表明，在那个
> 街区以及紧邻实验室的区域内，每年的死亡人数远
> 远大于其他地方。而且医生还证明，那个街区的居

民通常死于消耗病和胸部疾病，他把这归因于硫酸释
放的烟雾，它致使附近的空气受到污染，这给肺部带
来损害和危险。[33]

短视行为常见的另一个例子是破坏森林。这不仅意味着大
量资本直接被破坏，也意味着下方平原地区环境的恶化：洪水
泛滥、死水积聚，这里成为疟疾的滋生地。

在城墙内，人们不应该因宏伟的建筑而感到眼花缭乱，如
大教堂、富人的豪宅、公社的宫殿。正如罗伯特·达灵顿于
17 世纪初就托斯卡纳写道：

> 在意大利，并非一切皆为黄金，尽管很多游客只
> 注目凝视其城市的美丽和其房屋外表的粉饰，以为这
> 是欧洲唯一的天堂。[34]

为了留在城墙内避难，人们挤进较小的区域，这使人口密
度高到危险的境地。水井不安全，卫生设施几乎没有，这给人
类排泄物的处置造成严重问题。人们把街道和广场当作公厕，
不顾行人地向窗外扔一切废物。

17 世纪中叶，法国摄政王的母亲写道：

> 巴黎是一个可怕的地方，街道臭气熏天，人们不
> 敢在那儿溜达，是因腐烂的肉和鱼散发出的令人作呕
> 的气味，也因在街上撒尿的人群。

在 18 世纪末，英国外交家约翰·巴罗（John Barrow）评

112

论道："北京享有一种重要优势，这在英格兰之外的首都是罕见的：没有任何散发异臭的污秽或肮脏的东西被抛入街道。"[35]

除了人类垃圾外还有动物垃圾。汽车尾气是有毒的。前工业化城镇街道狭窄、空气不流通，无数匹马排泄的粪便对健康也许没有危害，但也绝不令人快意。

从 13 世纪起，镇政府制定了很多规章来处理这类麻烦。这种措施能起多大作用很难说，禁令和威胁循环往复，这一事实说明，人们对法令并不很在乎，对惩罚的执行并不够严格。市政当局也偶尔采取积极措施。近 13 世纪末，在锡耶纳，镇政府为田野广场（Piazza del Campo）每日积累的垃圾和污秽物感到忧虑，于是就委托贪财的吉奥瓦尼诺·迪·文图拉（Giovannino di Ventura）打扫广场，他养了一头母猪和四头小猪，可以吃掉广场上丰富的垃圾。[36]

甚至交通堵塞也不是一个新问题。在 14 世纪初，交通在佛罗伦萨变得如此拥堵，以至于 1322～1325 届人民议会（Capitano del Popolo，见 lib. V，rub. XXII，c. 86）立法规定，星期六禁止运载木材的货运马车在市中心通行。

随着 15 世纪的到来，英格兰的煤炭使用增加，起先用于家庭，随后又用于工业，这为工业革命，但也为污染问题打开了大门。到 17 世纪，那位杰出的内科医生托马斯·西德纳姆（Thomas Sydenham，1624～1689）建议居住在乡村，因为"镇上的空中充满了蒸汽"。1661 年，约翰·伊夫林（John Evelyn）写了他著名的小册子《伦敦雾霾纪实》（*Fumifugium*），其中除了其他问题外，人们还读到：

在伦敦，我们见到走路谈话的人为一种地狱般的烟气所追随和缠绕。居民完全呼吸着一种不纯洁的浓重的迷雾，伴随着一股煤烟和污秽的气味，这使他们对种种不便深恶痛绝，而这些不便腐蚀着他们的肺部，干扰着他们身体的全部习惯，呼吸道黏膜炎、肺膜炎、咳嗽和肺痨等病在一个城市的肆虐超过全球其余地区的总和。

很多活动不仅损害环境，也损害参与活动的人。工业医学的创始人是博洛尼亚的伯纳迪诺·拉马齐尼，他于 1682～1700 年在摩德纳大学，1700～1714 年在帕多瓦大学担任实用医学教授。在随便翻开的其杰作《论工匠的疾病》（*De Morbis Artificum Diatriba*）中，就能找到许多不同活动导致致命后果的例子：[37]

> **矿工**：他们从下面来到没有污染的户外，看上去就像地狱魔王的随从，因为他们待在污秽的黑暗之地。不管他们开采的是何种金属，都会染上可怕的疾病，且通常任何一种疗法都无效……但汞矿中会流出所有类别中最残酷的毒药，给矿工以致命的和毁灭性的打击……在发现黑汗疱疹的迈森（Meissen）矿井里，矿工都四肢纤细，瘦成皮包骨。
>
> **镀金工**：我们都知道，汞会使金匠，特别是受雇于给白银和青铜物镀金的工匠，染上什么可怕的疾病。这种工作不使用汞齐就无法做，他们后来用火驱散汞的时候，尽管把脸调过去，也避免不了把毒气吸到嘴里。因此，这种手艺人很快就会患上眩

晕症、哮喘病和麻痹症。他们中只有很少人能活到老年，然而，即使他们不会年纪轻轻地就死去，他们的健康也受到了如此可怕的损害，以至于他们宁可去死。

陶工： 他们需要热烤或焙烧的铅给陶器上釉……他们的嘴巴、鼻孔和全身都会铅中毒，因此他们不久就会受到严重疾病的侵袭。首先，他们的手会变得麻木，随之他们会瘫痪、脾气暴躁、死气沉沉、骨瘦如柴、牙齿脱落，很少看到一个陶工的脸庞不像死人一样呈现出铅的颜色。

硫黄工： 在日常使用的矿物质当中，硫黄的用途非常广泛，它对那些将硫黄焙烧、液化，或在其制品中使用硫黄的人造成严重的伤害。燃烧或液化硫黄的人会出现咳嗽、呼吸困难、声音嘶哑、眼痛等症状。

制革工人： 他们用石灰和五倍子把兽皮浸泡在坑里，用脚踩踏，再进行清洗，过后抹上牛脂，将之用于各种不同用途；我的意思是说，他们同样受到止不住的臭味和吸入的浊气的折磨；人们能看到他们像死人一样的面孔、浮肿的身体、鬼一样的长相以及呼吸困难的症状；他们几乎都患有脾破裂。我还观察到，许多干这一行的工人都患有水肿。

玻璃工： 在玻璃器皿的制作过程中，工人在寒气刺骨的天气里半裸着身体站在炙热的熔炉旁……他们易于染上胸病……胸膜炎、哮喘和一种慢性咳嗽是必然的结果。但是等待着为女性手镯和其他装饰品制作彩色玻璃的人的命运更为悲惨。为了给晶体染色，他们使用煅烧的硼砂、锑和一定量的黄金；他们将这三种物质一起捣碎成一种极细的粉末，再将其与玻璃混在一起，制成这个过程所需要的糊状物。在这种捣碎的过程中，不管他们把脸捂得多严实，把头调得多远，都无法不吸入毒气。因此他们经常会失去知觉，有时候会窒息，或随着时间推移，患有口腔、食道和器官溃疡。他们最终会加入肺病患者的行列，因为他们的肺会发生溃烂，如他们的尸体解剖所明确显示的一样。

两个多世纪过去后，拉马齐尼医生对劳工工作条件的关注才使之成为公众关注的问题，这在预防立法中得到体现。

注 释

1. Schumpeter, "The Creative Response," p. 150.

2. *Chronique de Robert de Torigny*, p. 238.

3. *Epistole Hugonis*, pp. 318 – 19.

4. Leo Di Ostia, *Cronica*, III, p. 26.

5. 关于能源对人类历史的影响，参见 Cipolla, *Economic History of World Population*, Chapter 2。

6. 英国小麦产量比：
   1200 ~ 1249 年：2. 9
   1250 ~ 1299 年：4. 2
   1300 ~ 1349 年：3. 9
   1350 ~ 1399 年：5. 2

1400~1449 年：4.1

1450~1499 年：4.9

Slicher van Bath，"Accounts and Diaries，" p.22. 表 3.2 和表 3.1 中 Slicher van Bath 的数据之间存在差异，是因为表 3.1 中的数据是小麦、黑麦、大麦和燕麦产量的平均值，而表 3.2 中的数据只是小麦产量的平均值。

7. 在有争议的怀疑论盛行的时刻，E. Le Roy Ladurie 将上面的数字定义为"海市蜃楼"。参见 Le Roy Ladurie，*Paysans de Languedoc*，以及 Morineau，*Les Faux-semblants*。

8. Pini，"La Viticultura，" p.74.

9. Duby，*The Early Growth*，pp.27，189.

10. Slicher van Bath，*Agrarian History*，pp.182，334，335.

11. Slicher van Bath，pp.334 – 35；Benassar，*L'Alimentation d'une Capitale*，p.53.

12. Lastri，*L'Osservatore*，pp.163 – 67.

13. 根据 Carmona 出版的文献"Sull'economia Toscana，" p.43，在编织者中，除 878 个男人和 1457 个女人之外还有 358 个孩子。

14. 一"匹"约 35 码。

15. 数据显示，1604~1627 年为纺织行业的衰退时期：（a）其间较大的公司存活了下来；（b）男织工和女织工相比，其就业率大大降低。

16. 织工不必集中到作坊，也就是公司。他们通常在家里干活，从"商人"那里抽取佣金。见上文，p.131。

17. Edler de Roover，"Andrea Bianchi，" p.248.

18. Massa，*Un'impresa serica genovese*，pp.109 – 10.

19. Archivio di Stato di Milano，*Commercio*，P.A.，b，228.

20. Sella，*Commerci e Industrie a Venezia*，p.127.

21. Coleman，*The Economy of England*，p.78.

22. Blanchard，"Labour productivity，" p.3.

23. Hammersley，"The Charcoal Iron Industry."

24. Cipolla，*Guns and Sails*，p.154.

25. Scavia，*Industria della Carta*，p.10.

26. Schubert，*British Iron Industry*，p.345.

27. 例如 Sclafert, *Culture en Haute-Provence*, p. 9。

28. Darby, *A New Historical Geography*, p. 61.

29. Fourquin, *Histoire économique*, p. 335.

30. Sclafert, *Culture en Haute-Provence*, p. 88.

31. Forquin, *Histoire économique*, p. 348.

32. Gould, *Economic Growth*, p. 9.

33. Ramazzini, *Le malattie dei lavoratori*, Chapter IV.

34. Dallington, *Survey of Tuscany*, pp. 15 – 16.

35. Barrow, *Travels in China*, p. 67.

36. Garosi, *Siena*, p. 11.

37. Ramazzini, *Le malattie*, pp. 6, 11, 20.

下篇
动态描述

第四章　城市革命：公社

10 世纪和 12 世纪欧洲城市的崛起是西方历史的一个转折点，实际上，它也是整个世界历史的一个转折点。

城市在希腊罗马世界曾经兴旺发达，但是帝国的衰落使其遭到毁灭。在注有公元 381 年日期的一封信中，米兰主教盎博罗削（Ambrose）把意大利中心城市形容为 " semirutarum urbium cadavera"，即 "毁存参半的城市的遗址"。如果有些城市中心幸存下来，那么它们只是作为宗教和/或军事管理总部而幸存下来。在黑暗时代的原始世界里，城市是一种不合时宜的东西。

欧洲一些地区曾是罗马帝国的一部分，毫无疑问，它们经历过一个经济衰退的过程，而这一过程在我们这一千年（1000 ~ 1999 年）的第 5 个世纪更加明显、更加严重。在帝国之外，欧洲的北方地区没有城市的蛛丝马迹，工业和商业运作也寥寥无几；罗马帝国衰亡之后，北方缓慢但却稳定地提高了其相对地位，部分是因为它更加积极地与南方往来。因此，罗马时代南北界限分明所形成的令人震撼的反差逐渐减少。另一方面，穆斯林入侵使欧洲南部与北非和近东之间的联系纽带有所松动。在罗马时代，有两个独立的世界：地中海世界和北方世界。在公元 7 世纪，地中海世界一分为二，贫穷的欧洲这半部分与欧洲次大陆的北部联系得更加紧密。在共同的宗教信仰的维系下，欧洲在胚胎中诞生了。

这是一个贫穷的、原始的欧洲，一个由无数乡村小生态——大体能自给自足的庄园——组成的欧洲，其专制制度的形成在一定程度上是贸易衰落的原因，也是其结果。社会被一种对外部世界的放弃、怀疑和恐惧所主宰。人们回到庄园在经济上与世隔绝的状态，正如他们在修道院里寻求精神独处一样。

118　　艺术、教育、贸易、生产和劳动分工萎缩枯竭，货币的使用几乎完全消失，人口稀少，产品缺乏，结构原始。有人祈祷，有人战斗，有人劳动。流行的价值折射出一种残酷的、迷信的社会形态——战斗和祈祷是仅有的受尊敬的活动，战斗者之所以战斗是为了抢劫，祈祷者之所以祈祷是因为迷信。劳动者被认为是卑鄙的农奴。纷扰的树林里居住着野生动物，根据流行的想象，还有地精、仙女、女巫和小妖。11 至 13 世纪期间，在这种奴役和被奴役的世界里，城市的崛起是一种改变历史进程的新发展。

　　40 多年前，比利时历史学家亨利·皮雷纳（Henri Pirenne）构建了一种统一学说，用来解释欧洲各个不同地区的城市的崛起。[1]皮雷纳试图用单一的模式来阐释各种十分不同的发展，不容否认，这种模式具有其独创之处，发人深省，但是皮雷纳不得要领，他之所以如此，主要是因为他聚焦于现象的外在形式，而不是研究其内在本质。得以流传的波尔都斯学说（theory of the portus）吸收了原有的、强化的封建核心，并最终产生了新的城市单元，这种学说对低地国家和法国北部地区是有效的，但不符合西欧其他地区的事实。

　　埃迪特·艾南（Edith Ennen）认为，在西欧，必须把三个地区区分开来：（a）意大利、西班牙和法国南部——那里的城市虽然贫穷，但是在整个黑暗时代都一直存在；（b）英国、法国北部、低地国家、瑞士、莱茵兰、德国南部和奥地利——在所有这些地区，随着罗马帝国的消亡，罗马城市生活基本消失，但是中世纪城市还留有罗马活动的烙印；（c）德国北方的斯堪的纳维亚地区——在那里，罗马城市传统根本没有产生重大影响。[2]

令人头痛的在于，这种区域性的细分是无穷无尽的。艾南认为，欧洲南部是一个单元，而意大利的南部和北部又大不相同。意大利北部和西班牙之间可谓隔着楚河汉界，迥然不同：在意大利北部，小贵族在城市运动中举足轻重；[3]在西班牙，城市运动不能与收复失地运动和阿拉伯传统分割开来。

但是这些差别并没有破坏具有共同根基的社会文化和经济运动的统一性，不管是采取复兴一座古代罗马城市的形式，还是采取围绕一个城堡、寺院或皇宫建设一座新城市的形式，都是如此。这种统一性并不能通过采取因地制宜的形式来寻求，而是要根据开发的实质而定。

城市发展的根基在于大规模的移民运动。城市扩张是因为 119
人口的增长。但城市人口并非自然而然地增长，城市中心的生育率从来都不明显地高于死亡率；城市人口增长是由于乡村人口的流入。

人们移居的原因有两组，这两组原因不一定可以互相替代：排斥的原因（推力）和吸引的原因（拉力）。在10世纪到13世纪之间，经济在欧洲农村处于向上发展的趋势，部分由于技术革新，部分由于投资，部分由于财产重组。虽然经济状况整体上在改进，但是人民大众的生活基本上是不快乐的。大多农奴找不到摆脱农奴身份的手段，小贵族也看不到冲破现行体制束缚的明确途径。就在此时，城市起到了作为一种革新元素的作用，成为一个人们寻求财富的场所。城市对于 11 世纪到 13 世纪的欧洲人来说，就如同美国对于 19 世纪的欧洲人一样。城市是"前沿"，是一个新的充满活力的世界，那里的人们感到自己可以摆脱与过去的联系，他们希望找到提高经济和社会地位的机会，创新、冒险和勤奋会得到丰厚的回报。"城市的空气使人感到自由"（Stadtluft machts frei），这是在德国城市中流行的一种说法。从乡村逃出来的农奴不仅在城市中找到了合法的自由，而且还发现那儿的整个社会气氛对实现抱负和发挥才能持欢迎态度，不管城市居民是小贵族成员、商人还是工匠。在城市中，劳动有一种内在的尊严，所有诚实的职业都受到尊敬，但这并不是说城市的民主是平等的和完全的。任何对绝对平等的要求看起来都会是对上帝亲自定下的事物秩序的反抗。有关等级和地位的问题从中世纪初期起就十分普遍，后来在文艺复兴时期成了一个关注的焦点。

身为神父，萨林贝内·达·帕尔马（Salimbene da Parma）在他的《编年史》（*Cronaca*, ed. G. Scalia, Bari, 1966, pp. 937 - 38）中做了明确的报道，而在法兰西（我们还可以加上在德国和英国），贵族在乡村城堡里的基础依然坚不可摧，他们对新兴城市大体采取一种敌视的态度；在意大利北部，很多封建贵族成员感知到历史运行的新方向，他们不肯放弃他们在乡村的城堡，却居住在城市中，建设宫殿和塔楼，这赋予意大利城市一种独特的封建韵味——甚至仅从外观来看也是如此。

在 11 和 12 世纪这一城市发展的初期，市民处于为自治和独立而进行的斗争中，他们感到自己还没有强大到足以对现行体制进行挑战，于是选择去寻求被赋予政治和行政权力的地方主教的保护。但随着时间的推移，经济发展使商业和专业阶层的势力增强，他们感到自己再也不能忍受贵族和主教所享有的特权了。随后就发生了一系列十分复杂而漫长的斗争，商业和专业阶层从中获得胜利，城市成为获胜的中产阶级的权力宝座和中心。

城市社会发展壮大，与周围的乡村形成鲜明的对照。城墙既有实用目的，又有象征意义。城墙代表陷入冲突的两种文化之间的界限。就是这种冲突才赋予中世纪城市以鲜明的特征，使 11 至 13 世纪的城市运动成为世界历史的转折点。

城市曾存在于古代埃及，就如同存在于希腊和罗马所构成的一流世界里。在中世纪，城市就存在于中国以及拜占庭帝国。中世纪和文艺复兴时期的欧洲城市属于一流世界，而在中国和拜占庭帝国的城市里，商人、专业人士和工匠从来没有获得一种杰出的社会地位，他们甚至在获得财富之后，依然唯唯诺诺、低三下四。上层阶级的乡村理想渗透了整个社会；拥有土地的贵族从社会以及政治和文化方面主导着乡村和城市，这种强大的凝聚力使得城市和乡村两个世界之间的差别销声匿迹。城市本身并不是一种有机体，而是在一种更加广阔的城乡联合体的背景中的一个机构。

在罗马世界里，城市和乡村的差别仅为事实而已，法律并不根据住所区分公民身份。相反，在中世纪的欧洲，城市开始成为一个独立的实体。中世纪的城市不仅是一个更大的有机体的一部分，其本身就是一个有机体，它对自治感到自豪，并与周围的乡村明显地区分开来。从外表来看，城市与乡村被城墙、护城河和大门分隔开来。但比这更为重要的在于，从法理的角度看，城市也是另一个世界。两者在文化和经济上的对比都十分鲜明。在一个人穿过城门之后，他就要服从不同的法律了，如同我们今天穿过边界从一个国家进入另一个国家一样。在城市生活的商人、专业人士和工匠并不认可乡村世界的控制权和价值观；相反，他们创建了自己的文化和价值观。11 至13 世纪欧洲城市的崛起并不是一种地区进化的副产品，而是一种根植于城市的文化和社会革命的表达。农村封建体制的守护人充分意识到了这一点，他们并不隐瞒心中的愤恨。"市民是最坏的新名称"，吉贝尔·德·诺让（Guibert of Nogent）评论道。弗莱辛的奥托（Otto of Frisingen），即红胡子腓特烈（Frederic Barbarossa）的叔父写道：[4]

> 在意大利公社，他们并不带着蔑视的眼光把骑士爵位或其他尊贵身份赐予身份低下的年轻人，甚至是卑微的机械工艺工人，而其他民族就像驱除瘟疫一样将其挡在更为尊贵的阶层之外。

生活在城市中的人们开始享受一种独特的身份，他们是"市民"。1100 年以前，在佛兰德地区，"市民"这一术语只属于三个地区——圣奥梅尔（St Omer）、康布雷（Cambrai）和休伊（Huy）。12 世纪，这个典型的中世纪术语传遍整个西欧。

但是在欧洲，不同地区之间却存在着明显的差别。在意大利，城市的革命特征比在别处更加明显，不仅体现在其与男爵和教会权力的交手之中，而且也体现在其与帝国中心权力冲突加剧之时；因此，意大利城市着手攻克周围的领土。在德国，皇帝为了进一步开展针对强大封建势力的斗争，就赐予某些城市独立自治权、铸币权，赋予移民全部公民权利以及制定他们自己的政策的权利；但德国城市从来不敢将其特权推向城墙之外，或发动对将其围困的封建部队的进攻。在法国，公社市民运动被君主政权驯服。在英国，城市发展较慢，缺乏戏剧性，没有或鲜有革命特征。在东欧，大多城市的崛起并不是以自身力量为基础，而是以封建领主的东进倡议为准绳。很多事例表明，德国东部城市曾不遗余力地维护其独立，后来却被男爵征服。

但除了德国东部之外，城市中产阶级在政治和社会上的胜利及其本身独特的价值体系，给经济带来了革命性的成果。新价值体系刺激了新型需求，新生阶级在经济上的成功是这种需求的强大购买力的后盾。事实证明，中世纪城市的历史从最终效果来看与希腊城邦、罗马城区或中国城市的历史迥然不同，原因主要在于实际需求结构的不同。

在一个充满敌意的世界的包围之下，城市人感到需要团结与合作。前线人民必须拧成一股绳。在封建世界里，通常流行垂直结构；人与人之间的关系取决于封地和服役，册封和效忠，君主、诸侯和农奴的观念。在城市中，一种平行结构出现了，其特点是对手之间的平等合作。**行会、公会、大学**，尤其是行会的行会、全体市民宣誓联盟、公社，是新观念创造出来的机构，折射出新的理想。

因此，一座城市不管是从一座封建城堡旁边的港口崛起，还是从一座罗马小镇的地基上浮现，基本上都是一种新现象：城市是一种新社会的核心，它演绎新的社会结构，使人们重新认识国家，创生一种新文化和新经济。志满意得的市民对于周边的农村世界不屑一顾。"农村生养好畜生和坏人"（La villa fa buone bestie e cattivi uomini），保罗·达·切塔尔多写道。在周边的封建世界相对于城市力量过于强大的地区，如德国，城

122

市依然处于守势，隐蔽在其城墙、财富，及其对艺术和经济成就的保护之中。像在意大利，城市在发展到可以打破从前与周围的封建世界之间的平衡之时，就开始征服周边地区。随后发生的事件标志着城市与农村文化的分野。城市没有也无意创造一种地区组织，但却主张其征服的权利。在 13 和 14 世纪，城市与其所征服的领地之间的关系，会令人想起 19 世纪欧洲国家与其殖民地之间的关系，而不是我们当代省会与省内其他城市之间的关系。

随着中世纪城市的出现和城市中产阶级的兴起，一个新欧洲诞生了。社会和经济生活的每个方面都发生了转变。价值体系、个人情况和关系、行政管理类别、教育、生产和交换都发生了天翻地覆的变化。

11 和 12 世纪的城市革命为 19 世纪的工业革命开辟了道路。

注 释

1. Pirenne, *Medieval Cities*.
2. Ennen, "Different Types," pp. 399 – 411.
3. Sestan, "Città comunale italiana," pp. 75 – 95.
4. *Gesta Federici*, 2, 12, RRGGSS 54.

第五章　人口：趋势与瘟疫

概括说来，人们会认为，在新千年（1000~1999年）之初，人口在整个欧洲大陆上都很稀少：公元1000年前后，整个欧洲（包括俄罗斯和巴尔干半岛各国）的人口可能不多于3000万或3500万。从10世纪直到14世纪初，人口增长缓慢而稳定。[1]在此期间，法国、德国和不列颠群岛的人口可能增至其基数的三倍，而意大利人口可能增至其基数的两倍。到14世纪三四十年代，欧洲总人口肯定至少有8000万。随之，1348年暴发黑死病，在约两年的时间里，黑死病消灭了约2500万人。战争、饥荒，尤其是流行病，在随后的约150年间一次再一次地发生，人口恢复缓慢，令人担忧。15世纪末，欧洲总人口数仍然停留在约8000万的水平上；16世纪，人口有了实质性增长；到17世纪初，欧洲总人口肯定有一亿左右。17世纪的战争和流行病起到了把人口稳定在这一水平上的作用，1700年，欧洲人口肯定还在一亿一千万左右（见表1.1，第5页）。

我们已经讨论了人口的一些主要特征，但是我们仍然要至少重温两点，这会有所裨益。第一，不管起伏情况如何，前工业化欧洲人口保持着年轻的状态——换言之，其年龄结构始终呈现出较年轻的年龄组人数占上风的趋势。第二，尽管在10至13世纪人口有所增长，但欧洲人口仍然相对较少。在人口增长的顶峰时期，最大国家的人口在1000万到1800万之间（见表1.1），鲜有大都市达到10万人口的水平（见附表1）。

人们对此会做出一种极其简洁和相当彻底的说明，以为欧洲人口保持着年轻是因为生育率高，而其依然稀少是因为死亡率高。但这两点都值得进一步评述。

如今，学术界偏向于指出在一定意义上限制了前工业化欧洲生育的几种文化因素。例如，常见的说法认为，西欧的婚姻模式具有世界上独一无二或几乎独一无二的特征。欧洲模式的鲜明特色在于：（a）终身未婚的人口比例较高；（b）已婚人口中有很多是在较高年龄结的婚。[2] 就（a）点而论，需要强调，在前工业化欧洲，独身远不会像在东方社会那样受到谴责，[3] 反而一般会受到赞扬。对于牧师、修道士和修女来说，独身实际上已成为一种生活方式。直到欧洲的现代时期，理智主义（intellectualism）在一个奉行独身的国家之外仍是不可思议的。阿伯拉尔（Abélard）的悲剧根植于这种社会传统。直到中世纪末，巴黎医学院还不允许已婚男子毕业；直到 19 世纪末，牛津和剑桥还不允许已婚男子在各个学院任职。

逃避婚姻还有经济上的原因——要么是为了维持一份来自很多分支的家庭不动产，要么是为了避免抚养一个家庭要付出的代价。法因斯·莫里森是一位敏捷机智的英国旅行家，他在 1700 年前后访问欧洲大陆时观察到：[4]

> 在意大利，婚姻确实是一个包袱，一个沉重而令人痛苦的包袱，人们无论在何处都愿意为挣脱婚姻束缚而斗争。但那些因自由的意愿或因被说服而想要结婚的人，一定会得到一个妻子，并生孩子传宗接代，

他们的妻子及其荣誉会受到尊重，因此他们可以自由地娶她，这样，他们自己也可以最大限度地享受女人带来的快乐。这种自由婚姻在意大利比在其他国家更幸福。因为，在那些节俭的联邦社会中，未婚者生活开支小，对乱伦的意识薄弱，对轻罪采取尊重的态度，容易宽容忏悔者。

埃德蒙·哈雷（Edmund Halley）根据他对布雷斯劳市（Breslau）死亡清单的观察，在1693年从更广泛的角度写道：

> 人类的繁衍和增多并不太受任何物种本质中的东西阻挡，而是因为大多数人不愿意冒结婚的风险，认为抚养家庭会遇到很多麻烦，会有很大负担。

显然，必须对所有这些概括采取半信半疑的态度。终身未婚者所占的比例在不同国家和不同时期大不相同，也因社会阶级、经济地位和住宅地点而千差万别（见表5.1）。

表5.1　前工业时期欧洲部分社会群体未婚者占比

出生时间	英国贵族 45岁未婚者占比（%）	
	男性	女性
1330~1479年	9	7
1480~1679年	19	6
1680~1729年	30	17

续表

	日内瓦中产阶级 50 岁以上死者中未婚者占比（%）	
	男性	女性
1550～1599 年	9	2
1600～1649 年	15	7
1650～1699 年	15	26
	米兰贵族 50 岁以上死者中未婚者占比（%）	
	男性	女性
1600～1649 年	49	75
1650～1699 年	56	49
1700～1749 年	51	35
	1630 年在托斯卡纳大公国执业的内科医生和外科医生 40 岁及以上未婚者占比（%）	
	男性	
1550～1590 年	20	

来源：Hollingsworth, *British Ducal Families*, p. 364；Henry, *Familles Genevoises*, pp. 52－55；Zanetti, *Patriziato Milanese*, pp. 84－88；Cipolla, *Public Health*, p. 103。

125 　　同样，结婚的平均年龄在不同时期、不同阶级和不同国家中有着巨大的差别。据莫里森报道："在德国，女子很少在 25 岁之前结婚。"[5]这话听起来让人以为英国姑娘结婚更早。然而，在小镇科利顿（Colyton），1560～1646 年，女子初婚的平均年龄为 27 岁。[6]无论如何，在中世纪和文艺复兴时期的欧洲，女子很少比古代罗马或亚洲社会中的女子结婚更早。显而易见，女子结婚年龄越大，她生育的概率就越小。表 5.2 展示了在某些社会群体中和某些地区女子的平均初婚年龄。这些数据证实，人们在做概括时必须采取谨慎的态度。

表 5. 2 前工业化时期欧洲部分社会群体和地区中女子初婚的平均年龄

地区	时期	平均婚龄
佛罗伦萨	1351～1400 年	18
	1401～1450 年	17
	1451～1475 年	19
英格兰（英国同龄人）	1575～1599 年	21
	1600～1624 年	21
	1625～1649 年	22
	1650～1674 年	22
	1675～1699 年	23
英格兰（科利顿村）	1560～1646 年	27
	1647～1719 年	30
阿姆斯特丹（荷兰）	1626～1627 年	25
	1676～1677 年	27
亚眠（法国）	1674～1678 年	25
埃尔弗塞勒（佛兰德）	1608～1649 年	25
	1650～1659 年	27

来源：Herlihy and Klapish, *Les Toscans et leurs familles*, p. 205；Wrigley, *Population and History*, pp. 86－87；Hollingsworth, *British Ducal Families*, p. 364；Hart, "Historischdemografische notitie"；Deyon, *Amiens*；Deprez, *The Demographic Development of Flanders*。

　　有人认为："在前工业化欧洲，社会控制生育的主要手段是规定允许结婚的条件。"但是，另一方面，认为一旦结婚生育就只受控于生理和营养因素的看法是错误的。[7]特定的风俗对婚后生育有一定的影响。有人提出，在 17 世纪，法国的一些地区要求长期实行母乳喂养，以便延长已婚妇女的闭经期，这样生育间隔期就会加长。E. A. 瑞格利（E. A. Wrigley）认为："有确凿的统计数据表明，17 世纪晚期，家庭对生育的节制在小镇科利顿（英国）是存在的，中断性交的可能性看起来大于任何其他方法。"[8]

所有这一切都饶有趣味，但是这也有可能是对先前无节制生育的反应，研究人员现在倾向于从一些有限的观察中做出笼统的概括，并往往会夸大前面提到的事实和条件可能带来的结果。事实上，一些欧洲人的确不结婚，但是很多人会为了其他的利益而结婚。结婚的平均年龄可能会被推迟，但是已婚妇女通常还是生很多孩子。长期母乳喂养可能会实行，但是婴儿死亡率高会减弱这种方法的效能。实际上，我们无论何时计算出一些粗略的数据都会发现，其生育率大概在千分之三十五以上，并几乎从未发现生育率在千分之三十以下（见附表2和4）。生育率本来可能更高，但这一事实并不意味着生育率低。生育率高在很大程度上解释了人口年龄结构的年轻化，这也是欧洲人口在死亡率非常高的情况下仍能存在的原因。

死亡率在中世纪和早期现代的欧洲的确很高。比方说，一个快要达到无法生育的年龄（比如说45岁）的女人，通常会见证她父母、大多兄弟姐妹、一多半孩子的死亡，而且往往会成为寡妇。死亡是一个常见的主题，同样是一件阴森可怖的事情。死亡带来的苦难非常真实，无法缓和。[9]更为糟糕的是人性的残忍，人们对自然死亡的可怕变得麻木不仁：除了对战争的付出和接受外，还有对正义的践踏、正统宗教杀人式的偏狭，以及对弱者和俘虏仁爱之心的缺乏。

如我们在上篇中所述，从人口统计学的目的来讲，区分正常死亡与灾难性死亡也许是有裨益的。这种区分具有主观随意色彩，但其长处是有助于叙事。我们已经把正常死亡率定义为在正常年度——也就是没有战争、饥荒和流行病等灾难的年度——里通常的死亡率。在这样的年度里，婴儿和青少年的死亡人数占总体死亡人数的很大一部分。从更专业的角度来看，正常死亡率中的主要组成部分是婴儿和青少年死亡率。[10]

卡斯蒂利亚的比安卡（Bianca）有个孩子不到 1 岁就遭遇夭折，还有三个不到 13 岁就命归西天。安茹的玛格丽塔（Margherita）有十一个孩子，有五个不到 20 岁就死亡了。婴儿和青少年死亡是极为平常的事件，以至于人们几乎对此视而不见。著名的内科医生乌戈·本齐（Ugo Benzi）（1375～1439年）提出了一百多条医疗小窍门，其中只有两条涉及 10 岁以下的儿童。伟大的作家蒙田在讲述自己的亲身体会时写道："我失去了两三个还在襁褓中的孩子，对此我并非不感到遗憾，但我并不感到十分痛苦。"在 15 世纪中叶的佛罗伦萨，婴儿和青少年死亡甚至在市官方《死亡簿》（*Books of the Deceased*）里都没有记录。[11]当有可能收集准确而全面的数据（例如附表 3）时，就会发现在前工业化欧洲的社区中，无论社区大小，每出生 1000 名婴儿，就有 150～350 名不到 1 岁便死亡，另有 100～200 名不到 10 岁便死亡。

儿童、少年死亡率高，主要是由于生活贫困，大多数人生活条件紧张，富人也缺乏医疗援助。这就是弱肉强食、森林法则的写照。然而，即使是在艰难困苦的头 10 年学徒生涯中幸存下来的人，余生也过不上轻松的日子。成年人易于受到伤害，就如同年轻人易于遭遇灾难性死亡的浩劫一样。前工业化社会的基本特征实际上在于，其极易遭受各种各样的灾难。最常见的祈求是"愿上帝把我们从战争、饥荒和瘟疫中解救出来"（a bello, fame, et peste libera nos Domine）。战争、饥荒和流行病无情地使展示了不同社区历时死亡率的图中出现戏剧性高峰（见图 5.1）。

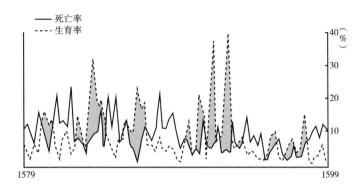

图 5.1　16 世纪末，法国的村庄库费（Couffé）的死亡率和生育率。数据根据相关年份季度统计表整理。黑色区域表示葬礼数超过怀孕数。

来源：Croix，"La Démographie du pays nantais"。

　　战争的残酷靠着很多文学描写和插图得以延续。围攻过后是对失败者的大规模屠杀和严刑拷打，迫使他们说出隐藏财宝的地点，宗教分歧往往会任由屠杀猖獗，这令人毛骨悚然。人们提起战争就不寒而栗，因为军旅生涯中的凶暴、残忍和种种恶行超出所有人的想象。但是在这三种灾难——战争、饥荒和流行病中，战争的残酷性一般来说是最小的。战争是灾难，主要是因为它所带来的间接后果，它引起另两个魔鬼——饥荒和流行病，使其出现的频率更高，强度更剧烈。饥荒很容易在对庄稼、牲畜和农具的摧毁和掠夺中产生，流行病是战争的另一个常见的副产品。中世纪和文艺复兴时期军队的卫生条件骇人听闻。帕多瓦市市长在 1631 年写道："士兵是污秽不堪的个人，无论驻扎在哪里，他们都散发出一种令人难以忍受的臭味。"18 世纪初，医生拉马齐尼写道："夏天营房里散发出一种臭气熏天的味道，可能比地狱洞穴的味道还难闻。"[12]军队更善于传播流行病而不是作战。黎塞留公爵枢机主教（Cardinal Duc de Richelieu）指挥的一支有约八千士兵的小部队在1627～1628 年从拉罗谢尔（La Rochelle）行进至蒙费拉托（Monferrat），传播了一种瘟疫，造成了 100 多万人死亡。[13]汉斯·津瑟（Hans Zinsser）曾写道："瘟疫往往在将军还不知道应将指挥部安置在何处之时就已经决定了胜负。"[14]

生活在 20 世纪工业化国家的人们，难以想象出饥饿和饥荒的情形，但是前工业化的欧洲看起来更像是 19 世纪的印度，而非 19 世纪的欧洲。以下是随机挑选的一段描写，描写的是人们在饥荒时期会亲眼见到的场景，其作者是一位内科医生，地点是 1630 年的意大利北方城市贝加莫：

> 一群疯狂的人群让人感到憎恨和恐怖，他们面如枯槁，形如骷髅，强行占据街道、广场、教堂和街门的每一个角落，他们的人生惨不忍睹；此外，他们散发出令人作呕的臭味。总会出现行将死亡和已经死亡的情景，特别是在如此疯狂的人们中出现行将死亡和已经死亡的情景。不施舍就想从他们的包围中逃离是不可能的；而如果对一个人施舍，施舍者就会被一百人团团围住——没有亲身体会过的人是不会相信的。[15]

大约在同一时间，维琴察（Vincenza，意大利北部）的一位贵族也做过类似的描写：

对两百人加以施舍，就还会出现同样多的人；你沿街行走或驻足在广场或教堂，就会有一群群人把你围住，向你乞讨：你看到饥饿写在他们的脸上，他们的眼睛像没有珠宝的戒指，他们可怜的身躯只剩下皮包骨。

日记作者萨努托（Sanuto）对威尼斯的情景有所记叙："你不遇到十个贫民来祈求施舍，就听不到弥撒；你不遇到贫民向你要点零钱，就没法打开钱包买东西。"[16]人们实际上死于饥饿。在城市中，可以经常看到有人死在街道上或大门下，在乡村中，则是在路旁边，他们满嘴都是草，牙齿脱落在地上。在波兰1433年和1434年饥荒期间，一位目击者记下了"积聚在弗罗茨瓦夫（Wroclaw）的穷人的情形，他们的住所在广场和墓地上；他们被活活饿死或冻死"。1527年冬天，在威尼斯，萨努托对当时的情景进行了如下描述：

一切都是宝贵的，每一个晚上，在圣马可广场、大街小巷和里亚托桥附近，都有孩子们站着呼喊："面包，面包，我要饿死了、冻死了。"——这是人间悲剧。第二天早晨，总督宫殿的大门下就会发现死人。

180　就1630年贝加莫的情形，M. A. 贝纳利奥（M. A. Benaglio）医生报道说："这些可怜的穷人中的大多数会变得黑、干巴、憔悴、虚弱、有气无力……他们在城里四处流浪，随后一个个在街道、广场和宫殿旁倒下死去。"[17]

饥荒除了对死亡率的增加有直接作用外，还对流行病暴发有着间接的推进作用。塞尼（Segni）修道院院长在 17 世纪初注意到，在饥荒时期，"多数穷人"都会患上疾病，这是"由吃草和不良食品造成的"，善良的修道院院长对此做了这样的说明："既然胃不能消化这样的食物，肝脏也不能将其转化成血液，身体的自然秩序就会受到破坏，腹部和腿部就会出现水浮肿，皮肤会发黄，人就会死去。"[18]

布斯托阿西齐奥（Busto Arsizio，位于伦巴第）的一位未留下姓名的编年史家注意到：在 1629 年饥荒期间，人们被迫吃着不能吃的东西，从而"引发了最凶恶、最难治的种种疾病，内科医生和外科医生都无法确诊这些疾病，这些疾病往往持续 6、8、10 或 12 个月，有大量的人因此死亡，我们公社的人口从 8000 减少到 3000"[19]。

流行病对灾难性死亡的频率和强度影响最大。[20]历史学家总会提到黑死病，但在总体上却会使读者感到，在 1348 年前后，欧洲没有发生严重的流行病。实际上，直到 17 世纪末，个别城市或整个欧洲区域每一年都遭受着某种流行病的严重打击。最常见的流行病是伤寒、斑疹伤寒、痢疾、鼠疫，以及引起致命性支气管－肺部并发症的流行性感冒。鼠疫的悲剧性和致命性远在所有其他传染病之上，腺鼠疫造成的死亡率高达 60%～75%，而肺鼠疫则不低于 100%。（引起这种高死亡率的原因在于，造成鼠疫的寄生虫——鼠疫杆菌——是一种啮齿类动物寄生虫而非人类寄生虫。）

虽然战争、饥荒和流行病在 11、12 和 13 世纪不为人们所知，但人口密度小会使流行病的破坏性作用受到限制。然而，

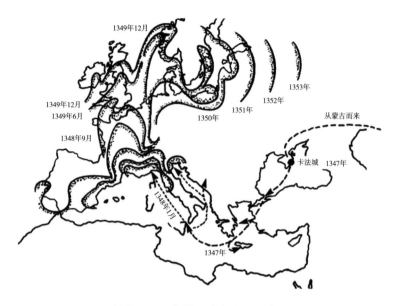

1347～1353 年黑死病在欧洲的蔓延

来源：McEvedy and Jones, *Atlas*。

随着人口增长且日渐集中在城镇，问题的性质就会改变。

在 1000 年至 1300 年间出现的人口增长，并不像 19 和 20 世纪的人口增长那样剧烈，然而，即使增长率低，但如果持续几个世纪，也显然会出现人口爆炸的情形。14 世纪初，从总体的生产和技术水平来看，欧洲有几个地区人口增长过剩。到 1339 年，瓦桑（Oisans，位于法国）贫瘠山脉地区的人口密度达到直到 1911 年都未曾再次达到的水平。[21] 在托斯卡纳，圣吉米尼亚诺领地 1332 年的人口密度达到其 1951 年的人口密度。沃尔泰拉（Volterra）领地的人口密度在 14 世纪 30 年代与在 1931 年一样高。[22] 更为糟糕的是，人们拥挤在城镇里，而那里的水井不安全；没有卫生设施；老鼠、跳蚤和虱子四处横行；

垃圾和人畜粪便在路上和院子里堆积；尽管医生大力推荐，但也很少有人使用肥皂，个人卫生很少被注意。一方面是人口增长，另一方面是医疗和公共卫生发展乏力，这两者之间的不平衡到14世纪初达到了一个临界点。欧洲随后出现的情形是一个很好的例子，说明了一旦人类行为造成了危险的失衡，平衡最终是如何恢复的。这个例子还表明，饥荒并不是自然手中唯一的再平衡手段。

如上所述，在1348年到1351年间，一场可怕的瘟疫导致了欧洲约8000万总人口中的约2500万人的死亡。但悲剧并没有就此结束，这场瘟疫以一种或多或少的地方性形式在欧洲立足，从那时起，在大约三个世纪的时间里，可怕的流行病不时地在局部地区或全国范围内暴发。

在1351～1485年的英格兰，瘟疫在30个不同的年份中暴发；而在1543～1593年，瘟疫在26个年份中暴发。在1348～1630年，威尼斯在21个年份中暴发瘟疫。佛罗伦萨在1348～1500年有22个年份暴发瘟疫。在1348～1596年，巴黎在22个年份里遭遇瘟疫流行病袭击。在1457～1590年，巴塞罗那在17个年份中遭遇了瘟疫的袭击。[23]

很难准确估算鼠疫疫情造成的死亡人数。约翰·葛兰特著名的《对死亡率表的自然与政治观察》（*Natural and Political Observations upon the Bills of Mortality*）最初发表于1662年，他在其中论道，"即使仅仅是对瘟疫造成的死亡人数的了解，也不能从检察官的报告中推导出来"，有必要"对兴许为无知和粗心的检察官的报告予以更正"。[24]威廉·配第痴迷于各种"政治算术"习题的计算，他在1667年写道：

132

在死亡率表中，伦敦的 108000 户人家共有
696000 人。在 20 年一遇的瘟疫年里，瘟疫造成的死
亡人数为总人数的六分之一，所有疾病造成的死亡人
数为五分之一。下一次瘟疫给伦敦造成的死亡人数可
能为120000 人，按每人头 7 英镑的损失计算，则共
为 840 万英镑。[25]

还有更为准确的对意大利城镇人口死亡率的估算，表 5.3 说明
了在 1630～1631 年和 1656～1657 年瘟疫所造成的可怕劫难。
一般来说，一场瘟疫在几个月内会使四分之一到一半受感染的
人死亡。

表 5.3　1630～1631 年以及 1656～1657 年疫情期间
意大利部分城市的死亡率

时期	城市	疫情之前人口（千）	疫情期间死亡人数（千）	人口死亡率（%）
1630～1631 年	贝加莫	25	10	40
	博洛尼亚	62	15	24
	布雷西亚	24	11	45
	卡尔马尼奥拉	7.6	1.9	25
	科莫	12	5	42
	克雷莫纳	37	17	38
	恩波利	2.2	0.22	10
	米兰	130	60	47
	摩德纳	18	4	22
	蒙扎	7	4	57
	帕多瓦	32	19	59
	帕尔马	30	15	50
	佩夏	2.8	1.4	50

续表

时期	城市	疫情之前人口（千）	疫情期间死亡人数（千）	人口死亡率（%）
	普拉托	6	1.5	25
	威尼斯	140	46	33
	维罗纳	54	33	61
	维琴察	32	12	38
1656～1657 年	热那亚	75	45	60
	那不勒斯	300	150	50
	罗马	123	23	19

　　一场流行病对某一特定人群造成的影响不仅取决于死亡人数，还取决于死亡年龄的分布。显而易见，如果一场流行病主要造成年轻人死亡，那么其对所波及人口的随后发展带来的后果，就会比造成超过生育年龄的人死亡更为严重。死亡数据也不能说明一切。在一场饥荒中，或在一场流行病期间，不仅死亡人数较多，而且出生人数较少。图 5.2 说明了在人口危机期间死亡率和生育率的典型历程。生育率和死亡率的"剪刀式"运动通常会使总人口出现一个巨大的负平衡。

　　这种人口危机作为长期调节前工业化时期人口的一种手段，其重要性怎么被估计都不为过。生育率通常高于正常死亡率。在这种情况下，由于生育率和死亡率之间的差距很小，人口增长相对缓慢，但也增长了。但是灾难性死亡高峰迟早会抵消以前的人口增长，循环过程又重新开始。这样，灾难性死亡高峰的频率和峰值大小就会决定人口趋势。动荡的政治和社会环境自然促进了微生物的破坏作用，这也解释了为什么百年战争（1337～1453 年）和三十年战争（1618～1648 年）时期也

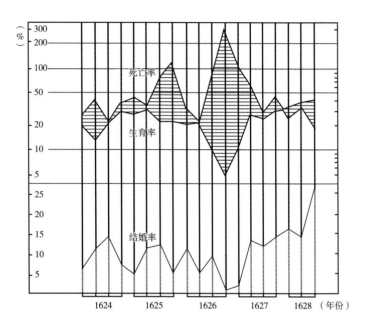

图 5.2　典型人口危机期间的死亡率、生育率和结婚率趋势图。
此为圣兰伯尔－德勒维村（Saint-Lambert-des-Levées，法国）
的情况。

来源：Goubert, *Beauvais et le Beauvaisis*。

是人口停滞和下降的时期。

显然，流行病的频繁发生与人口密度和城市化之间存在着
联系。人们的一般印象是，前工业化时期，欧洲城市人口是负
平衡的，他们能生存下来主要是因为不断有人从乡村流入进
来。以统计观察为基础来阐述这一论点的头批学者之一，或者
就是第一位学者，是约翰·葛兰特，他在 1662 年写道：

> 在所谓的伦敦死亡率表中，埋葬的数量远远大于
> 受洗礼的数量。这一点是显而易见的，只须进行计

算，因为在 40 年间，即从 1603 年到 1644 年，不包括起始和结尾这两年，在 97、16 和 10 这几个外在教区内，有 363935 次葬礼，而只有 330747 次洗礼；而在威斯敏斯特（West-minster）、兰贝斯（Lambeth）、纽因顿（Newington）、雷德利夫（Redriff）、斯特普尼（Stepney）、哈克尼（Hackney）和伊斯灵顿（Islington）等教区实施的不包括在内。从这单一的观察结果就可以看出，伦敦的人口本来应该减少；但我们看到的情况恰好相反，那里新基地上的建筑物与日俱增，宫殿似的豪宅被改造成狭小的公寓住房。因此可以断定，有乡村外来人口涌入伦敦，这与上面提到的墓葬差额相符，而且从所谓住房的增长来看，伦敦居民数量也有相应的增加。[26]

尽管前工业化欧洲城市在经济、政治、艺术和文化领域都很有活力，但从一种生物学的观点来看，它们是一个个庞大的坟场。

这一事实使城市化过程受到限制。如果城市的死亡人口小于出生人口，显然城市人口的比例会增加，而且对城市人口增长的限制会更加严格。[27]神父莫尔斯（Father Mols）认为，18 世纪的荷兰城市化突飞猛进，人口正平衡的乡村"自然保护区"都不足以填补城市化带来的城市人口负平衡所造成的空白。

这种对前工业化欧洲人口所做的简洁而凝练的概括，肯定会终结在一个神秘的注解上。正如 M. 古贝尔

（M. Goubert）在 18 世纪所写："一个人口层面上的世界似乎已经消亡了。"（Un monde démographique semble défunt.）因流行病而出现的死亡巨峰日渐消减，但流行病并未成为过去：伦敦分别于 1685 年和 1782 年暴发流感，于 1670 年暴发麻疹。欧洲大多国家在 18 世纪 30 年代晚期到 18 世纪 40 年代暴发了流感和斑疹伤寒。虽然死亡率在这些时期增长了很多，一时超过了出生率，但死亡率再没有出现过灾难性的攀升。即使死亡率如挪威和瑞典韦姆兰省在 1742 年所记录的为 69‰和 112‰，但其仍然与前几个世纪欧洲一些地区的死亡率有很大差距。[28]这种现象最具戏剧性的一面是瘟疫的消失：大流行病杀手如同三个世纪前神秘地出现一样神秘地消失。意大利在 1657 年过后，英格兰和法国在 17 世纪 60 年代过后，奥地利和德国在 17 世纪 70 年代过后，再没有暴发流行病。人们建立起各种富有独创性的假说来解释这种神秘的消失，包括所谓建筑物的改进、埋葬方法的进步、灰鼠入侵传说、黑鼠消失等，不一而足。但所有这些假说都已被证明是站不住脚的。

　　中世纪和文艺复兴时期的欧洲没有走亚洲之路。欧洲的发展并没有被人口带来的令人窒息的压力所阻断。但是这种压力的功劳与其归于欧洲人的理性行为（即低生育率），不如归于微生物的盲目行为（即高死亡率）。到 17 世纪末，最具致命性的微生物已经停止了其穷凶极恶的活动，这一事件不是人类的成就，而是一种隐蔽的生态革命的结果。欧洲随后进入了所谓的人口革命的初级阶段。但接踵而至的人口增长并没有很快被马尔萨斯法则的无情运转所抑制，这一事实要归因于西欧在技术和经济方面所取得的成就。

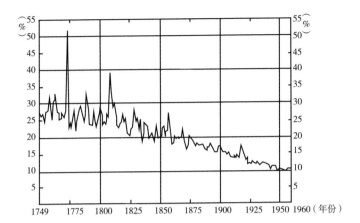

图 5.3　1749～1950 年瑞典的死亡率。此图清楚地表明，随着当代的到来，曾频繁出现危机死亡率峰值的欧洲，其高正常死亡率让位于较低水平的正常死亡率，危机高峰几乎完全消失。

注　释

1. 关于这种增长的证据，可参见 Genicot，"On the Evidence of Growth of Population," pp. 14 – 23。

2. Hajnal，"European Marriage Patterns," pp. 101 – 40.

3. 意大利传教士利玛窦在 16 世纪从中国报道说："人们不赞成独身，却认同一夫多妻。"（Gallagher, *The Journals*, p. 97.）18 世纪末，英国人约翰·巴罗从中国报道说："公共舆论认为，一个男人过了一定年龄而未婚配，当为奇耻大辱。"（Barrow, *Travels*, pp. 398 – 99.）

4. Moryson, *Itinerary*, pp. 156 and 409.

5. 同上，p. 296。

6. Wrigley, *Population and History*, pp. 86 – 87.

7. 同上，p. 119。

8. 同上，p. 124。

9. Boase, *Death in the Middle Ages.*

10. 婴儿死亡率是指同一年中婴儿死亡人数（1 岁以下死亡的孩童人数）与婴儿出生人数之间的关系。因此，婴儿死亡率的计算方法是，将历年的婴儿死亡数除以同一期间的活产人数，再乘以 1000。青少年死亡率是指，在一个日历年中，1～9 岁儿童的死亡人数与同一年龄组人口的关系。

11. 之前的情况参见 *From Medical Police* p. 44，以及 Cipolla, *The Bills of Mortality of Florence*。

12. 关于帕多瓦市市长的声明，参见 Ferrari, *L'ufficio della Sanità*, p. 86, n. 2；关于拉马齐尼的声明，参见 Ramazzini, *Malattie dei Lavoratori*, Chapter XL。

13. Le Roy Ladurie, "L'Histoire immobile," p. 682.

14. Zinsser, *Rats, Lice and History*, pp. 111ff.

15. Benaglio, "Relazione della carestia," pp. 422 – 23.

16. Pullan, *Rich and Poor*, pp. 243ff.

17. 关于波兰，参见 Hoffmann, *Warfare, Weather and a Rural Economy*, p. 285；关于威尼斯，参见 Sanuto, *Diarii*, XLVI, col. 380, 612；关于贝加莫，参见 Benaglio, "Relazione della carestia," pp. 419 – 21。

18. Segni, *Trattato*, p. 55.

19. Johnsson, *Storia della peste di Busto Arsizio*, p. 15.

20. 正如人们所说："战争和饥荒可能总是通过微生物这个中介，而非通过饥饿与刀剑来夺取人的性命。"（Burnett White, *Natural History of Infectious Disease*, p. 12）

21. Allix, *L'Oisans*, p. 32.

22. Fiumi, "La popolazione del territorio volterrano-sangimignanese," p. 283.

23. 关于英国，参见 Shrewsbury, *Bubonic Plague*, p. 231；关于威尼斯，参见 Carbone, *Provveditori*, p. 8；关于巴黎，参见 Franklin, *Vie privée*, vol. 14, pp. 18 – 75；关于巴塞罗那，参见 Nadal, *Población española*, p. 596。

24. Hull, *The Economic Writings*, vol. 2, p. 347.
25. 同上, vol. 1, p. 109。
26. 同上, vol. 2, pp. 369 – 70。
27. Mols, *Introduction*, vol. 2, p. 334.
28. Helleiner, "The Vital Revolution," p. 85.

第六章 技术

技术发展：1000~1700 年

在技术史上，人们往往认为，在经历了一系列惊心动魄的创新之后，西方世界在古典时期出现了一个停滞阶段，而且持续了好几个世纪。

> 在公元前 2500 年左右，技术发展几乎戛然而止，在随后的 3000 年间没有取得什么进步……与之前的革命相比，这 3000 年间技术停滞不前。[1]

根据这种观点，希腊－罗马世界，特别是罗马世界，虽然在人类活动的其他领域极富创新，在技术领域却奇怪地一直死气沉沉。[2]就罗马而论，人们总是引用水磨的经典例子和维斯帕先的轶事。罗马人懂得水磨，但建造的数量却比较少，并继续大力使用牲畜和劳工拉磨。[3]据说，当节省人力劳动的机械方案被呈送给维斯帕先时，这位皇帝虽然给了发明者奖赏，但却禁止建造"可供平民谋生的"机械。[4]

历史学家从这种观察入手，对古典世界"失败"的原因加以探讨，有些认为这要归因于奴隶劳工过剩，有些认为这要归因于文化类别和流行的价值体系。希腊和罗马的技术"失败"十有八九被夸大了。[5]我们往往易于把技术与机械学画等号，因为我们的文明本质上是机械的。政治和行政组织、军事组织、建筑和公路建设，甚至是像壁画一样的艺术品，都承载着技术的标志，在这些领域里，希腊和罗马都不可能被认为是失败的。

然而，事实是，黑暗时代进入了一个技术革新加速接踵而至的阶段，而且越来越重视机械方面的革新。正如萨缪尔·利利（Samuel Lilley）所写："早在中世纪，人类就已经开始发现脱离（技术）死胡同的道路。"[6]林恩·怀特（Lynn White）这样说道：

> 中世纪跨越了千年，这有一个好处，那就是欧洲在这一时期建立起了自信，技术能力得到了提高，这使其在 1500 年之后能够入侵世界其他地区，进行征服、掠夺、贸易和殖民。[7]

不可否认的是，"现代技术就是西方中世纪技术的外延，这不仅表现在具体内容方面，而且也表现在将其灌输的精神方面"[8]。

从 6 世纪到 11 世纪，西方主要技术发展的简要清单应该包括：

    a. 从 6 世纪起：水磨的传播

    b. 从 7 世纪起：重犁在整个欧洲北部的传播

    c. 从 8 世纪起：轮作系统的传播

    d. 从 9 世纪起：马蹄铁和一种驯服役畜的新方法的传播

需要就这些发展做三点说明。第一，刚才罗列的创新确切来说并不是发明。如我们前面所看到的，罗马人就懂得水磨；而重犁发源于斯拉夫；[9]在罗马征服之前，凯尔特人似乎就知道马蹄铁；[10]驯服马的新方法发源于遥远的中国，最近有人对采用这种方法能使生产力提高的观点提出质疑。[11]从6到11世纪，欧洲人所展现的成就不在于原创性发明，而在于一种杰出的吸收能力。他们知道如何捕捉先进理念，以及如何将其运用于大规模生产活动。也许这种态度受到了德国侵略者崭新观念的影响：傲慢驱使罗马人和中国人把不属于其帝国的所有人都形容为野蛮人，这使得他们不接受外来思想。第二，以上提到的创新都与农业活动相关，彼此结合起来会有增强作用。正如林恩·怀特所注意到的：

> 重犁、旷野、农业和放牧的新结合、一年三次的农田轮作、现代马具、掌钉的马蹄铁，以及马车前端的横木等结合在一起，到1100年就构成了一个完整的农业开发体系，造就了一个农业繁华的地带，这一地带横跨欧洲北部，从大西洋一直到第聂伯河。[12]

139　第三，这些创新中有的可以更有效地使用马力。马蹄铁提高了效率，因此提高了马的价值。在11世纪末，法国昂热地区公路的收费标准是：一匹没掌铁蹄的马收一便士，一匹掌铁蹄的马收两便士。与此同时，在整个欧洲，马的繁殖得到明显的改善，通过大力从伊斯兰国家引进马，使其品种得到改良。公牛越来越多地为马所取代。大约从1160年以来，在皮卡第大区（法国），马拉犁的说法越来越普遍，到了13世纪初期，公牛拉犁的提法几乎从文件上彻底消失。在一个属于林士修道院（英格兰）的庄园里，公牛的数量减半，而曳马的数量从 1125 年到 1160 年增至原来的四倍。亨利的瓦尔特（Walter of Henley）在他 13 世纪发表的关于实用饲养的论文中写道："马的成本大于公牛。"但是马比公牛强壮，而且比公牛快，比公牛做工多，完成同样的工作用时少且不易疲劳。从本质上来讲，马取代公牛意味着一种更昂贵但更有效的资本取代一种更便宜但效率更低的资本。马的历史与铁的历史可以相提并论。农业设备中铁的含量在 11 世纪前似乎极为有限，随着 12 世纪的到来，文件中越来越多地提到更加昂贵但效率更高的铁制工具。

在野蛮的西方，无疑就是为了提高战斗力，才首先进行了铁器制造和马繁殖的技术创新。最后，在 12 世纪的历程中，马和铁的用法都由乡绅传给了农民。正是在 12 世纪，至少是在欧洲最繁荣的地区，耕犁得到改进。在加洛林王朝时代，铁片被加进木头里，成功地制成了耕犁，提高了其穿透土壤的能力。

使用更加有效率的成本带来了生产力的提高。反过来，生产力的进步又使得人们采用成本更高但效率也更高的各种资本成为可能。与此同时，随着接受过新技术培训的技术员的出现，人力资本得到开发。有人研究了村庄铁匠在皮卡第大区的传播情况。直到 12 世纪初，皮卡第还没有铁匠的痕迹，但随后就有 30 个铁匠随机出现在 1125 年到 1180 年间的原始资料里。到 12 世纪末，属于埃丹（Hesdin）小修道院的 30 个村庄中，有 10 个村庄都有一位从业的铁匠。[13]

肥料严重缺乏，为了保持土地肥沃，中世纪和文艺复兴时

期的人们依靠一种十分原始的轮作方法。直到现代，欧洲所有
可耕地有三分之一到一半都处于休耕状态——如果考虑到在耕

140 土地的收益也不过播下种子的价格的三到六倍，就会发现这是
一种非常严重的制约。让新作物适应轮作，是一种技术创新，
使减少或抛弃休耕年成为可能。这种创新最先在何时何地被采
用我们不得而知。菲利普·德·科米纳（Philippe de
Commines）在 15 世纪末率领查理八世的法国部队抵达伦巴第
时感叹道，他见到的土地有些"从来没有被闲置过"。一位英
国旅行家理查德·韦斯顿（Richard Weston）于 1652 年在佛兰
德宣传过一种普通轮作，即轮作粮食、萝卜和三叶草。但这种
方法传播得十分缓慢，在整个前工业化时期，土地大体上依然
开发不足。事实证明，中世纪和文艺复兴时期的欧洲人在其他
领域的创新和成功远胜一筹。

直到 10 世纪，磨在西方还是用于磨粮食。相比之下，水
磨在中国的早期相关信息表明，它们并不是被用来转动简单的
磨盘，而是被用来做更加复杂的金属加工过程中的鼓风工作。
这种差别并不会使我们感到意外：在中世纪，西方基本上是农
耕社会，比中国贫穷，也没有中国发达。但是随着城市、贸易
和制造业从 10 世纪开始在欧洲扩张，源于水能的动力越来越
多地用于各种生产过程（见表 6.1）。水磨变得更加高级，动
力也更大。在皮卡第和诺曼底，也许早在 822 年，至晚到
1088 年，人们就开始使用水磨来制备生产啤酒所需的麦芽。
对这种操作和其他类型的操作的应用，涉及对新的机械装置的
引进，特别是对由插入一根磨轴的凸轮推动的一系列立式锤的
引进。

表 6.1 1550 年左右立式水车新技术的应用

磨坊类型	首次应用日期	地点
啤酒制造	861 年	法国西北
大麻加工	990 年	法国东南
缩绒	962 年	意大利
	820 年？	瑞士？
熨烫	1025 年？	德国南部
	1197 年	瑞典南部
榨油	约 1100 年	法国东南
岩石加工	1135 年	意大利北部
制革	1138 年	法国西北
制糖	1176 年？	西西里？
餐具制造(研磨抛光)	1204 年	法国西北
锯工	1204 年	法国西北
手摇风箱	1214 年	施蒂里亚
芥末制造	约 1250 年	法国东南
罂粟加工	1251 年	法国西北
造纸	1276 年	意大利北部
泵矿(链锁型)	1315 年	摩拉维亚
灰泥涂抹	1321 年	德国南部
车削(车床)加工	1347 年	法国东南
着色(油漆)	1348 年	法国西北
鼓风炉	1384 年	比利时
打通管道	约 1480 年	德国南部
轧制与切割	1443 年	法国中部
金属丝制造	1351 年？	德国南部
	1489 年	德国南部
宝石抛光	1534 年	法国西北

来源：Bradford B. Blaine, "The Application of Water – Power to Industry during the Middle Ages"(Ph. D dissertation, University of California, Los Angeles, 1966)。

　　大约在 950 年到 1050 年间，水磨在帕尔马、米兰和佛罗伦萨被用于布匹漂洗。到 11 世纪末，新技术传播到了格勒诺布尔和莱兰群岛，不久后就到达了法国其他地区，还进入了英格兰和德国。水磨用于布匹漂洗在瑞典斯寇纳（Sköna）是在 1161 年，在英国至少是从 1185 年开始，在德国的施皮尔（Spier）和特里尔（Trier）分别是在 1223 年和 1246 年。这种新技术的应用使当时的纺织产业发生革命，以至于卡鲁斯－威尔逊（Carus-Wilson）在描写英国的这种发展时将其称为"13 世纪的一场工业革命"。在法国，采用水磨在工人当中激起强烈的抗议活动，他们认为新技术不仅对产品质量有害，而且对就业有害。这属于劳工抗议使用节省劳力的机械装置的最早期事例。在英国，新技术引起制造业搬迁。直到 13 世纪，制造业还主要集中在国家的东南部，随后迁至西北部，那里有充足的水流量，可以建造水磨。[14]

141　　有证据表明，1135 年在施蒂利亚（Styria）、1204 年在诺曼底、1197 年在瑞典南部以及 1269 年在摩拉维亚（Moravia），水磨被用于铁的生产。1204 年，诺曼底有一台水磨被用于驱动木锯。水磨被用于造纸在法布里亚诺是在 1276 年，在特鲁瓦是在 1338 年，在纽伦堡是在 1390 年。到 15 世纪晚期，任何西欧大城市都可以被描写成一位 16 世纪中叶的旅行家笔下的博洛尼亚（意大利）。他描述了雷诺河上的一座提供水力的水闸：

142　　　　转动各种不同的机器来磨粮，制造铜壶和打仗的武器，捣草药和（用于染色的）栎五倍子，纺织丝绸，抛光武器，磨制各种工具，锯木板。[15]

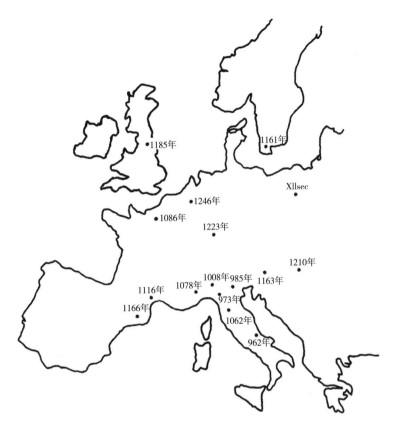

缩绒机在欧洲各地的分布，
保罗·马拉尼马（Paolo Malanima）

来源：*The Economist*，London。

　　到 13 世纪，西方水磨轮子的直径为 1 ~ 3.5 米，这相当于 1 ~ 3.5 马力。到 17 世纪，轮子直径能达到 10 米。用于生产丝线的意大利水磨不仅极其复杂，而且还是极为庞大的机械装置。但是大多水磨的直径还是 2 ~ 4 米。建造者更愿意增加轮子的数量，而不是处理把能量集中到单独一个轮子上所涉及的复杂技术问题。

143

水磨的历史与风车的历史相似。当风车可能在公元 7 世纪第一次出现在波斯的时候，是被安装在一根垂直轴上，看似主要用于灌溉。中国人在公元 7 世纪开始熟悉波斯风车，不久后便加以采用。据我们所知，风车在 12 世纪末首先出现在欧洲的诺曼底和英格兰。皮卡第提及风车是在 1204 年，托斯卡纳是 1237 年，勃艮第 1269 年，丹麦是 1259 年，荷兰是 1274 年。传统的说法是，风车是被十字军带回欧洲的。但是欧洲的风车展现出了一定的原创性。东方的风车是在一根垂直轴上安装风帆，而欧洲的风车是在一根水平轴上安装风帆。看来人们从中东带回来的不是一本当地风车的说明书，而是驾驭风能的观念，欧洲工匠随后设计出了一种崭新的装置。起初，西方的风车安装在一根粗厚的杆子上，必须通过转动才能逆风。这使风车的尺寸受到限制。但到了 14 世纪，塔式风车被研制出来；在这种风车中，建筑物和机械保持静止，只有顶部可以转动，使风帆朝逆风方向。这种创新使人们能架设体积和力量都大得多的设备。风帆必须用手转动来转向逆风方向，但后来引入了曲柄和齿轮，这使这项工作变得更加容易。最后，在 1745 年，埃蒙德·李（Edmund Lee）发明了扇形尾翼，这是一种能使风帆自动保持逆风方向的装置，它也许是机械中自动控制的最早样板。

很多塔式风车可产生高达 20～30 马力的功率，因此风车是比水磨马力更大的马达。但其普及却受到地理和气候非常严格的限制，这就是风车从来没有像水磨那样多和那样普及的原因，尽管它在有些地区成了典型的地标。但像水磨一样，风车最初被建造的目的也是磨粮食，后来则被用于越来越多种类的生产过程。1578 年，在阿姆斯特丹，风车被用于捻丝、印刷

《带翼的磨坊》。约翰内斯·史特拉丹奴斯（Johannes Stradanus，1523～1605）创作的版画。画上题字说明："为风所驱动的带翼的磨坊，据说罗马人对此闻所未闻。"这个佛兰德人的环境中有两种风车，一种为柱式，一种为塔式。由纽约公共图书馆提供。

绶带、漂洗和碾压布匹、加工皮革、榨油、制造火药以及辊轧铜板。[16]

水磨和风车数量的增长及其功率的增加，像对马的使用增多一样，为生产开辟了更多的可利用能源。然而，与马不同的是，风车和水磨提供的是无生命能源。风车的普遍使用标志着传统世界崩溃的开始，在这个世界里，人类必须依赖动物或植物能源来获取动力。[17]这是工业革命从远方发出的呼唤。

风车在制造业中的使用标志着一种新趋势：迄今为止，创新只出现在农业部门；而从现在开始，创新会越来越多地出现在制造和服务部门。这种趋势是这两个部门扩张的结果和证明。

约在 11 世纪中叶，立式织布机出现在佛兰德，可能还出现在了香槟地区（Champagne）。据称，与传统的水平式织布机相比，新织布机可使劳动效率提高三到五倍，还可能使生产质量取得实质性的改进。

中国关于磁针漂浮在一个水碗里的说法可以追溯到公元1040 年左右。12 世纪晚期，一位英国奥斯定会的僧侣描写过一枚磁针，他说水手在恶劣天气中用它来确定北极星的方位。1300 年左右，在地中海地区的某一地方，原始的针—碗仪器被转换成了一种独立仪器——指南针。陀螺仪的完善、对测量船体运动的水钟的采用、用相关仪器对海事图进行的绘制、航海三角表格的编制，以及在船中线上对尾舵的采用等等，使仪器化或数学化的航海成为可能，这反过来又可能使作为资本的船只得到更多的利用。弗雷德里克·C. 莱恩（Frederic C. Lane）指出，在 13 世纪，船的冬季闲置期逐渐缩短，到该世纪的最后，其缩短至原来的四分之一，一艘船一年可以完成两次贯穿整个地中海的往返行程，甚至在冬天也能航行。[18]

但丁（1265～1321 年）的同时代人感到，他们生活在一个伟大的技术变革时代。比通托主教西奥多里克（Theodoric）在 1267 年写道："由于医生不辞辛劳的创造性劳动，每一天都有新仪器和新技术被发明出来。"（Quotidie instrumentum novum et modus novus solertia et ingenio medici invenitur.）1306 年，在佛罗伦萨的一次布道中，比萨的焦尔达诺（Giordano）教父宣布："每一天都有新的艺术被发现。"在这一时期的创新当中，值得一提的是纺车和眼镜。关于后者，焦尔达诺教父在上面提到的布道中做了以下的表述：

自发现制作眼镜的技术以来还不到 20 年时间，这种技术有助于改进你的视觉，是世界上最美好和最必要的发明之一。我亲自见过发明和制作眼镜的人，我和他进行过交谈。[19]

14 世纪初出现了第一批钟表和火器。14 世纪还见证了运河闸门的发明。

古希腊、古罗马和维京人的造船工人要吃力地把每一块厚木板连接到其下方的厚木板上来建造船体，只有在船壳完工之后，才能把索具和固定杆插入其中。到中世纪晚期，欧洲造船工人造船时先造骨架，这样可以节省大量的时间和劳力。我们无法确知这种转变最早出现在何时，但无论如何，这恰好是一系列杰出技术创新的头一个。15 世纪，装备完整的船只被研制出来，这种船把欧洲南北方传统完美地结合在一起。船体是通过平铺法钉造的，最大的创新在于其索具装置。在 9 世纪之前，罗马人无法建造较大的具有船头、船尾索具装置的船只，到了 9 世纪，在顶风转向时，把帆罩移向桅杆上方的问题已经解决，此后，较大的商船也能安装大三角帆了。有了这样的装备，船就能顺 60~65 度风行驶，这标志着船只性能的一次重大改进。装备完整的船带三根桅杆，前桅和主桅挂着方帆，后桅斜挂着大三角帆。有了这种结合，就可以把方帆做得很大，大三角帆则会尽可能地接近风向。随着时间的推移，帆数增加，具有早期西葡两国大帆船特色的大型胀形主帆被分成几个较小的方帆，这种改进能使帆布的姿势更加平直，船能更好地逆风前行。要充分理解这种改进的重要性，我们必须在能源长期短缺的背景下来对其加以认识，因为能源短缺阻碍了前工业化时代人们的活动。装备完整的船只使欧洲人利用海上风能的程度达到了从前难以想象的地步。

147　由此产生的经济意义可以直接感受出来。装备完整的船只无须再等待最有利的风，因此航期就会缩短。由于风帆的面积可以增加，更多能源可以得到利用，因此，一直到16世纪中叶，船只的体积越来越大，载重量不断上升，[20]而且成本也相应减少。荷兰三桅商船的出现（见第364页）最终使货船体积的增加得到阻止，使其远远低于技术上可行的超过2000吨的最大值。三桅商船表明，17和18世纪欧洲内部和很多欧洲之外的最佳贸易吨位在300到500吨之间。直到1800年之后，欧洲的船只才发展到超过这一吨位的程度。

148　在海军建设取得进展的同时，更加尖端的公海航行技术也得到了开发。到1434年，葡萄牙人成功地绕过了位于非洲西

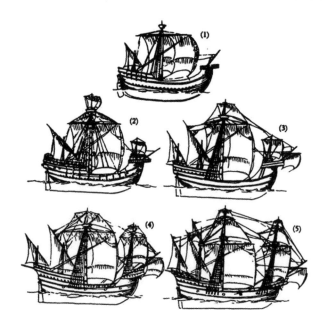

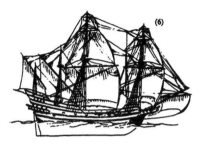

1430～1600 年帆船装备的演进。（1）约 1430 年；（2）约 1450 年；（3）约1500 年；（4）约 1530 年；（5）约 1560 年；（6）约 1600 年。

来源：Unger, *The Ship in the Medieval Economy*。

海岸的令人望而却步的博哈多尔角（Cape Bojador），系统地获取了有关大西洋风向的知识。在 1480 年之前，他们就学会了利用磁偏计算表，通过转换地平线上太阳或北极星的高度来计算纬度。在 1450 年左右，用于测量纬度的象限仪肯定就开始被使用了，到 1480 年，天体观测仪也开始被使用。

　　航海在那个时代是一种平和的职业，船只运输军火有防御和进攻两种目的。从传统上看，舰炮是由青铜铸造的，16 和 17 世纪，青铜铸造取得了显著的进步。但从 16 世纪中叶开始，首先是英国，随后是荷兰和瑞典，研制出了铸造铁炮技术，铁炮比铜炮低廉很多，因此就可以用更低的成本在船上放置更多大炮。

　　海军建设、航海和军备生产技术的创新和进步相结合，为欧洲海外扩张奠定了基础，从而改变了历史的进程。如林恩·怀特所言："15 世纪末，欧洲海洋边界的突破是历史上的中心事件之一。它之所以能够实现，是因为造船和航海技术在中世纪和文艺复兴时期取得了一系列持续而具有独创性的改进，这

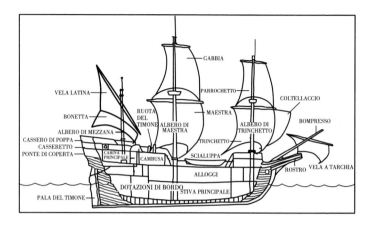

18 世纪英国商船。这种船型规格范围为 150～250 吨；全体船员人数为 15～25 名男子，外加船长；船上可装备 15～20 门大炮。这种船在 17 世纪欧洲商船队中最为常见。

vela latina：斜挂大三角帆

bonetta：翼横帆

albero di mezzana：后桅

cassero di poppa：尾楼甲板

casseretto：甲板室

ponte di coperta：上甲板

pala del timone：方向舵

cabina principale：主客舱

ruota del timone：舵柄

cambusa：厨房

DOTAZIONI DI BORDO：帆船全套装备

albero di maestra：主桅

gabbia：上桅帆

maestra：主帆

parrocchetto：前桅中帆

trinchetto：前桅大帆

scialuppa：救生艇

alloggi：营房

stiva principale：主货仓

albero di trinchetto：前桅

coltellaccio：副帆

bompresso：第一斜桅

vela a tarchia：斜杠帆

rostro：船首分水

些改进完全是经验主义的。这种辉煌的成果是衡量这种经验主义的有效性的尺度。"[21]

15 世纪另一项具有革命性的技术创新是古腾堡用活字印

刷术印刷《圣经》。在这一事件之前，图书是如此昂贵，以至于只有少数富人才买得起。在公元 800 年左右的西班牙，一本书大约值两头牛的价钱。在 14 世纪末到 15 世纪末期间的伦巴第，一本医书的平均价格大约是一个普通人三个月的生活费，一本法律书的价格大约为一个普通人一年零四个月的生活费。[22] 这有助于说明，为什么 1392 年卡斯泰朗男爵的妻子布卢瓦女伯爵在将一份《法典》的羊皮手稿遗赠给女儿时，明确规定女儿必须嫁给一位法学家，这样，如此珍贵的财富才会落入正确的人手中。只要书籍贵得如此不着边际，扫盲工作就不可能得到普及。活字印刷术的诞生标志着一个新纪元的来临。正如装备完整的船只为欧洲人开辟了广阔的地理新天地，活字印刷术在知识和教育领域也开辟了广阔的新天地，创造了大量的新机遇。这项新发明迅速传遍了欧洲和其他地区（见下页地图）。

　　纺车早在 11 世纪的中国就为人所知，而在欧洲，它出现于 12 世纪。纺车是已知最早的皮带传动应用。纺车在西欧布匹生产中的应用使生产力提高了两倍，或者也可能是三倍。　　149

　　这些是中世纪和文艺复兴时期出现的一些创新，它们是更广阔的创新过程的一部分。创新往往小步前进，是通过无数的小实验以及小改进的逐步积累，而不是发明的井喷式爆发来推进的。这种方法总是靠经验摸索，零散而没有系统性。一直到工业革命之后，随着现代科学和可控实验的出现，这一过程的基本特征才发生变化。很多创新是相互关联的。例如，古腾堡　　150
发明的成功只有在光学玻璃、用水力将碎布磨浆造纸的水磨以及学校教育制度出现并普及的背景下才能被理解。同样，航海技术的发展也只能在造船技术改进、海军兵器生产进步，以及

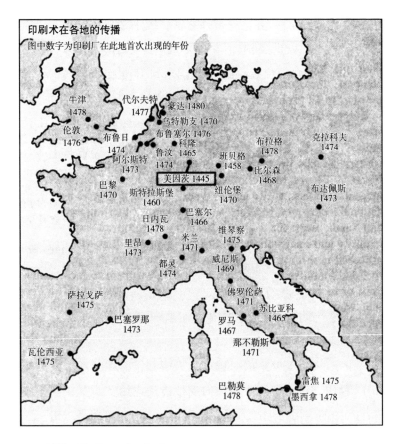

印刷术在各地的传播

图中数字为印刷厂在此地首次出现的年份

来源：*The Economist*, London。

文化在海洋舰长当中普及这样的背景下才能被理解。

如上所述，11 世纪后欧洲出现的创新当中有很多是对在别处形成的理念的改编。风车完全有可能是波斯人的发明；纺车是中国人的发明；欧洲人从阿拉伯人那里学会了如何使用指南针；火药也完全有可能是中国人的发明。

事实证明，欧洲人的接受能力不同寻常，马可·波罗狂热的好奇心就是这种开放心态的证据。但这并非故事的全部。从12 世纪起，西欧就发展出了一种原创性，这体现在新思想迅速增强的过程中。眼镜、机械钟、大炮、新型帆船和新航海技术，以及上千种其他大小创新，都是欧洲人实验猎奇和想象出的原创产品。还必须看到，欧洲在吸收外来新思想的时候，并没有完全被动地对其接受或模仿，而是往往要使其适应当地的条件，或通过注入鲜明的原创成分使其适应新用法。波斯风车用一个垂直轴来建造。我们今天所知道的那种传遍全欧洲的，带有巨大风帆和水平轴的风车，是一种比波斯人最初设想的机器效率高得多的机器。虽然中国人发明了火药，但他们主要将其用于烟花、鞭炮。欧洲人对火药的采用却伴随着枪炮的制造，其水平得到迅速提高，以至于在 16 世纪初，当欧洲人乘坐他们的西班牙大帆船抵达中国时，中国人对西方的枪炮感到十分惊恐。纸是中国发明的，其制造方法在 8 世纪传播到了伊斯兰帝国，这也许是在阿拉伯人于公元 753 年征服撒马尔罕之后。公元 793 年左右，第一座纸厂在巴格达创办，到公元1000 年，由纸张制作的装订书在伊斯兰帝国的不同地区广泛流传。拜占庭人是典型的保守分子，从来不学纸的制造方法。欧洲人在 13 世纪学会了这种技术。最初的造纸厂出现在哈蒂瓦（Xátiva）和法布里亚诺，这代表着一个诞生于别处的思想被移植进了欧洲。然而，在欧洲之外的纸张生产依然处于手工生产的水平时，在西方，纸浆生产就已经是由水磨驱动的机械来完成了。印刷术是由中国人发明的，但到 12 世纪末，欧洲人将其转换成一种极为高效的大规模生产。 151

　　12 世纪后，西方技术发展的原创特色之一是，它越来越强调技术的机械方面。到 1251 年，福雷地区（Forez）就有了一台磨芥末的磨，到中世纪末，机械发条装置就已经成功地应用于烤肉了。持这种态度的基本原因不易理解。会有人认为，这是因为反复暴发的流行病所造成的劳工短缺有利于采用节省劳工的设备，但是一种从本质上看如此复杂的现象，不能仅仅归结为天真的和过分简单化的宿命论。

用必要性来解释会显得苍白无力；关键的问题在于，为什么有些群体以一种特殊的方式对需求或愿望做出回应，而这些需求或愿望在其他群体中未得到满足，甚至仍未形成。机械钟的案例尤其具有启发性。

从最远古的时代起，人类就创造出了各种不同的解决时间测量问题的装置。日晷是第一个解决方案，其次是漏壶或水钟。偶尔还使用燃烧棒（香或蜡），其上标有适当的刻度，标记燃烧过程中流逝的时间。黑暗时代的欧洲继承了这些技术，而没有增加新发明。但至少从 13 世纪开始，欧洲就有人在寻求用机械的方法解决问题。罗伯图斯·安格利库斯（Robertus Anglicus）在 1271 年对这种努力做过报道，但他承认还没有找到解决方案。但是几十年以后，机械钟就在米兰的圣欧斯托焦圣殿（St Eustorgio）和圣高达堂（St Gottardo）以及博韦（Beauvais）大教堂的钟塔打点报时了。大约在 14 世纪中叶，乔瓦尼·德·唐迪（Giovanni De'Dondi）制造出了一台机械杰作，能标示日、月、年的流逝和行星的转数。

解决测量时间问题的机械方法很可能是在意大利北部发现的。据认为，机械钟发明的出现是对欧洲气候做出的回应，因为冬天水钟里的水会结冰，而阴天往往使日晷毫无作用。这样的解释证实了前文所批判的那种宿命论的确过分简单化了。最早的机械钟计时误差大，必须不断调整，校正由"钟官"实施，他们在日晷和水钟的基础上，严格地向前或向后拨动时针（分针到了很久以后才出现）。因此，最初的机械钟不可能被看作日晷和水钟的代替品。

欧洲人制造机械钟还有更加微妙的**原因**。一些年前，P. G. 沃克（P. G. Walker）写道：

> 因为我们看到机械钟在重塑社会、改变人类的习惯和生活方式，所以我们易于得出这样的结论：机械钟可以说是一种自主的力量，它决定了社会的上层建筑。事实上，事情是向相反方向发展的……机械钟发源于欧洲的原因还有待于从人性的角度去挖掘。人们在能够创造和使用机械钟之前，必须先成为机械工。[23]

152

13 世纪的人们之所以想到用机械测量时间，是因为他们开创了一种机械观，磨坊和鸣钟机制就是其中的明显证据。时钟迅速在欧洲传播，但其生产不限于钟面、指针和马达。极其复杂的时钟被建造在公共建筑物上，如在巴塞尔和博洛尼亚；或被安置在教堂里，如在斯特拉斯堡和隆德。在通常的情况下，报时几乎都是偶然的，它会伴随着星星的流转，以及天使、圣人和圣母玛利亚的运动和转体。这种奇妙的装置既是对机械成就所产生的难以抑制的鉴赏情怀的结果，又是其证据。这种情怀在文艺复兴时期采取了极端的形式，并取得了实际效果。在提高生产力的同时，人们努力的方向还在于替换掉短缺的生产要素（如劳工）。米兰大教堂建造工厂的经理在 1402 年研究过石料切割机的提案，这种机器借助于一匹马（每天花费 3 先

令）可以干原本需要四个人干的活（每人一天的工资为 13.5
先令）。几年后，这些经理研究了另一种运输大理石的机械方
案，目的还是节省通常所需的劳动力。[24]

对机器和机械解决方案的持续和普遍关注带来了一系列双
重后果。一方面，一些生产部门的生产力有明显的提高；另一
方面，一种积累开始了：对机器的研究越多，人们的机械观就
越发强化。16 和 17 世纪，关于机械学的书籍激增。比这更为
重要的是，一种机械观开始渗入诸如艺术和哲学这种令人感到
与之格格不入的领域。当远东的艺术家乐于画花、鱼和马时，
莱昂纳多·达·芬奇和弗朗西斯科·迪·乔治·马提尼
（Francesco di Giorgio Martini）却痴迷于机械。哲学家开始把宇
宙看成一座大钟，人体是一台机器，而上帝是一位杰出的
"时钟制造者"。

如果说在科学革命时期领头的学科是机械学，如果说科学
革命的特征，正如人们所说，是一种"世界观的机械化"，那
么所有这一切就不是一种与从前事件无关的新发展，恰恰相
反，它是在多个世纪中形成的一种思想观的逻辑结果。而痴迷
于计算机、机械小玩意和数学模型的我们，是这种长达几个世
纪的漫长发展的最终结果。

希腊－罗马和东方世界观的主题是人类与自然的和谐——
以自然中存在不可抗拒的、人类不可避免要被迫屈从的力量为
前提的一种关系。代达罗斯、普罗米修斯和通天塔的神话清楚
地表明了那些企图通过主张人类高于一切来扭转人－自然关系
的人的命运。当克尼多斯（Cnidus）居民向德尔斐神谕征求其
对挖一条把他们的半岛地峡一分为二的运河的及时性的意见

时，神谕回答道："如果那是朱庇特主神的愿望，他就会创造出一座岛屿而不是一座半岛。"人们认为技术进步可能会带来某些物质利益，但也担心技术进步可能会成为给现存政治、社会和自然间的平衡带来危险的源泉。这可能会是一种善的力量，也可能会是一种恶的力量。希腊人和罗马人从技术本身出发，赞成防御性地使用技术。这涉及谨慎、限制和担心，它使技术承载者在社会上易于受到伤害。

中世纪的世界在一定程度上能冲破这种传统的束缚。然而，由于中世纪的欧洲人在技术上过于落后，他们对自然的驾驭程度无法让人感知出来，他们在梦想的世界里找到了避难所。古代人和东方人的"万物有灵论"被对圣人的崇拜代替。圣人不是妖魔或魔鬼；他们是人——受恩于上帝的人，但也依然是每个人在教堂入口或内部可以看见其面貌的人。他们的面貌与所有其他人相似。圣人并不像东方圣人那样保持固定的坐姿，他们也不像希腊众神那样以惩罚人类的大言不惭为乐；相反，他们总是致力于战胜来自自然的敌对力量。他们征服了疾病，抚平了波涛汹涌的大海，使庄稼免遭暴风雨和蝗虫的侵害，使跳入山涧的任何人软着陆，扑灭火灾，使溺水的人浮上来，为遭遇危险的船只导航。圣人践行了常人的梦想：他们征服了自然，但完全没有因此受到谴责，而是在上帝的陪伴下在天堂过着快乐的生活。征服自然并不被视为一种罪孽，而被视为一种奇迹。相信奇迹是使其有可能发生的第一步。中世纪的人漫不经心地朝着创造奇迹的方向前进，而这奇迹与其说是圣人行动的结果，不如说是他们自身行动的结果。

对复杂的历史现象做轻松的解释会使人如痴如醉，这完全

154 是因为它们轻松，并因此而令人感到安慰。解释令人快乐，问题令人恼火。但解释往往很难做到，而问题是唯一一直实实在在的东西。

人们易于认为，希腊－罗马世界的技术没有得到发展是因为有太多奴隶；中世纪和文艺复兴时期的欧洲在技术上取得了显著的进步，是为了应对瘟疫造成的劳工严重短缺。但起作用的因素还多得多，也复杂得多。虽然本书对思想态度和愿望只粗略提及，但它应该能起到使人们警惕轻松的解释的作用，尽管它并没有妄加提出可供替代的解决方案。欧洲善于吸收的态度、以崇拜圣人和相信奇迹取代万物有灵论的转变，以及机械观的兴起和传播——这些以及与此类似的情况都并不是解释，而只是在更加广阔、更加复杂的背景下的问题。西欧为何如此善于接受并衷心欢迎改革呢？中世纪的欧洲为何执着地梦想着征服自然呢？它为何要寻找机械的解决方案呢？我们不得而知。

技术的传播

至此，我们把西欧作为单一的存在对其进行了探讨，但在不同时期，西欧有些地区比其他地区更富有创新性。从 12 到 15 世纪，意大利人不仅在经济发展方面，而且在技术进步方面都处于领先地位。在 16 和 17 世纪，这种领先让位给了英国人和荷兰人。分析的一个重点就是技术的传播——技术创新从发源地扩散到其他地区——以及技术人员的迁移。[25]

1607 年，维托里奥·宗卡（Vittorio Zonca）在帕多瓦发表了他的著作《论机械和建筑的技术创新》（*Nuovo Teatro di Machine et Edificii*），其中包括许多对各种不同的奇妙装置进行

刻画的版画，还对一家大工厂的一台精密的水力抛丝机进行了
说明。宗卡的这本书于 1621 年发表第二版，1656 年发表第三
版，但水磨的详细说明一直被认为是国家机密。在皮埃蒙特地
区（意大利），丝绸生产起着重要的经济作用，法律规定，
"暴露或企图暴露"有关引擎制造的任何内容都是能被判处死
刑的罪行。G. N. 克拉克（G. N. Clark）表明，宗卡的这本书
的第一版的副本早在 1620 年就被摆放在了牛津大学博德利图书
馆的开放书架上。然而，直到近 100 年后，英国人才成功地建
造了一台抛丝机，然后约翰·洛姆（John Lombe）在意大利从
事工业间谍活动的两年间，"发现了可以经常看到这台引擎的手
段，他使自己掌握了这整个发明，及其所有不同的部件和运
动"[26]。这一事件的批评者指出，约翰·洛姆的行程真的没有必
要，因为借助于宗卡的书就可以制造抛丝机。他们所说的完全
正确，他们指出，宗卡的版画实际上比洛姆自己的专利说明书
还明确。但是他们忽略了一个要点，正如奥克肖特所写：[27]

155

　　人们也许可以假定，一个愚昧的人、一些可食用
的材料和一本烹饪书共同构成了一种被称为烹调的自
行活动的要素。但是实际情况并非如此，烹饪书并非
烹调可以从中蹦出来的一个独立产生的开始，它只不
过是某人对烹饪知识的一种抽象：烹饪书是活动的继
子，而非活动的父母。烹饪书反过来可能会有助于一
个人把晚餐做得得体，但如果它成为他唯一的指南，
实际上他就永远无法开头：这种书只对已经知道从中
可以期待什么和应如何对之加以解释的人们起作用。

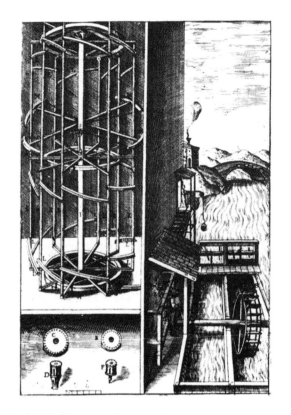

一架水力推磨机。这幅版画作品来自维托里奥·宗卡 1607 年出版的《论机械和建筑的技术创新》。这台机器把生丝捻成足够结实的长丝用来织布。捻丝者是机器的主人，他雇 8 到 10 个熟练工人，为丝绸商按件计价工作。

　　甚至在今天，蓝图也被认为不足以传递充分的信息，当一家公司买下新的精密机械时，它就会派一些工人直接从制造商那儿获取关于如何操作机器的知识。古往今来，创新扩散的主要渠道是人的迁移。技术扩散主要是人力资本迁移的产物。

　　个人临时迁移以获取有关创新的信息，再将其带回自己的祖国，这样的案例在工业革命之前并非闻所未闻。尼古拉斯·

维岑（Nicolaes Witsen）在下面的一段引文中提到了去荷兰学习"造船厂经济建设"的人。1657 年，伦敦的约翰·弗洛曼蒂尔（John Fromanteel）去荷兰学习制作摆钟的工艺，即最近由惠更斯发明、由科斯特（Coster）制作的摆钟的工艺：弗洛曼蒂尔一回来，他的家族公司就在英国最先制造出了摆钟。[28]17 世纪下半叶，来自科莫（Como）的迪奥尼吉·考莫罗（Dionigi Comollo），用他自己的话来说："在阿姆斯特丹和荷兰其他主要城镇逗留了很多年，他自费潜心学习如何按照荷兰人新近研制出的方法制造毛织品。"[29]1684 年，威尼斯共和国派遣军械工人小西吉斯蒙多·阿尔博戈提（Sigismondo Alberghetti，Jr）去英国学习英国新的兵器铸造技术。[30]但是这类技术转移会遇到障碍。特别是在经济利益有风险的领域，社区和行会对它们的技术格外警惕，通常会设法防止它们的机密被泄露。

创新主要是靠落户到国外的技术工匠的移民传播的。16 和 17 世纪有丰富的涉及法国胡格诺派教徒和佛兰德新教徒的文献，是他们把先进的技术带回了英国、瑞典和欧洲其他地区，并创建了新行业。宗教难民的戏剧性故事有如此大的感染力，以至于人们往往易于忘记：并非所有 16 和 17 世纪的技术移民和创新都可归因于宗教不容忍。在 17 世纪上半叶到瑞典学习铸铁大炮这项新技术的瓦隆人中，有不少是天主教徒，他们一度被允许保留自己的信仰，并在其社区中保留他们的牧师。[31]虽然 17 世纪迁到伦敦的法国钟表匠大多是胡格诺派教徒，但是波特索肯选区（Portsoken Ward）的约翰·戈达德（John Goddard）是一位人所共知的"天主教徒"。[32]17 世纪移民俄罗斯的瑞典和佛兰德工匠带去了铸造铁枪铁炮的技术，这肯定不是为宗教信仰所驱使。[33] 保罗·鲁米厄（Paul Roumieu）把制表工艺重新引入苏格兰，传说他是因南特敕令而被驱逐出法国的难民之一。现在可以肯定，在 1685 年的迫害之前，他至少已经搬到爱丁堡 8 年了。[34]

这使我们想到前工业化欧洲技术移民背后的力量问题。如在这样案例中所常见的，可以把这种力量分为"推"力和"拉"力。从"推"的一面来看，是长长的、严峻的、让前工业化时期的手工业者无法忍受的不幸清单：饥荒、瘟疫、战争、税收高、就业难、政治和宗教不宽容。一般工人的生活在最好的情况下也是非常悲惨的，一点额外的不幸都足以使其无法忍受。前工业化时期的工人对某地的依恋程度与其在此地的生活条件成正相关关系。

政府和行政管理者完全了解这种情况，知道失去才能卓越的手艺人会给经济带来严重后果。禁止技术娴熟的工人向外移民的法令，在中世纪晚期以及 16 和 17 世纪屡见不鲜。特别受到关注的是某些种类的工人，他们的活动被认为对国家安全举足轻重，或对经济特别重要。例如，威尼斯政府严格禁止敛缝工人向外移民，我们从 1460 年的一份文件中可得知，一位离开威尼斯的敛缝工人往往冒着遭受 6 年牢狱之灾和 200 里拉罚款的风险。[35] 然而，在那个年代，政府的控制效力必然是相当弱的。政府坚持不断发布法令，威胁要惩罚逃离国家不返回的工人，这显然说明其对向外移民的控制效力低下。这是无能滋生残暴的典型。1545 年和 1559 年，佛罗伦萨大公颁布法令，要求离开城市的织锦行业的工人必须返回，他宣布对服从命令的人实行特别优待，并威胁要惩罚违令者。但其结果可能不尽如人意：1575 年，大公授权"任何人都可以不受惩罚地杀死任何上面提到的移居海外的侨民"，并且发出通告，对能够被带回来的每一位移居海外的手艺人，"不管死活"，都给 200 斯库多的奖励。[36]

"拉"手艺人到某一指定地区的背景往往与就业机会、政治和平或宗教宽容有关。政府方面通常还实行一种有意识的政策。行政管理者不仅威胁移民出境者，而且还千方百计地吸引外国手艺人，特别是能给他们带来新产业或新技术的人们。在 12 和 13 世纪，东进的捍卫者慷慨赠予荷兰农民肥沃的处女地，以吸引他们进入东欧。如上所述，[37]1230～1231 年，博洛尼亚公社（意大利）吸引了 150 名带家眷和助手的手艺人，赐予他们各种各样的优待和帮助，以发展毛纺和丝绸产业。菲利波·马里亚·维斯孔蒂（Filippo Maria Visconti）公爵在 1442 年给米兰带来了一位佛罗伦萨手艺人，让他创建"某种特殊丝绸行业"。公爵每月为手艺人和他所有的雇员提供津贴，免除税金以及企业所需原材料的进口税。[38]柯尔贝尔十分慷慨，给亚伯拉罕（Abraham）和（小）于贝尔·德·贝什〔Hubert（Jr）De Beche〕提供特权、土地和头衔，邀请他们来法国依照瑞典模式创办铁金属产业。[39]时而，人们认为诉诸武力是合法的，手艺人真的会被绑架。瑞典矿业委员会在 17 世纪 60 年代对瑞典高级铁匠外移所做的一项调查表明，有些工人从尼雪平起航，以为会被带到瑞典其他地区，结果被带到吕贝克，从那儿再到汉堡，最后抵达法国，柯尔贝尔决心在那儿仿瑞典模式开创一种铁金属产业。有几个工人逃跑了，其中一位叫安德斯·西格佛松（Anders Sigfersson）的工人于 1675 年返回瑞典。[40]

158

当然，把马引到河边是一回事，让马喝水又完全是另一回事。实际上，掌握一种创新知识的个人或群体进入一个地理区域，并不能确保那种创新就会在新环境里真正扎根，这还取决于一些条件。必须得考虑到移民者的人格和他们的数量与宿主社会规模的关系。宿主环境的性质也同样重要。在 15、16 和 17 世纪，很多意大利技术员带着技术和思想迁往土耳其，但却没有可观的创新在土耳其生根。而另一方面，迁往英国的难民却找到了极其肥沃的土壤。胡格诺派钟表匠给英国人传授钟表制造工艺，来自低地国家的难民给诺里奇（Norwich）带来"新布料"技术，法国玻璃工人在英国创办窗户玻璃企业，[41]这些移民很快就遇到了灵气非凡的当地效仿者，他们根据原来的路线追求自己的创意，使外来技术得到进一步发展，为更多的创新开辟道路。使环境做出响应或毫无响应的因素不难确定。乍看起来，把一项创新移植到一个陌生环境中，似乎只是引进新生产方法和与之相适应的仪器、工具或机械的问题。但是其真正涉及的是一种特殊的、意义更深刻的状况，这只能从人性和社会的角度来加以理解和评估。[42]荷兰人尼古拉斯·维岑在多个世纪以前对这种观念做过探讨，他在于 1671 年在阿姆斯特丹出版的关于造船的伟大专著中写道：

> 令人惊讶的是，外国人虽然可能在这个国家的造船厂中学习经济建设的方法，但却永远无法将之应用在自己的国家……我认为这源于这样一个事实：他们当时是在一个陌生的环境里与陌生的工匠一起工作。由此可知，即使一个外国人的脑子里有所有的建造规则，这种规则也不会为他服务，除非他在这个国家通

过经验对一切了如指掌，但仅有这些还不够，他还要
想方设法地给他的工人灌输荷兰人节俭、整洁的气
质，而这是不可能做到的。[43]

如善良的老人尼古拉斯·维岑在观察中所见，这完全取决
于气质。而这也让人可以换一种方式，以一个欢快的音符结束
本章。在随后的几个世纪里，偏狭和狂热盛行的国家把各种可
能的财富中最宝贵的财富——美好的人类心灵——输给了较宽
容的国家。使人宽容的品质也使它们善于接受新思想。美好心
灵的涌入和对新思想的接受能力，是英国、荷兰、瑞典和瑞士
在 16 和 17 世纪成功的主要源泉。

注　释

1. Lilley，"Technological Progress，" p. 188；又见 Gould，*Economic Growth*，pp. 327ff。

2. Compare Finley，"Technical Innovation，" pp. 29 – 45；Kiechle，"Probleme der Stagnation；"以及 Pleket，"Technology and Society，" pp. 1 – 24。

3. 关于古代风车，参见 Moritz，*Grain-mills*。

4. 苏维托尼乌斯（Suetonius）叙述的插曲，参见 Chapter 18 in *Life of Vespasian*。

5. 关于观察结果，参见 Landes，*Engineering in the Ancient World*。

6. Lilley，"Technological Progress，" p. 188.

7. White，"Expansion of Technology，" p. 143.

8. White，"Cultural Climates，" p. 172.

9. White，"Expansion of Technology，" p. 147.

10. Leighton，*Transport and Communication*，p. 105.

11. Needham, *Science and Civilization*, vol. 4, pp. 303 – 27.

12. White, "Expansion of Technology," p. 153.

13. 关于之前的情况，参见 Duby, *The Early Growth*, pp. 15, 75 – 76, 194 – 95。

14. 关于之前的情况，参见 Bautier, "Les plus anciennes mentions de moulins," pp. 569ff. 及 Carus-Wilson, *An Industrial Revolution*。

15. White, "Expansion of Technology," p. 157.

16. Honig, "De Molens," p. 79.

17. 参见 Cipolla, *The Economic History of World Population*, Chapter 2。

18. Compare Lane, "The Economic Meaning of the Invention of the Compass"; 还可以参见 Taylor, "Mathematics and the Navigator"。

19. Narducci, "Tre prediche," pp. 125 – 26；以及 Rosen, "The Invention of the Eyeglasses," pp. 13 – 46 和 183 – 218。

20. 例如，我们知道，14 世纪初，汉萨商船的标准规格约为 75 吨。在 1400 年前后，传统的"蔻格"（Kogge）型商船被更大的"霍克"（Holk）型取代。1440 年前后，汉萨商船的标准规格约为 150 吨。30 年后，汉萨舰队引进轻快帆船，其平均吨位约为 300 吨。对于英法两国的葡萄酒贸易来说，15 世纪初很少有船只的载酒量超过 100 吨。但到该世纪中叶，从波尔多驶来的船只的平均载酒量为 150 吨，而且还有少数船只的载酒量高达 500 吨。据推算，在 1450 年至 1550 年间，葡萄牙船只的平均装载量至少翻了一番。在 1450 年左右的威尼斯，吨位超过 200 吨的船都被称作大船。后来，400 吨成了大多数方帆帆船的标准规格，到 16 世纪中期，已经有了许多 600～700 吨的威尼斯大帆船。

21. White, *The Flavor of Early Renaissance Technology*.

22. Cipolla, *Money, Prices and Civilization*, p. 61.

23. Walker, "The Origins of the Machine Age," pp. 591 – 92.

24. *Annali*, vol. 1, p. 248.

25. 以下几页内容部分来自文章 "The Diffusion of Innovations in Early Modern Europe", *Comparative Studies in Society and History*, 14, 1972。在此，我谨向该杂志和剑桥大学出版社表示感谢，感谢他们允许我在此转载相关文章中的几页。

26. 关于整个事件，请查阅 W. H. Chaloner, "Sir Thomas Lombe"。

27. Oakeshott, *Political Education*, p. 15.

28. Britten, *Old Clocks and Their Makers*, p. 272.

29. 米兰国家档案馆（Archivio di Stato di Milano）, *Commercio*, P. A., b, 264/fasc. 2。

30. Casoni, "Note sull'artiglieria veneta," pp. 177 – 80.

31. Cipolla, *Guns and Sails*, p. 54, n. 1.

32. Ullyett, *British Clocks and Clockmakers*, p. 18.

33. Amburger, *Die Familie Marselis*.

34. Smith, *Old Scottish Clockmakers*, p. 323.

35. Luzzatto, *Studi di Storia Economica*, pp. 42 – 43.

36. Fanfani, *Storia del lavoro in Italia*, pp. 147 – 48.

37. 同上, p. 84。

38. Cipolla, *L'Economia Milanese*, p. 353.

39. Cipolla, *Guns and Sails*, p. 69, n. 2.

40. *Svenskt Biografiskt Lexicon* ad vocem *De Besche*.

41. Cipolla, *Clocks and Culture*, pp. 65ff.; Kenyon, *The Glass Industry of the Weald*; Cunningham, *Alien Immigrants*; Bodmer, *Der Einfluss der Refugianten*.

42. Frankel, *The Economic Impact on Underdeveloped Societies*, pp. 22 – 24.

43. 由 Barbour 引用并翻译, *Dutch and English Merchant Shipping*, p. 234。

第七章 企业、信用与货币

企业与信用

组织和商业上的发展是技术进步的重要组成部分。12 世纪，巴扎克勒公司（Société du Bazacle）在图卢兹成立，这是一家股份公司，其成立的目的是经营加龙河上的磨坊，这表明机械技术进步和组织发展有了密切的联系。

从 11 世纪开始，商业技术有了显著的提高。创新的项目非常多：你只须关注集市的组织，贸易手册的封面和散发，会计、审核、背书、保险等新技术的进步。[1] 从 11 世纪到 16 世纪，意大利一直是这些发明中大多数的发源地。甚至连修道士都对商业感兴趣：神父卢卡·帕西奥利（Luca Pacioli）1494 年出版了著名的会计学专著；神父贝尔纳迪诺·达·费尔特雷（Bernardino da Feltre）创办了慈善典当行（Monti di Pietà），其后来成为著名的信贷机构。16 世纪中期之后，这一机构由荷兰人和英国人接管，他们通过创办大型贸易公司、首家联合股份公司、证券交易所以及中央银行来进一步提升商业技术水平。

这里我不详细讨论所有这些创新，不是因为它们不重要，而是为了避免使读者感到乏味。我只想探讨其中一些的重要性，特别是有关储蓄的那些。

在 15 到 17 世纪的欧洲，实际上不存在促进存款转化为投资的金融机制。人们把积攒下的钱或直接用来投资，或贮藏起来，大部分借贷都是用于消费目的。因此，因贮藏而形成的通货紧缩和生产投资的匮乏都会使经济受到损害。随着城市的发展，信用以延期付款售货的方式，即销售信用，加快了前进的脚步，从而刺激了消费和投资（特别是以原材料和商家库存形成股票的方式）。[2]然而，当一系列更为高级的创新被引进过来，储蓄和变储蓄为生产性投资都变得更为便利。一个典型的例子就是于 10 世纪引进，且在随后推广的"康曼达契约"（contratto di commenda）。

康曼达在威尼斯被称为"合伙"（collegantia），比如说汤姆给迪克一笔钱，迪克用来做生意（通常是指外贸生意）。迪克经过一段商务旅行归来后，将其业绩汇报给汤姆。如果有损失，这些损失由汤姆承担。如果盈利，则所得四分之三归汤姆，四分之一归迪克。如果迪克也投入部分资本，盈利则按照其投入资本的比例归其所有。迪克外出做生意，汤姆待在家里无须操心生意上的事情，直到迪克返回。还有，汤姆无须对迪克的行为负责。每次进行商务旅行，迪克也向其他投资人收集款项，建立新的类似于他和汤姆之间关系的新关系。他联系的合作伙伴越多，他的营业额也就增加越多，因此，其潜在的利润也就越大，这不仅归他所得，也归他的伙伴所得。

法学家讨论的是，"康曼达契约"是一种合作关系还是一种贷款。对于这个问题这里暂且不加讨论。更加引人关注的还是这种契约被广泛接受的后果。要弄清这个问题，需要对签订这种合同的环境做一番考察。

让我们想象一下 12、13 或 14 世纪的海滨城市的景象吧。每到气候宜人的时节，商人们就准备出海远航。他们要用金融

161

手段购买货物，并设法销售到远方市场，他们还要用其他金融手段，利用在国外附加的销售收益，购买货物带回国内，因此急切地需要流动资金。一般来说，商人都有自己的渠道，如若他们能增加自己的流动资产，他们便能增加自己的商业规模，进而具备明显的优势；此外，如若他们主动联合企业中的其他人，他们就能与之分摊风险。这时候，商人们就要宣传他们的商业旅行。广场上或是港口旁就有公证人员。手握存款并且不想把它放到床底下的任何人都会联系商人签署"康曼达契约"。

这种安排的重点是，它能够使公共机构和普通商会的经销商都获得资金，从而在生产过程中发挥自己的作用。契约的普及在许多方面都对股票交易所的建立起到了同样的作用。无论存款多少，都可以将之利用起来——寡妇和工匠积攒的几个先令、富翁大袋子装的金币银币。下面的契约是1198年12月22日两位经销商和几位准备将自己的储蓄用于对贸易远征进行投资的人在意大利热那亚签订的：

> 我们，索吉格里亚（Sozziglia）的昂布洛内和阿尔贝托大师，承诺我们将开启行程，携带热那亚人专用的142英镑贸易款项，至博尼法西奥港，通过或到达科西嘉岛和撒丁岛，然后从那里返回。其中25英镑属于焦尔达诺·克莱里科；10英镑属于奥贝托·克罗切；还有瓦萨洛·拉帕利诺的10英镑；有邦西尼奥雷·托雷的10英镑；有皮埃特罗·邦凡特的5英镑；有皮革师米凯莱的5英镑；有乔瓦尼·德尔·佩罗的5英镑；有阿拉·多尔切的6英镑；有安萨尔

多·米尔托的 5 英镑；有卖大麻者马蒂诺的 5 英镑；有安萨尔多·凡蒂的 8 英镑；有克罗萨（Crosa）的兰弗兰科的 20 英镑；还有贝桑松夏尔的侄子乔斯伯尔的 10 英镑。而我们，昂布洛内有 6 英镑，阿尔贝托有 2 英镑。上述所有英镑均用作盈利之雇佣及投资，并按英镑来计算。我们承诺将上帝在这种（可靠的）安排中承认的资本和利润，按照上述人等所属归还给他们。扣除本金后，我们将得到全部利润的四分之一；但是我们自己的资本所得的全部利润应该归我们所有。[3]

14 世纪初，两个牧师的故事是一个很好的例子，生动地说明了契约所提供的诱惑和机会。乔瓦尼·毛罗·迪·卡里尼亚诺（Giovanni Mauro di Carignano）是热那亚港中心码头附近教区的牧师，他将部分教堂以及与其毗连的墓场租给商人，商人可将之用来存放船帆、绳索等帆船用具。1314 年 11 月 21 日，热那亚大教主波切托·斯皮诺拉（Porchetto Spinola）前来调查教堂处所的使用情况，他对与前往法国的热那亚商人签订的契约赞叹不已。[4]

　　到了 14 世纪，一切都有所改变。贸易成了常规活动，传统的流动商人让位于居家式的固定商户。结果，"康曼达契约"很快过时了。正如凯达尔（Kedar）教授所指出的，现存的大量搜集来的热那亚公证文件说明，"契约"的衰落开始于 13 世纪下半叶，14 世纪下半叶其衰落的步伐则加速了。到了 15 世纪，很少再见到有人签订"康曼达契约"。[5]取而代之的是公司，这种最为普遍的合伙模式。

在沿海城市，"康曼达契约"有时代表普通合伙公司的一个发展阶段。12 世纪早期，威尼斯已经成立了好几家这样的公司。然而这种联合模式从未在沿海城市站稳脚跟。安德烈·萨尤（André Sayous）从风险因素的角度阐述了其中的原因：把所有资产都压在一艘有可能会落入海盗之手或遇风暴沉入海底的航船上，这种吸引力是有限的。而通过一个协商者，冒着有限的金钱或商品的风险是更加合理的。与沿海地区情形不同的是，内陆地区的经销商和制造商迅速结成了牢固的联盟。商业必须在较长的时间范围内有组织性，总之，这个时间范围要大于航船的一个往返周期。因此，在内陆地区，公司的发展是最好的，它常常会移植到另一个更为健全的机构——家庭中。起初，公司是由生活在同一个屋檐下的家庭成员组成的，他们把资产，即家族资本集中起来。在这种情形下，无尽的责任成为准则，父亲对儿子负责，儿子对父亲负责，兄弟之间互相负责。到了分遗产的时候，以及营业额增长的时候，情形就变得更为复杂。这种棘手的问题是任何家庭都难以解决的。

要解决这个问题，首先要扩展远房亲戚对公司的权限，然后是外来人，最后是股民。正如萨波里（Sapori）教授所说的那样，[6]与本家族无关的股民的参与，标志着公司历史第一阶段的结束。这一发展与家庭关系变得疏远是同步发生的。只要公司只靠家族资本运作，它就可以集中精力进行贸易活动。而一旦公司越来越多地利用存款资金来运作，其业务就会覆盖银行业、贸易、制造业等，这就必然使其面临更大的风险，甚至是倒闭。这种趋势因汇票的扩散而加剧，从理论上讲，汇票就是一种把货币从一个市场转向另一个市场的机制。然而实际上，汇票成为放贷和投机的首选,[7]其有助于使资本具有高度流动性和国际流动性。

到目前为止,我们重点探讨了地中海地区的发展。但是,在中世纪,汉萨同盟(Hanseatics)也在商业技术方面取得了相当大的进展。其合伙形式——**服务**(sendeve)、**真正的合伙**(vera societas)、**对位**(contrapositio)以及**完全合作伙伴关系**(complete partnership)——的故事,每一个都在讲述欧洲南部地区的发展历程。[8]到了13世纪末,商业准入制带来了长足的进步,准入人员公证后方可入会。14和15世纪,商人债务的记录和由市政担保的契约,是北欧信用和商业发展的一个决定性因素。但是汉萨同盟在商业管理上的老练程度不如意大利人。在16世纪之前,复式记账法在北方都鲜为人知,汉萨同盟是通过在佛兰德和英国经营的意大利人来熟悉汇票的。在阿尔卑斯山以北,任何一个国家的人都不如意大利人精于商业技术和公司会计事务。16世纪上半叶,实力雄厚的富格尔(Fugger)家族公司的会计总管马特乌斯·施瓦茨(Matthäus Schwarz)写道:"簿记……是由意大利人发明的。但是这门技术不为我们德国人所欣赏,特别是那些认为没有它也能做事的人。"

16和17世纪,海外贸易的快速发展和资本需求中的相关扩张,推动了在英国、荷兰和法国的贸易公司网络的出现,这些公司在其特定的经营领域由各自的国家当局垄断。在英国,莫斯科公司(Muscovy Company)成立于1553年,随后,西班牙公司(Spanish Company)于1577年成立,1579年东方公司(Eastland Company)成立,1581年黎凡特公司(Levant Company)成立,还有许多其他公司。东印度公司成立于1600

年，以 3 万英镑认购额为最初的航海提供资金，因此也最为出名。大多数公司采取合作股份公司的形式，从而开创了股票与证券市场。

经济发展取决于经济剩余的开发，以及这种剩余从"储蓄者"向"生产者"的转移，发生在特定时间和地点的转移能形成最有成效的资源投资。此外，在长期遭受资金匮乏之苦的社会中，向生产者提供哪怕是微不足道的储蓄也具有极其重要的实用性。从这个角度可以看到前面提到的商业技术的出现和传播。从 11 世纪开始，欧洲经济史上的基本事实就是，为生产目的而激活的存款之多是前面几百年难以想象的。

这个故事也有关乎道德的一面。"康曼达契约"的发展和传播，如其他合作契约一样，不可能没有商业诚信这种精神层面上的先决条件。人们把存款托付给商人，他便可以轻易携款出走，或是在他的合作伙伴无法操控的远方市场搞商业欺诈。如若发现商人有欺诈行为，之后便没有人再把存款托付给他。这种广泛的诚信意识被统一的社会归属感加强，况且还有明确的法律条款，这使得各种各样的人在生产过程中用存款参股成为可能。还应该以此角度来探讨关于商业活动的民事和刑事立法的发展，以及刺激发展的相应的制度因素。

货币趋势

11 世纪初，随着经济的发展，货币制度也有所发展。

中世纪和文艺复兴时期的欧洲仅仅使用金属硬币。中国人——正如马可·波罗热情洋溢地写道的——早在 13 世纪就已经开始使用纸币。然而，与中国的许多其他发明不同的是，这项特别的创新并未能向同时代的欧洲输出。

金属货币的价值在于两个指数：重量和纯度。重量是由货币当局在每一枚新硬币铸造之前确定的，即货币当局要确定用给定重量的金属铸造多少枚硬币，而给定的重量根据所在区域而定，可能是 1 磅或 1 马克。至于金币，其纯度以"开"为单位。24 开黄金是纯金，即 24/24。1519 年 7 月，法国国王弗朗索瓦一世的金元问世，其纯度为 23 开，也就是说，其金铜之比为 23 比 1。银的纯度由欧洲的几个地区按照每盎司（重量单位）多少第纳里（denari，重量单位）或多少格令（grain，重量单位）来定义。根据定义，1 盎司为 12 第纳里，1 第纳里为 24 格令。按照现代术语来说，11 第纳里的纯度即千分之 916.66（11∶12 = ×∶1000）。

用重量乘以纯度可得出金属币的金属成分含量。因此，一枚纯度为 950/1000、重 1.76 克的银币，其含银量为 1.76 × 950/1000 = 1.67 克。

贵金属的纯度决定其硬币的固有价值，其外在价值，即其面值，就是被认为的交换价值。面值和固有价值常常不完全一致，其差别是由生产成本和"铸币税"造成的。

在中世纪和文艺复兴时期，货币制度有了明显的进步。

781～795 年，查理曼决心对其庞大的帝国实行货币改革，这是由他的父亲丕平发起的一项改革，肯特的埃特尔伯特国王和后来的麦西亚的奥法国王将这一改革推广到他们在不列颠群岛上的王国内。在改革的最后阶段，银币作为唯一法定货币，取代了所有其他硬币。这种硬币几乎为纯银的，即纯度为 950/1000。硬币重量规定如下：240 便士由 1 盎司银铸制，纯度为 950/1000。按照我们当今的十进制来计算，一枚货币理论上重 1.76 克（见表 7.1），且纯银含量为 1.64 克（=1.76 × 950/1000）。

表 7.1　意大利四个主要城市相当于以纯银来计算的当地货币单位

单位：里拉

年份	佛罗伦萨	热那亚	米兰	威尼斯
800			390	
950			279	
1200				20
1250	35.0	70.0		
1300	19.0			
1350	11.1			
1400	9.0	21.2	22.4	8.6
1408	9.0		19.3	8.3
1425	8.8			7.6
1452	8.8		12.0	6.6
1474	6.9		9.6	6.9
1493	6.6		8.9	6.2

显然，这种货币体系过于简单化了：只靠一种硬币，没有倍数也没有分数。想象一下，如果今天美国只有一美元面值的钞票流通，该是什么样的一种情形。在中世纪早期，这种情形是可以接受的，因为交易量很少，而且多半是物物交换，很多物品（宝石、马匹、武器、小麦、木鞋）可以用来代替现金。

从 12 世纪下半叶开始，在回应日益增长的货币需求方面，人们越来越感到不满。欧洲各地纷纷新建铸币厂。在英国，王国的每个铸币厂都按照国王或其官员规定的标准（纯度和重量）铸币。因此，尽管出现了许多新铸币厂，但这并没有导致过多的竞争性货币的出现。欧洲大陆的情形则有所不同。在意大利和德国，中央的（帝国）权力明显薄弱，每个拥有合法铸币权利的城镇或贵族都来铸币，结果，这两国很快就被各种重量和合金的货币所淹没。法国则介于这两种极端的情形之间。当于格·卡佩（Hugh Capet）于 987 年登基时，法国君主和其他封建贵族一样，仍然只铸造具有当地价值和当地流通性的货币。腓力·奥古斯都国王（1180~1223 年）设法改变这一局面。在允许地方男爵和城市继续铸造他们自己的硬币的同时，腓力引入了两种由皇室统一支配的货币体系：王国东部的巴黎制币体系和西部的图尔制币体系。国王路易九世（1266~1270 年）随后宣布了这一原则："男爵的硬币只能在男爵的领地内流通，而国王的硬币可以在整个王国内流通。"

　　铸币厂必须遵守相关当局（国王、城市或男爵）规定的重量和纯度标准，但铸币的数量由市场决定，即由私人公民选择向铸币厂提供的金属数量决定。一个私人公民（通常是货币兑换商、银行家或商人）会把金属带到铸币厂。然后铸币厂根据现行的重量和合金标准，用这些金属铸币。铸币厂会从铸造的钱币中抽取一部分来支付自己的工钱，另一部分被抽取的则是"铸币税"或税收。剩下的钱将被交给把金属带到铸币厂的公民。用数学公式表示即为：

$$M = P + (C + S)$$

其中 M 是投入铸币厂的铸币金属的总额，P 是交给把金属带到铸币厂的人的金额，C 是用来支付铸币厂生产成本的金额，S 是"铸币税"。不言而喻，P 也是金属的市场价格。

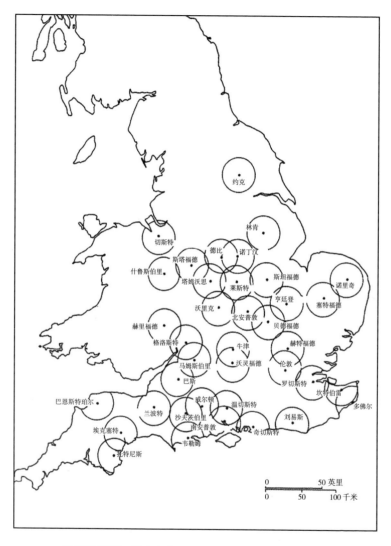

英国铸币厂，埃塞尔斯坦（Athelstan）时期至 973 年

圆圈半径为 15 英里（24 公里），这表示与铸币厂保持市场距离的区域。

来源：Spufford, *Money and Its Use*, p. 88。

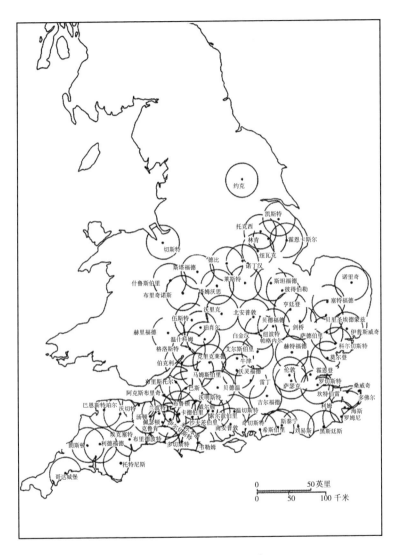

英国铸币厂，973～1066 年

来源：Spufford, *Money and Its Use*, p. 89。

中世纪铸币厂的工作场景。图中间的人正在敲打金属片，使之厚度大致达到要求。左边的人正在用一把大剪刀把纸剪成小圆片，使之尺寸大致达到要求。右边的人在两个铸币模具（一个握在手中，另一个压在木块上）之间放了一个金属圆片，他要用锤子砸上面的模具，以制造一枚有既定图案的硬币。由此可见，铸币过程是非常原始的。直到16世纪，德国人发明了一种利用水磨来使这一过程机械化的方法。

随着时间的推移，货币逐渐贬值，每一种面额的硬币的贵金属含量都在稳步下降。这条定律的例外是金币，例如佛罗伦萨的金币弗罗林、威尼斯的金币杜卡特都是国际支付方式。货币贬值有两个主要原因：（a）要增加国家的货币税收；（b）要回应货币需求。后者在性质上可以有多种可能。

例如，当局可能决定货币贬值，以应对金银市场比率的变化，或试图抵消收支逆差。但最常见的目的是增加流通中的货币数量。

初看起来，增加铸币税收入所需要的只是增加铸币税。但是如果在 C 和 M 不变的情况下增加 S，P 就会被压缩。P 的下降，即向把金属带到铸币厂的人支付金额的降低，将很快限制金属流入铸币厂，这会导致 S 的下降而非增加。如果货币当局希望通过 S 增加税收，就必须找到一种方法增加 P。因为 C（生产成本）不能明显降低，增加 S 和 P 的唯一途径是增加 M，即固定金属量下的铸币数量。换句话说，他们不得不让货币贬值。

但货币贬值也可能有货币的原因。整个中世纪，西欧贵金属都供应不足，这一点应该考虑在内。中世纪的硬币通常是极薄的金属圆片，这就非常生动地说明了这种短缺。如果货币当局希望增加流通中的货币数量，他们必须找到一种方法来吸引市民把金属带到铸币厂，而不是带到他们的竞争对手那里。其方法是增加 P，即金属的价格。除非按比例削减 S（这种方法极其少见），而且由于 C 不可能被大幅削减，P 的任何增加都必然导致 M 的增加——同样数量的金属产生更多的硬币，即货币再次贬值。

货币贬值似乎也可以说是自然而然的。即使没有造假币者的参与，流通中的金属硬币每年也以 0.1% ~ 1% 的速率减少。这是货币当局面临的一个棘手的问题。按照格雷欣法则，即劣币（流通中的硬币）驱逐良币（新铸硬币），如果他们继续铸币而不改变其重量或纯度，新硬币很快就会从流通中消失。当然，他们可能会取出流通中的磨损硬币，换成新硬币，尽管这很难做到，而且成本很高。最常见的解决办法是发行贬值的硬币，使新铸硬币与流通硬币保持一致。

物物交换和货币交换常常混在一起。这幅复制的微缩图描绘的是两个农民之间一双鞋与一只鸽子的交换。然而，这双鞋显然比那只鸽子值钱，农民想要鞋子就要付出一枚硬币和一只鸽子。

在所有西欧国家中，英国以其货币的相对稳定而著称。英国的铸币厂依然处于王权的严格控制下（最重要的是其位于伦敦塔中）。另一方面，英国君主受到封建贵族的强烈制约，因为这些贵族不管理铸币厂，因此任何货币贬值对他们来说都是得不偿失的。公元 800 年前后，1 英镑的价值大约为 330 克纯银；到 13 世纪中叶，其价值才下降到 324 克纯银；到了 1500 年，其价值已逐渐降至 170 克纯银。铸币业的真正崩溃发生在 1542 年到 1551 年之间，它是亨利八世的专横跋扈和挥霍无度所带来的恶果。

在法国，由国王路易九世（1266～1270）引进的货币制度在法国人的记忆中留下了"圣路易先生的好钱"的深刻印象。事实上，这个起始于"圣路易"的货币制度完整地存活了几十年。正是在腓力公正王时代（1285～1314），确切地说是在 13 世纪 90 年代，法国货币才变得不稳定。从那时起，它经历了一系列疯狂而剧烈的贬值和升值。造成这种不稳定的主要原因是百年战争。最悲惨的时期出现在瓦卢瓦王室腓力六世、好人约翰和查理七世统治时期（其统治时期分别为：1328～1350 年、1350～1364 年、1422～1461 年）。在好人约翰统治时期，货币的变化如此频繁，以至于一位著名的货币收藏家——让·拉福里（Jean Lafaurie），在准备发表他关于法国国王统治时期的经典货币调查时，决定放弃再现这一铸币混乱时期的努力。1395 年，在那场货币大动荡中，尼克尔·奥里斯姆（Nicole Oresme）发表了一篇关于货币制度的论文。奥里斯姆提出了一个在当时十分具有革命性的论点——一个国家的货币制度不属于国王，统治者用货币欺诈手段向人民征税是错误的。

1266 年，图尔制币的面值约为 80 克纯银。到 1450 年，这一数字降至 30 克，到 1500 年降至 20 克左右。这些数字虽然有趣，但其背后隐藏的东西比它们所揭示的更多。事实上，如上所述，在 1290 年至 1438 年期间，法国货币史呈现出的是一种狂热贬值而后又剧烈升值的情景。要大致了解当时的混乱状态，我们只须指出，在 1350 年到 1360 年之间，图尔制币经历了至少 71 次双向变动（贬值和升值）；在 1422 年到 1438 年之间，图尔制币经历了 52 次这样的变动。多年来，图尔制币面值的任何平均值几乎都是毫无意义的，其命运多舛，变化迅疾无常。英国货币十年又十年平静而温和的走势，与法国硬币的大起大落形成了鲜明的对比。法国顽固地坚持推行这种大幅贬值搅乱市场随后又剧烈升值的货币策略，其原因自然很难说，但可以肯定的是，在这一连串的通货膨胀和通货紧缩的交替冲击下，其经济所遭受的创伤是巨大的（类似于现代货币政策的停顿和变化）。

意大利的货币情况与英国或法国的迥然不同。从长期来看，意大利货币的贬值幅度如果不是超过了法国，至少也是一样大，但意大利的下降曲线较为平缓，没有法国货币痉挛般的波动和暴跌。表 7.1 给出了意大利四个大城市长期货币贬值的整体情况。

许多历史学家坚持认为，中世纪和文艺复兴时期欧洲的货币贬值的确是一场灾难，是其经济不景气和混乱的根源［实例见彼得·斯布福德的《货币及其用途》（P. Spufford, *Money and its Uses*）第 13 章"贬值的灾祸"］。简单化的论断并不可怕，可怕的是这种错误的判断。如上所述，必须区分旨在增加财政收入而进行的税收贬值和旨在增加货币流通量而进行的贬值。然而，这种界限有时并不是十分明显。某种情况下，货币贬值的决定是在财政和货币的双重压力下做出的。此外，鉴于铸币厂必须在其中运作的制度环境和经济条件，维持货币稳定不总是维持生产活动的妙方。为维护银币和小额货币的稳定性

而采取措施的后果是，在相当长的时期内，铸币的进一步发展
受到了阻碍。这反过来又使国内市场的支付手段匮乏。

如前所述，加洛林体系中只有一种面额的货币，即银币。
这在一种原始的经济体和社会中行之有效，因为那里很少有贸
易活动，而且物物交换非常普遍。然而到了11世纪，欧洲经
济变得越来越复杂，仅限于单一面额的货币体系变得越来越繁
复。更加糟糕的是，货币一直在贬值。13世纪，威尼斯的银
币萎缩成可怜的小圆片，直径只有1厘米，重量只有0.08克。
银币轻得能浮在水上，又薄又脆，拿在手里都怕碎了。目前还
不清楚为什么威尼斯银币如此迅速地陷入了如此悲惨的境地。
威尼斯人可能想通过抬高金属的价格，来把中欧银矿生产的金
属吸引到他们的城市中，而如前文所强调的那样，这导致了货
币的贬值。威尼斯急需白银，以在中东市场上购买东方产品，
如果这意味着货币贬值，那么威尼斯为此做好了准备。然而，
威尼斯似乎是一个极端的例子，尽管其他地方的情况也不尽如
人意。在热那亚，到1200年，银币已经被削成只有0.28克重
的薄片。就在这个时候，第一次重大的货币体系改革开始了。
看来，到意大利北部参加第四次东征的十字军带来了相当多的
银子，他们用其购买船只、食物，以及雇用水手。尽管如此，
1200年前后，在热那亚和威尼斯，多种面额的银币被铸造出
来。这些银币被称为"大银币"（grossi），其银含量让人想起
查理曼的银币。热那亚大银币重1.7克，值6枚当地的旧银
币，即现在的"小银币"（piccioli）。威尼斯大银币重2.2克，
值26枚当地的小银币。对这些新硬币的需求一定很迫切，人
们立即喜欢上了新硬币，意大利和国外的铸币厂也都很快开始
铸造新币。

174

大银币的出现发出了一个新阶段到来的信号，其时，多种旧银币成倍增多。很快，相继出现了特列纳（treina，等于 3 枚旧银币）、夸特里诺（quattrino，等于 4 枚旧银币）、色希诺（sesino，等于 6 枚旧银币），以及 1 索尔多（soldo，等于 12 枚旧银币）、2 索尔多（等于 24 枚旧银币）、3 索尔多（等于 36 枚旧银币）和 5 索尔多（等于 50 枚旧银币）面额的银币。

然而，1252 年，神奇的时刻出现了，那年佛罗伦萨和热那亚几乎同时发行了重约 3.5 克的纯金币。这一大手笔打破了数百年来加洛林王朝的单一金属（银）货币体系，走上了双金属货币体系的道路。佛罗伦萨的弗罗林金币很快成为国际上首选的交换和支付工具。在整个欧洲，人们都在效仿佛罗伦萨和热那亚，通过铸造金币的方式走向成功（见表 7.2）。说来奇怪，威尼斯效仿佛罗伦萨和热那亚的行动进展缓慢：威尼斯金币，即杜卡特，直到 1284 年才出现。威尼斯人可能对创造一种与其大银币竞争的硬币持谨慎态度，毕竟他们的大银币在东方颇受欢迎。此外，威尼斯是德国银币的首选市场。

大银币和金币也是很薄的硬币。如前所述，整个中世纪欧洲的贵金属供应都不足。然而，到 14 世纪中叶，这种情形开始改变。在对非洲海岸的探险过程中，葡萄牙人偶遇了盛产黄金的地区，如几内亚和黄金海岸（现在的加纳）。传说黄金从这些地区被装到大篷车上，穿过撒哈拉沙漠运到北非港口，再装船运往欧洲。葡萄牙人到达几内亚和黄金海岸后不久，穿越撒哈拉沙漠的大篷车商队贸易被打乱，越来越多的黄金乘上葡萄牙帆船到达欧洲。值得注意的是，葡萄牙人在 1457 年用来自几内亚的黄金铸造了一种金币——克鲁萨多（cruzado），从而开启了他们自己的铸币业。

175

几乎与此同时，德国有了新的发现。在蒂罗尔（Tyrol）和萨克森（Saxony）发现了丰富的银矿床。从 1470 年到 1490 年间，施瓦茨（Schwaz）的蒂罗尔银产量增加了两倍，而萨克森施内山（Schneeberg）区域的产量从 1450 年的几百马克增加到 1470 年的数千马克。其中相当一部分设法进入了威尼斯和米兰的市场，德国南部与这两座城市有着特别密切的贸易关系。1472 年的威尼斯铸币厂，以及两年半之后的米兰铸币厂都在铸造银币，这两种银币从两个方面打破了中世纪的传统。首先，就其艺术外观而言，威尼斯新币上有特隆（Tron）总督的肖像，而米兰新币上则有加莱亚佐·马里亚·斯福尔扎（Galeazzo Maria Sforza）公爵的肖像。这两幅肖像完全写实，都具有鲜明的文艺复兴时期的艺术特征。其次，用具体的货币术语来说，这两种硬币都与中世纪极薄的硬币完全不同，它们更加厚重，含银量更高。威尼斯新币重 6.52 克，纯度为 948/1000。米兰新币重 9.79 克，纯度为 963.5/1000。这样的规格与当时流通中的最重只有 2 克左右的各种银币形成了鲜明的对照。由于这些硬币正面刻有肩部以上的头像，故被称为"元大头"。这种新币很快得到商人的青睐，随即在法国和低地国家出现（见表 7.2 第 4 部分）。

厚重硬币的热潮并没有止步于"元大头"。1486 年，蒂罗尔大公西吉斯蒙德（Archduke Sigismund）为在自己的领地上发现了银矿而欢欣鼓舞，他铸造了一枚重约 31.9 克、名为"古尔蒂纳"（guldiner）的银币。在波希米亚，斯特凡（Stefan）和他的七个兄弟都是斯莱克伯爵，也是矿主，他们从 1519 年开始，用圣约阿希姆山谷（现在被称为亚希莫夫）的白银铸就了重约 28.7 克、被称为泰勒的银币。

表 7.2　地方货币单位（1 磅）与纯银克数等价表

	日期（a）	重量（克）（b）	纯度/1000（c）	固有纯度（d）=b×c	面额（e）
第 1 部分　银币第纳里：					
查理曼	800 年	1.76	950	1.67	1 d.
奥托大帝	约 970 年	1.40	830	1.16	1 d.
威尼斯	约 1200 年	0.36	250	0.09	1 d.
第 2 部分　格罗所银币（大银币）：					
热那亚	约 1200 年	1.7	960	1.6	6 d.
威尼斯	约 1200 年	2.2	965	2.1	26 d.
法国（图尔格罗所）	1266 年	4.22	958	4.04	12 d. 图尔格罗所
那不勒斯（吉里亚托银币）	1278 年	3.3	934	3.1	4 d.
英国（四便士银币）	1279 年	5.77	925	5.34	
	1351 年	4.67	925	4.32	
波西米亚（格罗申银币）	1300 年	3.6	932	3.4	
第 3 部分　金币：		纯度/24			
热那亚（热那维诺）	1252 年	3.52	24	3.52	20 s.
佛罗伦萨（弗罗林）	1252 年	3.53	24	3.53	
威尼斯（杜卡特）	1284 年	3.56	24	3.56	18 g.

续表

	日期 （a）	重量（克） （b）	纯度/1000 （c）	固有纯度 （d）＝b×c	面额 （e）
法国（埃居）	1266 年	4.196	24	4.196	10s. 图尔格罗所
葡萄牙（克鲁萨多）	1457 年	3.58	23.75	3.54	225（?）雷亚尔
西班牙[艾克赛兰特（excelente）]	1497 年	7.0	23.75	6.85	375 西班牙古铜币
英国（金便士）	1257 年	3.85			
（贵族金币）	1344 年	8.97	24	8.97	80d.
（贵族金币）	1346 年	8.33	24	8.33	80d.
（贵族金币）	1351 年	7.78	24	7.78	80d.
匈牙利（弗罗林）	1326 年	3.56	23.8	3.53	
德国（莱茵兰盾）	1386 年	3.54	23	3.40	

第 4 部分 银币：

	日期	重量（克）	纯度/1000	固有纯度	面额
威尼斯（元大头）	1472 年	6.5	948	6.16	20s.
米兰（元大头）	1474 年	9.8	964	9.43	20s.
南部低地国家（元大头）	1487 年	7.2	935	6.73	
法国（元大头）	1514 年	9.6	938	9.00	10s.
波西米亚（泰勒）	1519 年	28.7			
西班牙（西班牙银圆）		30.0	930	27.90	

表 7.3 中欧各矿区的白银输出量：现存年份的年均输出量

地点	年份	年均输出量 （千克）
德国		
哈茨山脉低处矿区	1510	935
拉默尔斯贝格矿	1526	2105
弗赖堡矿区	1490	177
	1511~1520	933
	1526~1530	2100
	1572	7860
奥地利		
蒂罗尔:法尔肯施泰因	1486	14812
蒂罗尔:非施瓦茨地区	1505	8851
	1523	15710
	1530	10013
拉滕贝格	1528	1503
克恩滕州	1528	283
	1550	411
萨尔茨堡	1520	2250
匈牙利		
克雷姆尼察	1434~1435	660
	1486~1492	3523
	1528~1549	5433
巴亚马雷	1481~1482	1800
波希米亚		
库特纳霍拉(库滕贝格)	1300~1330	±30000
	1330~1350	±20000
	1350~1420	±10000
	1420~1460	?
	1460~1510	4500
	1521~1530	2000
	1531~1540	600

续表

地点	年份	年均输出量 （千克）
	1541～1550	700
卡什佩尔斯凯霍里	1536～1543	3297
契斯基库伦隆	1520～1521	121
普日布拉姆	1536～1538	347
埃利斯考－威尔哈提提兹（Elischau-Wilhartitiz）	1536～1538	1127

来源：Munro，"The Central European Silver Mining Boom，" p. 167。

葡萄牙和德国的这些发展，仅仅是即将开幕的西班牙－美国大冒险的一个前奏。从 16 世纪的头几年开始，到该世纪中叶之后，西班牙舰队把大量的黄金白银运回欧洲大陆。这时候出现了一种银币，是在西班牙、墨西哥或秘鲁铸成的，被称为"八雷亚尔"（Real de a ocho），其重 30 克，纯度约为 930/1000。在 16 和 17 世纪，"八雷亚尔"很快成为国际贸易和金融中最重要的货币。我们到第九章再讲这个非凡的故事。

在整个中世纪和文艺复兴时期，硬币仍然是欧洲最普遍的　178
交换手段：如前所述，与同时代的中国不同，纸币在欧洲是不
为人知的。但从 12 世纪开始，在最发达的地区，硬币逐渐为　180
银行活动所创造的货币所补充，也就是当今经济统计学中出现
在"存款"标题下的货币。对于那些经济学的门外汉来说，
"存款"这个词可能会使之产生误解。人们可能会误以为这个
词指的是实际存放在银行的真正的现金数额。但实际上，只有
一小部分被定义为"存款"的钱真正存在银行里，大部分
"存款"是无形的，只存在于银行账目中，是银行家根据他们
承担"风险"的意愿创造的。16 世纪的一位佛罗伦萨编年史
家风趣地将这种"存款"称为"墨水钱"（ink money）。

"银行"和"银行家"这两个术语首次出现在 12 和 13 世纪由公证人经办的房地产契据册中，它们当时指的是货币兑换商。鉴于当时流通的硬币种类繁多，货币兑换在各大市场上是一项相当重要的活动。此外，这些银行家和货币兑换商是公众和铸币厂之间的中间商。到了 13 世纪末，主要交易市场上的货币兑换商不想把自己局限于交换各类金属，也不愿充当公众和铸币厂之间的中间商，而是开始办理存款业务，并代储户进行支付。因此，存款就在商人之间转移，而这些交易是通过银行直接记账的方式进行的，从而避免了实际硬币的运输和交付。存款转移的过程不是在书面指令下进行的，而是由当事人到现场完成的。换句话说，如果史密斯先生希望向布朗先生付款，那么两个人就会一起去见为史密斯先生存款的那位银行家琼斯先生。史密斯先生要向他的银行家琼斯先生申报他想转给布朗先生的货币数量。在史密斯和布朗都到场的情况下，银行家琼斯先生就会把这笔交易记在他的账簿上，减少史密斯先生存款中的相关数额，将之增加到布朗先生的存款之中。银行账簿上的交易证据具有法律约束力。15 世纪，托斯卡纳首次出现了以书面形式（即支票）进行的转账。然而，在威尼斯，这种支票从未被接受，而且在任何转账过程中双方都必须到场。

有时存款人也许会要求银行家以现金偿还其全部或部分存款，或者收款人也许会要求以现金收取款项。为了应对任何这类可能事件的发生，银行家必须持有一定数量的现金。然而随着时间的流逝，银行家发现没有必要持有足以抵付存款总额的现金：他们只须持有存款总额的一小部分，因此，可以将剩余部分按一定利息贷给第三方，或是直接投资于贸易活动。换句

181

话说，银行家们意识到，他们可以在部分储备金的基础上进行运作。这就是银行货币的起源。莱因霍尔德·C.穆勒（Reinhold C. Müller）教授在一篇论述威尼斯货币的优秀文章中指出，早在 1321 年，威尼斯的银行家就已经通过这种部分准备金制度创造了银行货币。银行家们在接收存款的基础上创造货币，增加了市场流动性，缓解了整个中世纪贵金属短缺对欧洲经济造成的货币紧缩。此外，银行家的工作还推动了储蓄的投资。英国的货币流通比欧洲大陆更为同质，公众没有接触到太多币种，因此货币兑换商并不多。然而，上述发展也发生在英国，尽管在英国是由金匠而不是银行家／货币兑换商吸收存款，并在这些存款的基础上发放贷款、创造货币。

如前所述，银行货币的创造总体上是一种良性的经济发展，然而它也带来了一些相当大的负面影响。当时的经济很脆弱，恐慌情绪会在商人中迅速蔓延。船只失事频繁，战事频发，商人经常成为外国政府诡计下的牺牲品。商人不得不承担的高风险反落到了为之提供资金的银行家身上。每当一个市场出现恐慌情绪时，人们就连忙到银行去提取存款。但是银行家保留的现金只是他们所收到的全部存款的一小部分：所有可能来银行取钱的存款人所需要的钱根本就不在银行。这些钱被银行家们捆绑在投资和贷款上。在今天类似的情况下，中央银行可以作为最终贷款人进行干预。但那时候没有中央银行，恐慌常常导致银行倒闭。因此，中世纪和文艺复兴时期的银行历史是一段令人哀伤的银行接连破产的故事。在一些最重要的市场上，有人为对这种情况采取补救措施做了有趣的尝试。在威尼斯，1356 年和 1374 年都有人倡议，建立一家将储备金维系为其全部存款的公共银行。

1 是查理曼银币；2、3、4 是中世纪意大利的主要金币，分别是热那亚的热那维诺金币、佛罗伦萨的弗罗林、威尼斯的杜卡特；5 是威尼斯的带有特隆总督肖像的里拉；6 是米兰的带有加莱亚佐·马里亚·斯福尔扎肖像的"元大头"。

硬币照片由剑桥菲茨威廉博物馆友情提供。

1587 年，还是在威尼斯，里亚尔托广场银行（banco della piazza di Rialto）正是出于这个目的成立了。这类银行仍然可以进行转账和协助支付，但它不创造银行货币。1401 年，在巴塞罗那，巴塞罗那货币交换公共银行（Taula de canvi de

八里亚尔在英国及英国在美洲的殖民地以"piece of eight"之名
为人所知，由腓力四世于 1633 年在塞哥维亚铸造。币左边的渡槽
表示铸币厂，右边的数字 8 表示其价值。八里亚尔是 16 和 17 世
纪国际贸易和金融交易中最为出色的支付手段。

照片由菲利普·格里尔森教授及剑桥菲茨威廉博物馆友情提供。

Barcelona）被禁止向私人经销商提供贷款，并不得不将其贷款
活动限定在向国家提供贷款的范围内。但这些权宜之计无法解
决银行作为货币创造者所面临的根本问题。

注 释

1. 复式记账法可能是于 13 世纪在托斯卡纳被首次运用。14 和 15 世纪，这种会计方法传到了意大利的其他城市。参见 De Roover，"Aux Origines d'une Technique"，以及 Melis，*Storia della Ragioneria*。海上保险的原型可能出现在 13 世纪，而现存最早的有关保险合同的档案无疑要追溯到 14 世纪。热那亚长期以来一直是这类业务的主要中心。参见 Edler De Roover，"Marine Insurance"。从 17 世纪开始，欧洲主要的保险中心则是伦敦。

2. Postan，"Credit in Medieval Trade，" pp. 65 - 71。

3. 原始拉丁文文档保存在热那亚档案馆。英文译本参见 Lopez and Raymond，*Medieval Trade*，pp. 182 - 83。

4. Ferretto，"Giovanni Mauro di Carignano，" pp. 43 - 44.

5. Kedar，*Merchants in Crisis*，pp. 25ff. 参与海上贸易的一种形式是海上贷款。其主要特征是，只有在船载贷款或用其购买的货物安全结束航程的情况下，借方才承诺归还贷款。海上贷款与"康曼达契约"同时于 13 世纪下半叶过时了。

6. 其他相关著述，参见 Sapori，"Le Compagnie Mercantili Toscane，" pp. 803 - 05。

7. De Roover，*Lettres de Change*.

8. 在"服务"中，主人信任商品代理。在"真正的合伙"中，一方提供资本，另一方进行商业运作，利润和损失通常是均分的。在"对位"中，每一方投入一定的资本份额，利润按资本比例分配。在"完全合作伙伴关系"中，合伙人共同抵押其全部或大部分财产。详细情况参见 Dollinger，*The German Hansa*，pp. 166 - 67。

第八章 生产、收入与消费:
1000～1500 年

大扩张:1000～1300 年

前面章节概述的各种事态发展结合在一起,形成了一个加速扩张的时期。新技术的传播、城镇的发展、新的社会文化环境、生机勃勃而广泛流传的乐观主义精神、劳动分工的加强、经济的货币化、对储蓄的刺激,所有这些因素都促进了经济扩张。起决定性作用的并不是单一的因素,而是在一种完全特殊的情况下所形成的特殊混合。

如前所述,直到 19 世纪,欧洲的发展如任何其他的前工业社会一样,最终受制于土地的可利用性,因为给养每一个生物和经济过程的能源,至少有十分之九来源于动物或植物。

在 10 世纪,当欧洲发展开始起飞时,相对于其人口而言,欧洲有充足的可利用土地,这种情形至少持续到 13 世纪中叶。经济学家惯于思考这样的情况,即随着新土地逐渐被开垦,收益递减必然出现。对这种现象的解释是,最先开垦耕作的土地一般被认为是最好的,但随着扩张的进行,人们会开始耕作比较不肥沃的边缘土地。这种情形大约从 13 世纪中叶开始在欧洲盛行,而此前并不存在。实际上,自相矛盾的是,10 至 12 世纪的扩张至少在欧洲一些地区具有收益递减提速的特征。在前几个世纪的无政府状态下,人们往往并不在土地最肥沃之处扎根，而是在其据点最容易防守之处扎根——在山顶或峡谷的尽头。随着人口的增长和条件的日渐稳定，一些新的开垦地实际上比已经开垦的土地的土质更好、更肥沃。

184　　　对外扩张伴随着对内殖民。在西南边境，扩张主义的动力体现在基督教君主们对伊比利亚半岛的再征服上。这个半岛的大部分地区早在 8 世纪初的几十年里就已经被摩尔人占领。随着新千年（1000～1999 年）的开始，形势发生了变化。由于受到基督教君主们之间的争吵和相互倾轧的阻碍，基督教的再征服起初进展缓慢，但在 11 世纪接近结束时，其在西班牙东北部和梅塞塔高原上取得了重大进展。13 世纪，当摩尔人格拉纳达（Granada）以外的领土几乎全部被重新征服时，这种势头得到了加强（见下页的地图）。基督教徒在 1147 年夺回里斯本，1228 年夺回梅里达，1229 年夺回巴达霍斯，1236 年夺回科尔多瓦，1238 年夺回瓦伦西亚，1243 年夺回穆尔西亚，1248 年夺回塞维利亚，1262 年夺回加的斯。

　　　在南部边境，诺曼人在 1061 年到 1091 年间结束了阿拉伯人在西西里的统治；在东南战线，从 11 到 13 世纪，十字军对阿拉伯领土发动了一系列进攻，取得暂时性胜利，在中东建立了岌岌可危的基督教统治。

　　　在东部边境，德国人的东进之路展开了。这场运动在 10

185 世纪初就已经开始了，当时德国人征服了易北河和萨勒河之间的索本兰（Sorbenland）。到 12 世纪中叶，其气势如虹，并在 13 世纪上半叶到达巅峰。在波罗的海，从 1186 年开始，一支德国远征军横扫利沃尼亚和库尔兰。1231 年，条顿骑士团开始系统地征服东普鲁士，在波罗的海以南，德国人于 1240 年抵达奥得河，并在随后 50 年里沿着波美拉尼亚海岸挺进。德

基督教对伊比利亚半岛的重新征服

来源：C. T. Smith，*An Historical Geography of Western Europe*。

国人继续南行，穿越了由厄尔士山脉和苏台德山脉形成的天然屏障，在奥得河峡谷其殖民达到了最大范围。随着德国人的挺进，新城市拔地而起。吕贝克建于 1143 年，勃兰登堡建于 1170 年前后，里加建于 1201 年，梅克伦堡建于 1218 年前后，维斯马建于 1228 年前后，柏林建于 1230 年前后，施特拉尔松德建于 1234 年前后，但泽建于 1230 年前后，奥得河畔法兰克福建于 1253 年。

到 1300 年，这场运动大大放缓，新的大规模扩张被限于波美拉尼亚东部和条顿骑士团的领地。黑死病的肆虐（1348 年）进一步削弱其锋芒，在德意志人在坦能堡失败（1401 年）之前，其向东扩张的势头早已停止，他们在波兰的勃勃野心一时灰飞烟灭。[1]

德国同时在人口、经济、政治和宗教方面向东扩张。其精神可用参与此运动的男爵家庭之一的盾徽来生动地表达，这个盾徽展示了三个被斩首的斯拉夫人的头像，其经济意义必须在下面这些背景中考察。在被征服的大多领土里，斯拉夫经济大体以捕鱼、打鸟、狩猎和家畜饲养为基础。农业欠发达，但土地很肥沃。1108 年，不来梅主教一声震吼："斯拉夫是一个可恨的民族，但是他们的土地却盛产蜂蜜、粮食和禽鸟，没有任何其他民族可与之相匹敌。东进吧，年轻人，在那儿你们能拯救你们的心灵，还能获得最好的生活的土地。"德国移民拥有较先进的技术，以及较充足和较好的资本。他们带着重型轮犁和重型砍伐斧进入新领地，这样他们可以采伐比较茂密的森林，开垦比较紧实的土地。通过这种方式，德国东进运动使欧洲的农耕边疆再次发展起来。此外，不仅是德国农民，而且许多德国矿工都向东迁移。伴随这一农村殖民过程而来的是新城镇的建立（见上页地图）。

这场运动的影响超越了德国征服甚至是德国移民所到达的边界。德国的采矿、农业和贸易技术在斯拉夫东部领地被逐步采用。所有这些进步为东欧农业剩余价值的形成、波罗的海贸易的发展（勃兰登堡于 1250 年前后开始向英国和佛兰德出口粮食）、汉萨同盟的扩张，以及中欧采矿和冶金的发展创造了先决条件。

有利环境的结合使一种欧洲每个人都似乎从中获益的经济总体扩张成为可能，尽管每人获益的程度不尽相同。现有的信息有失完整和准确，在遥远世纪的茫茫迷雾中，人们可以瞥见

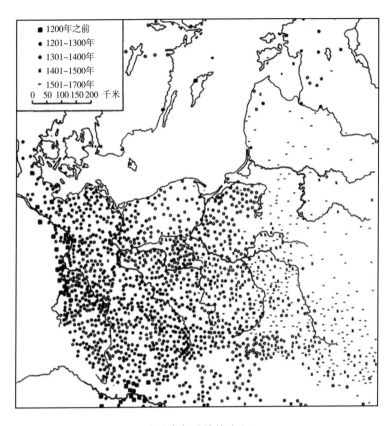

中欧东部城镇的建立

来源：R. Kötzschke and W. Ebert, *Geschichte der ostdeutschen Kolonisation Leipzig*, 1937。

一种情形，在其中，所有收入、利润和租金都有实质性增长，只有利息是例外，也许部分是因为收入增长使得结余增长成为可能，但也是因为一系列的商业技术创新使得结余更容易投入消费和生产。

直到工业革命，欧洲经济基本还是农业经济。但是在 188

1000 年到 1300 年间，是城市开辟了一条复苏之路。新城镇在欧洲的每一个角落涌现，已有的城镇如此迅速地扩张，以至于要花费大量资金修建新城墙——在有些情况下还不止一次。新城墙的建设需要大量投资，这是一种数量可观的财政牺牲。从其涉及的公共工程的规模来看，乘数效应十分可观。11 世纪以后，经济的主要部门是：（a）国际贸易；（b）纺织产业；（c）建筑。大部分国际贸易反过来又集中在食品、香料以及纺织上。这种排列反映出需求的基本结构，如我们在第一章所见，需求集中在食品、服装和建筑上。

正如存在主要部门，也存在着主要地区。中世纪欧洲经济发展的先锋地区是意大利北部、南部低地国家，以及后来的汉萨同盟的城镇。意大利利用了在黑暗时代被贬低，但未被完全毁灭的罗马人的城市生活传统，这种传统来自两个相邻的帝国——拜占庭和阿拉伯，这两个帝国直到 12 世纪都远比欧洲任何其他地区发达。南部低地国家利用该地区在加洛林文艺复兴时期所经历的经济发展。意大利和低地国家还从各自的地理条件中获得了额外的优势，意大利一方面是欧洲和北非之间的桥梁，另一方面是欧洲和近东之间的桥梁；南部低地国家是北海与法国和西班牙的大西洋海岸之间、英国与意大利之间的陆路和海路的交汇点。

很早以前，南部低地国家就利用邻近生产和出口最优质羊毛的英国市场的这种优势，发展了重要的毛纺产业。根特、布鲁日、伊普尔、里尔、康布雷、圣奥梅尔、阿拉斯、图尔奈、梅赫伦、翁斯科特和杜埃是主要的原始资本主义扩张的中心。城市开始越来越专业化，并开始生产差异化产品。里尔和杜埃以蓝色纺织品著称，根特和梅赫伦以猩红色纺织品著称，伊普尔和根特以黑色布匹著称，阿拉斯以轻质材料著称。约翰尼斯·柏因内布鲁克（Johannes Boinebrooke，死于 1285 年）是最寡廉鲜耻的这种扩张的倡导者之一，由于他的遗嘱至今还存在，我们十分清楚他的残酷活动。

在意大利北部，发展并非十分突出地集中在制造业，而是比较均衡地分布在一系列活动中：贸易、船运和金融。起初，发展的先锋出现在比萨、威尼斯和热那亚这三个海岸共和国，以及位于重要十字路口上的一些城市中，如阿斯蒂、皮亚琴察、维罗纳和锡耶纳。威尼斯的历史由于其独特的地理位置及其与拜占庭之间优越的政治关系而与众不同。大约在 537 年，狄奥多里克的一位牧师，卡西奥多罗斯，下达命令购买来自伊斯特里亚半岛的一些葡萄酒、油和小麦，要求将之通过海路运往拉韦纳。运输任务被托付给了威尼斯海员。卡西奥多罗斯在信中生动地描绘了各个潟湖群落及其"与水鸟相似的"生活方式。在总督府和圣马可遗体迁往里亚尔托之前，威尼斯人主要靠捕鱼、采集和粉磨食盐，以及贸易和运输为生，运输一小部分依靠海路，但绝大部分依靠沿着潟湖的运河和流入其中的河流。这种活动的主轴是波河。从 10 世纪以来，航海活动在广度上和密度上都得到了极大发展。在奥赛欧罗家族的总督彼得罗二世（Pietro II Orseolo，991～1008）的领导下，威尼斯圆满完成了一系列海军探险，拿下了扎拉（Zara）和特劳（Trau）两城。威尼斯在达尔马提亚海岸称王称霸，给在那里定居的、对威尼斯海湾的航行构成经常性威胁的海盗以沉重打击。除了以波河为中心的东西轴线外，还发展了日益重要的南北轴线，威尼斯沿此轴线为德国南部地区供应东方产品，为近东供应北方产品，如木材、毛纺织品、白银等。

190

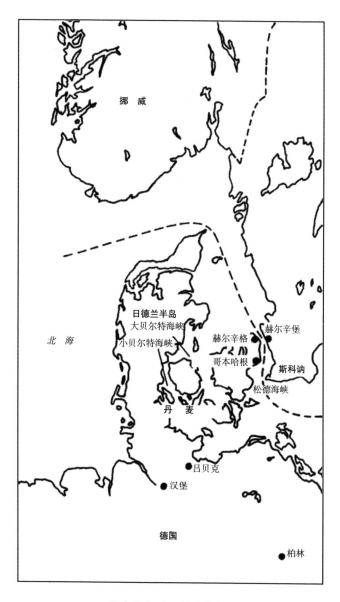

丹麦半岛（日德兰半岛）

图中展示了小贝尔特海峡、大贝尔特海峡以及松德海峡。

与此同时，其他引人注目的发展也在意大利半岛的另一边迅速地进行着。通过海盗活动和商业活动（这两种活动在当时是密不可分的），比萨和热那亚先后与北非、中东和西西里建立起了更为密切的关系，还越来越多地利用了南部低地国家制造业发展所提供的机会。佛兰德人则在为其纺织品寻找在南方的销路。1127 年，文献中首次提到在佛兰德的"伦巴第"贸易商（那时伦巴第是指"意大利"），13 世纪初，文献中提到热那亚的佛兰德商人。但人们很快认识到，最好是共同建立一个中间交易场所。香槟地区的伯爵们的开明政策有利于将其选为汇合点。香槟地区的交易会常年在特鲁瓦、巴尔（Bar）、普罗万和拉尼（Lagny）举行。13 世纪是这种作为市场和票据交换所来运营的交易会的黄金世纪。

佛罗伦萨的发展相对晚些。佛罗伦萨商人打开从佛罗伦萨和比萨通往远方市场的门户是在 12 世纪接近尾声之时。各种不同的文件表明，他们踏上了前往法国的道路：1176 年到达皮亚琴察，1178 年到达蒙费拉托，1209 年到达香槟地区的交易会。到 1250 年，佛罗伦萨商人已经遍布意大利中部和南部、东方、普罗旺斯、香槟地区交易会、苏格兰和爱尔兰。一位教皇当时宣布，佛罗伦萨人是宇宙的第五元素。

毫无疑问，连接南部低地国家与意大利北部的轴线在 12 和 13 世纪是最重要的贸易通道。但是，我们不应该忽视或低估从低地国家向外辐射的其他贸易通道。佛兰德的城市向西部，特别是向加斯科涅出口了大量各式各样的毛织产品，以换取葡萄酒，其中有些又被转口。向东延伸的是低地国家 - 科隆

1173～1175 年及 1284～1333 年的佛罗伦萨城内围墙图示

来源：Goldthwaite，*The Building of Renaissance Florence*。

这一轴线，从 12 世纪末以来，这条轴线就一直呈现繁忙的景象。10 世纪戈斯拉尔地区的银矿开采，以及后来中欧的弗赖堡（1150～1300）和弗里萨赫（Friesach，1200～1250）的银矿开采使得这些地区的购买力有一定程度的提高，这有利于为佛兰德产品提供销路。但是科隆市不允许佛兰德商人进一步向东冒险，因为其勃勃雄心在于成为主要的商品分拣中心。然而，如果佛兰德商人不得不在科隆停下脚步，那么他们的毛纺

191

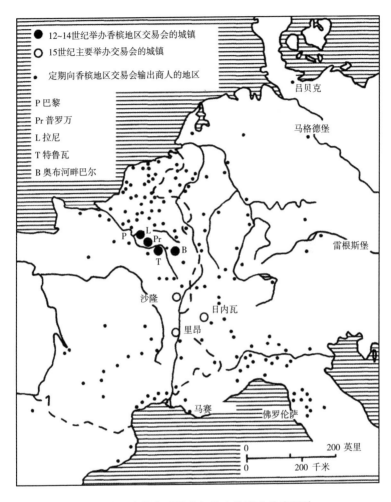

香槟地区交易会以及参加集市的商人的来源地

交易会在巴黎附近的四个地方举行：巴尔、特鲁瓦、普罗万和拉尼。最初是在巴尔和特鲁瓦举办，这两地于 1144 年首次提及交易会。1137～1138 年，普罗万交易会开办；几年后，拉尼也开办了交易会。

四地中的一个交易会开幕时，其他三个地方就关闭。交易会采取轮流举办的方式，以使一年中的任何时候总有一个交易会是在进行的。从一月到四月，首先是在巴尔，然后是在拉尼。普罗万交易会在五月举行。特鲁瓦交易会于六月开幕。九月，普罗万交易会又重新开幕，特鲁瓦交易会随后在十月重启。

来源：Smith，*An Historical Geography of Western Europe*。

品就会在德国商人的努力下，销往整个中欧和东欧。就北方来说，到 12 世纪中叶，佛兰德商人已经抵达威悉河，吕贝克市场上出现了佛兰德毛纺产品。佛兰德贸易达到了一个高度，引起了吕贝克市的强烈反制，后者一度禁止佛兰德船只进入波罗的海。

另一方面，佛罗伦萨商人在与佛兰德纺织产业取得联系之初，就不满足于购买其产品用于消费或转口贸易。因此，他们开始进口未经处理的"franceschi"（即佛兰德）毛料，在佛罗伦萨对之进行印染和其他成品加工，从而剥夺了佛兰德人的部分成品附加值。

从事佛兰德毛料贸易的佛罗伦萨商人，和受雇于印染和成品加工工艺的佛罗伦萨工人，都属于一个被称为"卡利玛拉工艺行会"（Arte di Calimala）的组织。即便它不是佛罗伦萨最重要的行会，也是最重要的行会之一。毛织物制造商所属的毛纺品行会起初是各小行会之一，但是整个毛纺品生产周期，即从原毛阶段直至最后的成品加工阶段，发展得如此迅速和成功，以至于在其间的某一时间点，它被接受为主要行会之一。到 1300 年前后，佛罗伦萨每年生产近 10 万件毛纺服装。佛罗伦萨对原材料的需求是如此强劲，以至于当时有 200 家英格兰和苏格兰修道院向佛罗伦萨商人出售羊毛，这种来自英格兰和苏格兰的羊毛又为佛罗伦萨人在西班牙、意大利南部和非洲北部所购买的羊毛所补充。看来佛罗伦萨成功的原因并不只在于他们普遍使用优质英国羊毛（佛兰德制造商也享有这种优势），而且在于他们在对织物的漂洗中使用水磨这一机械化过程。

佛罗伦萨商人能成功从英国购买羊毛，这必须要从这些商人在不列颠群岛获得了银行家地位的角度来看。要理解这种发展，就必须考虑到教皇的资金。从 13 世纪下半叶开始，罗马教廷的资金需求大规模增长，教皇的税收终于沉重地压在了一片广袤的地区上，从斯堪的纳维亚到西西里，从葡萄牙到科孚岛和塞浦路斯。由罗马教廷支配的彼得便士（Peter's pence）和其他税金在当时加起来数目巨大，必须从欧洲最遥远的各个角落收集，然后运回罗马，或带到罗马教廷需要现款资金的地方。裙带关系、他们的地理位置和托斯卡纳交易商所获得的声誉意味着，历任教皇把缴纳和汇寄这种税金的任务首先托付给锡耶纳的银行家，然后是佛罗伦萨商人。佛罗伦萨人手中满是现金，发现很难抵制开展银行业务的诱惑。他们最喜欢的客户是王公贵族和其他这样尊贵的人士。这种关系的发展令人想起 20 世纪 50 年代出现的一种关系：发达国家的银行家向欠发达国家的君王提供贷款，作为交换，他们不仅要确保丰厚的贷款利息得以收缴，而且要确保获得他们梦寐以求的初级产品（在这种情况中为羊毛）的出口许可证，因为他们的国内市场对初级产品有着迫切的需求。这张由商业、制造业和金融构成的利益之网最远发展到了英国和那不勒斯王国等地，这两者都是羊毛供应国。这张利益之网在 1270～1300 年迎来巅峰时刻，这部分是由于英国人和佛兰德人就羊毛出口问题发生了一场激烈冲突。这是佛罗伦萨商人以高超的技巧对之加以利用的一场冲突。

在欧洲的每一个角落，都发生着旨在促进经济扩张的事件。在圣哥达山地区有一片高原，这使得从那个地区穿越阿尔卑斯山相对容易。但是这片高原被一条峡谷一分为二，这条峡谷是罗伊斯河数千年以来冲刷岩石而形成的。这条峡谷虽然只有几米宽，但深不可测，堪称悬崖峭壁。多个世纪以来，这种险峻的地势使人们无法利用高原穿越阿尔卑斯山。然而，到了13世纪中叶，一位或一群杰出的铁匠成功地架起了一副铁架，建造了一座砖桥。这是当时在技术上堪称奇迹的壮举，当地人以为魔鬼在作怪，称之为"魔鬼之桥"。有了这座桥，就可以把来自波河平原的商品运输到苏黎世领地和莱茵河畔城镇，这条商路成为欧洲最繁忙的贸易路线之一。骡子驮着商品穿越阿尔卑斯山，远达卢塞恩；在卢塞恩，它们被装上船，继续前往苏黎世或莱茵河畔城镇。

在圣哥达山口周围开展起来的繁忙贸易给当地的阿尔卑斯居民带来了相当大的好处。他们甚至一度觉得自己强大到足以反抗哈布斯堡政权。1291年，在布伦嫩（Brunnen），施维茨、乌里（Uri）和翁特瓦尔登三个行政区签订了一份相互防卫条约，这就是瑞士联邦诞生的过程。卢塞恩于1332年加入联邦，苏黎世于1351年加入联邦，伯尔尼于1353年加入联邦。

我们没有足够的数据来衡量欧洲各地区生产和消费的长期数量增长。据估计，热那亚（意大利）通过海路进出口并缴纳关税的商品价值在1274年到1293年之间增长了四倍多。在1280年前后，威尼斯可能每年用大约140吨原棉生产约6万件棉产品。在1280年到1300年期间，可贷资金在吕贝克（德国）变得非常充足，以至于投资于债券的货币利率从10%降至5%。据一位佛罗伦萨编年史家的记载，佛罗伦萨的毛纺品生产达到了每年10万件的水平。伊普尔（佛兰德）通过检查织工制作服装时贴上的铅封标记来计算其数量，这一数量从1306年的10500件增加到1313年的92500件。虽然仅仅根据

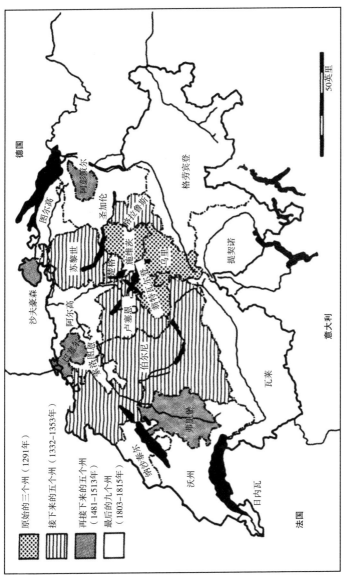

瑞士联邦形成历史图示

图例：

- 原始的三个州（1291年）
- 接下来的五个州（1332~1353年）
- 再接下来的五个州（1481~1513年）
- 最后的九个州（1803~1815年）

地名标注：德国、沙夫豪森、图尔高、阿彭策尔、圣加伦、苏黎世、格拉鲁斯、施维茨、乌里、楚格、阿尔高、琉森巴塞尔、豪恩温特瓦尔登、伯尔尼、提契诺、格劳宾登、弗里堡、纳沙泰尔、沃州、瓦莱、日内瓦、意大利、法国

50英里

这些数据来加以概括有失明智，因为这些数据不仅涉及的地区有限，而且反映的是短期变化，但毫无疑问，所有证据都表明，在我们这个千年的前3个世纪，所有相关的经济变量都有明显的增长。

14世纪初，商人兼编年史家乔瓦尼·维拉尼以热情洋溢的笔调描写了佛罗伦萨的"伟大和辉煌"：[2]

> 经过认真的调查，我们发现，在这一时期（1336～1338年），佛罗伦萨大约有2.5万名年龄在15到70岁之间的男子，他们所有人都适合从戎，都是公民……从对这个城市所需的面包数量所做出的估计来看，男人、女人和儿童一共有9万人，据估计，这个城市中共有大约1500名外国人、临时居民和士兵，这个总数还不包括身为牧师及隐修士和修女的公民……我们发现，学习阅读的男孩和女孩约有8000到1万人，学习算盘和阿拉伯数字系统的孩子约有1000到1200人，在四大学校中学习语法和逻辑的约有550到600人。
>
> 我们发现，当时佛罗伦萨市区和郊区的教堂，包括修道院和修士教堂，共有110座……
>
> 羊毛商人行会（Arte della Lana）的作坊有200多家，其制作的织物有7万到8万件，价值超过120万弗罗林金币。这个总数中有三分之一留给当地作为劳工工资，其中没有计算企业家的利润，3万多人以此为生。我们的确发现，在大约30年前，有约300家作坊，它们每年生产超过10万件织物，但这种织

物比较粗糙，价值减半，因为那时还没有进口英国羊毛，人们也不像后来那样懂得如何加工。

卡利玛拉工艺行会（跨阿尔卑斯山纺织品进口商、成品商和经销商行会）约有 20 座仓库，每年进口 1 万多件纺织品，价值 30 万弗罗林。而这些都是在佛罗伦萨销售的，还不包括那些从佛罗伦萨转口的。

货币交换商的银行大约有 80 家。它们每年打造约 35 万枚弗罗林金币，有时候达到 40 万枚。至于每枚为四便士的里拉，每年打造约 2 万枚。

法官联合会大约有 80 名会员；公证员大约有 600 名；外科医生和内科医生大约有 60 名；药店和香料店大约有 100 家。

贸易商人和布商数量巨大，制鞋商、拖鞋制造商和木屐制造商的店铺多得数不胜数。大约有 300 多人离开佛罗伦萨外出做生意，还有很多行业的大量工艺师傅，以及石匠和木匠也都外出做生意。

当时佛罗伦萨有 146 家面包店，从磨面税收额度和面包师所提供的信息来看，我们发现，城墙内的城市每天需要 140 莫贾[3] 的粮食……通过城门的税收额度，我们发现，每年进入佛罗伦萨的葡萄酒大约有 5.5 万科尼亚（cogna），有时候还要外加 1 万科尼亚。

佛罗伦萨市每年大约消耗 4000 头公牛和小牛、6 万只羔羊和绵羊、2 万只母山羊和公山羊，以及 3 万头猪。

在七月，有 4000 担瓜通过圣弗雷迪亚诺城门
（Porta San Frediano）运来……

城墙内的佛罗伦萨建设得非常好，有很多漂亮
的房子，当时人们不断使用改进的技术进行建设，
以获得舒适的生活，每一种改进措施都被引入进
来。

几十年前，另一位编年史家庞维辛·德·拉·里瓦（Bonvesin
de la Riva）对米兰也有类似的描写，指出"各种商品琳琅满
目"，"几乎有数不尽的经营各种各样产品的经销人"，就业机
会比比皆是（"在这里，一个人只要健康不窝囊，就能靠自己
的地位赢得生活费用和尊重"）。[4]
道德家们大失所望，但丁在他的《神曲：天堂篇》中用
一种理想的景象予以还击，在这种景象里：[5]

在那古老的城墙内，佛罗伦萨人
曾过着勤俭适度、平静温和的生活，
那晨祷和午祷的钟声依然回响在耳边。

她不用戴珠光宝气的项链或花冠，
也不用穿华丽的服装，也不用戴
花边腰带，那时侯是看人不看衣衫。

那时候有了女儿父亲也不会忧烦
因为出嫁的日期和妆奁的数量
都无须多加考虑，无论是指哪一边。

那时候人们的居所都不是太大，

那时候萨达那培拉斯王还没有到来，

来展现他的殿堂居然可以如此这般奢华。

看看蒙马洛山，那时候的景象

还没有被你们乌采莱托约山超过，

兴也忽焉、衰也忽焉，古今都一样。

我曾见贝里西翁·贝尔蒂佩扎过

一条用兽骨作扣子的皮带，我也曾见，

他的夫人在镜子前并没有浓妆艳抹。

我曾见过内利还有维吉奥，

他们穿着简朴的外套却依然故我，

他们的夫人纺麻织布乐趣也不少。

大约在13世纪末、14世纪初，拉韦纳大教堂教士里科巴尔多·达·费拉拉（Ricobaldo da Ferrara）对意大利北方生活条件发生的戏剧性变化做过描述。[6]在米兰，他得到了加尔瓦诺·弗拉马（Galvano Flamma）的回应，弗拉马在诠释它时写道：[7]

伦巴第的生活和风俗在腓特烈二世（死于1250年）统治时期十分艰苦和简朴。男人头围铁鳞冠带，他们的衣服是没有任何装饰的皮革斗篷，或没有衬里的粗毛披风。只要有几便士，人们就感到富有。男人

渴望有武器和骏马。如果一个人是贵族和富人，他的
雄心壮志就在于拥有自己的高塔，登塔俯瞰市貌、山
川、河流。女人下巴和太阳穴处贴有缎带。处女穿着
"pignolato"①制作的束腰外衣和亚麻衬裙，头上不戴
任何装饰物。一套通常的家装约为10里拉，最多为
100里拉，因为女人的服装极其简单。屋子里没有壁
炉。[8]因为夏天人们很少饮酒，酒窖也不酿酒，所以开
支被降到最低。餐桌上不用刀；夫妻使用同一个盘子
吃饭；全家人至多有一两个杯子；不用蜡烛；晚上用
餐借助于发光的火炬；人们吃煮过的胡萝卜；每周只
吃三次肉；服装非常节省。今非昔比，现在的一切都
奢侈豪华：服装贵重，装饰得珠光宝气；男人和女人
戴着金银珠宝；人们饮来自异地和异国的葡萄酒，吃
豪华盛宴，厨师受到高度重视。

那些被一本正经的道德家视作奢侈豪华的巅峰的东西，在
我们的眼中确实十分原始。人们刚刚开始在餐桌上使用刀，叉
子还是稀奇珍宝；人们通常用手指抓饭往嘴里送，也用手指给
鼻子通气；手绢是17和18世纪引入的一种"奢侈品"；[9]甚至
在最富丽堂皇的宫殿里，"厕所"也只不过是地板上的洞连接
下方街道的狭窄通道，排泄物直接排到街道上。尽管存在所有
这些缺陷，但毫无疑问，生活水平在11到13世纪期间，特别
是在13世纪，有了明显的提高，只是在不同地区和不同群体
中提高的程度有所不同，但整体的提高是不可否认的。

---

① 一种以巧克力和柠檬糖浆覆盖的西西里糕点，此处为比喻。——译者注

虽然传道士和道德家有理由对生活水平的提高感到担忧，但是大多数人却为此欢欣鼓舞。14 世纪以乐观主义旗帜在空中高高飘扬为起点。13 世纪，有一座雄伟的教堂在锡耶纳（意大利）拔地而起，它以最精致、最优雅的方式展示出财富的巨大增长。14 世纪初，锡耶纳人民确信财富和人口会继续增长，1339 年，洛伦佐·梅塔尼（L. Maitani）受命筹划建立一座巨大的教堂，而现有的教堂只能成为其耳堂。蓝图制定后便开始施工，但却一直没有竣工。空荡的拱门以及与老教堂相脱离的没完工的墙壁，悲哀地见证着人类梦想的脆弱。

经济趋势：1300～1500 年

14 世纪初，乐观的唯一理由是相信未来的事情发展将如同过去一样。在 13 世纪，某些瓶颈开始显现出来。随着人口压力的不断增大，一套经济规律终于开始显灵：开垦土地的边际效益递减。在 13 世纪下半叶，边境地区的荒地开垦已经超越了当时技术所能允许的最佳范围。各种因素使我们相信，1250 年以后，在欧洲的一些地区，平均产量与种子之比开始下降。与此同时，由于人口持续增长，而肥沃的土地正变得相对稀缺，供需定律不可避免地推高了租金，降低了实际工资。

以这种事实为基础，让一位现代经济学家穿越时空返回当时的欧洲，就可以预见一种以一系列饥荒的形式呈现出来的重大灾难。在北欧，一场灾难性的大饥荒事实上就发生在 1317 年，另一场于 1346～1347 年发生在欧洲南部。[10] 但是这场大灾难并不是以饥荒的形式，而是以一场可怕的瘟疫的形式降临的，我们将在下面讨论这个问题。我们在此必须强调的是，由于外生和内生两种因素的作用，灾难接连不断，甚至完全超出了对人口增长的预期。

14世纪初，佛罗伦萨是欧洲最重要的贸易金融市场，其弗罗林金币受到青睐，是欧洲和其他地区使用最广泛的支付手段。从14世纪40年代开始，佛罗伦萨由于出现了一次复杂性和严重性都不可名状的危机而动荡不安。14世纪初，佛罗伦萨的公共债务达到5万枚弗罗林金币，但在14世纪30年代佛罗伦萨所卷入的一系列战争之后，形势就处于完全失控状态。主导战争的不再是国民军，而是雇佣军和大炮，其所付出的代价远远超过传统的公共收入。佛罗伦萨对市民"课税"，强迫他们按照他们的收入和财富的比例借钱给共和国。在抗击斯卡利杰家族（the Scaligers）的战争（1336～1338）结束之时，佛罗伦萨市发现自己欠公民的债务达到45万枚弗罗林金币；随后的卢卡战争把债务推高到60多万枚弗罗林金币。在这种越来越危险的形势里，佛罗伦萨市决定目前不再偿还其债权人的借贷，于是就做出了一个戏剧性的决定：合并其债务，向债权人每年支付利率最高为5%的固定利息。然后，在1344年10月25日，佛罗伦萨正式宣布，可以就迄今为止不可转让的公共债务的所有权进行协商，这项决议在1345年2月22日得到批准，这是一项旨在提高市场流动性的巧妙策略，但无疑会在纳税人当中引起焦虑，使他们怀疑被迫借给共和国的钱是否还能收回来；而支付人为的、如此低的利息的政府决定，导致了这种新的可转让债券的价值大幅下跌。

这就像一场现在的股市崩盘。几乎每个社会群体里的人们都会受到影响，因为几乎每一个人，不管富有还是贫穷，不管愿意还是不愿意，都"借"钱给了这座城市。但是佛罗伦萨金融寡头的大家族、各大商贾银行业务公司的老板受到的打击最严重。在前几十年的兴奋中，这些公司迅速向城市预支了大量资金，认为这是一种十分安全的投资，即一种可以确保良好回报的投资。在 1342 年到 1345 年间，它们受到当头一棒：不仅它们信以为真的投资回报化为泡影，而且它们的信贷都有可能血本无归。

在正常情况下，这类公司中的大多数都能挺过来。但问题在于情况根本不正常，城市的破产使其受到重挫，恰逢其中的大多数已经在面临一场严重的流动性危机了。经济形势在 14 世纪 30 年代开始恶化，大公司的利润开始缩水。但这仅仅是麻烦的开始。1340 年 9 月 23 日的艾斯普莱钦（Esplechin）停 200 战协议表明，英国冒险对法国发动的战争注定失败。人们立马就看到，英国国王无力还清他欠支持他冒险的佛罗伦萨银行家的债务。巴尔迪银行（Bardi）和佩鲁齐银行（Peruzzi），这两家佛罗伦萨最大的公司都卷入其中，巴尔迪银行一家的信贷就高达 60 万到 90 万弗罗林。与此同时，佛罗伦萨在伦巴第进行的战争的余波又引发了一场夺取卢卡的新冲突。在伴随着这场新战争的激烈的外交争吵中，佛罗伦萨有可能放弃它与归尔甫派（Guelphs）的联盟，转向支持巴伐利亚的路德维希国王的吉柏林派（Ghibellines）。这使那不勒斯国王罗伯特、他的男爵和在佛罗伦萨银行家那儿存有大量资金的王国的其他高级教士感到惊恐不安。他们担心自己的资金会被冻结，争先恐后地跑去银行提取存款，这使得佛罗伦萨银行的处境更加艰难。

英国破产、那不勒斯人提取存款和公共债务暴跌的三重打击，超出了佛罗伦萨经济体系的承受能力，这意味着一场灭顶之灾。佛罗伦萨全体金融家向破产法院提出申诉。阿奇亚约利（Acciaiuoli）、博纳科尔西（Bonaccorsi）、科基（Cocchi）、安特雷西（Antellesi）、科尔西尼（Corsini）、达·乌扎诺（Da Uzzano）和佩伦多利（Perendoli）等公司都破产了。1343 年，这一灾难降临在佩鲁齐银行身上；而在 3 年后的 1346 年，巴尔迪银行也大祸临头。

这是一场弥天大祸。银行业的土崩瓦解使所有储户受到冲击，其中最幸运的也只能收回其存款的一半。大量财富彻底在人间蒸发，乔瓦尼·维拉尼痛苦地评论道："我们的市民几乎一无所有。"

可问题还没有结束。这些公司的倒闭掀起了一阵巨浪，很快就动摇了其他部门。这是因为这些破产的公司不仅从事银行业务，还从事贸易和制造业务。危机一爆发，一种不正常的倒挂倍增机制就开始发挥作用。危机愈演愈烈，像水面浮油向外蔓延。

在 1346 年之后，佛罗伦萨昔日的繁华灰飞烟灭。然而在 1340 年至 1346 年间，使欧洲主要金融中心横遭飞祸的这场大规模的危机，却没有对欧洲其他主要市场产生重大影响，这种观察结果很有意思。这种令人感到意外的事实背后有很多原因。首先，在整个欧洲境内，生产总值中的大部分来自农业，农业生产起到了缓和冲击的作用，吸收了金融部门跌宕起伏的波动。第二，不能忘记欧洲经济还没有完全一体化。第三点同样重要，那就是乔纳森·I. 伊斯雷尔（J. I. Israel）教授所做的论证。[11] 费尔南德·布劳岱尔认为，威尼斯最初是欧洲世界经济的枢纽，随后在 1500 年前后，欧洲经济重心向安特卫普迁移。安特卫普在 1585 年之后的衰落致使热那亚腾飞，时光流转，在 1600 年前后，又轮到阿姆斯特丹横空出世。"但布劳岱尔的论点，"伊斯雷尔评论道，"表明这些世界经济帝国在形式和功能上的连续性大于环境实际上所能确保的程度。"伊斯雷尔认为，西欧仍处于所谓的"中世纪晚期多核"扩散的阶段之中。"更加广阔的世界市场和资源并不受任何单一的，而是受一整群西方商业和航海帝国制约。"第一次席卷欧洲大陆一个又一个国家的危机发生在 1619～1621 年，这表明各种金融市场具有高度的相互依赖性。

　　14 和 15 世纪不仅对佛罗伦萨，而且对欧洲经济发展的另一端——南方低地国家也是多事之秋。这个地区的繁荣引起许多区域的反感和对抗。意大利商人拒不让佛兰德商人进入地中海，英国人拒不让他们进入英国，科隆对他们关闭了通往莱茵兰的道路，吕贝克和日耳曼商业行会把他们封闭在波罗的海之外。佛兰德商人不得不满足于扮演一个越来越被动的贸易角色：他们能生产毛纺品，但必须依赖别人销售。但他们的困难并不限于第三产业部门，制造产业也处于艰难时期。13 世纪下半叶，英国开始建立自己的纺织产业，包括意大利和德国的其他国家开始直接转向英国市场获取羊毛供给。因此，佛兰德制造业在寻找原材料方面以及产品营销方面，遇到了越来越多的困难，而正是这些方面构成了其成功的基础。此外，从 14 世纪起，佛兰德与英国开始就不列颠群岛的羊毛出口及其支付手段，发生了一系列货币和商业冲突。困难就这样越积越多。在南部低地国家内部，1280 年到 1305 年间爆发了严重的社会冲突，佛兰德商业贵族和劳工之间关系紧张。实际上，中世纪的第一起罢工就发生在佛兰德，它是于 1245 年在杜埃发生的，被称为一场"狠斗"。这场社会冲突不久引发了政治冲突，不仅佛兰德的伯爵，而且法国的国王都在其中扮演了重要角色。

　　在 13 世纪最后四分之一的时间里，意大利人在地中海和北海之间开辟了定期的海上贸易路线。取得这一成就的原因在于航海技术的进步，以及向英国出口满足其纺织业蓬勃发展的需求的明矾。这条新贸易路线的发展自然而然地损害了从前经香槟地区连接意大利和佛兰德的陆路。法国国王们对香槟地区的征服标志着这一过程的完结，他们紧接着废除了以前地方公爵给予的课税特权。从 13 世纪末开始，香槟地区的交易会缓慢而稳定地减少。

13 世纪，加泰罗尼亚作为一个属于阿拉贡王国，但享有很大程度自治权的地区，由于其经济和社会取得的辉煌进步而引人瞩目。这种进步表现为商业和银行业的空前扩张。可以说，加泰罗尼亚至少在经济领域达到了欧洲最发达地区的水平。然而，1381～1383 年，加泰罗尼亚的银行业遭受了一场最严重的危机，该地区最重要的银行全部倒闭：戴斯科斯银行（the Descaus）、多利韦拉银行（the D'Olivella）、帕斯夸尔·伊·艾斯克利特银行（the Pasqual y Esquerit）、梅迪尔银行（the Medir）和加里银行（the Gari）。形势每况愈下，在 1427 年和 1454 年，加泰罗尼亚发生了货币大崩盘，雪上加霜的是，内战在 1462 年爆发。

1337 年，英法爆发了一场冲突。这场冲突被历史学家称为百年战争，其间尽管出现了各种间歇，但它实际上持续了一百多年，直到 1453 年才结束。其中大多战役发生在法国领土上，其对法国社会和经济造成的破坏不可名状：一座座村庄荒无人烟，一座座葡萄园被夷为平地，牲畜惨遭毁灭，所有的人都被赶尽杀绝。这样的浩劫所留下的创伤在战争结束几十年之后依然清晰可见。

因此，从 14 世纪开始，之后的 150 年是一个充满混乱和毁灭的时期，这种混乱和毁灭遍及托斯卡纳、佛兰德、法国、卡斯蒂利亚和加泰罗尼亚。随后在 1348 年至 1351 年期间，一场瘟疫暴发了，它导致约 8000 万人中的约 2500 万人死亡。瘟疫引起劳工短缺，从而使劳工地位得到加强。由此，可想而知，在流行病过后，出现了农民和手工业者的叛乱：1358 年法国札克雷暴动（Jacquerie）、1378 年佛罗伦萨梳毛工人起义、1380 年加泰罗尼亚农民叛乱、1381 年英国农民起义，以及 1382 年范·阿特威尔德（van Artevelde）在佛兰德领导的暴动。让·杜特赫默兹（Jean d'Outremeuse）写道："在这个年代，全世界的每一个群体都处于一种造反状态。"因此，大多数历史学家会把 1300～1450 年这段时期形容为欧洲经济史上最凄凉的时期之一也就不足为奇了，他们将此时期与 1000～1300 年这一增长时期进行了对照。而这两个时期的确形成了鲜明的对比：1000～1300 年是一个乐观主义的和《生物之歌》（*Cantico delle creature*）的时期；1300～1450 年则是一个悲观主义的和"死亡之舞"（Danse Macabre）的时期。[12] 但是把 1300～1500 年看作一个绝对的灾难时期是错误的。

无疑，一些领域确实取得了进步。毕竟就是在 14 和 15 世纪，汉萨同盟登上了权力的巅峰。在伦巴第，吉安·加莱亚佐·维斯孔蒂死后，战争、饥荒、瘟疫和掠夺连绵不断，这使这个国家从 1405 年到 1430 年遭受了一场大浩劫。在菲利波·马里亚公爵（死于 1447 年）死后的时期，灾难也一样深重。但总体来看，1350 年至 1500 年是一个不可否认的发展时期。对葡萄牙来说也是一样，15 世纪初是其经济和地理扩张的新阶段，此时，它在创建一个异乎寻常的全球帝国方面达到巅峰（见 289 页地图）。

显然，在1300至1450年间，繁荣地区在数量和规模上都比不过那些历经浩劫和经济毁灭的地区。但在这整个时期，在前一时期受到无情剥削的部分人口的社会和经济状况出现好转。1300～1500年的基本现实是，瘟疫的反复暴发起到了减轻人口压力的作用，这种压力一直在欧洲增长，从14世纪起，人们就对之越来越感到强烈。1348～1351年暴发的瘟疫以及随后发生的一系列流行病是一场巨大的人类悲剧，但从经济角度来看，其影响未必全是坏事。在农业部门，由于人口的减少，那些在有人口压力的时期被开垦但歉收的土地被放弃。正是这个过程造成了德国的荒芜和英国的失落村庄，但却使农业劳动生产力得到提高，使收入得到重新分配。在1350年到1500年间，工资稳定增长（见图8.1和8.2），而资本回报却呈现停滞或下降的趋势。

类似的发展也出现在制造部门。佛兰德服装商吉安·柏因内布鲁克（Jehan Boinebrooke，死于1285年）临终前忐忑不安，想在死后为他一生的恶行赎罪，只有读他的遗嘱才能了解那个时代的手艺人和工人所遭受的几乎令人难以置信的凌辱。简单的事实在于，资本供给短缺，而劳工却相对充足。1348年暴发的瘟疫大流行使形势发生逆转。突然间，工人重新发现他们有发言权了，不必再唯唯诺诺。佛罗伦萨铸币厂经理1356年在向市公社汇报时说道：

> 铸币厂雇用的四位工人只在工作称心的时候干活。如果他们受到责备，就会用粗俗和傲慢的语言顶撞，说他们只想在方便的时候和工资能确保增长的条件下上班。虽然雇方多次主动给他们加薪，而且幅度

合理，但是他们更加嚣张，表现越来越差，坚持说，
除了他们，任何其他人不得来铸币厂上班，这实际上
是在威胁任何敢于反对他们蓄意阻挠行为的人。这
样，他们在铸币厂中形成了一个宗派。

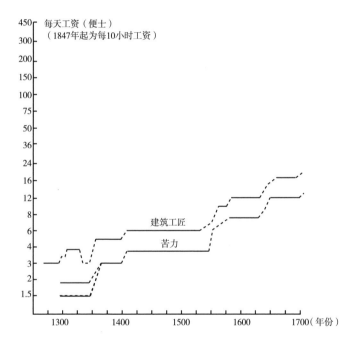

图 8.1　1264～1700 年英国南部地区建筑工匠和苦力的工资

来源：E. H. Phelps Brown and Sheila V. Hopkins，"Wage-rates and Prices：
Evidence for Population Pressure in the Sixteenth Century"。

　　在新形势下，实际工资得到增长，劳动人民的生活条件得
到了十分显著的改善。马泰奥·维拉尼（Matteo Villani）见证
了这样一个事实：在瘟疫之后，"小人物们，不论男女，都被

赐予了相当丰富的物质，再不想从事先前的行当"。在瘟疫暴发之前，人们实际上是自愿干低三下四、累断脊梁的苦差事的，如船桨手。在瘟疫过后，就找不到愿意干这种活儿的人了，这成了留给奴隶和罪犯的工作。佛罗伦萨的马泰奥·维拉尼还认为，在 14 世纪下半叶：

> 每一个人都贪得无厌地挣钱，都从自己的劳动中获得财富，他们越乐于购物和享受最好的物质生活，就越愿意花钱买最好的产品，大有赶超过去最富有的公民之势。虽然这是一个不合时宜又令人感到惊奇的事实，但它被人们不断地观察到，显然，我们都能为之做见证人……这些人仿佛腰缠万贯，各种商品应有尽有，他们举行盛宴，吃穿极尽奢华。

德·拉·龙西埃（de la Roncière）和 R. A. 戈德思韦特（R. A. Goldthwaite）两人所做的广泛调查提供了支持马泰奥·维拉尼论断的定量数据。戈德思韦特教授认为，在 1348 年过后，佛罗伦萨的实际工资呈现"戏剧性增长"，到 1360 年，其实际工资比 1348 年之前的水平高出近 50%。佛罗伦萨实际工资的增长似乎一直持续到 1470 年，此后，实际工资似乎开始进入一个漫长的下降时期。[13] 在 14 世纪接近尾声之时，乔凡尼·德·姆西斯（Giovanni De Mussis）在皮亚琴察撰文写道：

> 皮亚琴察人民目前过着清洁而富裕的生活，他们住所里的家具和餐具的质量比 10 年前（即 1320 年前

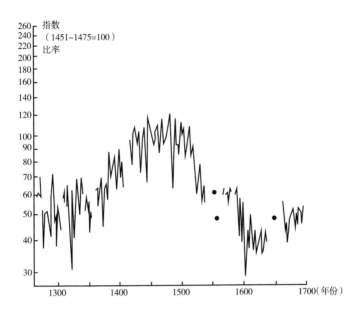

图 8.2　1264~1700 年英国南部地区建筑工匠实际工资比率（以消费品的综合物理单位表示）

来源：见图 8.1。

后）好得多。他们的房子也比那时更加漂亮，因为他们现在有带壁炉的漂亮房间、门廊、水井、花园和阁楼。每一座房子都有几个烟囱，而过去则根本没有烟囱，人们只能在一个房间的中间生火，房屋里每一个人都聚集在那堆火的周围，那儿也是做饭的地方。皮亚琴察人民现在饮用的葡萄酒一般来说好于他们的父辈。[14]

德·姆西斯的评论令人想起以上引自但丁、里科巴尔多·达·费拉拉和加尔瓦诺·弗拉马的段落。但是德·姆西斯在这里指的并非有权有势的寡头政治，而是 14 世纪末的低等社会阶层。德·姆西斯对此做过明确的表述，他说他的评论"不仅适用于贵族和商人，也适用于从事体力劳动的人们"。针对英国，E. H. 菲尔普斯·布朗（E. H. Phelps Brown）和 S. V. 霍普金斯（S. V. Hopkins）几年前计算出了其 1264～1700 年的一个实际工资指数。这类算法如果针对的是 19 世纪以前的各个时期，由于其死亡数据缺乏，就会有很多需要改进的地方。但是菲尔普斯·布朗和霍普金斯的结论似乎完全可以被接受：从 1350 年起，英国工人的实际工资呈现出一种明显的上涨趋势（见图 8.2），这使劳动阶级的整体生活水平得到明显提高。最近克里斯托弗·戴尔根据基础广泛的研究和大量的文献证据，证实了这一点：

> 14 和 15 世纪的变化为社会的贫困阶层提供了一系列新财富的用途。挣工资的人们可以提高他们的食品、服装和住房的消费水平，也可以通过更频繁的休假来躲避周而复始的单调劳动。所有这些变化都使社会结构发生动摇，但这种动摇并非同时代的上层阶级所认为的那种翻天覆地的动摇。[15]

最悲观的经济史学家只能看到，在 13 世纪之后，散不去的阴霾仍笼罩着欧洲，即使是他们，也往往认为，在几乎整个大陆发生的一系列天灾人祸，在接近 15 世纪中叶时都开始减退。百年战争结束于 1453 年，在随后的几十年里，法国开始努力重建经济，而且成效显著。到 1494 年，国王查理八世已经羽翼丰满，可以对意大利半岛发动一场闪电式袭击了，这表

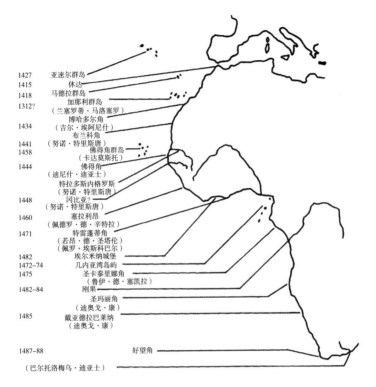

1427	亚速尔群岛
1415	休达
1418	马德拉群岛
1312?	加那利群岛
	（兰塞罗蒂·马洛塞罗）
	博哈多尔角
1434	（吉尔·埃阿尼什）
	布兰科角
1441	（努诺·特里斯唐）
1458	佛得角群岛
	（卡达莫斯托）
1444	佛得角
	（迪尼什·迪亚士）
	特拉多斯内格罗斯
	（努诺·特里斯唐）
1448	冈比亚
	（努诺·特里斯唐）
1460	塞拉利昂
	（佩德罗·德·辛特拉）
1471	特雷蓬蒂角
	（若昂·德·圣塔伦）
	（佩罗·埃斯科巴尔）
1482	埃尔米纳城堡
1472–74	几内亚湾岛屿
1475	圣卡泰里娜角
	（鲁伊·德·塞凯拉）
1482–84	刚果
	圣玛丽角
	（迪奥戈·康）
1485	戴亚德拉巴莱纳
	（迪奥戈·康）
1487–88	好望角
（巴尔托洛梅乌·迪亚士）	

葡萄牙人沿非洲海岸行进示意图

葡萄牙人沿此路线行进，寻求通往东印度群岛之路。（括号中为第一个到此地的航海家）

明意大利半岛上的各个小国兵力虚弱。在查理八世发动进攻之前，意大利的文化和经济处于非常繁荣的状态。15 世纪 70 年代，卡斯蒂利亚的伊莎贝拉和阿拉贡的斐迪南之间的联姻，使这两个国家的王权融为一体，为未来西班牙的势力打下基础。葡萄牙人取得了惊人的成功，他们继续沿着非洲西海岸向南推进，以寻求一条通往东印度群岛的海上航线，1497～1498 年，瓦斯科·达·伽马终于绕过好望角，驶向东印度群岛。与此同时，德国南方以在蒂罗尔和萨克森－波希米亚地区发现的丰富的银矿和铜矿储藏为基础，进入一个空前发展的时期。这还不是全部。德国南部与意大利北部等较发达地区不断往来，也形成了强大的内在力量。15 世纪下半叶，这种发展的重地是纽伦堡、奥格斯堡、拉芬斯堡、巴塞尔和圣加尔（St Gall）等城市。最有魄力和最成功的公司包括富格尔、伊姆霍夫（Imhof）、维尔瑟（Welser）、鲍姆加特纳（Baumgartner）和大拉芬斯堡贸易公司（Grosse Ravensburger-handelsgesellschaft）等。大量唾手可得的白银使这类公司不仅起到作为商业和工业公司的作用，而且还起到作为银行的作用。例如，富格尔家族就成为查理五世的私人银行家，借给他收买大选民所需的大量资金，从而保住神圣罗马皇帝的王冠。毫无疑问，在一段时间内，富格尔家族是欧洲最强大的银行家家族。

然而，在技术上，特别是在银行专业技术方面，德国大型公司与意大利同类公司相比还有一定的差距。例如，德国的会计系统还比较原始，富格尔公司的财务主管不得不前往意大利学习最新的会计方法。尽管如此，纽伦堡、奥格斯堡、拉芬斯堡、巴塞尔和圣加尔释放出来的大量能量弥补了其他方面的缺陷，使这些城市成为世界经济体系的神经中枢。它们经营的最重要的市场是低地国家中的安特卫普和意大利北部的米兰和威尼斯。在安特卫普，德国商人可以购买英国产品（羊毛、毛织品和锡），以及来自波罗的海的产品。他们还与葡萄牙贸易商直接交往，可以从他们那儿买到黑胡椒、黄金和香料。在米兰，他们发现了毛织品和丝织品，而且这时还发现了大量的武器和盔甲。在威尼斯，他们能买到棉花、香料以及很多其他东方产品。德国人则把铜、银、高质量的青铜大炮、钟表和特殊布料（如凸纹条格细平布）等带到了这些市场来。富格尔还进军医药行业，一时垄断了愈创木（lignum vitae）贸易，愈创木是从最近发现的美洲大陆进口的一种树皮或皮质，医生认为它是治疗梅毒的良药。

注　释

1. 关于之前的详细情况，参见 Smith，*An Historical Geography*；关于 *Drang nach Osten*，参见 Dollinger，*The German Hansa*。

2. Giovanni Villani，*Cronica*，book 11，Chapter 94. 英译本 *Medieval Trade* 由 Lopez 和 Raymond 翻译，pp. 71 – 74。

3. 单位"莫贾"是一个干重单位，1 莫贾等于 16.59 蒲式耳。

4. Bonvesin della Riva，*De Magnalibus Urbis Mediolani*，pp. 67 – 114. 英译文相关段落参见 Lopez and Raymond，*Medieval Trade*，pp. 61 – 69。

5. Dante，*Comedy*，Paradise 15，由 L. Binyon 翻译。

6. Ricobaldus，*Historia Universalis*，in R. R. II S. S.，vol. 9，col. 128. 关于里科巴尔多的文本与弗拉马及德·姆西斯的续接文本之间的关系，以及关于当代经济进步的观念，参见 Rubinstein，"Some Ideas on Municipal Progress,"pp. 165 – 83 及 Herlihy，*Pistoia*，pp. 1 – 5。

7. Flamma，"Opusculum"in R. R. II S. S.，vol. 12，cols 1033 – 4.

8. 在皮亚琴察，最初的壁炉出现在 1320 年之后；在罗马，直到 1368 年，壁炉还相当罕见。

9. 在查理五世的财产中有一打餐叉，但是法国亨利三世的侍臣们却还在嘲笑他们把食物送往嘴中时掉了多少食物。至于手帕，令人难忘的中世纪最讲究的礼貌的，在餐桌上只用左手擤鼻涕。16 世纪，中产阶级开始使用袖子，而不是手指。然后手帕慢慢被人们接受。据说法国的亨利四世拥有五条手帕，这是值得一提的。

10. 关于 1317 年饥荒，参见 Lucas，"The Great European Famine"；

关于 1346~1347 年饥荒，参见 Pinto，"Firenze e la carestia"。

11. Israel, *Dutch Primacy*, p. 4.

12. 关于疫情对集体心理以及艺术形式的影响，还可参见 Langer，"Next Assignment," pp. 283 – 304；Meiss, *Painting*；Brossolet，"L'Influence de la peste"。

13. Goldthwaite, *The Building of Renaissance Florence*, p. 354.

14. De Mussis, "Chronic Placentium," in RR. II S. S. , vol. XVI, cols 582 – 84.

15. Dyer, *Standards of Living in the Later Middle-Ages*, pp. 276 – 77.

第九章　现代的崛起

不发达欧洲抑或发达欧洲？

在第二次世界大战结束后的那几年里，经济学家们时兴讨论经济发展和区分发达社会与不发达社会。一个不发达社会通常被定义为：一个与美国、加拿大和西欧相比，具有人力、物力资源未被充分利用和人均实际收入低等经济特征，以及营养不良、文盲和疾病盛行的社会。这一定义使发达等同于工业化，不发达等同于前工业化。按照这种估算，1750 年之前，世界上任何地区的任何社会都是不发达的：不仅包括非洲的图阿雷格人，还包括美第奇时代的佛罗伦萨人。一旦认识到一个定义有缺陷，其有效性就取决于其能为人们的调查提供多少帮助。显然，认为 1750 年以前全世界都是不发达的这种观点是无用的。然而，"不发达"一词已引起了一定的共鸣，因此值得保留下来，它并非作为"人均收入低于美国"的速写，而是重新被定义为低于相关时期先进社会"绩效"水平，尽管这也含糊不清。

在此基础上，从罗马帝国衰亡到 13 世纪初，欧洲相对于当时的主要文明中心来说是一个不发达的地区，不管是唐宋王朝的中国、马其顿王朝的拜占庭帝国、倭马亚王朝或阿拔斯王朝的阿拉伯帝国。对阿拉伯人来说，欧洲是一个索然无味的地区，以至于虽然他们的地理知识在公元 700 年到 1000 年间不断增长，但是他们"有关欧洲的知识却根本没有长进"。如果说阿拉伯地理学家不在乎欧洲，那并不是由于一种敌对的态度，而是因为当时的欧洲能提供的令人感兴趣的东西"寥寥无几"。[1]克雷莫纳的利乌特普兰德对其君士坦丁堡之行的记述，或几个世纪后马可·波罗对其中国之行的记述，都表现出他们对比他们自己的社会要文雅和发达得多的社会的惊叹和羡慕。

然而，大约从1000年开始，欧洲经济开始"起飞"，并逐渐站稳脚跟。我们不能确切说出天平指针首次自行纠偏，而随之偏向欧洲的日期：除其他困难之外，还必须记住，就这类问题而言，并非一个社会的所有部门都按同一速度行进。我们暂且只能探究一些相关的蛛丝马迹。

威尼斯商人在13世纪证明，他们已经发展出比拜占庭帝国更加先进的商业技术，拜占庭商人不得不屈服于他们新的、咄咄逼人的竞争对手。[2]此外，东西方之间国际贸易的构成表明，13和14世纪是欧洲占上风的时期。在12世纪，西方依然主要向东方出口一些原材料（铁、木材和沥青）和奴隶，进口制成品和另一些原材料。与此同时，近东的造纸、肥皂和纺织产业蒸蒸日上。到14世纪，形势发生大逆转。13世纪下半叶，一直使用从阿拉伯国家进口的纸张的拜占庭宫廷，开始从意大利购买纸张；14世纪中叶，叙利亚和埃及的纺织品和肥皂再也无法与西方的产品相提并论。肥皂、纸张，特别是纺织品，从西方向东方出口的数量越来越多。[3]

至少从造纸和纺织产业来看，欧洲成功的主要原因之一是，通过采用水磨使生产过程机械化——这是阿拉伯人未能迈开的一步。根据马克里齐（Al-Makrīzī）的说法，从欧洲进口的纺织品往往比传统的东方纺织品粗糙，但价格要便宜得多，甚至上层阶级也很快开始穿用西方材料制成的服装。

到 15 世纪，西方的玻璃也广泛地向近东市场出口，欧洲"资本主义"精神并没有受到宗教因素的阻碍，这种精神的一个生动表征实际在于：威尼斯人为近东市场制造清真寺灯具，并用西方的花卉图案和虔诚的《古兰经》铭文对之加以装饰。[4]

在 1338 年夏季，从威尼斯起航驶往东方的大帆船所装载的货物包括一座机械钟，[5]这象征着机械出口的开始，反映出西方技术的优越性初见端倪。在 15 世纪末，有些拜占庭作家，如德梅特留斯·希多内（Demetrius Cydone），首次承认西方不是拜占庭人一向认为的原始野蛮人的土地。[6]几十年后，拜占庭红衣主教贝萨里翁致信拜占庭的君士坦丁十一世·巴列奥略，催促他派希腊青年前往意大利学习西方机械技术、炼铁技术和武器制造技术。[7]在葡萄牙商船于 1517 年抵达广州后不久，学者出身的官员王宏（Wang Hong，音译）写道："西方人极其危险，因为他们有大炮。自有记忆的远古以来，不曾有任何武器超过他们的大炮。"[8]

到 16 世纪初，曾统揽 5 个世纪的形势发生大逆转：西欧成为最发达的地区。正如林恩·怀特写道："在 1500 年左右崛起成为全球霸主的欧洲，其工业能力和技术远比它所挑战的亚洲的任何文明国家强大——更不用说非洲或美洲。"[9]

欧洲的扩张

欧洲获取的技术霸权带来的最突出的后果是其地理探险，及其随后的经济、军事和政治扩张。在 11 到 15 世纪之间，虽然欧洲在经济领域欺行霸市，令人始料未及，但在政治和局势方面，它依然受潜在侵略者的摆布。十字军东征不会使我们产生误判。欧洲猛烈进攻的初始阶段取得成功，很大程度上可以归因于意外的因素，以及阿拉伯世界一时的虚弱和混乱。如格鲁塞所说，这是"法兰克君主制对伊斯兰世界无政府状态的胜利"。但随后伊斯兰武装得到重新组织，欧洲人被迫撤退。

瓦尔斯达特（Wahlstatt）灾难（即利格尼茨战役——译者注，1241年）戏剧性地表明，欧洲在军事上抵抗不住蒙古的威胁。欧洲之所以没有受到侵略，是因为蒙古首领窝阔台的死亡（1241年12月），以及东方比西方对可汗有更大的吸引力这一事实。在接下来的一个世纪里，基督教徒在尼科波利斯的失败（1396年）再一次表明了欧洲人在东方侵略者面前的软弱无能。欧洲再一次获得拯救纯属偶然。征服者巴耶塞特（Bayazed）卷入了与帖木儿的蒙古人的厮杀，一个潜在的危险幸运地使对手夭折。

然而，如果说意外因素使欧洲免于彻底毁灭的话，那么其长期的软弱无力则表现在其东方领土的不断丧失上。土耳其继续挺进，所向披靡，攻克欧洲一个又一个前哨。君士坦丁堡在1454年5月28日陷落。红衣主教贝萨里翁向威尼斯总督写道："对于心中还有一丝善良和基督教信仰的人们来说，这是一件形容起来悲惨至极的可怕事件。"

君士坦丁堡沦陷之后，欧洲势力逐渐变弱。1459年失去了塞尔维亚北部，1463～1466年失去了波斯尼亚和黑塞哥维那，1470年失去了内格罗蓬特（Negroponte）和阿尔巴尼亚。"我在地平线上看不到任何美好的事物。"教皇庇护二世写道。

然而，就在土耳其人准备打击欧洲心脏之时，突然发生了　212
革命性的变化。有些欧洲国家从侧翼进攻土耳其的封锁，在海
洋上发起一系列攻击。它们的进军大有迅雷不及掩耳之势。在
一个世纪多一点的时间里，首先是葡萄牙人和西班牙人，接着
是荷兰人和英国人，为欧洲在全球范围内占据优势打下了
基础。

是大西洋欧洲建造的携带利炮的远洋航行舰在15、16和
17世纪使欧洲传奇成为可能。大西洋欧洲的航船无所不载，
伟大的葡萄牙航海家阿尔伯克基1513年自豪地向他的国王写
道："一听说我们马上到来，当地的航船立刻毫无踪影，甚至
鸟儿也不敢从水上掠过。"这种写法带有修辞的成分，但其在
本质上反映出了事实。在葡萄牙人首次到达印度海域的15年
内，阿拉伯人的海上航行彻底毁灭。[10]

在大西洋欧洲向海外扩张的同时，欧洲的俄国也开始扩
张，先东行穿越草原，再南行对抗土耳其人。俄罗斯扩张也是
欧洲占有技术优势的结果。如 G. F. 赫德逊（G. F. Hudson）
就俄罗斯攻打游牧民族哈萨克族时写道：

> 在游牧民族用其军事实力反复地改变历史进程之
> 后，他们的武装力量在毫无还手之力的情况下变土崩
> 瓦解，这并非由于游牧民族自身出现了任何退化，而
> 是由于战术的进化超出了他们的适应能力。鞑靼民族
> 丝毫没有丧失在17和18世纪使人们对阿提拉和巴颜
> 可汗、成吉思汗和帖木儿的军队闻风丧胆的素质。但
> 是战争却越来越多地使用大炮和步枪，这对于依赖骑
> 兵，而又没有经济资源增添新设备的武装力量来说，

是致命的打击。[11]

欧洲东扩的速度并不像大西洋欧洲的海外扩张那样富于戏剧性，主要原因在于，欧洲人的技术优势在陆地上并不像在海洋上那样明显。在辽阔的海洋上，为数不多的一群人，借助风势和火药的合力，实际上无懈可击。但在陆地上，亚洲人可以凭借人多势众来补偿他们技术上的劣势。东进在17世纪中叶之后才变得势不可挡，那时欧洲技术成功地研制出了更便于移动的快速点火的大炮。在不断扩大的技术差别的面前，人数的作用越来越小。东方民众遭受了一次又一次的失败。

欧洲闪电般的海外扩张产生了巨大的经济影响。其主要结果之一是，在墨西哥和秘鲁发现了丰富的黄金矿藏和白银矿藏，以白银矿藏为最。在一个多世纪的时间里，西班牙印度群岛舰队打造了一个神话，把数不尽的宝藏带回了欧洲。厄尔·J. 汉密尔顿（E. J. Hamilton）计算的这些数据并不像人们一度认为的那样可靠，但确实可以从中得到一个大概情况（见表9.1）。

表9.1 据说1503~1650年从美洲运往西班牙的黄金与白银

单位：千克

时期	白银	黄金
1503~1510 年		4965
1511~1520 年		9153
1521~1530 年	149	4889

续表

时期	白银	黄金
1531～1540 年	86194	14466
1541～1550 年	177573	24957
1571～1580 年	1118592	9429
1551～1560 年	303121	42620
1561～1570 年	942859	11531
1581～1590 年	2103028	12102
1591～1600 年	2707627	19451
1601～1610 年	2213631	11764
1611～1620 年	2192256	8856
1621～1630 年	2145339	3890
1631～1640 年	1396760	1240
1641～1650 年	1056431	1549

来源：Hamilton, *American Treasure*, p. 42。

1 千克 = 2.2046 英镑

这种贵重金属的一部分——大约占超过 20% ——作为国王的收入被运回母国，[12] 热衷于发动一场天主教十字军东征的君主，如西班牙君主，立即把这一部分宝藏转化成对兵役以及武器和军饷的实际需求。剩余的 80% 的宝藏中又有一部分被凯旋的西班牙征服者带回西班牙，但大部分被带回欧洲，成为对消费者和资本商品——纺织品、葡萄酒、武器、家具、各种工具、珠宝等——的实际需求，以及对商业和交通服务的实际需求，这种服务对于把所涉及的产品运往美洲是必不可少的。

西班牙舰队运输各种货物到美洲以及
从美洲运回白银至西班牙的路线图

1545 年，在秘鲁（今天的玻立维亚）总督辖区波托西发现了丰富的银矿；1546 年，在墨西哥萨卡特卡斯发现了更为丰富的银矿；1571 年，在万卡韦利卡（还是在秘鲁）发现了汞矿，使用汞合金更为有效地提炼银的方法随之被引进到波托西。西班牙美洲殖民地的银产量达到了令整个欧洲惊愕的程度。中世纪欧洲经济因贵重金属奇缺而遭到扼杀的局势已经结束。在半个世纪的时间里，大量白银遍布欧洲，到 16 世纪最后四分之一这一时期，这些白银三分之二来自秘鲁，三分之一来自墨西哥。

白银在塞维利亚圣卢卡尔港（port of San Lucar）抵达欧洲，这里享有美洲贸易的垄断地位。有一列护航队护送这些珍宝。每年都有两支舰队在严密的护航下离开圣卢卡尔港。舰队五月启程前往墨西哥的韦拉克鲁斯；大型帆船八月启程南行前往巴拿马地峡的农布雷－德迪奥斯（Nombre de Dios，位于波托韦洛附近），在卸下从西班牙为殖民者运来的货物后，便撤回到更安全的卡塔赫纳港里停泊。

两个舰队都在印度群岛过冬。墨西哥船队一般在二月离开韦拉克鲁斯，用 3 到 4 周的时间逆风航行至哈瓦那（古巴）。与此同时，在秘鲁，从波托西开采的白银被从山上运到阿里卡港，在那里，白银被装载上船，再运到利马的卡亚俄港，然后被装上南方舰队（armada des sur）的船只，经过大约 20 天运达巴拿马。在那里，人们用骡子驮上白银，经过地峡运到农布雷－德迪奥斯港，大型帆船就在此处停泊。大型帆船起航前往哈瓦那，与墨西哥船队会合。当飓风季节到来之时，联合舰队已然扬帆驶向塞维利亚，如果一切顺利，它们会在夏末或初秋到达。

来源：Elliott, *Spain and its World*, map p. 6。

表 9.2　1548～1580 年意大利帕维亚部分商品分类价格上涨比例

单位：%

商品	（a）原材料与半成品	（b）成品	（a）与（b）加权平均值
服装与纺织品	31	58	50
食品			86
冶金、矿物与化学产品	87	57	81
兽皮与皮革制品			18
香料、药品与染料			43
其他			16
总计	45	58	65

来源：Zanetti, "Rivoluzione dei prezzi," p. 13。

这种需求及其乘数效应（消费的初始增长引起开支的成倍增长）与欧洲在整个 16 世纪人口的普遍增长不谋而合。由于供给是有弹性的，需求的增长往往会引起生产的增长，但

215　是由于生产设备的某些瓶颈——尤其是在农业部门中——限制了生产的扩大，需求增长会导致物价上涨。经济史学家把1500年至1620年这一阶段称为"价格革命"时代，这带有一点夸张的色彩。一般认为，在1500年到1620年期间，欧洲各国的平均物价增长了300%到400%。这种说法看上去会让人印象深刻，但几乎没有什么意义。"一般价格平均水平"是一种极其模糊的统计抽象概念，一般价格平均水平指数随着所考虑的价格和所采用的加权数的变化而变化。表9.2提供了一个鲜明的实例，说明在同一市场上，不同产品的价格按不同方式
216　变动。不同价格体系的不同表现行为可以归因于结构需求的变化，也可以归因于各生产部门瓶颈的存在（或缺失），或两者兼而有之。

　　流动性的增加至少使一些主要金融中心的利率下降。在17世纪初的热那亚，政府发行的安全证券的利率降至1.5%，17世纪下半叶，在阿姆斯特丹，可以以3%的利率借到资金。[13]表9.3和图9.1显示了热那亚利率的下降趋势。这也许是世界史上第一次能以如此低的利率提供资金。

　　黄金和白银作为国际交易手段在全世界被接受。贵重金属流动性的增加意味着国际流动性的增加，这有利于国际交换的发展。这种作用在与东方的贸易中特别明显。

217　　　美洲白银使西欧克服了与波罗的海的传统贸易赤字。据计算，大约在1600年与1650年之间，通过松德海峡运输的商品总值中，有70%离开波罗的海前往西方，而30%则前往相反的方向。这种贸易差额被美洲白银出口抵消。[14]在欧洲与亚洲的贸易关系方面，类似的问题有类似的解决办法。

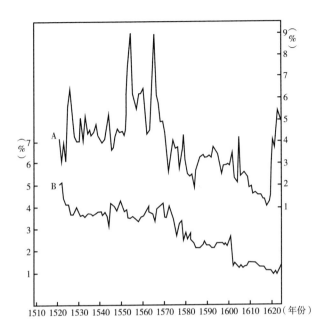

图 9.1　1522～1620 年意大利热那亚圣乔治银行
利率（A）与贴现率（B）

表 9.3　1522～1620 年意大利热那亚圣乔治银行债券
利率（A）与贴现率（B）

年份	A（%）	B（%）	年份	A（%）	B（%）	年份	A（%）	B（%）
1522	4.2	5.0	1555	9.0	3.5	1588	3.3	2.2
1523	3.0	5.1	1556	6.2	3.6	1589	3.4	2.3
1524	4.0	4.4	1557	5.9	3.5	1590	3.3	2.5
1525	2.9	4.1	1558	5.5	3.4	1591	3.3	2.3
1526	5.5	4.1	1559	6.2	3.3	1592	3.4	2.3
1527	6.5	3.7	1560	6.2	3.6	1593	3.3	2.2
1528	5.2	3.7	1561	6.5	3.6	1594	3.8	2.2
1529	4.2	3.8	1562	5.6	3.6	1595	3.7	2.3

续表

年份	A (%)	B (%)	年份	A (%)	B (%)	年份	A (%)	B (%)
1530	4.0	4.0	1563	4.3	4.1	1596	3.5	2.4
1531	4.0	3.8	1564	4.6	3.8	1597	3.1	2.4
1532	5.1	3.5	1565	7.3	3.8	1598	2.5	2.4
1533	4.0	3.7	1566	9.0	3.3	1599	2.9	2.3
1534	5.2	3.5	1567	6.2	3.8	1600	2.9	2.4
1535	4.3	3.7	1568	5.9	4.0	1601	3.0	2.3
1536	4.6	3.7	1569	4.9	4.1	1602	2.9	2.7
1537	4.2	3.7	1570	5.0	4.2	1603	3.6	1.4
1538	4.4	3.6	1571	4.4	3.5	1604	2.4	1.5
1539	4.8	3.7	1572	3.6	3.6	1605	2.1	1.4
1540	4.2	3.8	1573	2.5	4.1	1606	4.4	1.3
1541	4.0	3.8	1574	3.0	3.8	1607	2.4	1.4
1542	3.9	3.6	1575	4.2	3.5	1608	2.6	1.3
1543	4.1	3.8	1576	3.7	2.7	1609	2.6	1.4
1544	4.6	3.7	1577	3.8	2.7	1610	2.4	1.4
1545	5.3	3.1	1578	2.7	3.3	1611	1.9	1.6
1546	3.5	4.2	1579	3.3	3.4	1612	2.0	1.6
1547	3.7	4.1	1580	4.4	2.5	1613	1.6	1.6
1548	4.3	3.9	1581	2.9	2.9	1614	1.7	1.6
1549	4.6	3.8	1582	2.5	2.5	1615	1.6	1.5
1550	4.4	4.3	1583	2.4	2.9	1616	1.6	1.4
1551	4.5	4.1	1584	2.5	2.5	1617	1.4	1.4
1552	4.3	3.8	1585	1.9	2.4	1618	1.4	1.4
1553	4.6	3.9	1586	2.7	2.2	1619	1.1	1.2
1554	7.3	3.5	1587	3.0	2.2	1620	1.2	1.2

来源：Cipolla，"Note sulla storia del saggio di interesse"。

欧洲一与远东建立起直接关系，就面临着一个相当困难的经济问题。欧洲人发现东方产品在欧洲十分畅销，[15]但是欧洲产品在东方却找不到类似的销路。

随着西班牙高动力的大型帆船始航，欧洲人摧毁了大部分穆斯林航船贸易，使自己成为公海霸主。他们取代传统商人，抢占了一大部分亚洲内部贸易份额。欧洲人把日本铜带到中国和印度，把香料群岛的丁香带到印度和中国，把印度棉纺品带到东南亚，把波斯地毯带到印度；他们从中赚取高额利润，用来支付他们从亚洲进口的部分商品。被允许在日本进行贸易的荷兰人，先在那里获得了白银，随后又获得了黄金，他们用其支付从亚洲其他地区进口的商品。从 1640 年到 1699 年，荷兰从日本出口的白银和黄金的数额如下：[16]

	白银（弗罗林）	黄金（弗罗林）
1640～1649 年	15188713	
1650～1659 年	13151211	
1660～1669 年	10488214	4060919
1670～1679 年		11541481
1680～1689 年		2983830
1690～1699 年		2289520

然而，所有这一切都不足以补偿欧洲和远东之间贸易差额中的巨大赤字。为解决这一赤字问题，欧洲以墨西哥银圆、雷亚尔、在西班牙铸造的八雷亚尔、在意大利铸造的杜卡特币，以及在荷兰铸造的里克斯元（rixdollar，见表 9.4、9.5 和 9.6）的形式使用美洲白银。撇开西班牙美洲殖民地与菲律宾之间的小规模直接贸易不谈，可以认为 16 和 17 世纪大陆之间的贸易基本上由大量的白银流动——从美洲向东流入欧洲，再从欧洲流向远东——和相反方向的商品流动——亚洲产品运往欧洲，欧洲产品运往美洲——所构成。

表 9.4 从荷兰接收到巴达维亚的白银、黄金分析（1677/1678~1684/1685 年）

	1677/1678 年	1678/1679 年	1679/1680 年	1680/1681 年	1681/1682 年	1682/1683 年	1683/1684 年	1684/1685 年
				（千弗洛林）				
白银								
八雷亚尔	—	—	—	—	—	—	10	—
马克雷亚尔（Mark reales）	786	407	503	889	1182	337	91	316
杜卡特	101	60	110	36	63	68	—	39
里克斯元	357	26	44	23	—	—	—	—
利文达得斯（Leewendaalders）	240	109	254	205	108	331	254	53
银块	102	93	500	332	236	1020	649	532
支付	472	134	58	339	46	183	45	192
黄金								
杜卡特	—	—	20	—	—	—	—	—
金块	165	222	89	—	13	209	305	—
总计	2223	1051	1578	1824	1648	2148	1354	1132

来源：Glamann, *Dutch-Asiatic Trade*, p. 61。

让·哈伊根·范·林斯霍滕（J. H. Van Linschoten）在观察驶往东方的东印度商船时写道：

> 出发的时候，它们装载的货物非常轻，只有一些桶装葡萄酒和食用油，以及少量的商品；除了供船队用的压舱物和食物之外，没有其他东西，因为通常送往印度最多、最好的货物是八雷亚尔。[17]

在16世纪末，佛罗伦萨商人兼旅行家弗朗西斯科·卡莱帝（Francesco Carletti）估计，中国人：

> 从这两个国家（葡萄牙和西班牙）每年获取的白银大于150万埃居，他们出售商品但不购买任何东西，因此，白银一旦进入他们的手中，就永无离开之日。[18]

220

很难说卡莱帝所做的葡萄牙和西班牙对中国贸易赤字的估算有多大价值，但对英国来说，东印度公司的账本以及从中看到的重要数据就很有意义：出口的黄金和白银的价值从来不少于出口总额（货物加贵重金属）的三分之二，在1680～1689年这10年，这一比例则高达87%（见表9.5）。荷兰有荷兰东印度公司的账本，其所反映的情况也大同小异（见表9.6）。

长期的贸易赤字显然在重商主义的欧洲引起了严重的焦虑。欧洲人试图出口各式各样的商品——从英国的纺织品到宗教和色情绘画作品，尝试失败之后，18世纪末，欧洲人在印

表9.5 1660～1699年英国东印度公司向远东出口的商品

年份	金属	商品	总计	金属占总数
	（当时的千英镑）			比例（%）
1660～1669	879	446	1325	66
1670～1679	2546	883	3429	74
1680～1689	3443	505	3948	87
1690～1699	2100	787	2887	73

来源：Chaudhuri, "Treasure and Trade Balances," pp. 497 - 98。

度鸦片里找到了解决问题的方案，这最终引发了欧洲和中国之间一场悲剧性的冲突，使两者之间的关系受到严重的损害。

地理探险和海外扩张把不同寻常的新产品带到欧洲。欧洲人非常迷恋他们遇到的新药品。例如，西班牙人对美国印第安人的文明丝毫没有表现出特别的兴趣或尊重，但是他们对墨西哥印第安人的药典所表现出的兴趣和尊重却不同寻常。1570年，西班牙腓力二世任命弗朗西斯科·埃尔南德斯（Francisco Hernandes，1517～1578年）为西印度群岛首席医师（第一医生），特别责成他担负起收集土著民医药信息的任务。埃尔南德斯医生最终完成了他的不朽经典《新西班牙医疗问题宝库》（*Treasure of Medical Matters of New Spain*）。[19]这部著作十分畅销。

221 两位伊比利亚医生，加西亚·德奥尔塔（Garcia d'Orta）和尼古拉斯·蒙纳德斯（Nicolas Monardes），对《从东、西印度群岛带回的与医疗相关的简单芳香剂及其他相关事物》（*The Simple Aromats and Other Things Pertaining to the Use of Medicine Which are Brought From the East Indies and the West Indies*）加以论述并以此成名，可谓实至名归。他们从美洲发出呼声：

表 9.6 1602 ~ 1795 年荷兰东印度公司向亚洲出口的白银

（年均纯银千克数及年均基尔德）

年代（或年）	基尔德（荷兰盾）	纯银（千克）
1602 ~ 1609 年	647375	6959.7
1610 ~ 1619 年	965800	10382.9
1620 ~ 1629 年	1247900	12610.8
1630 ~ 1639 年	890000	8994.0
1640 ~ 1649 年	880000	8892.9
1650 ~ 1659 年	840000	8488.7
1660 ~ 1669 年	1190000	11563.1
1670 ~ 1679 年	1220000	11854.6
1680 ~ 1689 年	1972000	18847.0
1690 ~ 1699 年	2900000	27720.9
1700 ~ 1709 年	3912500	37392.9
1710 ~ 1719 年	3882700	37108.1
1720 ~ 1729 年	6602700	63104.0
1730 ~ 1739 年	4254000	40656.8
1740 ~ 1749 年	3994000	38171.9
1750 ~ 1759 年	5502000	52584.3
1760 ~ 1769 年	5458800	52171.4
1770 ~ 1779 年	4772600	45613.2
1780 ~ 1789 年	4804200	45915.2
1790 ~ 1795 年	3233600	30904.5

1 基尔德 = （a）1606 ~ 1620 年 = 10.7506 克纯银

（b）1621 ~ 1659 年 = 10.105 克

（c）1659 ~ 1681 年 = 9.7169 克

（d）1681 ~ 1795 年 = 9.5573 克

来源：F. S. Gaastra，"The exports of precious metal from Europe to Asia by the Dutch East India Company, 1602 - 1795"。

（带入欧洲的）三种东西在全世界受到称赞，到目前为止，任何其他药物都无法与由此取得的医学成果相比。这三种东西都是木本植物，分别被称为愈创木、金鸡纳树皮和撒尔沙根（sarsaparillo）。[20]

其他由南美印第安人贡献给欧洲医药学的药物包括箭毒马鞍子和吐根。玛雅人使用辣椒、藜属、愈创木和香草。欧洲人还从美洲学会了使用西红柿、玉米和豆类。土豆是由一位西班牙士兵，佩德罗·德·希耶萨·德·里昂（Pedro de Cieza de Leon），于1538年在考卡山谷（哥伦比亚）发现的，随后它在1588年被作为一种奇珍异物引入欧洲。玉米和土豆种植的引进及其随后在欧洲的传播，帮助解决了欧洲的食品短缺问题，减少了欧洲自18世纪以来进入人口加速增长时期的饥荒危险。[21]拉尔夫·莱恩（Ralph Lane）把烟草引入英国，沃尔特·雷利爵士将之推广普及。在1537年到1559年期间，有14本提到烟草有医疗作用的书出现在欧洲。1560年，法国驻葡萄牙大使让·尼科（Jean Nicot）开始做草药实验，并将其取得成功结果的消息传播出去。1560年到1570年间，还有多种论述草药疗法重要性的图书问世，到该世纪末，烟草是灵丹妙药之王的学说得到了充分的阐述。1602年，有一位作者写了一本揭露烟草的有害作用的小册子，他认为匿名发表较为慎重。但在1602年，英国国王詹姆斯撰写了一本题为《反烟草》（A Counterblaste to Tobacco）的小册子。在俄罗斯，沙皇米哈伊尔一世用齿条和皮鞭惩罚抽烟的士兵。清教徒对此予以谴责。但是很多人把抽烟作为一种预防流行病的手段，1665年，伊顿公学的男孩为躲避瘟疫被迫抽烟斗。随着时间的流逝，烟草消费在欧洲的大部分阶层中流行开来。早期的烟草是以烟斗或鼻烟的形式来吸食的，而雪茄在摄政时代开始流行；据说香烟是 18 世纪 50 年代南美人的发明。1619 年到 1701 年间，从弗吉尼亚和马里兰进口到伦敦的烟草呈现出以下趋势（单位为磅）：

1619 年	20000
1635 年	1000000
1662 ~ 1663 年	7000000
1668 ~ 1669 年	9000000
1689 ~ 1692 年	12000000
1699 ~ 1701 年	22000000

　　可可是从美洲传到欧洲的另一种产品。当地人以固体形式或用水稀释来大量食用这种东西。但可可极苦，不合欧洲人的口味。1572 年，杰罗拉莫·本佐尼（Gerolamo Benzoni）把可可叫作"一种适合于猪的饮料"。但是西班牙人很快就采取措施，使其适合欧洲人的口味，他们在其中加入糖和香草以及一系列香料，包括肉桂、丁香、八角、杏仁、麝香和能弄到手的其他任何香料。美洲西班牙人对可可的消费呈火箭式上升。B. 马拉顿（B. Marradon）在 1616 年写道：在拉丁美洲，每年大约有 1300 万磅糖被用来制作巧克力。

　　巧克力消费首先从拉丁美洲传到西班牙，又从那里传到欧洲其他地区。来自埃西哈的全科医生兼外科医生安东尼亚·科梅内罗·德·莱德斯马（Antonia Colmenero de Ledesma）在 1631 年写道：巧克力消费已传到了意大利和佛兰德。大约在同一时期，在英国、荷兰和法国也发现了巧克力。这种舶来品的消费从荷兰和英国传到德国，并在 1661 年传到波希米亚。实际上，它还被收入伊莉莎贝塔·鲁德米拉·德·利索夫（Elizabetta Ludmilla de Lisov）的食谱。

但巧克力是一种昂贵的产品，其消费在很长一段时间内仅限于贵族和势利小人的圈子。西班牙竭尽全力维持其对可可销售的垄断，但是他们的努力遭受了迅速崛起的集中于阿姆斯特丹的大规模走私的破坏。R. 德尔谢（R. Delcher）认为，接近 17 世纪末时，委内瑞拉收获的 65000 公担可可中，只有 20000 公担属于合法出口，在 1706 年到 1722 年期间，没有一艘装载可可的货船抵达西班牙。

从那时起，欧洲从东方获得的新产品明显少于从美洲获得的。欧洲和东方通过各种中介一直保持着联系。特别是在 13 世纪，由于中国元朝的崛起和蒙古帝国——人类历史上最大的陆地帝国——的建立，横跨亚洲的商队的通讯具有了空前绝后的安全性，这有助于促进东西方之间的商品和人员流动。在整个中世纪，欧洲从东方进口香料和丝绸。随着现代的到来，进口商品的清单越来越长，它增加的三种产品——咖啡、茶叶和瓷器，注定要在整个欧洲流行开来。

咖啡作为一种饮品似乎起源于埃塞俄比亚。接近 15 世纪末时，咖啡流传到麦加，毫无疑问，到 1511 年，咖啡在那儿已经成为一种常见的饮品。到 16 世纪上半叶，咖啡传到汉志和开罗。到 16 世纪中叶，咖啡成为君士坦丁堡的饮品。17 世纪下半叶，咖啡流传到欧洲。18 世纪初，荷兰人开始在他们的亚洲领地，尤其是在爪哇和苏里南，种植咖啡。法国人以荷兰人为榜样，在他们的美洲属地种植咖啡，尤其是在圭亚那、马提尼克、圣多明戈和瓜达卢佩。最后，英国人也开始在他们的美洲殖民地种植咖啡。这样，咖啡从东西两方流入欧洲。但是，相对于西方咖啡，欧洲人一向喜欢东方咖啡。而在当时所有的西方咖啡中，欧洲人最喜欢马提尼克咖啡。

茶叶在 17 世纪 50 年代进入伦敦和阿姆斯特丹市场，但没有引起丝毫兴趣。直到 1664 年才发生一场具有决定意义的事件。国王查理二世热衷于外来鸟类，东印度公司不断被要求为国王的收藏贡献新品种。但是，在 1664 年，这家公司未给欧洲带来任何值得皇家收藏的鸟类，公司的管理者们不知如何是好，于是决定献给国王一包草本植物，重 2 磅 2 盎司，当时价值 4.5 英镑。这肯定正中国王下怀，因为这种礼物在翌年又被多次呈上。有证据表明，宫廷所树立的榜样通常具有感染力。首先是贵族，然后是其他阶级，开始喜欢饮茶，尽管直到 18 世纪，茶叶一直是为富人和小康阶层保留的一种饮品。毕竟，由于原材料进口被课以过重关税，茶叶价格昂贵，一直是一种奢侈品。实际上，东印度公司驻舟山的一位代理在 1703 年还抱怨，中国人强迫他购买茶叶，而不给他提供他所要的丝绸；但在伦敦，可以明显看出，"各个阶层的人们都喜欢茶叶"，18 世纪 20 年代，茶叶超过丝绸成为公司的主要进口商品。[22]

在贵族、上层资产阶级和知识分子当中，茶叶消费的传播如同咖啡、巧克力和烟草的消费一样，由于其产品具有医疗属性这一事实，而得到促进。茶叶特别而神奇的功能被口口相传，然而人们注意到，中国宣称的茶叶所具有的神奇疗效在欧洲并没有显现出来。伟大的医生莱昂纳多·迪·卡普阿（Leonardo Di Capua）观察到：

224

> 茶叶草本是我们现在常用的，虽然我们从中看不
> 到其在中国显示出来的那些奇妙的效果，也许是在如
> 此漫长的旅途中，茶叶失去了大部分挥发性的碱，于
> 是其整个功效几乎都损失了，抑或出于其他某种原
> 因。[23]

其他医生没有这么挑剔，从总体来看，医学界基本鼓励茶叶、咖啡和巧克力的消费。这里可以引证来说明：一是荷兰内科医师科内利斯·邦泰科（Cornelis Bontekoe）论述茶叶、咖啡和巧克力的补养作用的小册子（海牙，1685 年）；二是法国人尼古拉·德·布勒尼（Nicolas de Blégny）围绕"以防治疾病为目的的茶叶、咖啡和巧克力的适当使用方式"所撰写的专著（巴黎，1687 年）。18 世纪初，丹尼尔·邓肯（Daniel Duncan）医生逆趋势而动，撰写了一部关于过度使用这些饮品的不良作用的论著，一些医生力挺他的主张，[24]但是他们的建议没有产生什么影响。

欧洲茶叶、咖啡和巧克力进口的迅速增长是 18 世纪的一种现象。但是也不可能给出确切的相关数据，因为对这三种产品征收的高关税和由此产生的高价格使走私——根据定义是无法精确评估的——广泛流行。东印度公司一位消息灵通的会计认为，在从 1773 年到 1782 年的这 10 年间，平均每年走私进入英国的茶叶约为 750 万磅。[25]

糖自远古时期以来就为英国人所知，但却一直是一种稀缺产品。事实上，糖是如此稀缺，以至于在中世纪，糖主要是作为药丸在药店里出售的（这就是我们的糖果的起源）。为了使日常食品和饮品变甜，欧洲人在乔叟和达·芬奇时代使用蜂

蜜，糖在 1500 年依然昂贵。稀缺甘蔗的耕种集中在塞浦路斯、西西里和马德拉。到 15 世纪末，马德拉成为最重要的食糖生产中心，1508 年，那里生产了 7 万阿罗瓦（1 阿罗瓦相当于约 25 磅）的糖，1570 年则为 20 万阿罗瓦。但是，这已经是顶点了。16 世纪 80 年代，其产量下降至 3 万至 4 万阿罗瓦，17 世纪则逐渐消亡。马德拉的糖渐渐毁于来自巴西的便宜而充足的供给。16 世纪 60 年代，殖民地每年出口约 18 万阿罗瓦的糖，17 世纪初上升到 35 万阿罗瓦。到 1650 年，其每年产量达到 200 万阿罗瓦（超过 22 吨）。1662 年，一位同时代人写道："所有人都说巴西的糖越来越多。"从西印度群岛运往伦敦的糖，从 1663～1669 年的每年约 1500 万磅增加到 1650～1701 年的每年约 3700 万磅。在 1650 年至 1700 年间，伦敦糖价下降约 50%，糖逐渐成为日常流行的消费对象。

但是糖产业并非全是甘甜。种植园的发展带来一种对黑奴的强劲需求。欧洲人在西非海岸以用纺织品（约占所购买黑奴的 60%）、枪炮（约占 20%）、酒精（约占 10%）以及其他商品（约占 10%）来交换的形式购买奴隶。表 9.7 是对在极其恶劣的条件下，被强制性地穿越大西洋运往新世界的人数所做的非常粗略的估算。

表 9.7　按进口地区估算的 1451～1700 年奴隶进口数

进口地区	1451～1600 年	1601～1700 年
	（千奴隶）	
英属北美	—	—
西班牙美洲	75	300
加勒比地区	—	450
巴西	50	550

续表

进口地区	1451～1600 年	1601～1700 年
	（千奴隶）	
欧洲	50	—
圣多美与大西洋群岛	100	25
总计	275	1325
年均	2	13

来源：Curtin, *The Atlantic Slave Trade*, p. 77。以上数据为四舍五入值，与实际尚有出入。

贵重金属和外国产品的流入是容易引起人们想象的事实，但是欧洲的海外扩张还产生了其他影响，这些影响至少同样重要，甚至更重要。为了便于陈述，可以分别考虑（a）技术、（b）经济和（c）人口。

远洋航行和沿海航行大不相同。远洋航行的发展要求并依赖新工具和新技术的创造和开发。值得一提的是航海天文钟的发明，以及航海地图绘制、海军大炮、军舰制造和船帆用法的新发展。这些新发展虽然主要是技术上的，但当然也有经济意义：航海天文钟的发明带来了钟表制造业的发展；海军大炮的改进带来了冶金工业的发展；军舰制造的创新带来了造船业的发展。同样重要的还有商业技术的创新，诸如英国东印度公司或荷兰东印度公司这种大公司的兴起；驻扎在船上和海外港口的"押运员"或旅行代理的出现；海洋保险公司的发展（如伦敦的劳合社）——所有这些创新以及其他创新，基本都是海外扩张的结果。其经济效应有很多都已经隐含地提过，它涉及贵重金属和新产品的流入，以及钟表制造、地图制作、船舶制造、海事保险等的发展。可以加入这个行列的还有咖啡馆的兴起和迅速传播，首先在伦敦，随后在整个欧洲。远洋贸易面临着很大的风险和损失，但最重要的是，其所获取的利润远大于任何其他商业冒险。在伦敦和阿姆斯特丹，进口和转口贸易以及这种贸易开启的所有附属活动，使一种明显的资本积累成为可能。如今，人们常说资本的早期积累是发展的一个必要前提。事情并不像某些理论家本来会让人相信的那么简单，但是也不容否认，先前的商业革命使资本有了大量的积累（对那个时代而言）：海外贸易的利润流向农业、矿业和制造业。

与技术和经济影响形成鲜明对比的是，直到 19 世纪末，越洋扩张对人口的影响完全可以忽略不计。大约在 17 世纪中叶，在葡萄牙、西班牙、英国和法国的海外领地中，白人总共加起来还不到 100 万，其中包括在当地出生但父母是欧洲血统的人。事实上，离开欧洲的人不多，并非所有的人都能到达目的地，在航程和海外生活的艰难险阻中幸存下来的人都尽早赶回了欧洲。直到 19 世纪，欧洲的扩张依然基本是一种商业冒险。

227

然而，就社会而论，只有从人性的角度来看，才能理解海外扩张的深刻意义。海外贸易是一所伟大的创业实践学校——不仅对于实际上出海的那些像船长、押运员和商人一样的人来说是这样，而且对于虽然一直留在欧洲但以不同身份和程度参与海外贸易的商人、保险代理、造船者、转口贸易商、客栈老板和公司雇员来说也是如此。而对于那些储蓄者而言，这也是一所好学校，他们学会了如何把他们的积蓄投入贸易公司或保险企业。16 和 17 世纪商业发展的最重要经济成果之一是，它使一些欧洲国家的财富得到非同寻常的积累成为可能。但是一个更重要的成果是宝贵的、丰富的"人力资本"的积累，也就是说，积累了坚持健全准则的人，这种准则包括商业诚信、敢于冒险的精神和对世界的开放态度。现在让我们来更集中地探讨那个时期的文化发展。

科学革命

新世界和新产品的发现、地球是圆的的证明、印刷术的发明、火器的完善、船舶制造和航海的发展，这类事件实质上是一场文化革命。[26]

在17世纪的很多文本中，人们会看到这样的说法：因为古代人不了解他们所生活的世界，所以他们不能被看作所有知识的源泉。在整个中世纪盛行的对古代作者的盲目和绝对的信仰，此时已进入一个危机时期。越来越多的欧洲人不再把过去看作失落已久的黄金时代，而是开始乐观地向前看，梦想着进步和未来可能会有的景象。

17世纪见证了一场在"古代人"和"现代人"之间展开的尖锐而激烈的思想斗争，一方主张相信权威的教条和经典名著的无所不能，另一方使用理智和实验来反对教条，让经典名著的错误和荒唐接受最新发现流露出的刺目之光的检验。伽利略、牛顿、惠更斯、列文虎克、哈维、笛卡儿、哥白尼和莱布尼茨的时代，见证了"现代人"、实验方法和用数学解释现实的胜利。物理学，特别是机械学，就其学科本质来讲，将数学逻辑应用于其中，必然会产生最佳成果；它所取得的进步是惊人的，人们对这种进步如痴如醉，于是一种宇宙机械观逐渐占据了主导地位。[27]就在那时，上帝被形容为"完美的钟表制造者"。

那个时期的人类思想革命的副产品之一是统计方法的进步。17 世纪的作家和实验者无休止地记录、编目和计算。威廉·莱特文（William Letwin）写道：

> 英国最伟大的思想人物，在全国各个角落，每时每刻把他们的天才浪费在对温度、风和天空观测结果的详细记录上。他们的努力只能产生毫无用处的记录。这满腔热血也被投入对各种不同的经济和社会指标或维度的测量之中。[28]

这种判断可谓小肚鸡肠。对受过教育的普通人和政府办事员来说，数字开始有了现实的光环。在处理国际贸易[29]和人口问题时，这种新方法特别引人注目。

就是在这种文化气候里，"算术政治家"学派兴起；J. 格兰特（John Graunt）、佩蒂（Petty）和哈雷提出他们对人口的估算，构建出他们的首批生存图表；格雷戈里·金计算出英国国民收入。甚至在今天的有关人口史的图书和文章中，世界人口的历史统计总是始于 1650 年（见表 9.8）。原因在于，欧洲人在 17 世纪中叶之后开始估算世界或世界部分地区的人口（见表 9.9）。

但是，对数据的使用的确意味着所使用的数据是经过科学处理的。1589 年，焦万·马里亚·博纳尔多（Giovan Maria Bonardo）的著作《所有空间的体积、宽度和距离都换算成我们的英里》（*The Size, Width, and Distance of All Spheres Reduced to Our Miles*）在威尼斯重印。除了其他问题之外，书中坚持"地狱距离我们有 3758.25 英里，地狱的宽度为 2505.5 英里"，而"天堂帝国……神佑者最幸福的安息之地……距离我们有1799995500 英里"。表 9.9 编录的数据表明，17 世纪下半叶有关世界人口的估算中的一些具有的价值，并不大于焦万·马里亚·博纳尔多对天堂和地狱与地球之间距离的估算所具有的价值。但是，不能将这两个问题置于同一个平面上。事实上，17世纪科学革命的基本特征之一是，它使人类的猜想，从诸如地狱与地球之间的距离，或一根针的针头上能站多少天使，这样无解而荒谬的问题中脱离出来，使其指向可以找到答案的问题。焦万·马里亚·博纳尔多对地狱距离的估算，以及里乔利（Riccioli）对世界人口的估算都是不可信的，但是前者回答的是一个荒唐的问题，而后者只不过是对一个合理问题所做的一种不完善的度量。只要能正确地提出一个问题，其答案就必然会随之而来。

229

表 9.8　1650~1900 年对世界人口最大值、最小值的估算

单位：百万

年份	非洲	北美	拉丁美洲	亚洲（俄罗斯除外）	欧洲与俄罗斯	大洋洲	世界
1650	100(？)	1	7~12	257~327	103~105	2	470~545
1750	95~106	1~2	10~16	437~498	144~167	2	695~790
1800	90~107	6~7	19~24	595~630	192~208	2	905~980
1850	95~111	26	33~38	656~801	274~285	2	1090~1260
1900	120~141	81~82	63~74	857~925	423~430	6	1570~1650

来源：United Nations, *The Determinants and Consequences of Population Trends*, p. 11, Table 2; Durand, *The Modern Expansion of World Population*, p. 109。

表 9.9 17、18 世纪的作家所估算的世界人口

单位：百万

年份	作家	世界	欧洲	亚洲	非洲	美洲	大洋洲
1661	里乔利	1000	100	500	100	200	100
1682	佩蒂	320					
1685	沃西斯	500	30	300			
1696	金	700	100	340	95	65	100
1696	尼克尔斯	960					
1702	惠斯顿	4000					
1740	斯特拉克	500	100	250	100	50	
1741	苏斯密尔西	950	150	500	150	150	

现代统计学实际上是在那几十年里诞生的，有关人口、生产、贸易和货币的定量信息也越来越丰富、越来越可靠。但是，新问题是一种新思想态度的结果，这种新思想态度强调理性而不是非理性，把实用主义置于理想主义之上，强调现实而不是来世论。从人际关系的层面来看，这为启蒙运动的宽容打下了基础。从技术层面来看，对实验的强调为解决具体的生产问题铺平了道路。

这场宏伟的思想运动从另一个角度来看具有特别重要的意义。在中世纪，按照从古代世界继承的一种传统，科学和技术依然是相互分离的。正如米兰大教堂的建筑大师们在 1392 年强调的那样："科学是一回事，技术则完全是另一回事。"（Scientia est unum et ars est aliud.）[30]科学是哲学，技术是工匠的武器。官方的"科学"对技术事务毫无兴趣或偏好，技术发展主要是未受过教育的工匠们辛苦劳作的结果。文艺复兴时期对崇拜古典价值没有提出疑义，仍强调这种分离；而且，在意大利，从 15 世纪以来，这种分离通过渐进地强调和固化阶

230

级区分而得到进一步加强。就在这种背景下，达·芬奇承认自己是一个"没有文化的人"；塔尔塔利亚警告说，他的学说"并不来自柏拉图或普罗提诺"；还有医生们的努力：认为自己是科学家因此也是哲学家的内科医生，[31] 将自己与被认为是技术员因此也是简单工匠的外科医生区分开来。

17 世纪的"现代人"反对传统价值，努力践行实验方法，执着地致力于对工匠工作进行重新评价。弗朗西斯·培根反复强调科学家和工匠之间开展合作的必要性。伽利略在他著名的《对话》中使虚构的萨格雷多坚信，与威尼斯兵工厂的工匠们交谈，对他对几个困难问题的研究有相当大的帮助。英国皇家学会托付一些会员编写一部手工艺行业和技术史方面的书，这种想法后来被《百科全书》的编辑们完全采纳。

而所有这一切都发生在"科学"领域中，技术发展还是按照原方向行进。首先，我们必须考虑到这样一个事实，即社会不同部门，不管是被分开还是本就各不相同，仍然会对共同的文化刺激做出反应。此外，报刊的传播、识字的普及——尤其是在天主教国家——表明图书胜过谚语，文本胜过偶像，理性信息胜过奴性重复，所有这一切反过来又意味着在逐渐抛弃习惯的和传统的态度，转而采取更加理性的和具有实验性的态度。能使人们进行自我教育的印刷媒介，也为那些有特殊才能和非凡兴趣的人提供了向他人传达思想的手段。最后，同样十分重要的是，海洋航行、钟表产业和实验科学的发展促使越来越多的精密仪器制造者出现。这些人成长为杰出技术人员的代表，能与同时代的科学家对话。蒸汽机实质上就是工业革命的根源，而蒸汽机的发明者就是这类精密仪器制造者之一，这绝非偶然。

到了伽利略时代，与实用技术相关的各种科学已找到引人瞩目和令人肃然起敬的代言人。伽利略本人给他的关于机械学的小册子定名为"论机械科学及其仪器的使用价值"（On the utilities to be drawn from mechanical science and its instruments）。不可否认，直到 18 世纪末，"科学"对"技术"的贡献依然不多，未能引起世人瞩目。但是 17 世纪的文化发展使这两个分支的关系更加密切，创造了两者合作的条件，随着时间的推移，这形成了现代工业发展的基础。

一种能源危机

在历史描述中，历史学家不可避免地受到这样一种事实的影响：他总是带着后见之明，观察事后的人类现象。在选择起作用的因素及解释其作用的过程中，历史学家不可避免地受到他知道事件后来如何发展这一事实的影响。当试图解释他将之形容为失败的事件时，他容易强调预示着失败的"消极"环境和因素。同样，当历史学家描述一次成功时，他会不可避免地强调事先的"积极"环境和因素。但是历史从来都不像它所呈现的那样简单和直白。灾难之前不一定有险恶的环境，成功也并非总出于有希望的环境。此外，只有当我们对结果做了一种"积极"或"消极"的解读之后，很多因素或环境才能被定义为"积极"或"消极"。换言之，事后看问题，我们会赋予一个时期所发生的事件以完全不同于其同时代人所赋予它的分量和意义。阿特金森（Atkinson）也已表明：在 1480 年到 1700 年在法国印刷的所有图书当中，涉及土耳其帝国的比涉及美洲的多两倍还不止。[32]

在 16 和 17 世纪，有些为工业革命铺平道路的环境在我们看来显然具有积极的前景。但是，与其混杂在一起的还有一些呈现较可疑特征的环境，这些环境在当时的人们看来肯定是被腐蚀成黑色的，尽管我们往往会将之染成粉红色，因为我们事后知道事情的结局不错。

木材危机显然就是一个恰当的例子。自从远古以来，木材就是一种上乘燃料，也是建筑、造船，以及制造家具、工具和机器的基本材料。12 和 13 世纪之后，在地中海地区，木材变得稀缺，在建筑中越来越多地被砖、石头和大理石所替代，但实际上，它依然是日常使用的唯一燃料，并继续作为制造家具、船舶、工具和机器的基本材料。

1492 年，一位编年史家在意大利中部报道说，该地区木材短缺已经开始到达"十分严重的程度"：再也无法找到橡树木材，人们开始砍伐"家庭种植的树木"，"由于这样也不能满足需要，人们现在甚至开始砍伐橄榄树，整片橄榄树林都被毁灭"。[33] 这预示着在随后的几十年里整个欧洲将发生的更大规模的事件。16 世纪，人口增长、海上航行和船舶制造的扩大、冶金业的发展，以及随之而来的冶炼金属对木炭消费需求的增长，导致了木材消费的大量增长。到 16 世纪中叶，弗赖堡的银矿每年使用约 210 万立方英尺的木材。在许藤贝格（Hüttenberg）和约阿希姆斯塔尔（Joachimstal）的矿井中，消耗的木材数量也大致相同。在上斯拉夫科夫（Schlaggenwald）和申费尔德（Schönfeld）地区，每年使用的木材超过 260 万立方英尺。树林和森林实际上已消失，很多地方爆发了木材危机。在 1548～1549 年的英国，政府下令对木材浪费和森林砍伐做一项调查。大约在 1560 年，斯洛伐克的斯塔雷霍里（Staré Hory）和哈马涅克（Harmanec）的铸造厂由于木材短缺，被迫急剧减少生产活动或完全关闭。木材和木炭的价格变动对了解危机发生的时间和严重程度提供了一定的帮助。在热那亚，用于造船的橡木价格从 1463～1468 年的基本指数 100 上涨到 1546～1555 年的 300，再到 1577～1581 年的 1200。[34] 17 世纪，意大利进入了一个经济严重衰退的时期，因此其对燃料和建筑材料的需求停滞不涨，木材价格也不再上升。[35] 但是在经济活动正在扩张的北方，木材价格直线上涨。在英国的一些地区，木材的价格指数（1450 – 1650 = 100）上涨情况如下：[36]

1490～1509 年	88
1510～1529 年	98
1530～1549 年	108
1550～1569 年	176
1570～1589 年	227
1590～1609 年	312
1610～1629 年	424
1630～1649 年	500

木炭价格也在上涨（见表 10.9，第 380 页）。根据表 10.9 中所收集的数据，木炭价格快速上涨，尤其是在 17 世纪的前几十年之后，当时的整体价格水平趋于稳定。千万不要忘记：要不是木材和木炭越来越多地被煤取代，木炭价格还会有相当大的上涨幅度。价格的剪刀差似乎表明，意大利正经历一个植物燃料的相对短缺越来越严重的时期。不容否认，现有的统计数据是不充分的，但它看上去确实表明，一场能源危机在 1630 年全面爆发。[37]

过去几年里，在英国，否认 17 世纪出现过任何木材危机已经成为一种时尚，尽管大量的英国原始资料——我们将在第十章关于英国的部分看到——就越来越严重的木材短缺给予了痛苦的抱怨。为了诋毁这种证据，英国历史学家把注意力引向那些在王国遥远角落里依然原封未动的大片森林，而罔顾这样一个事实：鉴于运输木炭的成本很高，重要的是该国工业区之内及其附近的森林砍伐程度。在一定距离内有大量的木材可供利用，这在经济上是无关紧要的。况且，英国经济史学家虽然大体上都才华出众，但都惯于忽视非英语的资料。法国大臣柯尔贝尔一直密切关注英国铁器和军工产业的发展，希望获得准确的第一手信息，于是他派遣他的儿子塞涅雷侯爵（Marquis de Seignelay）前往英国。在 17 世纪 70 年代初期，侯爵能够很明确地向他的父亲禀报：英国人"没有足够的木材来制造他们所需要的火炮，正在从瑞典获取大炮，尽管他们认为瑞典铁的质量与英国铁的质量不能相提并论"。英国历史学家从来没有援引过这条权威的、率真的法国原始资料，这是一种普遍现象。

考虑到木材作为能源和原材料在当代经济中所发挥的重要作用，任何一种严重的木材短缺，显然都能导致给欧洲随后发展带来灾难性后果的瓶颈的出现。事实证明，能源危机反而有助于推动英国走上工业化道路。然而，要做到这一点，其他因素也必须发挥作用。

注　释

1. Ashtor, "Che cosa sapevano i geografi arabi dell'Europa occidentale?"
2. Andreades, "The Economic Life of the Byzantine Empire."

3. 关于领先的论述，参见 Ashtor, "Observations on Venetian Trade"; Ashtor, "Levantine Sugar Industry"; Ashtor, "Aspetti della espansione italiana"; Irigoin, "Les Débuts de l'emploi du papier à Byzance"。

4. Charleston, "The Import of Venetian Glass into the Near East."

5. Lopez, "Venezia," pp. 53 - 59.

6. Sevcenko, "The Decline of Byzantium," pp. 176ff. ; Geanakoplos, "A Byzantine Look at the Renaissance," pp. 157 - 162.

7. Lambros, "Ipomnina tou Kardinaliou Vissarionos," pp. 15 - 27; Keller, "A Byzantine Admirer of Western Progress," pp. 343 - 48.

8. Cipolla, *Guns and Sails*, p. 89. 关于从 14 世纪开始中国与欧洲相比在技术方面"相对落后"的分析，参见 Elvin, *The Patterns of the Chinese Past*, pp. 177 - 78 及其 Chapter 14。

9. White, "Expansion of Technology," p. 157.

10. 关于上述论述，参见 Cipolla, *Guns and Sails*, pp. 15 - 18 及 137。

11. Hudson, *Europe and China*, p. 268.

12. Brading and Cross, "Colonial silver mining," pp. 560ff.

13. Cipolla, "Saggio di Interesse"; Barbour, *Capitalism in Amsterdam*, pp. 85ff. ; Homer, *Interest Rates*, p. 128.

14. Attmann, *The Russian and Polish Markets*, pp. 119ff.

15. 在整个 16 世纪和 17 世纪初，欧洲从东方进口的产品近 80% 是胡椒、其他香料和染料。17 世纪，纺织业有了重大进展，到该世纪末，欧洲进口中的 60% 都是经由英国东印度公司及荷兰东印度公司进口的。参见 Compare Glamann, *Dutch-Asiatic Trade*, pp. 13, 14; 以及 Pach, 'The Role of East-Central Europe," pp. 220 - 22。

16. Glamman, *Dutch-Asiatic Trade*, p. 58.

17. Van Linschoten, *The Voyage to the East Indies*, vol. 1, p. 10. 西欧与波罗的海的贸易也出现了逆差。据估计，在 16 世纪末、17 世纪初，通过松德海峡运输的货物总值中，有 70% 是从波罗的海向西运的，而 30% 则相反。西方的白银出口解决了贸易逆差。参见 Compare Attman, *The Russian and Polish Markets*, pp. 119ff。

18. Carletti, *Ragionamenti*, p. 189.

19. Hernandes, *Rerum Medicarum*.

20. D'Orta and Monardes, *Dell'Historia de i semplici aromati*, part II, p. 19. 关于加西亚·德奥尔塔和尼古拉斯·蒙纳德斯，参见 Boxer, *Two Pioneers of Tropical Medicine*。

21. 在低地国家，1557～1710 年，人均谷物消费量约为每天 1 公升。在 1781 年至 1791 年的 10 年间，消费量下降至每天 0.6 升，因为在此期间，土豆部分地替代了谷类食物。在爱尔兰，这种替代率非常高。关于之前的情况，参见 Vandenbroeke, "Cultivation and Consumption of the Potato," pp. 28 – 29。

关于爱尔兰的经典案例，参见 Connell, *The Population of Ireland*, Chapter 5，以及 Davidson, "The History of the Potato and Its Progress in Ireland"。通常也可参见 Salaman, *History and Social Influence of the Potato. Barrow, Travels in China*, p. 398n。他在 18 世纪末写道："马铃薯作物的最大优势是可以确保丰收。如果根茎类作物颗粒无收，就像有时发生在水稻上那样，那么爱尔兰会处于类似中国一些省份的饥荒带来的惨状中。"巴罗的这个简短的、未能引起注意的补充说明惊人地预言成真。在他写下这句话后不到 50 年，爱尔兰的马铃薯歉收，整个国家处于"类似中国一些省份的饥荒带来的惨状"中。

22. Morse, *The Chronicles of the East India Company*, vol. 1, pp. 9, 125, 158.

23. Leonardo di Capua, *Parere*, p. 110.

24. Duncan, *Avis salutaire*. 关于其追随者，参见 Tissot, *Santé des gens de lettres*, pp. 189ff。

25. Cole, *Trends in Eighteenth Century Smuggling*, p. 396.

26. 关于这个问题，可参见 Jones 博大精深的著作 *Ancients and Moderns*。

27. Dijksterhuis, *The Mechanization of the World Picture*.

28. Letwin, *The Origins of Scientific Economics*, pp. 99 – 100.

29. Stone, "Elizabethan Overseas Trade," p. 30.

30. *Annali della fabbrica del Duomo*, vol. 1, pp. 209 – 10.

31. 正如米兰医生 G. B. Silvatico 于 1607 年所宣称的，他引用了盖伦的一句话："要想成为最好的医生，哲学是首要的。"（Qui medicus esse vult optimus, is prius philosophus sit necesse est.）参见 Cipolla, *Public Health*。

32. Atkinson, *Les nouveaux horizons*, p. 10.

33. Matarazzo, "Cronaca della città di Perugia," p. 3.

34. Calegari, "Legname e costruzioni navali," p. 94.

35. Calegari, 同上, 以及 Sella, *Salari e lavoro*, Appendix, Table IX。

36. Coleman, *The Economy of England*, p. 23.

37. 参见本书 378 ~ 380 页。

第十章　欧洲经济力量平衡的变化

经济趋势：1500～1700年

在当前的历史和经济文献中，16世纪和17世纪被描绘成黑白两种泾渭分明的颜色：16世纪被描绘成"黄金时代"（el siglo de oro），不仅对于从美洲殖民地获得大量黄金和白银的西班牙是如此，而且对于欧洲其他地区也是如此；相反，17世纪则被描绘成令人忧郁的颜色，书写"17世纪的危机"已经成为一种时尚。[1]

应该永远对时尚和黑白分明的描绘持怀疑态度，因为尽管老套的叙事中有一定的真相，但是也不乏肤浅和错误。意大利北部是欧洲主要经济地区之一，对于其中相当一部分地区来说，16世纪上半叶既不是一个黄金时代，甚至也不是一个白银时代，而是一个铁与火的时代，一个毁灭与苦难的时代。16世纪下半叶对于南部低地国家来说，也肯定不是一个黄金时代。

至于德国，其16世纪的经历是成功与灾难混杂在一起的复杂历程。在1524年到1526年之间，农民起义导致10万人死亡，同时也摧毁了大量固定资本。从1556年到1584年，奥格斯堡有接近70家大公司宣布破产。德国汉萨同盟历经了一场灾难性的衰退，持续了整个16世纪。而另一方面，由于商人银行家的作为，德国南部在16世纪上半叶享有相当繁荣的局面。但是大约在1550年之后，德国南部也受到了萧条和经济衰退的震荡。在德国北部，汉堡是一个耀眼的例外，这首先要归功于来自欧洲很多地区的移民的创业技能。汉堡成了啤酒产业、船舶制造业、大型贸易和银行业之家。汉堡银行以阿姆斯特丹银行为模板，始创于1619年，雅克·萨瓦里·德·布吕隆（J. Savary des Brûlons）编写的词典记录下了汉堡通过 235 "在那儿处理一切事务的诚信和精确"而赢得的卓越声誉。

我们所掌握的关于法国国内贸易趋势的信息并不充分，但是有关法国对外贸易的证据却十分丰富。16世纪，法国与英国的贸易关系冷淡，而且十分有限，与西班牙的贸易则增长显著，与意大利也依然保持着良好贸易关系。但是16世纪法国经济中最具活力的部分是与黎凡特地区的贸易，法国在其中占据主导地位。还是在16世纪期间，法国的手工业部门也显示出明显的繁荣迹象，尽管其农村地区的制造业发展比英国或荷 236 兰滞后。王室和贵族对奢侈品生产给予了相当大的刺激。农耕部门没有出现特别的突破。总而言之，可以认为，1500～1570年对法国经济来说是一个繁荣发展的时期。但宗教战争的爆发使局面发生转变。1570～1600年，法国迎来了一场十分严重的危机，直到18世纪初才得以缓解。

如前所述，17世纪一般被认为是欧洲经济的危机世纪。对德国很多地区来说，它的确是一个冷酷的世纪，三十年战争使国家的广大地区遭受瓦解和毁灭；对土耳其来说，这也是一个糟糕的世纪；而如我们将要看到的，对西班牙和意大利来说也是如此。法国经济在17世纪初期也处于不良状态，但是在17世纪60年代得到恢复，并在大约从1660年到1690年的30年左右的时间里，呈现出极大的繁荣。扩张最迅速的部门是与美洲法国属地的殖民贸易，再次是与黎凡特地区的贸易。对荷

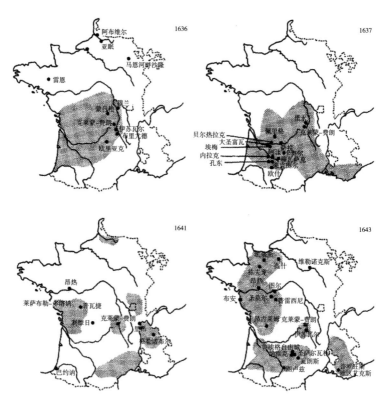

17 世纪法国民众暴乱

来源：Braudel, *L'identité de la France*。

兰、英国和瑞典来说，除了几个短暂的时期外，17 世纪是一
个成功和繁荣的世纪。图 10.1 是简化的结果，并且存在着所
有简化固有的缺陷，但是不管多么肤浅和简化，它至少可以表
237　明，把 16 世纪和 17 世纪分别说成"黄金时代"和"萧条时
代"的描述是多么过头。

　　不加区别地把 16 世纪看作一个整体繁荣的时期，把 17 世
纪看作一个整体萧条或停滞的时期，这种观点的最严重缺陷

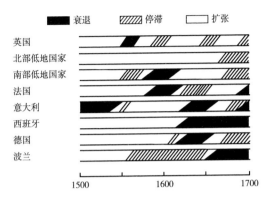

图 10.1 1500～1700 年欧洲部分国家经济趋势

是，它使人无法理解现代初期欧洲历史的最重要方面，即欧洲内部传统经济力量平衡的逆转。15 世纪末，西欧最高度发达的地区是地中海地区，尤其是意大利中部和北部地区。16 世纪，由于美洲财富的流入，西班牙享受了一段灿烂辉煌的时光，地中海地区也得以保持其经济上的优越地位。然而，到 17 世纪末，地中海显然是一个落后的地区了。欧洲经济的重心已经转移到北海。用"地理大发现"这种陈词滥调和随后的"贸易路线"变化来说明这种戏剧性的逆转是肤浅和天真的。这个问题是如此盘根错节，以至于要长篇大论才能说清楚。我们这里只讨论其中的某些方面。

西班牙的衰落

15 世纪中叶，西班牙还不存在。伊比利亚半岛仍然被分为四个王国：卡斯蒂利亚王国、阿拉贡王国、葡萄牙王国和纳瓦拉王国。16 世纪下半叶，这四个王国的面积和人口大致如下：

	面积(平方千米)	人口
卡斯蒂利亚王国	378000	8300000
阿拉贡王国	100000	1400000
葡萄牙王国	90000	1500000
纳瓦拉王国	17000	185000

大自然母亲对这四块土地并不慷慨。半岛的大部分地区由被称为梅塞塔（Meseta）的相当贫瘠的高原组成。严格来讲，这方土地中有约38%可耕种——但真正肥沃的还不到10%，47%的土地适合放牧，10%的土地为林地，6%的土地无法使用。人力资本的不足加剧了国家的自然贫穷。

16世纪初，弗朗切斯科·圭恰迪尼在他的《西班牙报告》（*Relazione di Spagna*）中写道：

> 这里贫穷十分严重，我认为这与其说是由于国家土地的质量，不如说是由于西班牙人懒惰的天性，他们想要不劳而获，宁愿把生长在自己王国里的原材料送到其他国家，再买回其他国家制造的产品，就像他们把羊毛和丝绸卖给其他国家，只是为了买回毛纺品和丝绸产品一样。[2]

威尼斯大使巴多尔（Andrea Badoer）在1557年反复指出："我认为没有另外一个国家比西班牙更缺乏技术工人。"[3]

原本指望从美洲流入的大量黄金和白银，以及随之而来的有效需求的扩大会刺激国家的经济发展。但16世纪的西班牙作为一个典型的例子，说明了这样一种事实：虽然需求是刺激发展的一个必要条件，但它不是一个充分条件。

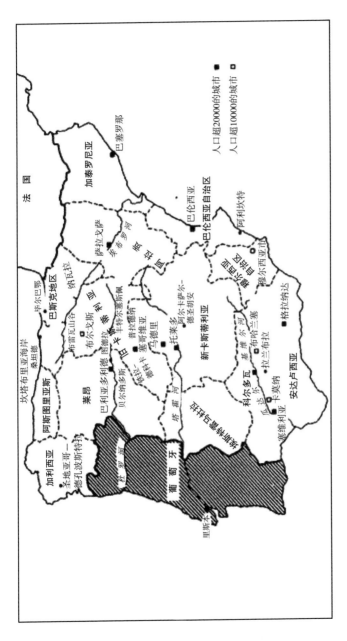

1590 年的西班牙

西班牙作为一个整体（也就是说，无论地区之间和社会阶级之间的收入分配情况如何）在 16 世纪期间比从前富裕很多，其在欧洲经济中的重要性得到戏剧性的增长，因为白银和黄金是国际公认的流动资产。到 1569 年，神学家托马斯·德·梅尔卡多（Tomás de Mercado）可以理直气壮地写道：西班牙的塞维利亚省和临大西洋省份"从世界的偏僻一角变成了世界的中心"。西班牙的失败是由于生产体系中的瓶颈，尤其是技术劳工的缺乏、民众对手工业和贸易的偏见，以及行会的限制性做法。需求的增加的确促进了一定的增长：在 1570 年到 1590 年间，塞哥维亚的毛织布年产量增加到 13000 匹，科尔多瓦的年产量增加到 15000 匹；纺织品产量在托莱多和昆卡也有所增长；建筑活动也在扩大。但是生产的增长速度并不能满足日益增长的需求。结果，物价上涨，过剩的需求吸引了外国的产品和服务。

239

1545 年，据估计，西班牙制造商积压了来自卡塔赫纳、贝卢港（Porto Belo）和韦拉克鲁斯的商人的订单长达 6 年。[4] 在这种情况下，为了满足美洲殖民地的需求，制造商不久便被迫让外国生产商以他们的名义接活，以避开不许殖民地与非西班牙人进行贸易的法律禁令。如卢扎托（Luzzatto）所言："在商业历史上，直到拿破仑实行封锁为止，所有这一切都是在给最大的走私系统让路。"

西班牙下级贵族的普遍心态是把进口看作一种骄傲的源泉，而不是国家经济的潜在危险。阿隆索·努涅斯·德·卡斯特罗（Alonso Nuñez de Castro）在 1675 年写道：

让伦敦尽情地制造它的那些纺织品吧；荷兰制造

它的格子花纹布；佛罗伦萨制造它的普通织布；印度群岛制造它们的海狸毛皮和骆马毛面料；米兰制造它的锦缎；意大利和佛兰德制造它们的亚麻布，只要我们的首都能享用它们的产品就行。这唯一能证明的是，所有国家都在为马德里培训熟练工人，马德里是议会女王，因为全世界都为她服务，而她不为任何人服务。

由于这种观念在国内盛行，1659 年，根据《比利牛斯和约》，法国获得了把所有免税产品引入加泰罗尼亚的权利；因而，在几年后的 1667 年，西班牙边境对英国商品开放也就不足为奇了。从那时起，走私的必要就不复存在。一位消息灵通的当代观察家写道："西班牙从其他国家获得了几乎所有为共同使用而制造的东西，而这些东西都是由工业发展和辛勤劳动构成的。"威尼斯大使文德拉明（Vendramin）也评论道：

> 关于从印度群岛来到西班牙的贵重金属，西班牙人不无道理地认为，它落入西班牙就如同雨落在房顶上一样——倾泻在她身上，又随之流淌而去。

通过合法进口和走私进口，依靠美洲白银维系的西班牙的有效需求，促进了荷兰、英国和欧洲其他国家的发展。正如科尔特斯（Cortes）在 1588～1593 年所见：

> 虽然我们的王国本来能够成为世界上最富有的国家，因为我们有充足的、源源不断的来自印度群岛的

　　黄金和白银，但结果却成为最贫穷的国家，原因在
于，我们的王国成了黄金和白银通往与我们为敌的其
他王国的一座桥梁。

　　这还不是全部原因。由于陷入无休止的战争泥潭，西班牙政府
240　不但没有看管好西印度群岛，而且很久之前就花光了其税收和
从那里获得的财富。结果政府受到银行家的钳制——他们预付
政府所需的资金，随之再将其转入需要的地区。到大约1555
年，德国银行家，尤其是富格尔家族，一直是执鞭之手。1557
年西班牙政府破产之后，德国人有条不紊地撤出，将其地位拱
手让给在处理预付款（他们对此收取高额利润）和转账（收
取交易费）中表现出非凡技能的热那亚人，他们从这种经营
中获取了最大利润。腓力二世厌恶他们，但又不能没有他们。
他在1580年2月向他的顾问之一承认："我从来没能把交换和
利息问题放进头脑里。"热那亚人至高无上的地位一直持续到
近1630年，当时，西班牙人在历经了无数次破产之后，被葡
萄牙犹太银行家取代了。

　　到16世纪末，西班牙比一个世纪前富有得多，但并没有
更加发达——"就像一位被一个古怪遗嘱事件赋予财富的女
继承人一样"[5]。如前所述，美洲财富为西班牙提供了购买力，
但最终却刺激了荷兰、英国、法国以及欧洲其他国家的发展。
一位有独特洞察力的威尼斯大使说道："西班牙若得不到其他
国家的救济就不会存在，世界其他地区如果没有西班牙的钱也
不能存在。"

　　然而，在17世纪的历程中，从美洲流入的贵重金属急剧
减少，主要是由于法国人、英国人和葡萄牙人的成功走私。据

估计，在 1620 年到 1648 年间离开美洲的财宝中，大约有三分
之二没有出现在西班牙官方的记录里，也就是说没有到达西班
牙。[6]这是一种大胆而疯狂的估计，但并非荒唐可笑。因此，　241
西班牙短暂狂喜的主要源泉逐渐枯竭。然而，与此同时，一
个世纪以来的这种人为繁荣导致政府不断进行战争，这给国
库带来了灾难性的后果。此外，这种人为繁荣诱使很多人放
弃了土地。学校成倍增加，但是其作用主要是培养了一批一
知半解的无产阶级知识分子，他们鄙视生产性工业和体力劳
动，在宗教界或在人浮于事的国家机构中谋取职务，这两种
职业对于掩盖失业起到了突出的作用。[7]17 世纪的西班牙深陷
债务泥潭（见表 10.1），缺少企业家和工匠，而政府官员、
律师、牧师、乞丐和土匪多如牛毛。国家陷入了令人沮丧的
衰落中。

表 10.1　1515～1667 年卡斯蒂利亚的国家收入与债务

年份	收入	债务	债务利息
	（百万杜卡特）		
1515	1.5	12	0.8
1560	5.3	35	2.0
1575	6.0	50	3.8
1598	9.7	85	4.6
1623	15.0	112	5.6
1667	36.0	130	9.1

来源：Wilson and Parker, *An Introduction to the Sources*, p. 49。

意大利的衰落

意大利的经济衰退比西班牙的更为复杂。从 14 世纪开始，

公社的衰落和政权的建立就导致了社会生活的急剧恶化。人们开始把手工业和商业活动看作卑微的职业，禁止其从业者进入上层社会。但是不管这种趋势潜在的危险有多大，它并没有对意大利的经济效益和财富产生明显的影响。

15 世纪末，凭着充足的理由和对事实的充分了解，弗朗切斯科·圭恰迪尼依然这么写道：

> 意大利从来没有经历过如此的繁荣，也没体验过如此理想的状态，因为她在 1490 年，这一基督教恩典之年，以及此前此后的一些岁月中，在安全地休息。原因在于，她已经完全归于和平和宁静了，其在多山和贫瘠地区的耕作，不少于在平原和最肥沃地区的耕作；她不仅有大量的人口和财富，而且还因众多贵族的高风亮节、无数宏伟城市的壮丽辉煌以及宗教的威严高贵而崇高；她因具有杰出的人才而在公共事务管理、所有科学和每一种卓越工业和艺术中繁荣昌盛。

这就是 15 世纪末的美好景象。随后，在 1494 年到 1538 年间，大祸突然从天而降，天启四骑士闯入意大利，使这个国家成为一场国际冲突的战场，西班牙、法国和我们今天所称的德国参与其中。随着战争而来的是饥荒、流行病、资本的毁灭和贸易的中断。

布雷西亚在 16 世纪初每年生产 8000 匹毛织布，到 1540 年左右，其年产量则不超过 1000 匹。在科莫，工业和商业每况愈下。帕维亚在 15 世纪末大约有 16000 居民，到 1529 年则降至不足 7000 居民。[8]同一年，在博洛尼亚参加查理五世加冕礼的英国大使报道：

陛下，看到贵国的现状我感到十分遗憾，就让我们去设想，这曾是一个基督教的国度；而现在有些地方人马皆无，美丽的城镇遭到毁灭，变得荒无人烟。

在属于萨伏依公爵的韦尔切利和五十英里外的帕维亚之间，这片由于可以生长玉米和葡萄藤而最美丽的土地变得悲惨凄凉，一路上我们在田野里看不到劳作的男人或女人，听不见任何动物的叫声，但在几个大村庄里看到了五六个可怜的人儿。一路上，我们只在一个地方看到有三个妇女在葡萄藤上摘葡萄，葡萄藤没有经过剪修，枝蔓凌乱；此外，一路上再也不见玉米作物，也再不见有人摘生长在葡萄藤上的葡萄，但在广袤的国度上，葡萄藤枝条曼舞，上面挂满一串串葡萄。半路上有一个小镇，它曾是意大利最美丽的小镇之一，叫维杰瓦诺，那儿的景象使人强烈感到它已被彻底毁灭，一片凄凉荒芜。帕维亚也一样，惨不忍睹，街上到处是哭喊着要面包的孩子，都快要饿死了。他们说，那个地方的所有人和意大利许多其他地方的人，正如教皇和很多其他人所表明的那样，由于战争、饥饿和瘟疫，都死光了。因此，很多人认为，由于缺人，意大利要得到完好恢复毫无希望；这种毁灭是法国人也是皇帝造成的，因为他们认为，地狱的魔鬼毁灭了大量其所经之处。[9]

几年后的 1533 年，威尼斯大使巴萨多纳（Basadonna）报告道：

> 米兰被完全摧毁；如此严重的贫穷和毁灭无法在短期内得到恢复，因为工厂已被毁灭，人民已死绝；而这正是缺乏工业的原因。[10]

佛罗伦萨的情况也好不到哪儿去。在 15 世纪末到 1530～1540 年之间，其人口从 72000 下降至大约 60000，毛织品作坊数量从约 270 家降至 60 家多一点，毛织品年产量也相应减少。[11]

大约在该世纪中叶，和平终于得到恢复，"贫穷和毁灭无法在短期内得到恢复"的预言被证明是错误的。几个世纪以来的勤劳和进取的传统，创造了一种潜能非凡的人力资本，恢复速度快得惊人。贝加莫在 1540 年前后每年生产约 7000 至 8000 匹布，1596 年生产了约 26500 匹布。如表 10.2 所示，在佛罗伦萨，毛织布产量从 1553 年的 14700 匹增加到 1561 年的 33000 匹。威尼斯的毛纺品生产，由于其他毛纺品生产中心的发展而遭受严重损失，[12]但威尼斯其他经济部门的扩张大于毛织品生产蒙受的损失。[13]

表 10.2　1537～1644 年佛罗伦萨毛织品

年份	作坊数	毛织品年产量（件）
1537	63	
1553		14700
1560		30000

续表

年份	作坊数	毛纺品年产量（件）
1561		33000
1571		28490
1572		33210
1586	114	
1596	100	
1602		14000
1606	98	
1616	84	
1626	47	
1629		10700
1636	41	
1644		5650

来源：Romano，"A Florence,"pp. 509 - 11；Sella；"Venetian Woollen Industry,"p. 115；Diaz, *Il Granducato di Toscana*, p. 356。

16 世纪下半叶是意大利经济的"小阳春"。然而，在那个小阳春里，未来困难的种子却被埋下。重建在进行，但却是对旧结构的恢复，走的是传统路线。行会组织得到加强，但行会所取得的一切成就只是防止竞争和创新。

意大利在国际市场上越来越缺乏竞争力——而这正好发生在意大利承受不起其缺乏竞争力的时刻。

意大利的国内市场相对有限，自然资源贫乏。从传统上看，它的经济繁荣在于，它能够出口较高比例它所生产的制成品和服务。在 16 世纪期间，其他国家，尤其是北方低地国家和英国，按照新规模和新方法发展生产，它们的产品在国际市场上表现很好。正如一位米兰官员在 1650 年郁闷地说道："近来，人类的独创性在每一个地方都在增强。"[14]

直到 16 世纪末，国际市场上的需求一直很旺盛，这使高效、低效和边际生产者得以维持。但是在快乐的外表背后，意大利正悄无声息地从主导地位下降至边缘地位。

17 世纪 20 到 30 年代，一系列重大因素使国际经济形势动荡不安。从美洲进口的贵金属进入一个长期锐减的阶段，西班牙开始经历痛苦的衰落。在中欧，1618 年爆发了一场灾难性的战争，在三十多年的历程中，它给德国各州的广大地区带来了毁灭性的灾难和无尽的苦难。1611 年，威尼斯大使从土耳其发出警告，指出地方市场由于国内形势动荡不安而出现明显的恶化，这会导致人口和收入下降。在 1623 年到 1638 年间，土耳其－波斯战争使已经岌岌可危的经济形势进一步恶化。西班牙、德国和土耳其市场的共同瓦解，加上国际流动性的收缩，在国际经济舞台上引起直接反响。从此，再也没有边际生产者的立足之地，而意大利到此时已经成了一个边际生产者。

当时的文件对意大利在 17 世纪期间的崩溃情况给予了足够准确的描述。接近 16 世纪末，热那亚每年出口约 36 万磅丝绸布，价值大约为 210 万里拉；一个世纪之后，相关的数据仅为 50 万磅和 50 万里拉（见表 10.4）。17 世纪初，威尼斯每年向近东出口 2.5 万匹毛纺布。根据威尼斯驻君士坦丁堡大使的记述，一个世纪后，威尼斯每年出口的布不到 100 匹，也就是向君士坦丁堡出口约 50 匹，向士麦那出口的数量与之相近。威尼斯在这两个中心的贸易额已经减少到平均每年 60 万杜卡特，而法国的贸易额大约为每年 400 万杜卡特，英国的贸易额与法国相差不多。[15] 就佛罗伦萨而言，普里奥拉托·瓜尔多（Priorato Gualdo）伯爵在 1668 年沮丧地说："我们过去以毛纺布生产取得了巨大的成功，但是荷兰人用他们的布料使我们的销售毁于一旦。"[16]

表 10.3 1600~1699 年意大利部分城市毛纺布产量

年份	毛纺布年产量（块）		
	威尼斯	米兰	科莫
1600~1609	22430	15000	10000
1610~1619	18700		
1620~1629	17270		
1630~1639	12520		
1640~1649	11450	3000	
1650~1659	9930		400
1660~1669	7480		
1670~1679	5420	445	
1680~1689	3050	489	
1690~1699	2640	400	

来源：Sella，"Venetian Woollen Industry"；Sella，*Crisis and Continuity*；Cipolla，"The Decline of Italy"。

表 10.4 1578~1703 年热那亚丝织品出口情况

年份	天鹅绒	挂毡与锦缎	丝绸		小挂毯	总计	
	卷	张	磅	箱	磅	重量（磅）	价格（里拉）
1578	3056	45735	12561	7	116	359028	2131733
1621	1745	28227	11912	251	9292	135109	702266
1622	5249	66920	20137	171	12191	198502	1320933
1623	5181	58251	15627	329	4985	232158	1751200
1624	5270	57000	20596	395	5182	258905	1146660
1625	4139	24337	6806	228	3923	167738	1031466
1626	5024	39986	8103	365	6888	232770	1352933
1627	4047	50165	21177	274	9480	201326	1400000
1628	3715	61084	20667	259	12790	193442	1475066

续表

年份	天鹅绒	挂毡与锦缎	丝绸		小挂毯	总计	
	卷	张	磅	箱	磅	重量（磅）	价格（里拉）
1629	3834	66096	20844	210	8142	177090	1153333
1630	3429	66738	20936	210	6471	167051	908000
1639	4798	130494	28784	70	6704	166608	1111333
1693	513	77805	34385		20703	71264	553200
1694	518	70013	29390		28626	73756	609066
1695	728	83591	34461		25194	80748	608266
1696	730	49264	17774		5241	41766	260800
1697	746	38679	25842		6578	50772	356533
1700	404	75680	20010		30357	64107	533866
1703	496	71200	21176		12705	49241	487066

来源：Sivori，"Il tramonto dell'industria serica genovese，" p. 937。

荷兰、英国和法国的产品不仅把意大利产品从外国市场驱逐了出去，而且甚至将其从意大利市场驱逐了出去。国内国外市场的双重损失使意大利生产顷刻瓦解，制造业和服务部门出现大规模撤资。表10.2和表10.3显示了部分主要城市毛纺品生产陡降的情况。有关其他中心或其他部门的一些其他数据也证实了衰退的普遍性。1615年，克雷莫纳有187家生产毛纺制品的公司，税金账单为742里拉。到1648年，公司数量减少到23家，税金账单减少到97里拉。到1749年只有两家公司还在经营。此外，克雷莫纳在1615年有91家公司生产棉麻粗布，到1648年只剩下41家。[17]17世纪初，科莫有30多台织布机生产丝绸产品，到1650年只剩下2台，其中一台每年只工作6个月；到18世纪初，科莫的织布机全部停产。[18]1565年，热那亚的丝绸工业有约1万台织布机，1630年有约4000

台，1675 年则有约 2500 台。[19]威尼斯在 17 世纪初每年生产约 80 万码丝绸布，到 1623 年则生产约 60 万码，到 1695 年只生产 25 万码（尽管这一衰落部分地被更有价值的布料的增加所补偿）。[20]在 17 世纪初期，热那亚及其领地每年生产高达 15 万磅丝绸，而 1620 年之后，其产量减少到不足 9 万磅，到 1713 年，整个领地只有 83 台丝绸织布机还在生产。[21]

米兰 1600 年有约 3000 台丝绸织布机，1635 年有约 600 台，1711 年有约 350 台。米兰经济的衰退可以被 1619 年到 1648 年间一般消费税的征收额所证实。国家税收变化过程如下：[22]

1619～1621 年：210 万里拉

1622～1624 年：180 万里拉

1625～1627 年：160 万里拉

1628～1630 年：170 万里拉

1631～1632 年：120 万里拉

1634～1636 年：130 万里拉

1637～1639 年：120 万里拉

1640～1642 年：110 万里拉

1643～1645 年：120 万里拉

1646～1648 年：90 万里拉

在佛罗伦萨，年度平均织物产量（tele macchiate）从 17 世纪初的 13000 件下降至 1650 年左右的约 6000 件。[23]

意大利商品和服务被外国的商品和服务取代的根本原因总是一样的：英国、荷兰和法国的商品和服务价格较低。但是为什么会出现这种价格上的差别呢？一般来说，意大利产品的质量更高，部分是由于其引以为豪的传统，但主要是由于受到行会规则的束缚，意大利制造商往往使用传统方法生产卓越但过时的产品。例如，在纺织品领域，英国人和荷兰人向国际市场倾销重量较轻、耐用性较差、颜色较艳丽的产品，从质量上看，荷兰和英国的产品不如意大利产品，但却比意大利产品便宜得多。

然而，意大利产品比较贵的原因不仅在于其质量好，还在于其生产成本在意大利比在荷兰、英国和法国要高——在其他条件相等的情况下，这主要基于三种情况：

247

    a. 行会的过度控制迫使意大利制造商使用过时的生产和组织方法。行会已经成为一种主要旨在防止同业竞争的协会，它们对于技术和组织创新构成了巨大的障碍。

    b. 意大利各州的税收压力过大，（税收）计划不合理。

    c. 意大利劳工成本与与之相竞争的国家的工资水平相比过高。在16世纪所谓的价格革命期间，意大利之外的名义工资并不与物价相匹配。但在意大利，由于有强大的行会组织，工人能够获取与物价涨幅相当的工资涨幅。在英国，17世纪初的实际工资水平明显低于一百年前，而在意大利，实际工资在16世纪期间并没有实质性下降。[24] 所有这一切都说明一个事实：17世纪初，意大利工资与其他国家工资不协调。如果这种较高的工资水平能与较高的生产力相平衡，意大利也不会遭受衰退，但出于上述原因，意大利的劳动生产力比英国、荷兰及法国要低。

所有这些事态发展对意大利经济的影响如下：（a）持续了几十年的出口急剧下降；（b）制造业和航运产业出现了一个长期的减资过程。

在意大利之外，也出现了制造业生产活动从城市涌向乡村的现象。在阿尔卑斯山以北，经济史学家对这一现象给予了积极的评价，将其看作原工业化进程的表现。当制造业从城市转向乡村的时候，它的确从城市行会的控制下解脱出来，其创新的努力一般会得到国王的亲切支持。但另一方面，在意大利，城市把周边乡村牢牢地掌握在手中，使城市行会的干预能力得以维持。这就使少数有进取心的经营者在引进创新方面微不足道的尝试毁于一旦。结果，意大利的制造企业依然固守往日的陈规。

在这些纯经济因素的背景下，其他社会和文化力量也在发挥作用。该国的社会结构如同其普遍心态一样已经僵化。但丁和马可·波罗时代的意大利人表现出开放的意识和强烈的好奇心，但成功会使人居功自傲，反过来又造成愚昧无知。法因斯·莫里森在评论17世纪初意大利人的态度时写道：

248

> 意大利人非常自信，以为他们无所不知、无所不晓……所以他们不是在迫不得已的情况下，从不出国游览。认为意大利拥有一切可看到或可知道的东西的观念，使得意大利人思想狭隘，专横狂妄。[25]

这种心态与技术和组织落后密切相连。下面的一幕就很好地说明了这一点。如前所述，在16和17世纪，有些大型贸易公司能从各自的政府那里获取对一个特殊地理区域的贸易垄断权，因此就会名利双收。在这些巨头当中，两家最大的公司是英国东印度公司和荷兰东印度公司，前者是伊丽莎白女王在1600年12月批准成立的，其具体名称为"前往东印度群岛从事贸易的伦敦总督和商人"；后者创建于1602年，其正式名称为"联合东印度公司"（Vereinigde Ostindische Compagnie）。受到这两家新公司所能赚到的巨额利润的吸引，包括法国和丹麦在内的其他欧洲国家也都建立了类似的公司。

在意大利，一些热那亚企业家联合起来，做出类似的努力，在1647年成立了"热那亚东印度公司"（Compagnia Genovese delle Indie Orientali），注册资金为10万斯库多。但是，公司一存在于纸面上，这些企业家就发现当地的条件不适宜于他们企业的起步。首先，热那亚没有能够建造英国和荷兰公司使用的那种远洋船的船坞。这意味着热那亚人必须从荷兰泰瑟尔岛（Texel）上的船坞订购两艘船。但是这种订单必须保密，因为荷兰严格禁止为外国势力制造这种荷兰商船。拿到船后，热那亚人随之意识到，在热那亚找不到具备在困难的远洋航行中驾驭这种船的必要经验的水手。因此，他们不得不使用荷兰船员。他们一克服这些障碍——这本身就可以表明意大利与欧洲其他强国相比的落后程度——就在1648年3月3日起航。然而，平时相互是劲敌的葡萄牙人和荷兰人却合谋要把这个新生的竞争对手扼杀在摇篮里，1649年4月26日，一支小型荷兰舰队扣押了热那亚商船，迫使其驶向巴达维亚。

1630年，意大利中北部地区遭受了一场瘟疫的毁灭性打击。在不到两年的时间里，400 万人口中有 110 万死亡。如果承认意大利要保持其传统收入来源或找到新来源是不可能的，那么缓慢而持久的人口衰减就可能是解决其经济困难的一种方法。但是像 1630 年瘟疫引起的这种剧烈而迅速的人口减少，却起到了提高工资的作用，使出口处于更加困难的境地。况且，从长远来看，瘟疫过后，人口会再度增长。意大利半岛的总人口在 1600 年肯定有 1200 万左右，到 1700 年有 1300 万左右。[26]然而，在 1700 年，意大利的制造型企业所剩无几，其商业和银行业的优势地位也不复存在。

到 17 世纪末，意大利从英国、法国和荷兰进口了大量制成品。在这一阶段，它主要出口农产品和半成品，即油、小麦、葡萄酒、羊毛，尤其是生丝和加捻丝。在海事服务领域，意大利沦为被动的角色，17 世纪来航（Leghorn）自由港的大规模扩建是英国和荷兰的船运在地中海取得胜利的结果。

意大利的变化充分说明了对外贸易的矛盾心理。从 11 世纪到 16 世纪，对外贸易对意大利来说确实是"增长引擎"，因为：（a）它为国家提供了用于转口的原材料和商品；（b）它促进了对制成品的需求，从而刺激了手工业技能的提高和制造业生产的增长。但从 17 世纪初开始，意大利的外贸结构发生了彻底的变化。外国制造型企业被引进，意大利产品和生产商被驱逐出市场。与此同时，外国的需求促进了油、葡萄酒和生丝的生产。有人会认为，从短期来看，意大利从这种新布局中获得了李嘉图理论所说的那种相对优势。但从长远来看，外贸起到一种"衰退引擎"的作用：它帮助资本和劳动力从第二和第三产业向农业转移。就劳动力而言，这种转移长远来说意味着：（a）有文化的工匠和有雄心的商人数量减少；

249

（b）文盲农民数量增加；（c）有土地的贵族权力扩大。贵族在经济、政治、社会和行政管理方面都占据了优势。城市失去了从前的活力。帕多瓦大学和博洛尼亚大学，这两所伟大的大学落入被人遗忘的角落。威尼斯派其最佳的枪支发明人阿尔贝格蒂（Alberghetti）前往伦敦学习现代冶金技术。意大利剩下的几位钟表匠模仿技术娴熟的伦敦钟表匠的风格和机理。意大利开始走上作为欧洲内部一个不发达地区的道路。

荷兰北部的崛起

传统上，荷兰可分为荷兰南部和荷兰北部。[27]16 世纪中叶，荷兰南部包括佛兰德、那慕尔、艾诺（Hainault）和阿图瓦（Artois）等郡，布拉班特、卢森堡和林堡等公国，梅赫伦属地，以及列日和康布雷主教区。荷兰北部包括荷兰、西兰（Zealand）、弗里西亚、乌得勒支、格罗宁根、海尔德兰、德伦特和上艾瑟尔等省。

从 11 到 15 世纪，荷兰南部处于空前的经济和城市发展的前沿。荷兰南部成为欧洲主要发展中心之一，仅次于意大利。在 13 和 14 世纪，欧洲北部最重要的国际商业中心是位于佛兰德的布鲁日，而在 15 世纪和 16 世纪初期，这一中心是布拉班特公国的安特卫普。[28]佛兰德的纺织品制造商为欧洲北部和中部提供大量优质毛织布。佛兰德画家将其人民的活力变成彩色的杰作。

荷兰北部跟不上南方各省的步伐：其发展比较缓慢，缺乏亮点。但是那里的发展是持续的，而且是均衡一致的。这种发展的基础主要是农业和畜牧业，以及其他两个与航海相关的部门：渔业和与波罗的海地区的贸易。在中世纪，荷兰北部各个

250

城镇都加入了汉萨同盟。从 15 世纪初开始，随着其实力和商业野心的增长，汉萨同盟竭力阻止这些城镇进入波罗的海。荷兰退出汉萨同盟，经过一场艰难的斗争（1438～1471），成功地使波罗的海对其船只开放。波罗的海始终是荷兰北部对外贸易的最重要的区域。即使在几个世纪后联省共和国与美洲和远东成功开展贸易活动，但其与波罗的海地区的贸易依然至关重要，以至于它一向被称为"贸易之母"。16 世纪中期波罗的海贸易对整个荷兰（包括南部和北部低地国家）的相对重要性如表 10.5 所示。

表 10.5　16 世纪中叶进口至南北部低地国家的年价值估算

国家或原地区	进口价值（荷兰盾）
英国	4150000
波罗的海地区	4500000
德国领地	2000000
法国	2700000
西班牙与葡萄牙	4650000
意大利	4300000
总计	22300000

来源：Brulez, "The Balance of Trade," pp. 20–48。

　　起初，与波罗的海的贸易主要是出口非大宗的高单位价值商品，如从西向东的盐、纺织品、香料和葡萄酒，还有从东向西的毛革、蜡、蜂蜜和草碱。船只绕过日德兰半岛航行并不常见。来自西部的商品通过海路运达汉堡，在那儿卸货，然后通过陆路运往吕贝克。在吕贝克，这些货物又被重新装船，通过海路运往目的地。从东向西运输的商品则要历经相反的过程。装货、卸货、再装货是一个复杂的系统，它对于汉堡和吕贝克来说非常有利，因为汉堡和吕贝克都从转运贸易和装卸及运输活动中获得好处。但在 14 世纪期间，造船技术和航海技术得到改进，船只能够顺利绕过日德兰半岛航行了。由于取消了在汉堡和吕贝克的昂贵的装货作业，现在从波罗的海东部国家运输十分笨重、低成本的商品——如亚麻、大麻，尤其是粮食和木材——有了经济意义。

这种变化的作用很快就在汉萨同盟成员与荷兰人之间的竞争中体现出来。起初，波罗的海丰富的贸易依然牢牢地掌握在吕贝克和汉堡商人手中，但后者掌握的程度要比前者小。情况在 16 世纪 80 和 90 年代发生了变化。正如乔纳森·I. 伊斯雷尔所言，荷兰人作为北部贸易的主人，其崛起并非一个渐进过程。汉萨城镇在与荷兰人就波罗的海大宗贸易开展的长期斗争中败北，这主要是因为他们无法应对其日益增长的规模和复杂性。荷兰人在 16 世纪 90 年代开始与俄罗斯北部进行有价值的商业往来。到 1604 年，从西方进入莫斯科的胡椒中的 70% 和大部分布匹都来自荷兰；到 1609 年，荷兰主导了俄罗斯的贸易。到 17 世纪的前几十年，阿姆斯特丹成为欧洲世界的经济枢纽、既反映又支配欧洲贸易节律的大型商业中心。在那时，荷兰北部经济已经达到高度分化的程度。外贸与制造业已经系统地结合在一起。一位敏锐的意大利观察家，洛多维科·圭恰迪尼（Lodovico Guicciardini），在他的报告中对这种形势做了充分说明，他在 1567 年写道：

> 这个国家由于地势低、水分多，所以小麦产量低，甚至连黑麦也不产，但是其享有的资源是如此丰盛，以至于它给其他国家提供的资源与其进口的粮食

251

同样多，尤其是来自丹麦和奥斯塔兰特（Ostarlante，
波罗的海国家）的粮食进口。荷兰不酿造葡萄酒，
但是其葡萄酒存量和饮用量却比任何其他葡萄酒产地
都多，这些葡萄酒来自很多地区，尤其是莱茵地区。
荷兰没有亚麻，但是它却能制造出比世界任何其他地
区都精细的纺织品，而且（它依然）从佛兰德和列
日地区进口这样的纺织品……荷兰没有羊毛，但却生
产无数的毛纺品，（而且甚至还）从英格兰、苏格
兰、西班牙进口一部分，也从布拉班特进口些许。荷
兰没有木材，但是其所生产的家具和摞起的木堆以及
其他东西，比整个欧洲其他地区都多。[29]

252

圭恰迪尼用这些话强调了国际贸易对荷兰北部的重要性，以及
国际贸易与制造部门之间的密切关系。在发达的贸易和制造业
活动的背后，还有农业，由于有可以追溯数世纪的传统，农业
属于这个时代最发达的产业。

  以上的叙述只是大体说明了 17 世纪荷兰"奇迹"出现的
部分较远的原因。事实是，这个在 16 世纪下半叶反抗西班牙
帝国主义，随之崛起成为欧洲最具经济活力的民族的国家，从
一开始就只不过是一个不发达的国家。

  由于对西班牙的反抗和随后的漫长战争，荷兰南部最终也
遭到了毁灭。1571 年，尼诺弗（Ninove）和阿特（Ath）的缩
绒机化为灰烬。1584 年，佛兰德地区仅存布朗代克
（Blendecques）的缩绒机。翁斯科特（Hondschoote）、巴约勒
（Bailleul）、纽维尔克（Nieuwkerke）、韦尔特（Weert）、齐克
姆（Zichem）以及其他纺织品生产中心也遭到严重破坏。

1585 年，安特卫普遭到洗劫。但荷兰人依然是海上霸主，南方各省的毁灭使他们能腾出手来对南方近海和远海进行商业渗透。他们不仅占尽了便宜，而且还为事态的发展提供了助力。由于南部低地国家现在处于西班牙的统治之下，战争还在继续，荷兰人封锁了南部港口，使出浑身解数拖延南方各省的恢复。

在 1609 年和平协定签署之后，北方联省宣告成立，获得了政治独立和宗教自由。一个更加令人诧异的事实是，这个新国家比以往任何时候都更具活力——实际上，它是欧洲最具活力、最发达和最有竞争力的经济体，尽管反对西班牙的战争进行了 40 年，尽管实际上这个国家自然资源贫乏。[30]1611 年，即战争结束刚刚过去两年，威尼斯大使福斯卡里尼（Foscarini）从伦敦发来报道：

> 一般认为，联省在短时期内与世界各地的贸易会成倍增长，因为荷兰人满足于适度的利益，并且拥有大量杰出的水手、船只、金钱和威尼斯在其贸易繁荣时期曾经有的各种专长。

253 在几年之后的 1618 年，另一位威尼斯外交家形容阿姆斯特丹"具有威尼斯繁荣昌盛时期的形象"。[31]

查尔斯·威尔逊力图解释这种"奇迹"，他强调"古老的勃艮第传统"的重要性。换言之，如前所述，这个在与西班牙的斗争中奋起反抗、战斗了 40 年并以胜利告终的国家，并不是一个不发达的国家，而是一个具有古老传统的先进和文明的国家。查尔斯·威尔逊[32]从政治和军事方面对"奇迹"的论述是一种重要的补充，可以从经济方面加以复述。

西班牙的狂热和偏狭给荷兰南部带来的最具破坏性的打击也许不是财富和物质资本的毁灭（尽管这种毁灭也十分严重），而是"人力资本"的外流。西班牙无意中使其敌人拥有了世间最宝贵的资本。来自南方省份的逃亡者——在整个北欧被称为瓦隆人——无处不在：英国、德国、瑞典，但多数在荷兰北部，这是自然而然的。他们当中有工匠、水手、商人、金融家和专业人士，他们为其所选择的国家带来了工艺、商业技能、企业家精神，往往还有现金。在阿姆斯特丹获得自由的人数从 1575～1579 年的 344 人上升至 1615～1619 年的 2768 人。[33]业已证明，这对南部省份是一次可怕的放血，对北部省份则是一次强力的补养。当时最著名的商人，一个总部位于阿姆斯特丹的伟大经济帝国的创始人和管理者路易·德·格尔（1587～1652）就是瓦隆人。[34]到 17 世纪初，瓦隆人成为荷兰东印度公司最强大的股东群体之一。1609～1611 年，瓦隆人持有阿姆斯特丹最大银行的储蓄的一半，占最高纳税等级公民的 30%。[35]瓦隆流亡人士分别于 1585 年和 1591 年在莱顿和鹿特丹引进新的用于纺织毛料的缩绒机。[36]

北方联省本身就很有活力，它凭借自己的实力而朝气蓬勃，获得了一种强大的新动力，加上海洋贸易中无数新机会的出现，它迎来了一个黄金时代。阿姆斯特丹成为一个国际市场，这里有来自世界各地的商品——日本铜、瑞典铜、波罗的海谷物、意大利丝绸、法国葡萄酒、中国瓷器、巴西咖啡、东方茶叶、印度尼西亚香料、墨西哥白银。事实上，阿姆斯特丹成了全球多样化产品的主要市场——从枪炮到钻石，从食糖到瓷器——阿姆斯特丹的市场价格决定欧洲其他市场的价格。[37]

从意大利人那里继承而来的商业技术得到了完善和发展。证券交易所应运而生，维尔纳·桑巴特所称的"原始资本主义"（Früh Kapitalismus）为早期现代资本主义所取代。

254　　在这种情况下，一个民族的生命力从本质上来看也往往是离散的。中世纪的一位教皇对佛罗伦萨人的评价也适合于17世纪的荷兰人：他们是世界的第五元素。他们无处不在——担任托斯卡纳大公国的顾问，开垦马雷马地区（Maremma），在俄国建造第一批铁炮冶炼厂，在巴西扩大甘蔗种植园，在中国购买茶叶、瓷器和丝绸，在北美建立新阿姆斯特丹（后称纽约），以及1616～1619年在亚得里亚海，用他们的大帆船保卫曾经最伟大的海军强国威尼斯免遭西班牙可能发动的进攻。17世纪瑞典的经济发展是荷兰活动的副产品。当日本封锁通往西方的门户，开始多个世纪的闭关自守之时，荷兰人却成为一个例外，被允许在长崎维持一个基地。

正如一个民族的生命力会超越地理疆界一样，这种生命力也会超越专业的边界。13到14世纪，托斯卡纳为欧洲提供了最具活力的商人和工匠，同时也产出了杰出的诗人、作家和医生。17世纪的荷兰北部在船舶运输、绘画、商业，以及哲学思辨、科学观察等方面，都出类拔萃。莱顿的布料年产量从1585年的3万件增加到1665年前后的14万件以上。[38]与此同时，莱顿大学作为欧洲最重要的医学研究中心而闻名。德·凯泽（de Keyser）、凡·德·维尔德（van de Welde）和弗兰斯·哈尔斯画出了无与伦比的杰作，惠更斯为技术和科学做出了重要贡献。而在国际法领域里，格劳秀斯创建了国际水域和领海理论，该理论至今仍然支配着国际关系。

格劳秀斯出现的时间和地点绝非偶然。荷兰北部在其黄金时代的生活水准和繁荣继续依赖于海洋的自由和其舰队的实力。同时代人对荷兰海军力量留下了深刻的印象，他们对此做过极为异想天开的估计。沃尔特·雷利爵士坚持认为，荷兰人每年建造 1000 艘船，他们的海军舰队和商业船队大约由 2 万艘船组成。柯尔贝尔在 1669 年估计："整个欧洲的海上贸易是由 2 万艘船承担的，其中有 1.5 万～1.6 万艘是荷兰的，3000～4000 艘是英国的，500～600 艘是法国的。"[39]然而这不仅是一个数量问题，也是一个质量问题。1596 年，阿姆斯特丹市政厅就向荷兰共和国的议会书面陈词："我国在商业船队和船舶建造方面比法国和英国先进得多，无法进行比较。"[40]正如 R. W. 昂格尔（R. W. Unger）所言："在随后的两个世纪里，其他欧洲船舶建造商的任务是，努力赶上荷兰船舶建造工匠在技术上取得的进步。"[41]

荷兰经济最具活力和魅力的部分无疑是对外贸易。如丹尼尔·笛福所说：

255

> 必须认识真实的荷兰人，他们是贸易中间人、欧洲代理商和经纪人……他们购买再转销，接收再送出，他们庞大商业中的最大部分是来自世界各地的供给，然后他们又可以为全世界提供供给。[42]

为了便利起见，可以把 16 和 17 世纪的荷兰商业分为两个相当不同的领域，一般来讲，这两个领域在贸易、船运和金融技术上有差别。一个领域是远洋航海贸易——在东西印度群岛、巴西、广州和长崎开展。另一个领域是在西欧本土水域进行的贸易。在这两个领域中，波罗的海贸易使荷兰人保持着绝对优势地位。波罗的海贸易的构成和荷兰人在其中起到的压倒性重要性是众所周知的，因为丹麦人几乎对经过从波罗的海到北海的唯一航道的所有国际运输都征收通行费。松德海峡的通行费记录自 15 世纪末一直保存至今，而且十分详尽，在适当考虑到遗漏、走私、说明错误等因素后，可以从中看到波罗的海贸易模式的相当可靠的情况。在 1550 年到 1650 年经过松德海峡的船只中，荷兰船只占的份额在 55% 到 85% 之间波动。在荷兰人进口到波罗的海的商品中，食盐大约占 50%，鲱鱼占 60% 到 80%，莱茵葡萄酒占 80% 以上。在波罗的海出口到西方的产品中，谷物是一种主要商品（1565 年左右约占 65%，1635 年约占 55%）。在谷物贸易中，荷兰所占的份额长期平均为 75% 左右。[43] 然而，荷兰的繁荣昌盛还不仅仅在于其商业的成功。17 世纪，农业和制成品在荷兰也有显著的发展。如上所述，荷兰成为欧洲农业专家的朝圣地，低地国家的技术可能已达到了相对先进的水平，其粮食产量是欧洲其他地区的两三倍，制造业也得到了明显的发展，而且发展面很广。

荷兰的一些制造业活动与国际贸易密切相关，因为这些活动涉及对其进口的天然或粗加工商品进行精加工或提炼。[44] 因此，在北部低地国家，有许多重要的企业从事进口烟草的切割和包装、进口丝绸的编织，以及进口食糖的提炼。阿姆斯特丹在 1605 年有 3 家炼糖厂，1660 年有 60 家。阿姆斯特丹、鹿特丹和其他城镇的铸造厂使用从日本和瑞典进口的铜制枪炮，生产出的枪炮大多销往国外，甚至卖给劲敌西班牙。据柯尔贝尔的考证，荷兰人只消耗了三分之一的法国葡萄酒，其余三分之二经过处理、加工和调配后再出口。正如罗歇·迪翁（Roger Dion）所写：

作为杰出的商人，荷兰人对葡萄的"产区"
（cru）完整性不够重视，而这是法国优质葡萄栽培的
基本原则之一。即使是好的葡萄酒也逃脱不过他们的
处理。[45]

船舶运输和海外贸易的发展刺激了相关活动的发展，如造船、精密仪器制造、绘图和地图生产等。

17 世纪，在钟表制造方面，荷兰人做出了两项十分重要的贡献，即钟摆和游丝的发展。荷兰制造商作为一个整体，未能充分利用惠更斯的发现带来的优势，并没有把这项工艺带上具有英国生产特色的精致和精准的舞台，但是他们生产了大量手表、壁钟和立式大座钟。就其他精密仪器而言，据 18 世纪初的报道："荷兰的天文、几何和其他数学仪器的样式比世界其他任何地区都多。"

意大利历来都在地图制作领域占据统治地位，但 1570 年显然是一个转折点。因为在这一年，奥特柳斯（Ortelius）在安特卫普出版了他著名的地图集的第一版。紧随其后的是墨卡托和洪第乌斯（Hondius），地图生产的杰出工艺从意大利传入低地国家。起初在安特卫普和杜伊斯堡的生产中心，很快就转移到阿姆斯特丹，可以说，从 1570 年到 1670 年的约一个世纪里，从某些方面来看，低地国家中产生了世界上最伟大的地图制作者。17 世纪荷兰人制作的地图，就准确性（根据他们所在时代的知识水平）、所描绘的宏伟气势和装饰的丰富性而言，从未被超越。[46]

如果不考虑到荷兰人通过大规模开发泥煤和风这两种无生命的能源，成功地突破了能源制约的瓶颈，那么任何解释荷兰

在农业、贸易和工业等不同领域的成功的尝试都是不完整的。

荷兰缺少树木，但泥煤储藏丰富。对这种能源的大规模开采始于16世纪。根据德·泽乌（de Zeeuw）博士的计算，在17世纪中叶，荷兰每年烧掉相当于60亿千卡热量的泥煤。数量如此巨大的能源不仅被用于家庭取暖，也被用于工业，如生产砖、玻璃、啤酒等。

257 　　荷兰人还大规模开发风能。他们在海上以前所未有的规模合理地利用风帆；在陆地上使用大量风车。根据德·泽乌的计算，17世纪中叶，北部低地国家有约3000台风车在运转，每年潜在的能源输出量约为450亿千瓦，相当于使用5万匹马制造的能源。风车的使用方式多种多样。1630年前后，荷兰省约有222台工业风车，还有一些数量不详的谷物风车和排污风车。这些风车大多位于阿姆斯特丹以北的诺德-科瓦蒂埃（Noorder-Kwartier）地区。在这个地区（面积约为14.8万英亩，人口约为8.5万人），不同用途的风车分布如下:[47]

风车用途	风车数量
锯木	60
榨油	57
磨谷	53
造纸	9
压麻	5
缩绒	2
压壳	1
鞣革	1
磨面	1
涂漆	1
染色	1
排水	?

不管从农业、商业还是制造业来看，人们都会发现，荷兰人对降低成本即使不是如痴如醉，也有一种天赋。他们能成功地在世界上任何地方把任何东西推销给任何人，因为他们的销售价格比其他任何人都低，他们的价格有竞争优势是因为他们的生产成本比其他任何地方都压得低。

联省的工资是出了名得高，那里所有一般消费产品都加收高额消费税，但是荷兰劳动生产效率足以抵消这种相对不利的因素。荷兰人勤俭整洁的品质为尼古拉斯·维岑所赞扬（见224页），也得到柯尔贝尔的认可，他对荷兰工人在职场上"永远保持节约、勤奋的作风"做过论述。[48]荷兰人依靠赚小钱。[49]此外，他们广泛使用节省劳力的装置。我们已对在陆地和海洋广泛开发风能做过探讨。在海洋运输领域里，他们取得的最大成就是弗鲁特商船（三桅商船）的制造。

三桅商船的设计源于快速平底船的经验。正如有人用恰当的话语所表述的那样："三桅商船是完备船只时代荷兰船舶建造取得的杰出成就，是荷兰船舶设计长期改进的硕果。"[50]三桅商船成为17世纪欧洲北方大型的货运工具。相对于运载能力而言，其船帆面积较小，船桅高度较低；虽然这些特点意味着船速较慢，但对于这样的船而言，更重要的是其需要较少的船员，因此成本较低。这种船具有良好的操纵性，这有助于进一步减少船员数量，大量使用滑轮和滑块来控制帆桁和船帆也是出于此目的。除了船体需要使用橡木以抵御盐水的侵蚀外，一般都使用廉价的轻质松木。三桅商船轻快，几乎没有防御能力，当它运载枪炮时，则装备定额很小；但这也是一种经过计算的风险，[51]它进一步降低了生产成本。

258

当不能用任何其他方法降低成本时，荷兰人就降低产品质量。在毛纺品领域，他们生产色彩鲜明的劣质布匹——被称为"荷兰时尚布匹"，并用其垄断很大一部分国际市场，损害了继续生产"旧式高质服装"[52]的商人的利益。在葡萄酒贸易中，他们经营"小酒"（劣质葡萄酒），这在国际贸易中从来都没人想过。[53]

三桅商船。这是 17 世纪荷兰造船师的杰作。

259　　　荷兰人以牺牲质量达到降低价格的目的，这背离了中世纪和文艺复兴初期流行的一种传统，预示着一种将在现代盛行的原则。中世纪的商人通常竭力使单位产量的利润最大化，因此坚持高质量标准，但是荷兰人却果断地走向了大规模生产。他们在越来越多的活动中，千方百计地使销售量最大化，从而实现利润最大化。如威尼斯大使福斯卡里尼在 1611 年所报道的：
"荷兰人满足于适度的收益。"甚至荷兰的画家都以低廉的价
格大规模生产他们的杰作。比如，一幅所罗门·范·雷斯达尔
（Salomon van Ruysdael）的风景画，或一幅扬·斯特恩（Jan
Steen）的风俗画的平均价格大约为一个莱顿纺织工一周薪水
的四分之一。[54]新的、更大的社会群体在沿着欧洲的经济阶梯
向上攀登，需求价格弹性由于商品数量日益增加而不断增长，
这一事实是荷兰人持有新态度的原因，也与其成功相关联。

荷兰的成功引起了一些人的羡慕、一些人的嫉妒，以及各
地的极大兴趣。整个欧洲对荷兰无比着迷，与之隔着英吉利海
峡相望的邻居英国人尤为如此。

英国的崛起

15 世纪末，英国仍是一个"不发达国家"——不仅与现
代工业化国家相比不发达，而且与当时的"发达"国家相比
也不发达，如意大利、低地国家、法国和德国南部。

英格兰和威尔士的居民不足 400 万，而法国有 1500 多万
人口，意大利约有 1100 万，西班牙有 600 万~700 万。英国人
口少并未被更多的财富所弥补。相反，从技术和经济角度来
看，英国比欧洲大陆上大多数国家都落后。

正如 D. C. 科尔曼（D. C. Coleman）所言：

> 从经济、文化以及地理方面来看，英国当时还是
> 一个处于欧洲世界边缘的国家。居主导地位的经济体
> 是地中海各国，特别是意大利、德国南部、佛兰德的
> 商业和工业城市，以及汉萨同盟商业帝国中的北德城

镇。实际上，汉萨同盟会员和其他外来者，主要是意大利人，依然控制着英国海外贸易的 40% 左右。英国的商业船队虽然表现出良好的扩张迹象，但却没有什么意义。英国一个有实力的商业城市——伦敦，在财富和体量以及政治和文化影响力方面与欧洲大陆的大城市相比相形见绌，其地位与维罗纳或苏黎世不相上下，却不能与欧洲最大的海港威尼斯相提并论；而美第奇家族的基地在佛罗伦萨，它控制着欧洲最大的金融组织，其所显露出来的财富和力量甚至使英国感到不可企及。[55]

然而，英国生产的羊毛是欧洲最好的，从 14 世纪起，其毛织布生产的规模越来越大。羊毛和毛织布在中世纪最后几个世纪占据了英国出口的主要部分，在出口数据中，毛织布对原毛比例的上升可以看作制造业在经济中权重增加的一个指数（见表 10.6 和图 10.2）。从一个以大量出口本地原材料为特征的阶段，转向一个以用这些原材料制造的成品出口不断增多为特征的阶段，是经济发展道路上的关键一步。

在传统上，英国产品往往出口到荷兰南部市场——先到达布鲁日，再进入安特卫普，再由此被分销到欧洲大陆各地。

表 10.6　1361～1500 年英国原毛和毛织品年均出口量

年份	原毛（包）	毛织品（相当于原毛包数）
1361～1370	28302	3024
1371～1380	23241	3432
1381～1390	17988	5521
1391～1400	17679	8967

续表

年份	原毛（包）	毛织品（相当于原毛包数）
1401～1410	13922	7651
1411～1420	13487	6364
1421～1430	13696	9309
1431～1440	7377	10051
1441～1450	9398	11803
1471～1480	9299	10125
1481～1490	8858	12230
1491～1500	8149	13891

来源：Bridbury，*Economic Growth*，p. 32。

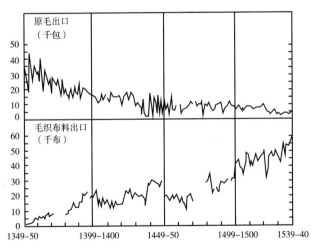

图 10.2　1349～1540 年英国原毛和毛织布料出口趋势

来源：H. C. Darby（ed.），*A New Historical Geography of England*，p. 219。

在 15 世纪的历程中，纽伦堡、奥格斯堡、拉芬斯堡，以 261
及德国南部其他城市的商人，以莱茵兰各城镇的商人为中间
人，与布鲁日和安特卫普建立起了比较密切的联系。到了 15

世纪下半叶，这些联系变得更加频繁和直接。葡萄牙贸易在安特卫普的发展起到催化剂的作用；葡萄牙人销售来自西非的象牙、黄金和胡椒，以及来自马德拉群岛的糖，并积极购买德国人可以大量出售的产品，即白银、水银、铜和武器。[56]1490～1525 年，南德商人在安特卫普市场获得成功，其中伊姆霍夫、维尔瑟、富格尔等经济巨头十分活跃。[57]在安特卫普市场上，南德商人不仅发现了葡萄牙人带来的商品，还发现了英国的纺织品。

传统上，南德商人在意大利北部市场（尤其是米兰、科莫、布雷西亚和贝加莫）[58]获取毛织布供给，然后再向整个中东欧分销。但是，如前所述，在 16 世纪上半叶，意大利生产由于战争和灾难而土崩瓦解。由于意大利供应商再不能满足德国的需求，德国人便开始利用在英国生产、在安特卫普有售的布匹。

这样，英国出口的黄金时代到来了，其随后又在 1522 年到 1550 年蒸蒸日上，因为亨利八世为解决其庞大的军费开支问题而使英镑出现混乱的贬值。

英国的纺织产业最先体现出出口迅速增长的效应。但是，在经济学中，波浪传向远方，源发于一个部门的事情肯定会在其他部门激起涟漪——尤其是在正在扩张的部门是经济中的一个关键部门的情况下。F. J. 费希尔（F. J. Fisher）教授引出证据，说明英国短布出口在 1500 年到 1550 年间增加了三倍，结果"可耕地变成牧场，纺织业遍布乡村，商人数量暴涨……生活水平有相当大的提高，这一点从禁奢法的扩散就可以看出"。但是 J. D. 古尔德（J. D. Gould）教授认为，经过仔细研究，费希尔关于毛织品出口增长了 300% 的论断，由于他对资料来源的错误解释而不能成立。[59]

　　然而，没有人对英国出口即使没有像费希尔坚持认为的那样增长那么多，也确有实质性增长这一事实提出过质疑。但不容否认的是，在那半个世纪，英国的经济发展是基于伦敦－安特卫普轴心的建立和繁荣的。这一事实可以说明，英国南部，特别是东南部，在那个时期倾向于成为较富有和活跃的经济区域，吸引人、商品和贸易。很多外省贸易商感到无法与越来越富有和强大的伦敦商人相竞争。古老而重要的布里斯托尔港的商业衰落了，一种类似的命运降临在赫尔（Hull）、波士顿和桑威奇（Sandwich）这样的港口上——尽管有些港口开辟了一些其他类型的贸易，如煤炭和谷物的沿海贸易，以为伦敦迅速增长的人口提供供给。

　　到 16 世纪中叶，英国在正常年度里的出口总值可能大约为每年 7.5 万英镑。这类或那类的毛织品依然占总出口的80% 以上，生羊毛下降到仅占 6%。英国的大部分贸易仍然局限于欧洲。英国的商业船队依然无足轻重，（其装载量）可能只有 5 万吨左右，国家的大部分对外贸易即使是英国人经手，也是由外国船只运输的。

　　连续性元素数不胜数，举足轻重，但在不止一种意义上。到 16 世纪中叶，英国的面貌与其一个世纪之前有天壤之别。扫盲作为一个指标迅速在大众和社会中传播，社会和经济也正在经历一个实质性的变化过程：英国正在迅速赶上欧洲大陆最先进的国家。[60]

　　在这紧要关头，一场严重而漫长的危机打断了英国经济在约三分之二的世纪中的扩张趋势。继 1500～1550 年的显著增长之后，伦敦港的短布出口在 1550～1564 年陡然下降，接近

263

世纪末时，其稳定在每年 10 万匹布的水准。[61] 意大利纺织业的恢复、德国南部的停滞、南部低地国家的战争、货币价值的重估，所有这些都给英国出口商造成苦难。正如当时的一篇文章所报道的那样，所有英国"商人都感到英国周围和附近的国家和人民对英国的商品和产品需求量很小，因此价格有所下降，某些善于思考的伦敦市民和智慧超群的人们，为了国家的利益开始想办法扭转这一不利局面"。

"不利局面"得到"扭转"。费希尔教授以与伦敦有关的短布出口数据为证据，提出一个假说："50 年代的失调"为一场一直持续到世纪末的"大萧条"打开通道。[62] 这是夸大其词。正如另一位经济历史学家所指出的，我们必须"对伦敦布匹统计数据所展示的停滞和萧条景象予以纠正"[63]。实际上，1550～1650 年的特色在于，英国经济发展进入了一个新阶段——一个除了毛织品外其他制成品也在经济中开始起重要作用的阶段。

从一种经济向另一种经济转变显然是一个渐进的过程。在 17 世纪末，毛织品依然占出口的约 48%（见表 10.7）。但是从 16 世纪中叶开始，新的行业开始扩张，其在经济中的重要性稳步增强。16 世纪下半叶的几代人并不感到忧郁，虽然他们对伦敦港的短布出口停滞不前感到惋惜和气馁。他们无所畏惧、敢冒风险，即使遇到一些困难，他们也会立志开辟新途径，寻找各种机遇，重新调整英国经济的走向。铁、铅、武器、各种新布、玻璃、丝绸的产量在 16 世纪下半叶显著增长。英格兰和威尔士的鼓风炉在 1550 年前后每年生产约 5000 吨铁，在 1600 年前后每年生产 18000 吨铁（见表 10.8）。铅的产量在 1580 年前后达到 3200 吨。不仅如此，约书亚·吉还提道：

> 亚麻布的制造在王国的几个地区展开……青铜和
> 黄铜制造已经起步，并达到了极大的完善，它现在为
> 国家提供大量的铜、水壶和各种各样的青铜和黄铜器
> 皿。帆布制造也已经开始，并达到完美的程度；还有
> 我们从前从法国进口的用钢制造的剑刃、剪刀和很多
> 玩具。[64]

一个民族的活力通常不止体现在一个部门。与商业领域的这种 265
活力相匹敌的是航海、技术和文化领域的活力。佛罗伦萨旧宫
地图室的墙壁上有一篇 16 世纪下半叶有关英国的题词，它回
顾道："这个岛上的人民曾经被古人形容为既没有文学修养又
没有音乐才华，可是如今，在这两个领域里，他们都被认为成
就斐然。"享有盛誉的威尼斯枪支发明人真蒂利尼（Gentilini）
写道："说实话，英国人精明强干，智慧非凡，善于发明创
造。"

表 10.7　1699～1701 年英国对外贸易商品的构成

	出口（%）	进口（%）
羊毛产品	47.5	31.7
其他产品	8.4	
食品	7.6	33.6
原材料	5.6	34.7
再出口商品	30.9	
总计	100.0	100.0

来源：Davis, "English Foreign Trade 1660 – 1700," p. 109。

表 10.8 1530～1709 年英格兰与威尔士被占用的鼓风炉数量、
平均产量和总产量

日期	鼓风炉数量	均产量(吨)	总产量(千吨)
1530～1539	6	200	1.2
1540～1549	22	200	4.4
1550～1559	26	200	5.2
1560～1569	44	200	8.8
1570～1579	67	200	13.4
1580～1589	76	200	15.2
1590～1599	82	200	16.4
1600～1609	89	200	17.8
1610～1619	79	215	17.0
1620～1629	82	230	19.0
1630～1639	79	250	20.0
1640～1649	82	260	21.0
1650～1659	86	270	23.0
1660～1669	81	270	22.0
1670～1679	71	270	19.0
1680～1689	68	300	21.0
1690～1699	78	300	23.0
1700～1709	76	315	24.0

来源：Hammersley，"The Charcoal Iron Industry"，以及 Riden，"The Output of the British Iron Industry"。

　　要正确理解当时英国发生的事，就必须考虑私掠巡航的增加、英国政府的经济政策和移民的贡献。

　　到 16 世纪中叶，海外贸易在价值和数量两方面都有巨大的增长。这种贸易始于在墨西哥和秘鲁发现的丰富的白银储藏（见第九章）。大量贵重金属通过大西洋被运往欧洲，随之通过波罗的海，或绕过非洲和印度洋继续前往东方。在相反方向，远东珍贵的商品到达欧洲和美洲。对于一个像英国这样的航海民族来说，所有这种满载珍贵产品的大帆船的来去都代表着一种无法抵制的诱惑力。到 16 世纪 60 年代，商业劫掠成为英国资本积累的一种重要形式。罗纳德·霍普（Ronald Hope）认为，在西班牙无敌舰队被击败（1588 年）之后的三年，实际上至少有 236 艘英国船只参与了私掠巡航，其中大多数是由商船改装而成。[65] 其间，俘获的战利品有 299 件。1573 年，弗朗西斯·德雷克带着价值高达 4 万英镑的战利品返回英国，并在 1580 年的环球航行中再次缴获大量战利品，价值可能高达 60 万英镑。诸如约翰·沃茨（John Watts）爵士、托马斯·米德尔顿（Thomas Myddelton）爵士和保罗·拜宁（Paul Bayning）这样的伦敦商人通过私掠巡航所积累的资本，在随后创办东印度公司和建立第一批美洲殖民地中起到了不小的作用。

要考虑的第二点在于政府经济政策的贡献。这种政策是严格的重商主义政策，也就是保护主义政策，而在当时的情况下，这种政策是成功的。由于对外国产品实行野蛮的关税，本地制造业得到保护。例如，对法国亚麻布征收 50% 的关税，对法国其他制成品征收 70% 的关税。尤为重要的是那些被称为《航海条例》（Navigation Acts）的措施。

1649 年，查理一世被送上断头台。两年后，英联邦政府通过了《航海条例》，这挑起了英国和荷兰之间 1652 ~ 1654 年的第一次战争。虽然这个条例并不标志着政策的重大变化，但它比从前的任何法案都更加全面，其中大多基本法令在未来近 200 年的时间里一直有效。

1651 年的《航海条例》规定，英国的进口产品应当直接

266

从生产国或通常装运它们的首家码头运来，运输必须由英国船只，或原产国船只，或首次装运地的船只承担。欧洲之外的所有商品都必须由英国船只运送到英国。

在查理二世复辟后不久的 1660 年，又通过了一项更加详细的法案：沿海贸易全部为英国船只保留，这些船只必须被确定为英国的，即船上必须有一位英国船长和四分之三英国船员；几乎所有地中海和波罗的海的主要产品，以及所有土耳其和俄罗斯的产品，都要由英国船只，或原产国船只，或首次装运地的船只引进；来自欧洲之外地区的进口产品则必须由英格兰、威尔士、爱尔兰或原产国船只运输；出口到殖民地的产品只能由英格兰、威尔士、爱尔兰或殖民地的船只运输。

1662 年，一项新法案被制定出来，旨在限制使用除战利品外的外国建造的船只，以及外国拥有的船只；虽然大型船只的定义被修改，但对大型船只的奖励金也得到了恢复。[66]部分由于《航海条例》的出台，英国商业船只从 1652 年的 130 艘增加到 1688 年的 173 艘。

要考虑的第三点是移民对英国经济发展的贡献。如前所述，法国的宗教和政治迫害、西班牙在南部低地国家的破坏和迫害，以及其他地区的经济困难，迫使很多人前往比较热情友好的国家寻求和平、安宁和工作。越来越多的瓦隆人和法国胡格诺教徒在世纪中叶之后涌入英国。"新有褶布料"的发展尤其要归功于"瓦隆"移民，玻璃业、钟表业和丝绸业的发展主要应归功于法国移民，同时代人都能意识到这种贡献。17世纪初，约翰·史铎（John Stow）写道：

大约在伊丽莎白女王登基的第 8 年，一位日耳曼人伊利亚斯·克劳斯（Elias Crowse）首次在英国传授西班牙针的制作方法……大约在伊丽莎白女王登基之初，一位名叫雅各布·维纳里内（Jacob Venaline）的意大利人首次在伦敦的克罗切弗瑞尔（Crotched Fryers）街制作威尼斯玻璃……1590年，列日省的戈弗雷·鲍克斯（Godfrey Box）首次把铁条切割引进英国的一个磨坊里，以供铁匠制造长铁杆和各种钉子使用……德国人约翰·斯皮尔曼（John Spilman）师傅不久以后在达特福德河畔建造了一个生产白纸的磨坊，而詹姆斯国王早已封他为爵士；这是在英国首家制作优等白纸的磨坊。[67]

几十年以后，T. 维奥莱特（T. Violet）写道：

267

　　不可否认，这些人（难民）中的大多数给这片土地带来了许多勤奋制造的产品，从而使这个国家因外来商人而变得富裕起来，科尔切斯特、诺里奇、坎特伯雷和他们居住的海港城市就是证明。我一直认为一个好的荷兰商人对我们和我们的国家是有益的，这就像荷兰人对他们的荷兰牛的评价一样。[68]

威廉·坎宁安（W. Cunningham）在上个世纪末就有关主题撰写了一本经典的小册子。[69] 遗憾的是，这个主题从那时起就受到忽视，移民在1550～1650年对英国经济发展的贡献通常只是作为一个次要因素被顺便提起，移民劳苦功高这一事实绝不会使英国人受到影响。诚然，这些难民经常受到将其看作潜在而危险的竞争对手的英国工匠的骚扰，[70] 但是国王和公众舆论保护移民，当地的工匠即使怀有敌意，也从难民那儿学习较先进的技术，而且在大多情况下他们设法学得完美。

事实上，即使是最不经意的观察者也看得出当时英国社会的两个特点：一是不同寻常的文化接受能力；二是同样不寻常的对眼前困难做出果断反应的能力，这种能力使困难成为新发展和新相对优势的起点。

文化接受能力的提高可能基于这样一个事实：多个世纪以来，英国人一直与更加开化的地区密切往来，因此，他们产生了一种强烈的模仿精神。虽然其中不乏保守主义者，他们对地方文化和传统完全满意，但很多人也怀有强烈的好奇心，视野超出了狭隘的界限。对旅游的热爱和对教育的重视归功于"大旅游"（Grand Tour），即派遣年轻男子前往帕多瓦、巴黎，或此后的莱顿等地的大学学习的一种理念。这些体现出普遍文化现象的不同侧面，这种现象在 16 世纪中叶到 17 世纪中叶期间获得了极大的活力。[71]

伊丽莎白家族喜欢海外旅游，习惯于把旅游当作教育的一个方面向世人推荐。《维罗纳的两位绅士》（*The Two Gentlemen of Verona*）中的安东尼奥说道："没有经过世界的考验或指导，他就不会成为完人。"当工匠们学习移民的技术和贸易时，旅行者则进口了新的观念。[72] 在很多情况下，新采用的观念和技术实际上是以高超的技能开发出来的。早在 17 世纪初，约翰·史铎就写道："今天世界上最精美的刀具是在伦敦制造的……英国人开始制造各种各样的别针，到今天，他们超越了所有国家。"[73] 当亨利八世决定在无双宫（Nonesuch Palace）制作大钟时，他不得不邀请法国钟表匠；国王的钟表设计师尼古

268

拉斯·克拉策（Nicholas Kratzer）是一位巴伐利亚人；伊丽莎白女王的钟表匠尼古拉斯·乌尔索（Nicholas Urseau）具有法国血统，但是到 1680 年，"英国在钟表制造领域已经获得了一种无可争议的杰出地位，一种它享有了约一个世纪的卓越地位"[74]。

如艾力·贺佛尔（Eric Hoffer）所写："一个社会的活力部分体现在，其有能力大量借鉴而不产生不良影响，不伤害其身份。"

当时的英国不仅开放，而且同一时期英国社会的"纤维"都不一般。用汤因比的话来说，可以认为，就当时必须面临的无数严峻挑战而言，英国总能做出积极的、富有创造性的反应，如同一个健康的有机体对自然的虐待做出反应，并从中得到强化一样。西班牙无敌舰队的毁灭就是一个典型的事例，它说明英国人利用了几个有利于自己的因素，扭转了基本不利的局面，取得胜利。我们看到，1550 年之后，英国人在羊毛出口领域面临着越来越大的竞争和困难，但他们不甘言败，在移民的帮助下，他们迅速采用新的荷兰生产方法，摒弃外国商人来英国购买羊毛和毛织品的传统，积极发动攻势，征服北非和中东市场。

在军备方面，英国发现自己处于不利地位，当时由于皇家资产遭到毁灭，从大陆炮商那里购买所需火炮变得越来越困难。当时的大炮主要是用青铜造的，而英国缺乏青铜。在 1543 年至 1545 年间，迫于形势的压力，几个英国技术员在外国技术员的帮助下，利用当地现有的原材料，研制出铸造铁炮的新技术。到 1575 年，英国的铁炮产量超过 500 吨，到该世纪末，其年产量约为 1000 吨。铁炮比青铜炮便宜得多，虽然其质量不如后者，但数量十分充足，尤其是对武装商船和私掠巡航来说。在一代人的时间里，不利的局面就变成了有利的局面。

一种类似的情况发生在能源方面。英国从来不是一个森林茂密的国家。16 世纪，由于人口的扩张、建筑活动和家庭取暖对木材的消耗、船舶建造以及木炭生产等综合因素，仅有的森林迅速减少，而木炭是用于某些工业加工的唯一已知燃料。16 世纪，议会的一些法案力图减少对用于工业目的的木材的砍伐。如我们已经看到的，英国历史学家倾向于否认 17 世纪初发生过任何木材危机。但是，那时正在发生的变化与同时代的一系列证据结合起来表明，肯定出现过一场十分严重的危机。英国政府在 1548～1549 年下令对萨塞克斯各铸铁厂的木炭消耗进行调查。[75] 但是政府的行动收效甚微，或者说毫无效果，英国木材储备被迅速掏空。在 1580 年前后，威廉·哈里森指出一个事实：一个人乘车行走一二十英里也难得见到，或根本见不到树木，"除了那些居民在住所周围栽种了几棵榆树、橡树、榛树或白蜡树之处"。亚瑟·斯坦迪什（Arthur Standish）在 1661 年指出了前二三十年所发生的毁灭，并呼吁必须重新植树。埃德蒙·豪斯（Edmund Howes）在 16 世纪初写道：[76]

> 英国树木充足，在人们的记忆里，英国不可能缺乏树木。可是与从前的想象相反，航海使用了大量的木材，随着房屋建筑的不断增加，要使用大量木材建造数不胜数的家具、木桶和其他容器，以及手推车、货车和四轮马车；此外炼铁、烧砖烧瓦也使木材遭到

269

极大浪费。如上所述，当前对树木的大量消耗和对植树造林的忽视，使整个王国的树木都十分稀少……

1637 年，肯特郡克兰布鲁克镇的布匹生产商向枢密院委员会控告约翰·布朗，因为他的熔炉烧掉了大量木材，导致了木材价格的上涨。[77]

根据表 10.9 中的数据，木炭价格在 16 世纪 30 年代到 17 世纪 20 年代期间上涨了 4 倍，这在一定程度上与整体价格水平波动相符合。但是从 17 世纪 20~90 年代，木炭价格翻倍，而大多其他价格原封不动，甚至还呈现出一种轻微下降的趋势。[78] 有人指出，这种相对价格波动似乎表明，燃料危机于 17 世纪 30 年代在英国爆发。[79] 这场危机造成的后果在军工产业里可以明显看到。从 16 世纪中叶以来，英国已经成为铸铁军火的制造商和出口商。根据一份 1573 年的报告，"铸铁年产量达到 400 多吨，但这些全部留在王国境内，不买也不卖"；根据一份 1607 年的报告，在 1596 年到 1603 年间，每年得到出口许可的铸铁军火约有 2270 吨，还有数量不详的非法铸铁军火出口。[80] 然而，到 1630 年，铸铁军火生产由于燃料短缺而受到严重打击，英国之后都不能生产满足自身需要的枪支。有人在 1632 年听说，瑞典制造的铁枪被船运到英国；如前所述，17 世纪 70 年代，塞涅雷侯爵向他的父亲柯尔贝尔报告，英国人"没有足够的木材铸造他们所需要的军火，于是从瑞典进口大炮，尽管他们认为瑞典的铁不如英国的好"[81]。

270

表 10.9　1530～1699 年英国的木炭价格

年份	先令每车
1530～1539	3
1570～1579	3.4
1580～1589	9.5
1590～1599	10
1610～1619	10
1620～1629	14.4
1650～1659	18
1690～1699	30

来源：Hammersley，"The Charcoal Iron Industry"。

英国对能源危机做出了两种反应。首先是加强与斯堪的纳维亚国家的船运与贸易，因为那里有充足的木材供给。其次是英国越来越多地依赖不列颠岛所拥有的那种丰富燃料。一位英国人在 1577 年说道："我们岛屿的北部和西部地区有很多煤矿。"

煤炭在 1228 年就已经为人所知，因为那一年就有"海运煤巷"存在的明确记录，据说，这条巷子在当时被用来作为海运煤的卸货点。据说在同一年，煤烟迫使埃莉诺女王离开诺丁汉城堡。1257 年，有人提到有一艘船把煤炭运进伦敦。但在整个中世纪，英国人和所有其他欧洲人一样，依然非常不愿意广泛地使用煤炭，他们本能地认为煤烟有毒。然而，在 17 世纪初，英国人被迫把所有的保守观念搁置一边，他们在 1500 年后开始广泛地依赖煤炭，不仅将之用于家庭取暖，还将之用于工业过程，诸如烘烤砖瓦和啤酒的麦芽、提炼糖、生产玻璃和肥皂，以及炼铁。早在 1631 年，埃德蒙·豪斯就写道：

整个王国，不仅伦敦市，而且所有港口城镇的树
木都非常稀缺，在国家内部很多地区，居民一般都不
得不使用海运煤或露天煤生火，甚至尊贵人家也是如
此；必需品是所有工艺之母，他们近年来使用海运煤
或露天煤冶炼铁、制作各种各样的玻璃、烧砖。[82]

271

从 16 世纪晚期以来，随着国内工业市场扩大和木材燃料减少，
煤炭生产有显著增长。

在 1550 年前后，英国煤炭年产量约为 21 万吨，而在 1630
年约为 150 万吨。[83] 约翰·克利夫兰（John Cleveland）在 1650
年写道：

英国是一个完美的世界

还拥有印度群岛；

纠正你们的地图，

纽卡斯尔是秘鲁。

英国煤炭产量在 1800 年达到 1100 万吨，在 1850 年前后达到
6000 万吨。其在有水路运输的地区发展更快。通过海洋从纽
卡斯尔运到伦敦的煤炭的增长情况如下：

1549～1550 年	35000 吨
1579～1580 年	141000 吨
1633～1640 年	409000 吨
1679～1680 年	560000 吨

这种发展反过来又刺激了船舶运输和船舶建造。据说在17世纪的英国，煤炭贸易"如果不是海员唯一的也是特殊的托儿所和学校"，而且也是"海员最主要的就业出路"。1738年，一位法国旅行家写道，煤炭是"英国所有工业的灵魂"。

为了应对严重的短缺，英国创造性地开发了新技术，这使它能够利用当地相对充足的自然资源。英国聚焦于铁和煤的生产，使自己走上了直接通往工业革命的道路。铁和煤在工业革命的起源中发挥的关键性作用远远大于棉花。早期纺织机械的发展是欧洲经济史上的一个重要插曲，但正如以下所言：

> （早期的棉花机械）更适合作为旧工业演变的一种附属物，而不是按照其通常被表述的方式作为新工业的开始……假如没能筹集到资本，假如没有兰开夏郡常规的水利，那么与其十分类似的事件在15世纪的佛罗伦萨就不可能发生吧？18世纪兰开夏郡和西赖丁（West Riding）的发展与前工业革命世界之间具有连续性。也许会没有克朗普顿和阿克莱特，但仍然会有一场工业革命。[84]

272

如果说对煤和铁的使用和依赖的增加，也许是一项重大发展，它导致了最后呈现出的这种形式和形态的工业革命，那么其他伴随性因素和发展也不该被忽略。直接导致工业革命的因素还包括工厂规模的扩大，以及劳动力和资本向技术生产部门的同时集中。在铸铁厂，固定资本量大，但劳动力依然不多。[85]但在其他部门，如明矾生产、船舶制造和纺织品制作部门，资本和劳动力这两者的集中程度越来越高：工厂的价值达到几百万英镑，数以百计的工人被雇用。[86]

如果不适当考虑商业部门正在同时发生的变化，那么就无法理解发生在制造业和航运部门的很多变化。威尼斯驻伦敦大使阿尔维塞·莫塞尼格（Alvise Mocenigo）在1706年写道："在已知的世界中，凡是可以通过海路抵达的角落，都可以找到大量的英格兰船只。"而且，"带着忧伤的记忆，"他说，"英格兰现在就是和从前的威尼斯一模一样的城市。"就1550年到1650年间英国制成品的发展而论，上文强调移民所发挥的重要作用，在17世纪和18世纪初英国的对外贸易发展中也能找到相同的证据。正如阿什顿（Ashton）所言："在亲吻过乔治三世之手的810名商人中，至少有250名有外国血统。此时英国人向来自四面八方的资本和企业敞开大门，这是他们的功绩之一。"表1.14表明，在17世纪初到18世纪初期间，总出口量（出口加转口）大约增加了六倍。虽然这一数据同当时的所有统计数据一样，应该谨慎对待，但毫无疑问，英国的外贸历经了一次十分显著的扩张。在这次扩张中，额外的对欧洲贸易和转口贸易的重要性稳步增长（见表10.10）。在1640年前后，转口贸易约占总贸易的18%（见表1.14），到了世纪末约占31%（见表10.7），在1773年则约占37%。[87]这种转口贸易主要由来自东、西印度群岛的商品构成。如菲利斯·迪恩（Phyllis Deane）所写：[88]

> 热带商品的巨大重要性在于这样一个事实：它们增加了英国在欧洲大陆的购买力。英国需要欧洲的进口产品以用于关键的生产目的，而不仅仅是为了满足上层阶级对葡萄酒和白兰地的需求。它需要外国的木材、沥青和麻来建造船只和建筑，需要高等铁条来进

行金属贸易，需要生丝和加捻丝来进行纺织品贸易。它沿着传统路线进行的工业扩张受到严厉的限制，因为传统市场对毛织品的需求缺乏弹性，已经趋于饱和。要不是热带产品需求弹性大，温带地区的市场不断扩大，英国与欧洲的贸易就很难扩大。

热带产品贸易还使新工业得到发展，如炼糖业。在 18 世纪发展起来的广阔、复杂的世界贸易多边网络的枢纽是伦敦，它有宽阔的避风锚地、巨大的码头和仓库、富有的城市银行、海上保险专家和世界范围内的商业联系。[89]如附表 1 所示，伦敦人口从 1500 年的约 7 万增加到 1650 年的约 45 万，再到 17 世纪末的 50 多万。伦敦已成为世界上最宽阔、最繁忙、最富裕的大都市，塞缪尔·约翰逊写道："当一个人厌倦了伦敦，他就厌倦了生活，因为伦敦拥有生活所能承受的一切。"

表 10.10　1700～1750 年英国对外贸易的地域分布

	1700～1701 年（%）	1750～1751 年（%）
来自以下地区的进口总额占比		
欧洲	66	55
北美	6	11
西印度群岛	14	19
东印度群岛与非洲	14	15
总计	100	100
至以下地区的再出口总额占比		
欧洲	85	79
北美	5	11
西印度群岛	6	5
东印度群岛与非洲	4	5
总计	100	100

	1700～1701 年（％）	1750～1751 年（％）
国内出口至以下地区的进口总额占比		
欧洲	85	77
北美	6	11
西印度群岛	5	5
东印度群岛与非洲	4	7
总计	100	100

来源：Deane, *The First Industrial Revolution*, p. 56。

表 10.11　1572～1686 年英国商船队规模

年份	总吨位	船只数量	
		100～199 吨	200 吨及以上
1572	50000	72	14
1577		120	15
1582	67000	155	18
1629	115000	>178	>145
1686	340000		

来源：Davis, *The Rise of the English Shipping Industry*, pp. 7，15，25，27。

　　伦敦在 1550 年到 1700 年期间设法发展起来的那种世界规模的贸易，要求一定程度的技能、老道和国际交易手段，这完全不同于 16 世纪初伦敦－安特卫普轴线的简单交易模式所要求的内涵。使英国人能够发展其世界性商业网络的资源主要有：（a）相对丰富的优秀水手和精明商人的储备；（b）相对丰富的物质资本（见表 10.11）和金融资本的供给；（c）发达的信贷、商业和保险组织结构；（d）能深刻意识到且明智地鼓励商人阶级远大抱负的政府；（e）外交机构的扩展和皇家海军的实力。就其本身而言，国际贸易对整体经济发展做出了相当大的贡献。要准确地定义这种贡献并不容易，因为除了那些即使不总衡量也能发现的直接影响外，还有一些重要的间接影响，尤其是对经济组织、人才培养、价值体系等方面的影响，而这些影响难以鉴定。不过，通过大致的分类，我们可以认为，国际贸易的蓬勃发展：

    a. 为英国工业产品需求的扩大做出贡献

    b. 为英国提供获得原材料的途径，这既扩大了英国工业产品的范围，又降低了价格

    c. 为不发达国家提供购买英国商品的购买力

    d. 有利于一种促进金融产业扩大和农业改善的资本积累

    e. 刺激保险和运输活动的发展

    f. 有助于创造一种制度结构和一种商业伦理，这在实践中证明对促进对内活动和对外贸易是有效的

    g. 被证明对直接和间接参与国际贸易的所有人来说，都是一所伟大的创业学校

    h. 是大型城镇和工业中心增多的主要原因[90]

275

除了上述各点之外，还必须强调影响贸易和制造业间微妙关系的另一种发展。从英国整体来看，行会在经济中的重要性在16和17世纪降低。这在一定程度上与国王的行动有关，因为他不赞成工艺行会的限制性条例；但最突出的还是与贸易增长的相关性。在伦敦，工艺行会逐渐受到商业行会的支配，其会员腰缠万贯，在经济上一手遮天，不是控制着市场就是控制着

手工艺人的原材料。这就是意大利北部在其黄金时代的情况。但是在 15、16 和 17 世纪，意大利的工艺行会设法摆脱了商业行会的支配和指导，以越来越坚定的决心成功地执行了其限制性的保守条例，对生产成本造成了严重的负面影响。在 17 世纪的英国，情况则恰好相反。

很难不高估到目前为止所提到的各种因素的重要性。然而，人类事件归根结底还得从人类的角度来理解。我在前文提到，在英国的舞台上，存在着一个庞大的精干商人阶级和对贸易采取英明行动的政府，但是还应该对此做进一步的探讨。诚然，最终决定一个社会成败的大部分人文素养几乎难以界定，当然也无法测量。但这一事实并不影响人类素养的意义。当一个人阅读塞缪尔·皮普斯、约翰·葛兰特、威廉·配第、艾萨克·牛顿的作品时，当一个人观察英国皇家学会的事业和活动时，就可以明显地感受到一种系统的、开明的、合乎逻辑的理性主义的普遍特质，这似乎是 17 世纪英国社会中越来越广泛的阶层的特征，也许是其最有价值的资产。

在 17 世纪，英国人终于充分地认识到了自己的力量。活力之中蕴藏着侵略的种子。英国人提出闭海论（Mare Clausum），反对荷兰的海洋自由论（Mare Liberum）。一位试图在这两个国家之间进行调停的瑞典外交官，1653 年 6 月从伦敦写信给瑞典女王克里斯蒂娜："英国人傲慢无礼，令人无法忍受，上帝会让他们为其骄横行为付出代价。"可是上帝却忙于其他事务。

注 释

1. 对这种时尚的正面反应，参见 Schöffer，"Holland's Golden Age，"pp. 82－107。

2. Guicciardini，"Relazione di Spagna，" p. 131.

3. 引自 Luzzatto，*Storia economica*，vol. 1，p. 139。

4. 关于对美洲殖民地出口的重要意义，参见 Vilar，*Oro e moneta*，pp. 107ff。出口商品主要包括油、葡萄酒、醋、面粉、丝绸、丝绒、鞋、帽、纺织品、镜子、肥皂、各种武器等。

5. 这个比喻出自 Tawney，*Business and Politics*，p. 28。

6. Sevrano Mangas，*Armadas y flotas de la Plata*，p. 316.

7. Trevor-Davies，*Spain in Decline*，pp. 92－93；Kagan，*Students and Society in Early Modern Spain*.

8. 有关上述内容，参见 Sella，"Venetian Woollen Industry，" pp. 113－15。

9. State Papers，Henry VIII，edition of 1830－52，volume VII（1849），p. 226（Sir Nicholas Carew and Richard Sampson to Henry VIII from Bologna，12 December 1529）.

10. *Relazione del Ducato di Milano di G. Basadonna*，p. 333.

11. Sella，"Venetian Woollen Industry，" p. 114.

12. 同上，p. 116。

13. Pullan，*Crisis and Change*，pp. 8－9.

14. 引自 Sella，"Industrial Production，" p. 247。

15. 关于之前的内容，参见 Cipolla，"The Decline of Italy：The Case of a Fully Matured Economy，" p. 203。

16. Gualdo，*Relatione*，p. 87.

17. Meroni，*Cremona fedelissima*，vol. 2，pp. 19－21.

18. Cipolla，"The Decline of Italy，" p. 197.

19. Sivori，*Il tramonto dell'industria serica*，p. 896.

20. Sella，*Commerci e industrie*，p. 126.

21. Borelli，*Un Patriziato della Terraferma Veneta*，p. 26.

22. Sella, *Crisis and Continuity*, p. 59.

23. Romano, "A Florence," pp. 508 – 11.

24. Parenti, *Prime Ricerche*, Chapter III; Pullan, "Wage Earners," pp. 146 – 74.

25. Moryson, *Itinerary*, p. 419.

26. Cipolla, "Four Centuries of Italian Demographic Development," p. 573.

27. 关于荷兰经济史，参见 Baasch, Holländische Wirtschaftsgeschichte，其条理清晰，内容完备。明显更出色的是 Barbour, Capitalism in Amsterdam。又参见 Van Houtte, Economische en Sociale Geschiedenis; Boxer, The Dutch Seaborne Empire; 以及 Israel, Dutch Primacy。

28. 关于中世纪南部低地国家，参见经典著作 Pirenne, *Histoire de Belgique*，以及 Doehaerd, "L'expansion économique belge au Moyen Age" 的概要。关于安特卫普的发展和布鲁日的衰落，参见 Van Houtte 的经典妙文 "La genèse du grand marché international d'Anvers à la fin du Moyen Age"，以及 Van Der Wee, *Antwerp Market*。

29. Guicciardini, *Descrittione*, p. 176.

30. 一位 17 世纪的英国人在谈到荷兰自然资源贫乏的问题时这样说道：这个国家就像是"上帝把它藏在一个地方，就是为了把它挖出来扔掉"。

31. Burke, *Venice and Amsterdam*.

32. Wilson, *The Dutch Republic*, pp. 15 – 18.

33. 在接纳外国工匠的问题上，阿姆斯特丹向行会反对派妥协，为新来者提供住所，并向那些被认为有能力开创新行业或改进已有技术的师傅们提供奖励。在 1622 年以前，公民身份可得到 8 弗罗林，到 1622 年提高到 14 弗罗林。Barbour, *Capitalism in Amsterdam*, pp. 15 – 16.

34. 关于这方面的名流，参见 Dahlgren, *Louis de Geer*。

35. Jeannin, *L'Europe du Nord-Ouest*, pp. 70 – 71.

36. Van Uytven, "The Fulling Mill," p. 12.

37. 引自阿姆斯特丹商品交易所的价格简报，它们从 1585 年开始出版，并在整个欧洲发行。1634 年，这些简报公布了 359 种商品价格，1686 年增至 550 种。

38. Jeannin, *L'Europe du Nord-Ouest*, p. 75.

39. Clément, *Lettres*, vol. 6, p. 264. 关于对荷兰舰队规模的现代评估，参见 Vogel, "Handelsflotten," pp. 268 - 334；以及 Boxer, *The Dutch in Brazil*, pp. 204 - 05。根据 Christensen, *Dutch Trade to the Baltic*, p. 94，据 1636 年 "荷兰各省最可靠的估算" 估计，航行至波罗的海周边地区、挪威和法国的荷兰商船队具有的船只数为 1050。

40. Elias, *Het Voorspel*, p. 60.

41. Unger, "Dutch Ship Design," p. 409.

42. Defoe, *A Plan of the English Commerce*, p. 192.

43. Christensen, *Dutch Trade to the Baltic*, *passim*.

44. 在某些情况下，荷兰企业家发现，在有原料的地方将原料转化为成品更为便利。德·格尔和特里普兄弟在瑞典经营铸铁厂。产品以铁条和铁炮的形式被进口到联合省，其中大部分被再出口，但当然，利润留在了阿姆斯特丹。

45. Dion, *Histoire de la vigne*, pp. 426 - 27.

46. 关于荷兰钟表制造术，参见 Britten, *Old Clocks*, pp. 246ff；关于精密仪器，参见 Barbour, *Capitalism in Amsterdam*, p. 63n；关于地图绘制学与地图生产，参见 Tooley, *Maps and Map Makers*, pp. 21 及 29。

47. Van der Woude, "Het Noorderkwartier," vol. 2, p. 320, Table 5.11.

48. Barbour, *Dutch and English Merchant Shipping*, p. 239.

49. 阿姆斯特丹的平均利率是 3%，而伦敦是 6%，1665 年，约西亚·查尔德（Josiah Child）认为这是 "导致有人一夜暴富的所有其他原因的直接原因"。参见 Wilson, *The Dutch Republic*, pp. 33 - 34，及 Homer, *A History of Interest Rates*, p. 128。

50. Unger, "Dutch Ship Design," p. 405. 根据工业革命以前技术发展的特点，荷兰的造船业 "完全建立在传统和经验的基础上，毫无疑问是科学造船"。参见 Van Kampen, *Scheepsbouw*, p. 240。

51. 私人船只失去了防御能力和速度，是因为这些船只大多时候都处于荷兰海军的保护之下。关于之前的具体情况，参见 Unger, "Dutch Ship Design," pp. 406 – 08。

52. 同上，p. 244。

53. Dion, *Histoire de la vigne*, p. 427.

54. Price, *Culture and Society in the Dutch Republic*.

55. Coleman, *The Economy of England*, p. 49.

56. 关于之前的论述，参见 Van Houtte, "Anvers au XVe et XVIe siècles," p. 251。

57. Van der Wee, *Antwerp*, vol. 2, p. 131.

58. 更多内容，参见 Schulte, *Geschichte des Mittelalterlichen Handels*。

59. Fisher, "Commercial Trends and Policy," pp. 154 – 55; Gould, *The Great Debasement*, pp. 126ff.

60. 关于之前的情况，参见 Coleman, *The Economy of England*, pp. 61ff。

61. Fisher, "Commercial Trends and Policy," pp. 153ff.

62. 同上，pp. 160, 169, 172。

63. Coleman, *The Economy of England*, p. 64.

64. J. Gee, *The Trade and Navigation of Great Britain*, London, 1738, Chapter 1, p. 7.

65. Hope, *A New History*, p. 172; Challis, "Spanish Bullion," p. 384.

66. Hope, *A New History*, p. 189.

67. Stow, *Annales*, pp. 1038 – 40.

68. Violet, *Mysteries and Secrets of Trade*, pp. 17 – 18.

69. Cunningham, *Alien Immigrants*.

70. 参见 Thirsk 和 Cooper 再现的文档：*Seventeenth-Century Economic Documents*, pp. 713 及 737。

71. Stoye, *English Travelers*, pp. 22 and ff.

72. 亨利八世的检疫隔离条例、伊丽莎白的"疫情条例"以及伦敦医学院都是以意大利模式创立的。Copeman, *Doctors and Disease*, p. 169; Clark, *Royal College of Physicians*, vol. 1, pp. 58ff.

73. Stow, *Annales*, p. 1038.

74. Britten, *Old Clocks*, p. 77.

75. Tawney, Power, *Tudor Economic Documents*, vol. 1, pp. 231 – 38.

76. Stow, *Annales*, p. 1025.

77. Nef, *British Coal Industry*, vol. 1, p. 214.

78. 关于价格运动，参见 Coleman, *The Economy of England*, pp. 100－02。

79. 关于其他信息，参见 Cipolla, *Guns and Sails*, pp. 62－64。

80. 同上，p. 44，n. 2。

81. 同上，p. 64。

82. Stow, *Annales*, p. 1025.

83. Nef, *British Coal Industry*, vol. 1, pp. 19－20, 36, 208.

84. Hicks, *A Theory of Economic History*, p. 147.

85. Nef, *The Conquest of the Material World*, p. 125，说的是17世纪初有两百名工人在约翰·布朗的大炮铸造厂工作。但这个人数很可能包括烧炭工和运输工（Cipolla, *Guns and Sails*, p. 153）。整个17世纪，炉子旁的人总是相对较少。

86. Nef, "The Conquest of the Material World," pp. 124ff. ; Davis, *The Rise of the English Shipping Industry*, p. 389; Coleman, "Naval Dockyards," pp. 189ff.

87. Davis, "English Foreign Trade 1700－1774," p. 109. 还可参照 Davis, "English Foreign Trade 1660－1700," pp. 78－98。

88. Deane, *The First Industrial Revolution*, p. 53.

89. 同上，p. 57。

90. 同上，pp. 66－68。

尾 声

在 1780 年到 1850 年期间，一场空前深远的革命使英国的面貌得到改变。从那时以来，世界就再不是从前的模样。历史学家经常使用或滥用"革命"一词，用其指代彻底的变化，但是没有任何革命像工业革命那样具有一种剧烈的革命性。[1]工业革命打开了一扇大门，呈现出了一个崭新的世界——一个有着待开发能源（如煤炭、石油、电力和原子等）的新世界、一个人类发现自己能够处理大量能源的世界，而这在从前的乡村世界中是不可想象的。从狭义的技术和经济角度来看，工业革命可以被定义为一个社会获得对大量无生命能源的控制的过程。但是这样的一种定义对于工业革命现象而言并不公正，无论从其遥远的起源，还是从其经济、文化、社会和政治影响上来讲都是如此。

13 世纪的克雷森齐（Crescenzi）和 15、16 世纪的农学家仍然可以查阅古罗马人撰写的农业论文，从中获益。希波克拉底和盖伦的思想一直到 18 世纪——帕拉塞尔苏斯（Paracelsus）抗议的两个世纪之后——还依然是官方医学的基础。马基雅维利为其时代筹划建设一支军队时，参考过罗马的军事布局，这看起来并不荒唐。18 世纪末，俄国的叶卡捷琳娜二世把一块巨大的石头从芬兰运到圣彼得堡，将其作为献给彼得大帝的纪念碑的奠基石。运输这块巨石的方法与几千年前埃及人建造金字塔时使用的方法大体相同。正如塞德纳（Antonio Cederna）所写：

从法老到男爵奥斯曼①，过去的建筑尽管风格千变万化，但其中有些东西却持久不变：材料——石头、石灰、砖；以及一些基本关系，如支撑和被支撑、墙体和屋顶、圆柱和拱门、栋梁和拱顶等之间的关系。很容易举出诞生于已有建筑的例子。罗马斗兽场的石灰华在 16 世纪梵蒂冈圣彼得大教堂的建设中发挥了卓越的作用。[2]

前工业化世界尽管历经了诸如罗马的兴衰、伊斯兰教的胜败、中国王朝的更迭这类宏伟的变化，但还是保持着一种基本的连续不变。正如康德拉·哈尔·沃丁顿（C. H. Waddington）所见：

> 如果罗马帝国的一个人能通过时光隧道向后穿越约 18 个世纪，他会感到不用费太大力气就能理解他所在的世界。贺拉斯作为霍勒斯·沃波尔的客人会感到像在家里一样舒适；卡图卢斯很快就会适应伦敦街头的轿子、化着浓妆的美人和燃烧着的火炬。[3]

这种连续性在 1780 年到 1850 年间被打破。如果一位将军在 19 世纪中叶研究罗马军队的组织，如果一位内科医生重视希波克拉底和盖伦的思想，如果一位农学家读科鲁迈拉，他们则完全是出于对历史的兴趣，或者是纯粹将其作为一种学术考证。甚至在遥远的、不变的中国，天朝士大夫中最开明的人也正痛苦地发现，经过入侵和改朝换代依然保持着连续性的古代经典文

---

① 乔治－欧仁·奥斯曼（Georges-Eugène Haussmann），法国城市规划师，因主持了 1852 年至 1870 年的巴黎城市规划而闻名。——译者注

本及其价值，在这一时期的世界里，已经失去了其存在的合法性。到 1850 年，过去不仅仅是过去了——它已经死了。

然而，如果说在三代人的时间里，工业革命已经成为历史进程中的一个具有戏剧性的分水岭，那么其根源还是深深地埋在上一个世纪里。我在第四章中力图说明，工业革命的起源可上溯至 11 和 13 世纪伴随着城市公社兴起的思想和社会结构的深刻变化。我在第六章中强调，我们所认定的工业革命的技术变革是西方中世纪技术创新的外延。工业革命之所以发生在英国，是因为在那里，一系列历史环境带来了——如威廉姆·斯坦利·杰文斯（W. S. Jevons）曾经写下的那样——"某些幸福的思想素养与具有完全独特性质的物质资源的结合"。工业革命很快就从英国传播到了欧洲其他地区。迄今为止，判断任何一个国家工业革命开始的日期，就如同判断中世纪或摩登时代开始的日期一样，具有主观随意性。在同一个国家内，地理区域、社会群体和经济部门按不同速度运行；新的活动和新的生活方式得到发展，而一些传统活动和旧的制度千方百计地想生存下来。但从广义上讲，我们可以认为，到 1850 年，工业革命已经渗透到比利时、法国、德国和瑞士；到 1900 年，它延伸到了意大利北部、俄国和瑞典。

当我们考虑到最先实现工业化的国家是那些在文化和社会方面与英国最相似的国家时，工业革命在本质上主要是一种社会文化现象，而不是一种纯粹的技术现象，这一点就变得非常明显。

工业革命使欧洲在技术和经济方面，与世界其他地区相比，具有一种极大的优越性，19 世纪见证了欧洲自豪地维护了这种全球性的优越地位。

如果一个人驻足沉思欧洲在其崛起的 9 个世纪中所取得的

全部成就，那就不禁会感到惊奇和羡慕。无疑其中有黑暗和血腥的夜晚，但更重要的是，在人类活动的各个领域里，都有取得无与伦比的成就的白昼。中世纪的大教堂，文艺复兴时期的绘画，莫扎特、贝多芬和巴赫的音乐，但丁的诗歌，薄伽丘和乔叟的散文、莎士比亚的悲剧，阿奎纳、笛卡儿和康德的哲学，蒙田和伏尔泰的智慧，中世纪的钟表，达·芬奇的绘画，中世纪和文艺复兴时期的无数技术创新，蒸汽机，显微镜，微生物学的发现——化学的奇迹，苏伊士运河，从支票到证券交易的商业技术，对酷刑的谴责，对人类自由和权利原则的主张，议会制度：公元 1000～1900 年，欧洲取得的成就数不胜数。此外，欧洲的技术和工业革命使历史进程发生了不可逆转的改变，不仅在欧洲自己的领土上，而且在整个世界范围内。如果不考虑欧洲文化、经济和技术的影响，就不可能正确理解1500 年之后世界任何遥远角落的历史。亨利·皮雷纳曾写道："没有穆罕默德，查理曼是难以想象的。"我们可以套用他的说法这么说："没有欧洲，现代历史是难以想象的。"

　　"美好年代"是欧洲传奇的巅峰。在伦敦、巴黎和维也纳举办的大型国际博览会是对欧洲成功的自豪和乐观的庆祝。埃菲尔铁塔是欧洲经济和技术成就的丰碑。但是蛀虫已经在内部深处开始了破坏活动。卢梭已经发出了反对理性主义的呼声，这种呼声在 19 世纪得到普及，它支持民族主义和一系列其他"主义"。潜在的危机终于以一场战争的残酷形式爆发，这就是西方人所谓的"第一次世界大战"。但在一位敏锐的亚洲历史学家看来，这场战争更像是"欧洲内战"，这是一个迅速完结的开端。在不到半个世纪的时间里，一场严重的经济危机和第二次世界大战使欧洲受到**致命一击**（coup de grâce）。人们对斯宾格勒"西方的没落"这一观点的关注程度与日俱增。20世纪初，大不列颠统治着海洋，而英国和欧洲大陆共同统 279 治着世界。"20世纪初，世界列强有六个，而且都在欧洲。如果有人提到美国或日本，那只不过是为了显摆地理知识。"而20世纪末，欧洲似乎在为生存挣扎。

矛盾的是，在欧洲开创的工业生活方式主宰全世界之际，它自己却在退缩。欧洲的剧痛在全球范围内引起了很多反响。在20世纪50年代到60年代初期的乐观主义之后，大多国家都发现了许多焦虑存在的证据。一种不安的感觉和不祥之兆笼罩着人类。由于欧洲的前途看起来比以往任何时候都更不确定，一个问题困扰着越来越多的人：由欧洲开创并随之传播到世界各地的那种文明还有希望吗？

注　释

1. 关于"工业革命"这一概念的起源和历史，参见 Bezançon，"The Early Use of the Term Industrial Revolution"。关于工业革命，除了 Mantoux 和 Ashton 的经典著作外，还可参见 Beales, *The Industrial Revolution*；Deane, *The First Industrial Revolution*；Mathias, *The First Industrial Nation*；Fohlen, *Qu'est-ce que la Révolution Industrielle*；Crouzet, *Capital Formation in the Industrial Revolution*；Musson, *Science, Technology and Economic Growth*；Drake, *Populationin Industrialization*。

2. Cederna, *I Vandali*, p. 8.

3. Waddington, *The Ethical Animal*, p. 15.

附　表

附表1　1300～1700年欧洲部分城市近似人口

单位：千

国家	城市	约1300年	约1400年	约1500年	约1550年	约1600年	约1650年	约1700年
意大利	阿斯蒂					9		10
	贝加莫				18	24		25
	博洛尼亚			55	55	63	58	63
	布雷西亚			50	40	50	40	35
	科莫		10			11	9	
	克雷莫纳				37	40	17	
	费拉拉					33	25	27
	佛罗伦萨	95	55	70	60	80	70	80
	热那亚					63	70	
	卢卡					25	25	
	曼托瓦			27	35	31	15	20
	米兰			100	50	110	95	100
	摩德纳			18	20	18		18
	那不勒斯				210	250		215
	帕多瓦	30		27	32	35	25	
	巴勒莫			50	80	100		100
	帕尔马			16	20	25	20	30
	帕维亚			18	13	18	19	20
	佩鲁贾					20	16	16
	皮亚琴察				27	30		
	皮斯托亚	11	4		8	8		8
	罗马			50	45	110	126	135
	圣吉米尼亚诺		3		5			3

续表

国家	城市	约1300年	约1400年	约1500年	约1550年	约1600年	约1650年	约1700年
意大利	锡耶纳			15	10	19	16	16
	都灵		4		14	20		42
	威尼斯			115	160	150	120	140
	维罗纳		20	40	46	55	25	
	维琴察					35	25	26
德国	奥格斯堡			18			20	
	科隆		30		35			
	法兰克福		10			25	15	25
	汉堡	5	10	20		20	50	
	莱比锡				7	15	15	22
	纽伦堡		20	50				
	维也纳		20			60		
法国	昂热					25	32	27
	贝桑松			8		11		17
	里昂				70			90
	巴黎	100				300		500
	鲁昂		40			80		65
	斯特拉斯堡					25		27
	图卢兹		23	35			42	43
低地国家	阿姆斯特丹			15	35	100	135	180
	安特卫普						57	
	布鲁日	35					34	
	莱顿						66	
	列日						50	55
	伊普尔		11	8				12
英国	伦敦		35	70	80	250	450	600
瑞士	日内瓦		5	13				17
	苏黎世			5		7		
瑞典	斯德哥尔摩							50
西班牙	巴塞罗那						64	
	马德里						75	
	塞尔维亚				100	150	125	
俄罗斯	诺夫哥罗德		6					

附表2　1551～1699 年欧洲部分城市的出生率、死亡率近似值

城市	年份	出生	死亡
		（每千人）	
安特卫普	1696～1699	30	
博洛尼亚	1581	38	
	1587	38	
	1595	36	
	1600	35	18
	1605		46
	1606	36	43
	1615		11
	1617	35	
	1619		46
	1620		49
佛罗伦萨	1551	41	
	1559	36	
	1561	47	
	1562	42	
	1622	39	
	1630	45	
	1632	43	
	1633	44	
	1642	48	
	1657	48	
	1660	49	
	1661	48	
	1668	50	
伦敦	1696～1699	38	37
鲁汶	1635～1644	44	
帕维亚	1640～1649	46	30
	1650～1659	40	41
	1690～1699	52	44
帕尔马	1505～1509	41	

续表

城市	年份	出生	死亡
		（每千人）	
帕尔马	1545～1549	45	
	1590～1594	42	
	1650～1654	42	
威尼斯	1581	34	33
	1624	31	35
	1642	37	30
	1696	31	32
维罗纳	1641～1650		38
	1651～1660		37
	1661～1670		49
	1671～1680		54
	1681～1690		42
	1691～1700		43
苏黎世	1631～1650	37	36

附表 3　1621～1699 年托斯卡纳区菲耶索莱镇的婴儿死亡率

（每千名新生儿中于出生第一年死亡的人数）

年份	死亡数	年份	死亡数
1621	141	1661	303
1622	238	1662	167
1623	119	1663	230
1624	258	1664	358
1625	177	1665	199
1626	278	1666	388
1627	216	1667	377
1628	148	1668	383
1629	186	1669	212
1630	164	1670	245
1631	140	1671	277

年份	死亡数	年份	死亡数
1632	228	1672	301
1633	224	1673	183
1634	243	1674	115
1635	213	1675	339
1636	257	1676	145
1637	319	1677	364
1638	193	1678	423
1639	315	1679	515
1640	322	1680	184
1641	205	1681	302
1642	192	1682	362
1643	287	1683	492
1644	224	1684	565
1645	369	1685	459
1646	234	1686	430
1647	118	1687	360
1648	363	1688	567
1649	514	1689	393
1650	296	1690	259
1651	223	1691	341
1652	236	1692	298
1653	222	1693	396
1654	355	1694	392
1655	273	1695	277
1656	411	1696	468
1657	310	1697	252
1658	496	1698	370
1659	736	1699	229
1660	162		

附表 4　1778~1782 年瑞典典型的前工业时期人口特征

特征	特征值
总人口	2104000 人
15 岁以下人口	31.9%
15~64 岁人口	63.2%
65 岁及以上人口	4.9%
被抚养者比例	58.3%
毛出生率	34.5‰
毛死亡率	25.9‰
毛自然增长率	8.6‰
固有出生率（女性）	31.2‰
固有死亡率（女性）	25.3‰
固有自然增长率（女性）	5.9‰
婴儿死亡率	211.6‰
特定年龄死亡率：	
1~4 岁（男性）	45.9‰
1~4 岁（女性）	44.3‰
50~54 岁（男性）	20.8‰
50~54 岁（女性）	16.1‰
寿命特征：	
出生当年死亡概率	
男性	0.1974
女性	0.1768
每百人中年满 50 岁者	
男性	41
女性	45
出生时预期寿命	
男性	36 岁
女性	39 岁
1 岁时预期寿命	
男性	44 岁
女性	46 岁

特征	特征值
50 岁时预期寿命：	
男性	19 年
女性	20 年
女性平均育龄	32 岁
一般生育率	145.2 孩子/每千名女子
总生育率	2.2 女孩/每名女子

来源：Keyfitz and Flieger, *Population*, pp. 100－03。

参考书目

现有的有关前工业时代欧洲经济和社会史的书目已是浩如烟海，而且仍在快速地增多，因此要想写作和出版的内容与时俱进，谈何容易。正如工业社会的任何其他部门一样，质量总是无法与数量齐头并进。然而，学识渊博的贡献并不缺乏，近几十年来，我们的知识有了长足的进步。

以下书目列表并不声称是，也不应被视为一个完整的书目汇编。若要列出完整的书目，则需要规模可观的单独一卷。以下列表基本上旨在提供正文中所引书目的完整标题，也含有部分附加标题。如果读者想获得更多书目信息，可查阅 *Cambridge Economic History of Europe* 与 *Fontana Economic History of Europe* 中所列的参考书目。我还推荐 W. Sombart 的经典作品 *Der Moderne Kapitalismus*，Munich/Leipzig，1924；以及 J. Kulischer 的经典作品 *Allgemeine Wirtschaftsgeschichte des Mittelalters und der Neuzeit*，Munich/Berlin，1928。这些都是历史资料和书目资料的宝库，具有不可替代的地位。这些著作写于半个多世纪前，但如果说今天它们很少被引用，甚至很少被阅读，这是由于时尚的存在，而非它们的过时；其渊博的学识、敏锐的洞察力和独到的见解，使后来者难以望其项背。

Abel, W., *Die Wüstungen des ausgehenden Mittelalters*, Jena, 1943.

Abel, W., *Agrarkrisen und Agrarkonjunktur in Mitteleuropa vom 13. bis zum 19. Jahrhundert*, Berlin, 1966.

Abel, W., *Massenarmut und Hungerkrisen in vorindustriellen Deutschland*, Göttingen, 1972.

Abulafia, D., *The Two Italies: Economic Relations between the Norman Kingdom of Sicily and the Northern Communes*, Cambridge, 1977.

Alberi, E. (ed.), *Relazioni degli Ambasciatori veneti al Senato*, Florence, 1840.

Albion, R.G., *Forests and Sea Power*, Cambridge, Mass., 1926.

Aleati, G., "Una dinastia di magnati medievali: gli Eustachi di Pavia," *Studi in onore di A. Sapori*, vol. 2, Milan, 1957.

Allison, K.J., "An Elizabethan Village Census," *Bulletin of the London University Institute of Historical Research*, vol. 36 (1963).

Allix, A., *L'Oisans au Moyen Age. Étude de géographie historique en haute montagne*, Paris, 1929.

Amburger, E., *Die Familie Marselis. Studien zur russischen Wirtschaftsgeschichte*, Giessen, 1967.

Amodeo, D., *A proposito di un antico bilancio di previsione del Vicereame di Napoli*, Naples, 1953.

Andreades, A.M., "The Economic Life of the Byzantine Empire," in N.H. Baynes and H.L.B. Moss (eds), *Byzantium*, Oxford, 1948.

Annali della Fabbrica del Duomo di Milano, Milan, 1877.

Anselmi, S., *Insediamenti, agricoltura, proprietà nel Ducato Roverasco*, Urbino, 1975.

Antero, Maria di S. Bonaventura, *Li Lazzaretti della Città e Riviere di Genova del 1657*, Genoa, 1658.

Arnould, M.A., *Les dénombrements des foyers dans le comté de Hainaut (XIV–XVI siècles)*, Brussels, 1956.

Ashton, R., "Deficit Finance in the Reign of James I," *The Economic History Review*, ser. 2, vol. 10 (1957).

Ashton, T.S., *The Industrial Revolution*, London, 1948.

Ashtor, E., "Che cosa sapevano i geografi arabi dell'Europa occidentale?," in *Rivista storica italiana*, vol. 81 (1969).

Ashtor, E., *Les métaux précieux et la balance des payements du Proche-Orient à la Basse Époque*, Paris, 1971.

Ashtor, E., "Observations on the Venetian Trade in the Levant in the XIVth Century," *The Journal of European Economic History*, vol. 5 (1976).

Ashtor, E., "Levantine Sugar Industry in the Later Middle Ages," *Israel Oriental Studies*, vol. 7 (1977).

Ashtor, E., "Aspetti della espansione italiana nel Basso Medioevo," *Rivista storica italiana*, vol. 90 (1978).

Atkinson, G., *Les nouveaux horizons de la Renaissance française*, Paris, 1935.

Attman, A., *The Russian and Polish Markets in International Trade 1500–1650*, Göteborg, 1973.

Baasch, E., *Holländische Wirtschaftsgeschichte*, Jena, 1927.

Balbi, E., *L'Austria e le primarie potenze*, Milan, 1846.

Ball, J.N., *Merchants and Merchandise: The Expansion of Trade in Europe, 1500–1630*, London, 1977.

Barbour, V., "Dutch and English Merchant Shipping to the Seventeenth Century," *The Economic History Review*, vol. 2 (1930).

Barbour, V., *Capitalism in Amsterdam in the Seventeenth Century*, Ann Arbor, 1963.

Barrow, J., *Travels in China*, Philadelphia, 1805.

Basini, G.L., *L'uomo e il pane*, Milan, 1970.

Battara, P., *La popolazione di Firenze alla metà del Cinquecento*, Florence, 1935.

Bautier, R.H., "Les foires de Champagne," in *Recueil Jean Bodin*, vol. 5, Brussels, 1953.

Bautier, R.H., "Les plus anciennes mentions de moulins hydrauliques industriels et de moulins à vent," *Bulletin Philologique et Historique*, vol. 2 (1960).

Beales, H.L., *The Industrial Revolution, 1752–1850*, London, 1958.

Bean, J.M.W., "Plague, Population and Economic Decline in the Later Middle Ages," *The Economic History Review*, ser. 2, vol. 15 (1963).

Beloch, K.J., *Bevölkerungsgeschichte Italiens*, Berlin, 1937–1961.

Beltrami, D., "La composizione economica e professionale della popolazione di Venezia nei secoli XVII e XVIII," *Giornale degli economisti*, n.s., vol. 10 (1951).

Beltrami, D., *Storia della popolazione di Venezia dalla fine del secolo XVI alla caduta della Repubblica*, Padua, 1954.

Beltrami, D., *Saggio di storia dell'agricoltura nella Repubblica di Venezia durante l'età moderna*, Venice/Rome, 1955.

Benaglio, M.A., "Relazione della carestia e della peste di Bergamo," *Miscellanea di Storia Italiana*, vol. 6 (1865).

Bennassar, B., "L'alimentation d'une ville espagnole au XVIᶜ siècle. Quelques données sur les approvisionnements et la consommation de Valladolid," *Annales E.S.C.*, vol. 16 (1961).

Berengo, M., *Nobili e mercanti nella Lucca del Cinquecento*, Turin, 1965.

Beretta, R., *Pagine di storia briantina*, Como, 1972.

Bergier, J.F., *Problèmes de l'histoire économique de la Suisse*, Berne, 1968.

Bergier, J.F., *Naissance et croissance de la Suisse industrielle*, Berne, 1974.

Bergier, J.F., *Histoire économique de la Suisse*, Lausanne, 1984.

Bergier, J.F. and Solari, L., "Histoire et élaboration statisque. L'exemple de la population de Genève au XVᶜ siècle," in *Mélanges Antony Babel*, Geneva, 1963.

Besta, G.F., *Vera narratione del successo della peste*, Milan, 1578.

Beveridge, W., *Prices and Wages in England from the Twelfth to the Nineteenth Century*, London, 1939.

Bezançon, A., "The Early Use of the Term Industrial Revolution," *The Quarterly Journal of Economics*, vol. 36 (1922).

Bianchini, L., *Della Storia delle Finanze del Regno di Napoli*, Palermo, 1839.

Bilanci generali della Repubblica di Venezia, Venice, 1912–72.

Blanchard, I., "Labour productivity and work psychology in the English Mining Industry," *The Economic History Review*, ser. 2, vol. 31 (1978).

Bloch, I., *Die Prostitution*, Berlin, 1912–25.

Bloch, M., *Les caractères originaux de l'histoire rurale française*, Paris, 1931.

Boas, M., *The Scientific Renaissance: 1450–1630*, New York, 1966.

Boase, T.S.R., *Death in the Middle Ages*, New York, 1972.

Bodmer, W., *Der Einfluss der Refugianten-einwanderung von 1500–1700 auf die Schweizerische Wirtschaft*, Zürich, n.d.

Borelli, G., *Un Patriziato della Terraferma Veneta*, Milan, 1974.

Boutruche, R., *La crise d'une société; seigneurs et paysans du Bordelais pendant la Guerre de Cent Ans*, Paris, 1947.

Boutruche, R., "La dévastation des campagnes pendant la guerre de Cent Ans et la reconstruction agricole de la France," *Publications de la Faculté des Lettres de l'Université de Strasbourg*, vol. 3, Paris, 1947.

Boutruche, R. (ed.), *Bordeaux de 1453 à 1715*, Bordeaux, 1966.

Boutruche, R., *Signoria e feudalesimo*, Bologna, 1971.

Bowden, P.J., *The Wool Trade in Tudor and Stuart England*, London, 1962.

Boxer, C.R., *The Dutch in Brazil*, Oxford, 1957.

Boxer, C.R., *Two Pioneers of Tropical Medicine: Garcia d'Orta and Nicolás Monardes*, London, 1963.

Boxer, C.R., *The Dutch Seaborne Empire, 1600–1800*, London, 1965.

Boyd, A., *The Monks of Durham*, Cambridge, 1975.

Brading, D.A. and Cross, H.E., "Colonial silver mining: Mexico and Peru," *The Hispanic American Historical Review*, vol. 52 (1972).

Braudel, F., *Civilisation matérielle et capitalisme*, Paris, 1967.

Braudel, F., *L'identité de la France*, Paris, 1986.

Bridbury, A.R., *Economic Growth: England in the Later Middle Ages*, London, 1962.

Britten, F.J., *Old Clocks and Watches and Their Makers*, ed. G.H. Baille, C. Clutton, and C.A. Ilbert, New York, 1956.

Brossolet, J., "L'influence de la peste du Moyen Age sur le thème de la danse macabre," *Pagine di storia della medicina*, vol. 13 (1969).

Brown, M., *On the Theory and Measurement of Technological Change*, Cambridge, 1966.

Brucker, G.A., *Florentine Politics and Society, 1343–1378*, Princeton, 1967.

Brucker, G. (ed.), *Two Memoirs of Renaissance Florence: The Diaries of Buonaccorso Pitti and Gregorio Dati*, New York, 1967.

Brütil, C.R. and Violante, C., *Die Honorantie Civitatis Papie*, Köln, 1983.
Brulez, W., "The Balance of Trade in the Netherlands in the Middle of the 16th Century," *Acta Historiae Neerlandica*, vol. 4 (1970).
Bücher, K., *Die Bevölkerung von Frankfurt am Main im 14. und 15. Jahrhundert*, Tübingen, 1886.
Buffini, A., *Ragionamenti intorno all'ospizio dei trovatelli*, Milan, 1844.
Burke, P., *Economy and Society in Early Modern Europe*, New York, 1972.
Burke, P., *Venice and Amsterdam: A Study of Seventeenth-century Elites*, London, 1974.

Caizzi, B., *Il Comasco sotto il dominio spagnolo*, Como, 1955.
Calegari, M., "Legname e costruzioni navali nel Cinquecento," in VV.AA. *Guerra e Commercio nell'evoluzione della marina genovese*, vol. 2, Genoa, 1973.
Capmany y de Montpalau, *Memorias históricas sobre la marina, commercio y artes de Barcelona*, Madrid, 1779.
Carabellese, F., *La peste del 1348 e le condizioni della Sanità Pubblica in Toscana*, Rocca San Casciano, 1897.
Carande, R., *Carlos V y sus banqueros*, Madrid, 1964.
Carbone, S., *Provveditori e Sopraprovveditori alla Sanità della Repubblica di Venezia*, Rome, 1962.
Carletti, F., "Ragionamenti del mio viaggio intorno al mondo (1594–1606)," in M. Guglielminetti (ed.), *Viaggiatori del Seicento*, Turin, 1967.
Carmona, M., "Sull'economia toscana del Cinquecento e del Seicento," *Archivio storico italiano*, vol. 120 (1962).
Carpentier, E., "Famines et épidemies dans l'histoire du XIVᵉ siècle, *Annales E.S.C.*, n.s., vol. 6 (1962).
Carus-Wilson, E.M., "An Industrial Revolution of the Thirteenth Century," in E.M. Carus-Wilson (ed.), *Essays in Economic History*, vol. 1, London, 1954.
Carus-Wilson, E.M. (ed.), *Essays in Economic History*, vol. 1, London, 1954.
Carus-Wilson, E.M. *The Merchant Adventurers of Bristol in the XVth Century*, Bristol, 1962.
Carus-Wilson, E.M. and Coleman, O., *England's Export Trade 1275–1547*, Oxford, 1963.
Casoni, G., "Note sull'artiglieria veneta," in *Veneziae le sue lagune*, vol. 1, part 2, Venice, 1847.
Catellacci, D., "Ricordi del Contagio di Firenze del 1630," *Archivio storico italiano*, ser. 5, vol. 20 (1897).
Cavaciocchi, S. (ed.), *Metodi, risultati e prospettive della storia economica secoli XIII–XVIII*, Florence, n.d.
Cavaciocchi, S. (ed.), *Produzione commercio della carta e del libro, secoli XIII and XVIII*, Florence, 1992.
Cederna, A., *I vandali in casa*, Bari, 1956.
Cernovodeanu, P., *England's Trade Policy in the Levant (1660–1714)*, Bucharest, 1972.
Challis, C.E., "Spanish Bullion and Monetary Inflation in England in the Later Sixteenth Century," *Journal of European Economic History*, vol. 4 (1975).
Challis, C.E., *The Tudor Coinage*, Manchester, 1978.
Chaloner, C.W., "Sir Thomas Lombe and the British Silk Industry," in *People and Industries*, London, 1963.
Chambers, J.D. and Mingay, G.E., *The Agricultural Revolution (1750–1880)*, London, 1966.
Chandaman, C.D., *The English Public Revenue 1660–1688*, Oxford, 1975.
Charleston, R.J., "The Import of Venetian Glass into the Near East," *Annales du III Congrès International d'études historiques du verre* (Damascus, 1964), Liège, 1968.

Chaudhuri, K.N., "Treasure and Trade Balances: The East India Company's Export Trade 1660–1720," *The Economic History Review*, ser. 2, vol. 21 (1968).

Chaudhuri, K.N., *Trade and Civilization in the Indian Ocean*, London, 1987.

Cherubini, G., *Agricoltura e società rurale nel Medioevo*, Florence, 1972.

Cherubini, G., "La proprietà fondiaria di un mercante toscano del Trecento," *Rivista di storia dell'agricoltura*, vol. 5 (1965).

Christensen, A.E., "Der handelsgeschichte Wert der Sundzollregister," *Hansische Geschichtblätter*, vol. 59 (1934).

Christensen, A.E., *Dutch Trade to the Baltic about 1600*, Copenhagen/The Hague, 1941.

Cipolla, C.M., "Per una storia del lavoro," *Bollettino Storico Pavese*, vol. 5 (1944).

Cipolla, C.M., "Comment s'est perdue la propriété ecclésiastique dans l'Italie du Nord," *Annales E.S.C.*, n.s., vol. 2 (1947).

Cipolla, C.M., "Per la storia della popolazione lombarda nel secolo XVI," in *Studi in onore di G. Luzzatto*, Milan, 1949.

Cipolla, C.M., "The Decline of Italy: the Case of a Fully Matured Economy," *The Economic History Review*, ser. 2, vol. 5 (1952).

Cipolla, C.M., "Note sulla storia del saggio di interesse," *Economia internazionale*, vol. 5 (1952).

Cipolla, C.M., *Money, Prices and Civilization*, Princeton, N.J., 1956.

Cipolla, C.M., *Prezzi, salari e teoria dei salari in Lombardia alla fine del Cinquecento*, Rome, 1956.

Cipolla, C.M., "Per la storia delle epidemie in Italia," *Rivista storica italiana*, vol. 75 (1963).

Cipolla, C.M., "Currency Depreciation in Medieval Europe," *The Economic History Review*, ser. 2, vol. 15 (1963).

Cipolla, C.M., "Four Centuries of Italian Demographic Development," in D.V. Glass and D.E.C. Eversley (eds), *Population in History*, London, 1965.

Cipolla, C.M., *Guns and Sails in the early Phase of European Expansion*, London, 1965.

Cipolla, C.M., *Clocks and Culture*, London, 1967.

Cipolla, C.M., *Literacy and Development in the West*, Harmondsworth, 1969.

Cipolla, C.M., *Cristofano and the Plague*, London, 1973.

Cipolla, C.M., "The Professions – the Long View," *The Journal of European Economic History*, vol. 2 (1973).

Cipolla, C.M., *The Economic History of World Population*, 6th edn, Harmondsworth, 1974.

Cipolla, C.M., "The Plague and the pre-Malthus Malthusians," *The Journal of European Economic History*, vol. 3 (1974).

Cipolla, C.M., *Public Health and the Medical Profession in the Renaissance*, Cambridge, 1975.

Cipolla, C.M., *Il governo della moneta a Firenze e a Milano nei secoli XIV–XVI*, Bologna, 1990.

Cipolla, C.M., *Between History and Economics: An Introduction to Economic History*, London/New York, 1991.

Cipolla, C.M. (ed.), *The Economic Decline of Empires*, London, 1970.

Clamageran, J.J., *Histoire de l'impôt en France*, Paris, 1867–68.

Clark, G.N., *A History of the Royal College of Physicians of London*, Oxford, 1964.

Clément, P. (ed.), *Lettres, instructions et mémoires de Colbert*, Paris, 1859–82.

Coleman, D.C., "Naval Dockyards," *The Economic History Review*, ser. 2, vol. 6 (1953).

Coleman, D.C., *The Economy of England, 1450–1750*, Oxford, 1977.

Coniglio, G., *Il Viceregno di Napoli nel secolo XVII*, Rome, 1955.

Connell, K.H., *The Population of Ireland: 1750–1845*, Oxford, 1950.

Connell, K.H., "The Potato in Ireland," *Past and Present*, vol. 23 (1962).

Contamine, P., "Consommation et demande militaires en France et en Angleterre, XIII–XV siècles," in Istituto Intern. di Storia Economica F. Datini, *Sesta Settimana di Studio*, Prato, 1974.

Conti, E., *La formazione della struttura agraria moderna nel contado fiorentino*, Rome, 1965.

Conti, E., *L' imposta diretta a Firenze nel Quattrocento*, Rome, 1984.

Cooper, J.P., "The Social Distribution of Land and Men in England, 1436–1700," in R. Floud (ed.), *Essays in Quantitative Economic History*, Oxford, 1974.

Copeman, W.C.S., *Doctors and Disease in Tudor Times*, London, 1960.

Coppola, G., "L'agricoltura di alcune pievi della pianura irrigua milanese nei dati catastali della metà del secolo XVI," *Contributi dell'Isituto di storia economica e sociale* (dell'Università Cattolica di Milano), Milan, 1973.

Corradi, A., *Annali delle epidemie occorse in Italia dalle prime memorie fino al 1850*, Bologna, 1867–92.

Coryat, T., *Crudities*, London, 1786.

Coulton, G.C., *The Black Death*, London, 1929.

Coulton, G.C., *Medieval Panorama*, New York, 1958.

Craeybeckx, J., *Un grand commerce d'importation: les vins de France aux anciens Pays-Bas*, Paris, 1958.

Creighton, C., *A History of Epidemics in Britain*, Cambridge, 1891–94.

Croix, A., "La Démographie du pays nantais au XVI siècle," in *Annales de Demographie historique* (1967).

Crosby, A.W., *The Columbian Exchange: Biological and Cultural Consequences of 1492*, Westport, Conn., 1973.

Crouzet, F. (ed.), *Capital Formation in the Industrial Revolution*, London, 1972.

Cunningham, W., *Alien Immigrants to England*, London, 1897.

Curschmann, H.W.F., *Hungersnöte im Mittelalter*, Leipzig, 1900.

Curtin, P.D., *The Atlantic Slave Trade: a Census*, Madison, Wis., 1969.

Dahlgren, E.W., *Louis de Geer*, Uppsala, 1923.

Dallington, R., *Survey of Tuscany*, London, 1605.

Darby, H.C. (ed.), *A New Historical Geography of England*, Cambridge, 1973.

Davidson, R., *Storia di Firenze*, Florence, 1956.

Davidson, W.D., "The History of the Potato and Its Progress in Ireland," *Journal of the Department of Agriculture*, 34.

Davis, J.C., *The Decline of the Venetian Nobility as a Ruling Class*, Baltimore, 1962.

Davis, R., "England and the Mediterranean 1570–1670," in F.J. Fisher (ed.), *Essays in the Economic and Social History of Tudor and Stuart England*, Cambridge, 1961.

Davis, R., *The Rise of the English Shipping Industry*, London, 1962.

Davis, R., *A Commercial Revolution: English Overseas Trade in the Seventeenth and Eighteenth Centuries*, London, 1967.

Davis, R., "English Foreign Trade 1660–1700," in W.E. Minchinton (ed.), *The Growth of English Overseas Trade in the Seventeenth and Eighteenth Centuries*, London, 1969.

Davis, R., "English Foreign Trade 1700–1774," in W.E. Minchinton (ed.), *The Growth of English Overseas Trade in the Seventeenth and Eighteenth Centuries*, London, 1969.

Davis, R., *The Rise of the Atlantic Economies*, London, 1973.

Daviso di Charvensod, M.C., *I pedaggi delle Alpi occidentali nel Medio Evo*, Turin, 1961.

Deane, P., "The Implications of Early National Income Estimates for the Measurement of Long-term Economic Growth in the United Kingdom," *Economic Development and Cultural Change* (1955).

Deane, P., *The First Industrial Revolution*, Cambridge, 1967.

Deane, P., "Capital Formation in Britain before the Railway Age," in F. Crouzet (ed.),

Capital Formation in the Industrial Revolution, London, 1972.

Deane, P. and Cole, W.A., *British Economic Growth (1688–1959)*, Cambridge, 1967.

Defoe, D., *A Plan of the English Commerce*, London, 1728.

De Gennaro, G., *L'abate Ciro Saverio Minervini*, Naples, 1975.

Del Panta, L., *Una traccia di storia demografica della Toscana nei secoli XVI–XVIII*, Florence, 1974.

Delumeau, J., *Vie économique et sociale de Rome dans la seconde moitié du XVIᵉ siècle*, Paris, 1957.

De Maddalena, A., "Il mondo rurale italiano nel Cinque e nel Seicento," *Rivista storica italiana*, vol. 76 (1964).

De Muinck, B.W., "A Regent's Family Budget about the Year 1700," *Acta Historiae Neerlandica*, vol. 2 (1967).

De Mussis, J., "Chronicon Placentinum," *Rerum Italicarum Scriptores*, vol. 16.

Derlange, M., "Cannes," *Cahiers de la Méditerranée*, vol. 5 (1972).

De Roover, R., "Aux origines d'une technique intellectuelle: la formation et l'expansion de la compatibilité à partie double," *Annales d'histoire économique et sociale*, vol. 9 (1937).

De Roover, R., *L'évolution de la lettre de change*, Paris, 1953.

De Roover, R., "The Development of Accounting prior to Luca Pacioli," in *Studies in the History of Accounting*, London, n.d.

De Roover, R., *The Rise and Decline of the Medici Bank 1397–1494*, New York, 1966.

Desaive, J.P., "Clergé rural et documents fiscaux," *Revue d'histoire moderne et contemporaine*, vol. 17 (1970).

Devèze, M., *La vie de la forêt française au XVIᵉ siècle*, Paris, 1961.

Devèze, M., *Histoire des forêts*, Paris, 1965.

Devèze, M., *L'Europe et le monde à la fin du XVIIIᵉ siècle*, Paris, 1970.

De Vries, J., *The Dutch Rural Economy in the Golden Age, 1500–1700*, New Haven, Conn., 1974.

De Vries, J., *Barges and Capitalism: Passenger Transportation in the Dutch (1632–1839)*, Utrecht, 1981.

De Vries, J., *The Decline and Rise of the Dutch Economy 1675–1900. Essays in honor of W.N. Parker*, ed. G. Saxonhouse and G. Wright, Greenwich, 1984.

Deyon, P., *Amiens, capitale provinciale*, Paris, 1967.

De Zeeuw, J.W., "Peat and the Dutch Golden Age: The Historical Meaning of Energy Attainability," in *AGG Bijdragen* 21 (1978).

Di Agresti, D.G.M., *Aspetti di vita Pratese*, Florence, 1976.

Diaz, F., *Il Granducato di Toscana*, Turin, 1976.

Di Capua, L., *Parere divisato in otto Ragionamenti*, Naples, 1689.

Dietz, F.C., "English Government Finance 1485–1558," *University of Illinois Studies in the Social Sciences*, vol. 9 (1920).

Dietz, F.C., *English Public Finance, 1558–1641*, New York, 1932.

Dijksterhuis, E.J., *The Mechanisation of the World Picture*, Oxford, 1961.

Dion, R., *Histoire de la vigne et du vin en France dès origines au XIXᶜ siècle*, Paris, 1959.

Di Simplicio, O., "Due secoli di produzione agraria in una fattoria del Senese, 1550–1751," *Quaderni storici*, vol. 21 (1972).

Doehaerd, R., *L'expansion économique belge au Moyen Age*, Brussels, 1946.

Dollinger, P., *La Hanse, XIIᶜ–XVIIᶜ siècles*, Paris, 1964.

Dollinger, P., *The German Hansa*, London, 1970.

Doren, A., *Storia economica dell'Italia nel Medio Evo*, Padua, 1937.

Doria, G., *Uomini e terre di un borgo collinare del XVI al XVIII secolo*, Milan, 1968.

Doria, G., "Mezzo secolo di attività finanziarie de un doge di Genova," in *Beitrage zur Wirtschaftsgeschichte*, vol. 4 (1978).

D'Orta, G. and Monardes, N., *Dell'Historia de i semplici aromati et altre cose che vengono portate dall'Indie pertinenti all'uso della medicina*, Venice, 1582.

Drake, M. (ed.), *Population in Industrialization*, London, 1969.

Drummond, J.C. and Wilbraham, A., *The Englishman's Food. A History of Five Centuries of English Diet*, London, 1939.

Dublin, L., Lotka, A., and Spiegelman, M., *Length of Life. A Study of the Life Table*, New York, 1949.

Duby, G., *L'économie rurale et la vie des campagnes dans l'Occident médiéval*, Paris, 1962.

Duby, G., *Guerriers et paysans*, Paris, 1973.

Duby, G., *The Early Growth of the European Economy*, London, 1974.

Duby, G. and Wallon, A. (eds), *Histoire de la France rurale*, Paris, 1975.

Duncan, D., *Avis salutaire contre l'abus des choses chaudes et particulièrement du café, du chocolat et du thé*, Rotterdam, 1705.

Dupaquier, J., *Introduction à la démographie historique*, Paris, 1974.

Durand, J.D., *The Modern Expansion of World Population*, in C.B. Nam (ed.), *Population and Society*, Boston, 1968.

Dyer, C., *Standards of Living in the Later Middle Ages: Social Change in England, c. 1200–1520*, Cambridge, 1989.

East, G., *Géographie historique de l'Europe*, Paris, 1939.

Eden, F.M., *The State of the Poor*, London, 1797.

Edler de Roover, F., "Early Example of Marine Insurance," *Journal of Economic History*, vol. 5 (1945).

Edler de Roover, F., "Andrea Bianchi, Florentine Silkmanufacturer and Merchant in the Fifteenth Century," *Studies in Medieval and Renaissance History*, vol. 3 (1966).

Ehrman, J., *The Navy in the War of William III*, Cambridge, 1952.

Elias, J.E., *Het Voorspel van den Eersten Engelschen Oorlog*, The Hague, 1920.

Elliott, J.H., *Imperial Spain 1469–1716*, New York, 1963.

Elliott, J.H., "Self-perception and Decline in Early Seventeenth-century Spain," *Past and Present*, vol. 74 (1977).

Elliott, J.H., *Spain and its World 1500–1700*, New Haven/London, 1989.

Elsas, M.J., *Umriss einer Geschichte der Preise und Löhne in Deutschland*, Leiden, 1949.

Elton, G.R., "An early Tudor Poor Law," *The Economic History Review*, ser. 2, vol. 6 (1953).

Elvin, M., *The Patterns of the Chinese Past*, London, 1973.

Endres, R., "Zur Einwohnerzahl und Bevölkerungsstruktur Nürnbergs im 15/16. Jahrhundert," *Mitteilungen des Vereins für Geschichte der Stadt Nürnberg*, vol. 57 (1970).

Ennen, E., *Frühgeschichte der Europäischen Stadt*, Bonn, 1953.

Ennen, E., "Les différents types de formation des villes européennes," *Le Moyen Age*, ser. 4, vol. 11 (1956).

Ennen, E., "The Different Types of Formation of European Towns," in S.L. Thrupp (ed.), *Early Medieval Society*, New York, 1967.

Espinas, G., *Deux fondations de villes dans l'Artois et la Flandre Française (X–XV siècles): Saint Omer et Lannoy-du-Nord*, Lille/Paris, 1948.

Eulenberg, P., "Städtische Berufs und Gewerbestatistik im 16. Jahrhundert," *Zeitschrift für die Geschichte des Oberrheis*, n.s., vol. 11 (1896).

Faber, J.A., "Cattle-plague in the Netherlands during the Eighteenth Century," *Medelingen van de Landbouwhogeschool te Wegeningen*, vol. 62 (1962).

Fanfani, A., *Storia del lavoro in Italia dalla fine del secolo XV agli inizi del XVIII*, Milan, 1943.

Fasoli, G. and Bocchi, F., *La città medievale italiana*, Florence, 1973.

Feller, G., *Geschichte Berns*, Berne, 1953.

Felloni, G., *Gli investimenti finanziari genovesi in Europa tra il Seicento e la Restaurazione*, Milan, 1971.

Ferrari, C., *L'Ufficio della Sanità di Padova*, Venice, 1909.

Ferrario, G., *Statistica medica di Milano*, Milan, 1838–40.

Ferretto, A., "Giovanni Mauro di Carignano," *Archivio della Società Ligure di Storia Patria*, vol. 52 (1924).

Finberg, H.P.R. (ed.), *The Agrarian History of England and Wales*, Cambridge, 1967.

Finch, M.E., *The Wealth of Five Northamptonshire Families 1540–1640*, Northamptonshire Record Society, vol. 19 (1956).

Finley, M.I., "Technical Innovation and Economic Progress in the Ancient World," *The Economic History Review*, ser. 2, vol. 18 (1965).

Fiochetto, G.F., *Trattato della peste*, Turin, 1720.

Fioravanti, J.M., *Memorie storiche della città di Pistoia*, Lucca, 1758.

Fisher, F.J., "Commercial Trends and Policy in Sixteenth-Century England," in E.M. Carus-Wilson (ed.), *Essays in Economic History*, vol. 1, London, 1961.

Fisher, H.E.S., *The Portuguese Trade*, London, 1971.

Fiumi, E., "Fioritura e decadenza dell'economia fiorentina," *Archivio storico italiano*, vols 115–17 (1960).

Fiumi, E., "La popolazione del territorio volterrano-sangimignanese ed il problema demografico dell'età comunale," in *Studi in onore di A. Fanfani*, vol. 1, Milan, 1962.

Fiumi, E., "Popolazione, società ed economia volterrana dal catasto del 1428–29," *Rassegna volterrana*, vols 36–39 (1972).

Flamma, G., "Opusculum," *Rerum Italicarum Scriptores*, vol. 12.

Flinn, M.W., *The European Demographic System, 1500–1820*, Baltimore, 1981.

Fohlen, C., *Qu'est-ce que la Révolution industrielle?*, Paris, 1971.

Formentini, M., *Il Ducato di Milano*, Milan, 1877.

Forster, E.R. (ed.), *European Diet from Pre-Industrial to Modern Times*, New York, 1975.

Foss, M., *The Art of Patronage: The Arts in Society 1660–1750*, London, 1972.

Fourastié, J., *Machinisme et bien-être*, Paris, 1962.

Fourquin, G., *Les Campagnes de la région parisienne à la fin du Moyen Age*, Paris, 1964.

Fourquin, G., *Histoire économique de l'Occident médiéval*, Paris, 1969.

Frank, J.P., *System einer vollständingen medizinischen Polizey*, Vienna, 1786.

Frankel, S.H., *The Economic Impact on Underdeveloped Societies*, Oxford, 1953.

Franklin, A., "La vie privée d'autrefois," vol. 14: *L'hygiène*, Paris, 1890.

Franz, G., *Der Dreissigjährige Krieg und das deutsche Volk*, Jena, 1943.

Frumento, A., *Imprese lombarde nella storia della siderurgia italiana*, Milan, 1963.

Fumagalli, V., *L'alba del Medioevo*, Bologna, 1993.

Gaastra, F.S., "The exports of precious metal from Europe to Asia by the Dutch East India Company, 1692–1795," in *Proceedings on Pre-modern Monetary History*, University of Wisconsin, August 1977.

Gade, J.A., *The Hanseatic Control of Norwegian Commerce during the Late Middle Ages*, Leyden, 1951.

Galassi, N., *I rapporti sociali nella campagna imolese dal sec. XVI al sec. XIX*, Imola, n.d.

Gallagher, L.J. (ed.), *The Journals of Matthew Ricci*, New York, 1953.

Galluzzi, R., *Istoria del Granducato di Toscana*, Florence, 1781.

Ganshof, F.L., *Etude sur le développement des villes entre Loire et Rhin au Moyen Age*, Paris/Brussels, 1943.

Ganshof, F.L., *Qu'est-ce que la Féodalité?*, Brussels, 1947.

Ganshof, F.L., *Recherches sur les Capitulaires*, Paris, 1958.

Garcia-Baquero Gonzales, A., *Cadiz y el Atlantico 1717–1748*, Seville, 1976.
Garcia Sanz, A., *Desarrollo y crisis del antiguo Regimen en Castilla la Vieja*, Madrid, 1977.
Garosi, A., *Siena nella storia della medicina (1240–1555)*, Florence, 1958.
Gascon, R., *Grand commerce et vie urbaine au XVI° siècle – Lyon et ses marchands*, Paris, 1971.
Geanakoplos, D.J., *A Byzantine Look at the Renaissance,* *Greek and Byzantine Studies*, vol. 1 (1958).
Gee, J., *The Trade and Navigation of Great Britain*, London, 1738.
Genicot, L., *On the Evidence of Growth of Population from the 11th to the 13th Century,* in S.L. Thrupp (ed.), *Change in Medieval Society*, New York, 1964.
Gilbert, M. and ass., *Comparative National Products and Price Levels*, Paris, 1958.
Gilli, G.A., *Origini dell'eguaglianza. Ricerche sociologiche sull'antica Grecia*, Turin, 1988.
Glamann, K., *Dutch-Asiatic Trade, 1620–1740*, The Hague, 1958.
Glass, D.V., *Graunt's Life Table,* *Journal of the Institute of Actuaries*, vol. 76 (1950).
Glass, D.V., *Two Papers on Gregory King,* in D.V. Glass and D.E.C. Eversley (eds), *Population in History*, London/Chicago, 1965.
Glass, D.V. and Eversley, D.E.C. (eds), *Population in History*, London, 1965.
Gnoli, D., *Roma e i Papi nel Seicento,* in *La vita italiana nel Seicento*, Milan, 1895.
Godinho Magalhães, V., *A Expansão Quatrocentista Portuguesa*, Lisbon, 1945.
Goldthwaite, R.A., *The Building of Renaissance Florence*, Baltimore/London, 1980.
Göller, E., *Die Einnahmen der Apostolischen Kammer unter Johann XXII*, Paderborn, 1910.
Goubert, P., *Beauvais et le Beauvaisis de 1600 à 1730*, Paris, 1960.
Gould, J.D., *Economic Growth in History*, London, 1972.
Graf, A., *Attraverso il Cinquecento*, Turin, 1888.
Grasby, R., *The Rate of Profit in Seventeenth-Century England,* *The English Historical Review*, vol. 84 (1962).
Grendi, E., *La Repubblica aristocratica dei genovesi*, Bologna, 1987.
Grierson, P., *Commerce in the Dark Ages: a Critique of the Evidence,* in *Transactions of the Royal Historical Society*, ser. 5, vol. 9 (1959).
Gualdo Priorato, G., *Relatione della città di Firenze e del Gran Ducato di Toscana*, Cologne, 1668.
Guarducci, A. (ed.), *Gerarchie Economiche e Gerarchie Sociali secc. XII–XVIII*, Florence, 1990.
Guicciardini, F., *Relazione di Spagna (1512–13),* in *Opere*, ed. R. Palmarocchi, Bari, 1936.
Guicciardini, L., *Descrittione di tutti i Paesi Bassi*, Antwerp, 1567.
Guillaume, P. and Poussou, J.P., *Démographie historique*, Paris, 1970.

Haeser, H., *Bibliotheca epidemiographica*, Greifswald, 1969.
Hajnal, J., *European Marriage Patterns in Perspective,* in D.V. Glass and D.E.C. Eversley (eds), *Population in History*, London, 1965.
Hall, A.R., *The Scientific Revolution*, Boston, 1956.
Halley, E., *Degrees of Mortality of Mankind (1693)*, Baltimore, 1942.
Hamilton, E.J., *American Treasure and the Price Revolution in Spain*, 1501–1650, Cambridge, Mass., 1934.
Hammersley, G., *The Charcoal Iron Industry and Its Fuel, 1540–1750,* *The Economic History Review*, ser. 2, vol. 26 (1973).
Hare, R., *Pomp and Pestilence*, London, 1954.
Harrison, M. and Royston, O.M., *How They Lived*, Oxford, 1965.
Hart, S., *Historisch-demografishe notitie,* *Maandblad Amstelodamum*, vol. 55 (1968).

Hart, S., "Amsterdam Shipping and Trade to Northern Russia in the Seventeenth Century," *Mededelingen van de Nederlandse Vereniging voor Zeegeschiedenis*, vol. 26 (1973).

Hartwell, R.M. (ed.), *The Causes of the Industrial Revolution*, London, 1967.

Haudricourt, A.G., "De l'origine de l'attelage moderne," *Annales d'histoire économique et sociale*, vol. 8 (1936).

Haudricourt, A.G. and Hédin, L., *L'homme et les plantes cultivées*, Paris, 1944.

Haudricourt, A.G. and Bruhnes Delamarre, M.J., *L'homme et la charrue*, Paris, 1955.

Hauser, H., *La pensée et l'action economique du Cardinal de Richelieu*, Paris, 1944.

Headrick, D.R., *The Tools of the Empire. Technology and European Imperialism in the Nineteenth Century*, New York/Oxford, 1981.

Heaton, H., "Financing the Industrial Revolution," in F. Crouzet (ed.), *Capital Formation in the Industrial Revolution*, London, 1972.

Hecksher, E.F., *An Economic History of Sweden*, Cambridge, Mass., 1954.

Heidemann, H., "Bevölkerungszahl und Berufliche Gliederung Münster in Westfalia am Ende des 17. Jahrhundert," *Münsterische Beitrage zur Geschichtsforschung*, vol. 37, Münster, 1917.

Helleiner, K.F., "The Vital Revolution reconsidered," in D.V. Glass and D.E.C. Eversley (eds), *Population in History*, London, 1965.

Hémardinquer, J.J. (ed.), *Pour une histoire de l'alimentation*, Paris, 1970.

Henning, F.W., "Der Ochshandel aus den Gebieten nördlich der Karpaten im 16 Jahrhundert," *Scripta Mercaturae*, 1973.

Henry, L., *Anciennes familles genevoises*, Paris, 1956.

Herlihy, D., "Treasure Hoards in the Italian Economy, 960–1139," *The Economic History Review*, ser. 2, vol. 10 (1957).

Herlihy, D., *Medieval and Renaissance Pistoia*, New Haven, Conn., 1967.

Herlihy, D., "Family and Property in Renaissance Florence," in *The Medieval City*, ed. H.A. Miskimin, D. Herlihy, and A.L. Udovitch, New Haven, 1977.

Herlihy, D. and Klapish, C., *Les Toscans et leur familles, Une étude du Catasto Florentin de 1427*, Paris, 1978.

Hernandez, F., *Rerum medicarum Novae Hispaniae Thesaurus*, Rome, 1651.

Hicks, J., *A Theory of Economic History*, Oxford, 1969.

Hilf, R.B., *Der Wald*, Potsdam, 1938.

Hill, C., *Puritanism and Revolution*, London, 1965.

Hobsbawm, E.J., "The Crisis of the Seventeenth Century," *Past and Present*, vols 5–6 (1954).

Hodgen, M.T., "Domesday Water Mills," *Antiquity*, vol. 13 (1939).

Hollingsworth, T.H., *A Demographic Study of British Ducal Families*, in D.V. Glass and D.E.C. Eversley (eds), *Population in History*, London, 1965.

Homer, S., *A History of Interest Rates*, New Brunswick, N.J., 1963.

Honig, G.J., "De Molens van Amsterdam," *Jaarboek van het Genootschap Amstelodamum*, vol. 27 (1930).

Hope, R., *A New History of British Shipping*, London, 1990.

Horn, W. and Born, E., *The Barns of the Abbey of Beaulieu*, Berkeley/Los Angeles, 1965.

"Household Book of Edward Stafford, Duke of Buckingham", *Archaeologia*, vol. 25 (1834).

"Household and Privy Purse Accounts of the Lestranges (1519–78)," *Archaeologia*, vol. 25 (1834).

Hovinden, M.A. (ed.), *Households and Farm Inventories in Oxfordshire, 1500–1590*, Oxford, 1965.

Howes, E. (ed.), *see* Stow, J.

Hudson, G.F., *Europe and China*, London, 1961.

Hull, C.H. (ed.), *The Economic Writings of Sir William Petty together with the Observations upon the Bills of Mortality by John Graunt*, New York, 1963.

Imberciadori, I., "Spedale scuole e chiesa in popolazioni rurali dei secoli XVI–XVII," *Economia e storia*, vol. 6 (1959).
Irigoin, J., "Les débuts de l'emploi du papier à Byzance," *Byzantinische Zeitschrift*, vol. 46 (1953).
Israel, J.I., *Dutch Primacy in World Trade, 1585–1740*, Oxford, 1989.

Jack, S.M., *Trade and Industry in Tudor and Stuart England*, London, 1977.
James, M.K., *Studies in the Medieval Wine Trade*, ed. E.M. Veale, Oxford, 1971.
Jeannin, P., *L'Europe du Nord-ouest et du Nord aux XVIIe et XVIIIe siècles*, Paris, 1969.
Johnsson, J.W.S., *Storia della peste avvenuta nel borgo di Busto Arsizio 1630*, Copenhagen, 1924.
Jones, E.L. (ed.), *Agriculture and Economic Growth in England 1650–1815*, London, 1967.
Jones, R.F., *Ancients and Moderns: Study of the Rise of the Scientific Movement in Seventeenth-Century England*, St Louis, 1961.
Jordan, W.K., *Philanthropy in England 1480–1660*, London, 1959.

Kagan, R.L., *Students and Society in Early Modern Spain*, Baltimore, 1974.
Karmin, O., *Vier Thesen zur Lehre von der Wirtschaftskrisen*, Heidelberg, 1905.
Kedar, B.Z., *Merchants in Crisis*, New Haven/London, 1976.
Kedar, B.Z., Meyer, H.E., and Smail, R.C. (eds), *Outremer: Studies in the History of the Crusading Kingdom of Jerusalem*, Jerusalem, 1982.
Kellenenz, H., *The Rise of the European Economy*, London, 1976.
Keller, A.G., "A Byzantine Admirer of Western Progress: Cardinal Bessarion," *Cambridge Historical Journal*, vol. 11 (1953–55).
Kennedy, C. and Thirlwall, A.P., "Technical Progress: A Survey," *Economic Journal*, vol. 82 (1972).
Kenyon, G.H., *The Glass Industry of the Weald*, Leicester, 1968.
Kerridge, E., *Agrarian Problems in the Sixteenth Century and After*, London/New York, 1969.
Keyfitz, N. and Flieger, W., *Population*, San Francisco, 1971.
Kiechle, F., "Probleme der Stagnation des technischen Fortschritts im Altertum," *Geschichte in Wissenschaft und Unterricht*, vol. 16 (1965).
King, G., "Natural and Political Observations," in G.E. Barnett (ed.), *Two Tracts by Gregory King*, Baltimore, 1936.
Kirchner, W., *Commercial Relations between Russia and Europe 1400 to 1800*, Bloomington, Indiana, 1966.
Kirsten, E., Buchholz, E.W., and Köllmann, W., *Raum und Bevölkerung in der Weltgeschichte*, Würzburg, 1956.
Kjoczowski, J., "La Population ecclésiastique des villes du Bas Moyen Age," in Istitutó Internaz. di Storia Economica F. Datini, *Sesta Settimana di Studio*, Prato, 1974.
Knoop, D. and Jones, G.P., *The Medieval Mason*, Manchester, 1967.
Knowles, D., *The Religious Orders in England*, Cambridge, 1948–59.
Kohler, H., *Economics and Urban Problems*, Lexington, 1973.
Kuznets, S., *National Income. A Summary of Findings*, New York, 1946.
Kuznets, S., *Economic Growth*, Glencoe, Ill., 1959.

Labarge, M. Wade, *A Baronial Household of the Thirteenth Century*, New York, 1965.

Labrousse, C.E., *La crise de l'économie française à la fin de l'ancien régime*, Paris, 1944.

Lambros, S.P., "Ipomnina tou Kardinaliou Vissarionos," *Neos Hellenomnemon*, vol. 3 (1906).

Landes, J., *Engineering in the Ancient World*, Cambridge, 1977.

Landry, A., *Traité de démographie*, Paris, 1945.

Lane, F.C., "The Economic Meaning of the Invention of the Compass," *American Historical Review*, vol. 68 (1963).

Lane, F.C., *Venice, a Maritime Republic*, Baltimore, 1973.

Langer, W.L., "The Next Assignment," *American Historical Review*, vol. 63 (1958).

Lantbertus, "Vita Heriberti," *Monumenta Germaniae Historica, Scriptores*, vol. 4.

Lastri, M., *L'osservatore fiorentino sugli edifizi della sua patria*, ed. G. Del Rosso, Florence, 1821.

Latouche, R., *The Birth of Western Economy: Economic Aspects of the Dark Ages*, London, 1961.

Le Comte, L., *Empire of China*, London, 1737.

Le Goff, J., *La Civilisation de l'Occident médiéval*, Paris, 1964.

Leighton, A.C., *Transport and Communication in Early Medieval Europe*, Newton Abbott, 1972.

Lennard, R., *Rural England, 1086–1135*, Oxford, 1959.

Leonard, E.M., *Early History of English Poor Relief*, Cambridge, 1910.

Leonardo di Capua, *see* Di Capua.

Le Roy Ladurie, E., *Les Paysans de Languedoc*, Paris, 1966.

Le Roy Ladurie, E., *Histoire du climat depuis l'an Mil*, Paris, 1967.

Le Roy Ladurie, E., "L'Histoire immobile," *Annales E.S.C.*, vol. 29 (1974).

Letwin, W., *The Origins of Scientific Economics*, London, 1963.

Lilley, S., *Men, Machines and History*, London, 1965.

Lilley, S., "Technological Progress and the Industrial Revolution," in *The Fontana Economic History of Europe*, vol. 3, London, 1973.

Lloyd, C., *English Corsairs on the Barbary Coast*, London, 1981.

Lloyd, T.H., *The English Wool Trade in the Middle Ages*, Cambridge, 1977.

Lombardini, G., *Pane e denaro a Bassano tra il 1501 e il 1799*, Vicenza, 1963.

Lopez, R.S., "Venezia e le grandi linee dell'espansione commerciale nel secolo XIII," in *La civiltà veneziana del secolo di Marco Polo*, Venice, 1955.

Lopez, R.S., *The Commercial Revolution*, Englewood Cliffs, N.J., 1971.

Lopez, R.S. and Raymond, I.W. (eds), *Medieval Trade in the Mediterranean World: Illustrative Documents*, New York, 1955.

Lucas, H.S., "The Great European Famine of 1315, 1316 and 1317," in E.M. Carus-Wilson (ed.), *Essays in Economic History*, vol. 2, London, 1962.

Lütge, F., *Deutsche Sozial- und Wirtschaftsgeschichte*, Berlin, 1960.

Luzzatto, G., "Sull'attendibilità di alcune statistiche economiche medievali," *Giornale degli Economisti*, ser. 4, vol. 69 (1929).

Luzzatto, G., *Storia economica dell'età moderna e contemporanea*, Padua, 1938.

Luzzatto, G., *Studi di storia economica veneziana*, Padua, 1954.

Luzzatto, G., *Storia economica di Venezia dall'XI al XVI secolo*, Venice, 1961.

McEvedy, C. and Jones, R., *Atlas of World Population History*, Harmondsworth, 1978.

MacKay, A., *Spain in the Middle Ages: from Frontier to Empire*, London, 1977.

Malanima, P., *I Riccardi di Firenze*, Florence, 1977.

Malanima, P., *I piedi di legno. Una macchina alle origini dell'industria medievale*, Milan, 1988.

Malassis, L., *Economie agro-alimentaire*, Paris, 1973.

Malfatti, C.V. (ed.), *Two Italian Accounts of Tudor England*, Barcelona, 1953.

Malowist, M., "Poland, Russia and Western Trade, in the 15th and 16th Centuries," *Past and Present*, vol. 13 (1958).

Malowist, M., *Croissance et regression en Europe XVIe-XVIIe siècles*, Paris, 1972.

Marshall, D., "The Old Poor Law, 1662-1795," in E.M. Carus-Wilson (ed.), *Essays in Economic History*, vol. 1, London, 1954.

Massa, P., *Un'impresa serica genovese della prima metà del Cinquecento*, Milan, 1974.

Matarazzo, F., "Cronaca della Città di Perugia dal 1492 al 1503", ed. A. Fabretti, *Archivio Storico Italiano*, vol. 16, part 2 (1851).

Mathias, P., *The First Industrial Nation*, London, 1969.

Mazzaoui, M.F., "The Emigration of Veronese Textile Artisans to Bologna in the XIIIth Century," *Atti e Memorie dell'Accademia di Agricoltura, Scienze e Lettere di Verona*, vol. 149 (1967-68).

Mazzaoui, M.F., *The Italian Cotton Industry in the Later Middle Ages*, Cambridge, 1981.

Meiss, M., *Painting in Florence and Siena after the Black Death*, Princeton, N.J., 1951.

Melis, F., *Storia della ragioneria*, Bologna, 1950.

Melis, F., *Aspetti della vita economica medievale*, Siena, 1962.

Melis, F. (ed.), *Guida alla Mostra internazionale della storia della banca*, Siena, 1972.

Meroni, U., *Cremona fedelissima*, Cremona, 1951-57.

Mignet, M., *Rivalité de François I et de Charles-Quint*, Paris, 1886.

Miller, E. and Hatcher, J., *Medieval England: Rural Society and Economic Change, 1086-1348*, London, 1978.

Minchinton, W.E. (ed.), *The Growth of English Overseas Trade in the Seventeenth and Eighteenth Centuries*, London, 1969.

Mira, G., *Aspetti dell'economia comasca all'inizio dell'età moderna*, Como, 1939.

Mira, G., *Vicende economiche di una famiglia italiana dal XIV al XVII secolo*, Milan, 1940.

Mira, G., "Le entrate patrimoniali del Comune di Perugia," in *Annali della Facoltà di economia e commercio dell'Università di Cagliari*, 1959-60.

Mokyr, J., *The Lever of Riches: Technological Creativity and Economic Progress*, Oxford, 1990.

Mollat, M., "La Mortalité à Paris," in *Le Moyen Age*, vol. 69 (1963).

Mollat, M., *Le rôle du sel dans l'histoire*, Paris, 1968.

Mollat, M., *Etudes sur l'histoire de la pauvreté*, Paris, 1974.

Mollat, M. (ed.), *Les pauvres dans la société médiévale*, Paris, 1973.

Mols, R., *Introduction à la démographie historique des villes d'Europe du XIVe au XVIIIe siècle*, Louvain, 1954.

Montaigne, M. de, *Journal de voyage en Italie, 1580-81*, ed. A. D'Ancona, Città di Castello, 1859.

Monter, W., *Calvin's Geneva*, New York, 1967.

Moritz, L.A., *Grain-mills and Flour in Classical Antiquity*, Oxford, 1958.

Morris, C., "The Plague in Britain," *The Historical Journal*, vol. 14 (1971).

Morse, H.B., *The Chronicles of the East India Company Trading to China, 1615-1834*, Cambridge, Mass., 1926.

Moryson, F., *Itinerary* (ed. C. Hughes), London, 1903.

Muendel, J., "The Horizontal Mills of Medieval Pistoia," *Technology and Culture*, vol. 15 (1974).

Mullet, C.F., *The Bubonic Plague and England*, Lexington, Ky., 1956.

Munro, J.H., "The Central European Silver Mining Boom: Mint Outputs and Prices in the Low Countries and England 1450-1550," in E.H. van Cauwenberghe (ed.), *Money, Coins and Commerce: Essays in the Monetary History of Asia and Europe*, Louvain, 1991.

Muratori, L.A., *Della carità cristiana*, Modena, 1723.

Musson, A.E. (ed.), *Science, Technology and Economic Growth in the Eighteenth Century*, London, 1972.

Nadal, J., *Historia de la población española*, Barcelona, 1966.

Narducci, E. (ed.), "Tre prediche inedite del B. Giordano da Rivalto," *Giornale Arcadico di scienze, lettere ed arti*, vol. 146 (1857).

Needham, J., *Science and Civilisation in China*, Cambridge, 1954–1973.

Needham, J., *The Grand Tritation. Science and Society in East and West*, London, 1969.

Nef, J.U., *Rise of the British Coal Industry*, London, 1932.

Nef, J.U., *The Conquest of the Material World*, Chicago/London, 1964.

Noel, R., "La population de la paroisse de Laguiole d'après un recensement de 1691," *Annales de démographie historique*, 1967.

Oakeshott, M., *Political Education*, Cambridge, 1951.

Ozanam, J.A.F., *Histoire médicale générale et particulière des maladies épidémiques contagieuses et épizootiques qui ont régné en Europe*, Paris, 1817.

Pach, Z.P., "The Role of East-Central Europe in International Trade (16th and 17th Centuries)," *Etudes Historiques*, Budapest, 1970.

Pagano de Divitiis, G. *Mercanti Inglesi nell'Italia del Seicento*, Venice, 1990.

Palmieri, M., *Ricordi Fiscali (1427–1474)*, ed. E. Conti, Rome, 1983.

Paolo di Messer Pace da Certaldo, *Il Libro di Buoni Costumi*, ed. S. Morpurgo, Florence, 1921.

Parenti, G., *La popolazione della Toscana sotto la Reggenza lorenese*, Florence, 1937.

Parenti, G., *Prime ricerche sulla rivoluzione dei prezzi in Firenze*, Florence, 1939.

Parenti, G., *Prezzo e mercato del grano a Siena (1546–1765)*, Florence, 1942.

Partner, P., "The Budget of the Roman Church in the Renaissance Period," in E.F.Jacob (ed.), *Italian Renaissance Studies*, London, 1960.

Paschetti, B., *Lettera*, Genoa, 1580.

Passerini, L., *Storia degli stabilimenti di beneficenza*, Florence, 1853.

Patzelt, E., *Karolingische Renaissance*, Vienna, 1924.

Pazzagli, C., *L'agricoltura toscana nella prima metà deп 800*, Florence, 1973.

Pernoud, R., *Les origines de la bourgeoisie*, Paris, 1947.

Petty, W., "Verbum Sapienti," in *The Economic Writings*, ed. C.M. Hull, vol. 1, New York, 1963.

Phelps Brown, E.H. and Hopkins, S.V., "Wage-rates and Prices: Evidence for Population Pressure in the Sixteenth Century," *Economica*, vol. 24 (1957).

Phelps Brown, E.H. and Hopkins, S.V., "Seven Centuries of Building Wages," in E.M. Carus-Wilson (ed.), *Essays in Economic History*, vol. 2, London, 1962.

Phelps Brown, E.H. and Hopkins, S.V., "Seven Centuries of the Prices of Consumables Compared with Builders' Wage-rates," in E.M. Carus-Wilson (ed.), *Essays in Economic History*, vol. 2, London, 1962.

Pini, A.I., "Problemi demografici bolognesi del Duecento," *Atti e Memorie della Deputazione di Storia Patria per le Provincie di Romagna*, n.s., vols 16–17 (1969).

Pini, A.I., "La Viticultura Italiana nel Medioevo," *Studi Medievali*, ser. 3, vol. 15 (1974).

Pinto, G., "Firenze e la carestia del 1346–7," *Archivio Storico Italiano*, vol. 130 (1972).

Pipponier, F., *Costume et vie sociale. La Cour d'Anjou, XIV*ᵉ*–XV*ᵉ* siècle*, Paris, 1970.

Pirenne, H., *Histoire de Belgique*, Brussels, 1900–32.

Pirenne, H., *A History of Europe*, New York, 1936.

Pirenne, H., *Medieval Cities*, Princeton, N.J., 1952.

Pirenne, H., *Histoire économique et sociale du Moyen Age*, ed. H. van Wervecke, Paris, 1963.

Pitti, B., *Cronica*, ed. A. Bacchi della Lega, Bologna, 1905 (*see also* Brucker).

Planitz, H., *Die Deutsche Stadt im Mittelalter*, Cologne, 1965.

Pleket, H.M., "Technology and Society in the Greco-Roman World," *Acta Historiae Neerlandica*, vol. 2 (1967).

Pollard, J., "Fixed Capital in the Industrial Revolution in Britain," *Journal of Economic History*, vol. 24 (1964) (reprinted in F. Crouzet (ed.), *Capital Formation in the Industrial Revolution*, London, 1972).

Poni, C., "Archéologie de la fabrique: la diffusion des moulins à soie 'alla bolognese' dans les Etats vénitiens du XVIe au XVIIIe siècle," *Annales E.S.C.*, vol. 27 (1972).

Poni, C., "All'origine del sistema di fabbrica," *Rivista storica italiana*, vol. 88 (1976).

Porisini, G., *La proprietà terriera nel Comune di Ravenna dalla metà del secolo XVI ai giorni nostri*, Milan, 1963.

Postan, M.M., "Credit in Medieval Trade," in E.M. Carus-Wilson (ed.), *Essays in Economic History*, vol. 1, London, 1954.

Postan, M.M., "Investment in Medieval Agriculture," *The Journal of Economic History*, vol. 27 (1967).

Posthumus, N.W., *Geschiedenis der Leidsche Lakenindustrie*, La Haje, 1908–39.

Power, E., *The Wool Trade in English Medieval History*, Oxford, 1941.

Presotto, D., "Genova 1656 – Cronache di una pestilenza," in *Atti della Società Ligure di Storia Patria*, vol. 79 (1965).

Preto, P., *Venezia e i Turchi*, Florence, 1975.

Price, J.L., *Culture and Society in the Dutch Republic during the Seventeenth Century*, London, 1974.

Priuli, G., "Diarii," *Rerum Italicarum Scriptores*, vol. 24.

Pullan, B., "Wage-earners and the Venetian Economy: 1550–1630," in B. Pullan (ed.), *Crisis and Change in the Venetian Economy*, London, 1968.

Pullan, B., *Rich and Poor in Renaissance Venice*, Oxford, 1971.

Pullan, B. (ed.), *Crisis and Change in the Venetian Economy*, London, 1968.

Ramazzini, B., *Le malattie dei lavoratori*, ed. O. Rossi, Turin, 1933 (English translation by W.C. Wright, New York, 1940).

Ramsay. J.H., *A History of the Revenue of the Kings of England, 1066–1399*, Oxford, 1925.

Redlich, F., "An Eighteenth-Century German Guide for Investors," *Bulletin of the Business Historical Society*, vol. 26 (1952).

Redlich, F., "De Praeda Militari," *Vierteljahrschrift für Sozial- und Wirtschaftsgeschichte*, vol. 39 (1956).

Reinhard, M.R., Armengaud, A., and Dupaquier, J., *Histoire générale de la population mondiale*, Paris, 1968.

Renouard, Y., *Etudes d'histoire médiévale*, Paris, 1968.

Renouard, Y., *Les Villes d'Italie*, Paris, 1969.

Rey, M., *Les finances royales sous Charles VI – Les causes du déficit 1388–1413*, Paris, 1965.

Richards, J.F. (ed.), *Precious Metals in the Later Medieval and Early Modern Period*, Durham, N.C., 1983.

Richet, D., "Croissance et blocage en France du XV and XVIII siècle," *Annales E.S.C.*, vol. 23 (1968).

Riden, P., "The Output of the British Iron Industry before 1870," in *The Economic History Review*, 2nd ser., vol. 30 (1977).

Rodenwalt, E., "Untersuchungen über die Biologie der Venetianischen Adels," *Homo*, vol. 8 (1957).

Romani, M.A., *La gente, le occupazioni e i redditi del Piacentino*, Parma, 1969.

Romani, M.A., *Aspetti dell'evoluzione demografica parmense nei secoli XVI e XVII*, Parma, 1970.

Romani, M.A., *Nella spirale di una crisi*, Milan, 1975.

Romano, R., "A Florence au XVII^c siècle. Industries textiles et conjoncture," *Annales E.S.C.*, vol. 7 (1952).

Romano, R., "Economic Aspects of the Construction of Warships in Venice in the Sixteenth Century," in B. Pullan (ed.), *Crisis and Change in the Venetian Economy*, London, 1968.

Rondinelli, F., *Relazione del Contagio stato in Firenze l'anno 1630 e 1633*, Florence, 1634.

Rörig, F., *The Medieval Town*, Berkeley, 1967.

Rosen, E., "The Invention of Eyeglasses," *Journal of the History of Medicine*, vol. 11 (1956).

Rosen, G., *From Medical Police to Social Medicine*, New York, 1974.

Rossi, P., *I filosofi e le macchine*, Milan, 1962.

Rotelli, C., "Rendimenti e produzione agricola nell'Imolese dal XVI al XIX secolo," *Rivista storica italiana*, vol. 79 (1967).

Rotelli, C., *L'economia agraria di Chieri attraverso i catasti dei secoli XIV–XVI*, Milan, 1967.

Rubinstein, N., "Some Ideas on Municipal Progress and Decline in the Italy of the Communes," in *Fritz Saxel*, ed. D.J. Gordon, London, 1957.

Ruiz Martin, F., "Demografia eclesiástica hasta el siglo XIX," in *Dictionario de Historia Eclesiástica de España*, vol. 2, Madrid, 1972.

Russell, J.C., "The Clerical Population of Medieval England," *Traditio*, vol. 2 (1944).

Russell, J.C., *British Medieval Population*, Albuquerque, N.M., 1948.

Salaman, R.N., *History and Social Influence of the Potato*, Cambridge, 1949.

Samuelson, P.A., "A Fallacy in the Introduction of Pareto's Law of Alleged Constancy of Income Distribution," *Rivista Internazionale di Scienze Economiche*, vol. 12 (1965).

Saraceno, P., *La produzione industriale*, Venice, 1965.

Sapori, A., "L'attendibilità di alcune testimonianze cronistiche dell'economia medievale," *Archivio storico italiano*, ser. 7, vol. 12 (1929).

Sapori, A., *Le marchand italien au Moyen Age*, Paris, 1952.

Sapori, A., "Le compagnie mercantili toscane del Dugento," in *Studi di storia economica*, vol. 2, Florence, 1955.

Savary de Brusolons, *Dictionnaire*, Copenhagen, 1750–56.

Sayous, A., "Les débuts du commerce de l'Espagne avec l'Amerique," in *Révue Historique*, vol. 2 (1934).

Scavia, M., *L'industria della carta in Italia*, Turin, 1903.

Scavizzi, P., "Considerazioni sul'attività edilizia a Roma nella prima metà del Seicento," *Studi storici*, vol. 9 (1968).

Schaube, A., *Handelsgeschichte der romanischen Völker des Mittelmeergebiets bis zum Ende der Kreuzzügge*, Munich/Berlin, 1906.

Schiavoni, C., "Introduzione allo studio delle fonti archivistiche per la storia demografica di Roma," *Genus*, vol. 27 (1971).

Schmitz, H.J., *Faktoren der Preisbildung für Getreide und Wein in der Zeit von 800 bis 1350*, Stuttgart, 1968.

Schöffer, I., "Did Holland's Golden Age Coincide with a Period of Crisis?," *Acta Historiae Neerlandica*, vol. 1 (1966).

Schollier, E., *De Levensstandaard in de 15 en 16 Eeuw te Antwerpen*, Antwerp, 1960.

Schubert, H.R., *History of the British Iron and Steel Industry*, London, 1957.

Schulte, A., *Geschichte des mittelalterlichen Handels und Verkehrs zwischen Westdeutschland und Italien mit Auschluss von Venedig*, Leipzig, 1900.

Schumpeter, E.B., *English Overseas Trade Statistics 1697–1808*, Oxford, 1960.

Schumpeter, J.A., "The Creative Response in Economic History," *The Journal of Economic History*, vol. 7 (1947).

Sclafert, T., *Cultures en Haute-Provence*, Paris, 1959.

Scott Thompson, G., *Life in a Noble Household: 1614–1700*, Ann Arbor, Mich., 1959.

See, H., *Histoire économique de la France*, Paris, 1939.

Segni, G.B., *Trattato sopra la carestia e fame*, Bologna, 1602.

Sella, D., "La popolazione di Milano nei secoli XVI e XVII," in *Storia di Milano*, vol. 12 (1959).

Sella, D., *Commerci e industrie a Venezia nel secolo XVII*, Venice/Rome, 1961.

Sella, D., "The Rise and Fall of the Venetian Woollen Industry," in B. Pullan (ed.), *Crisis and Change in the Venetian Economy*, London, 1968.

Sella, D., *Salari e lavoro nell'edilizia lombarda durante il sec. XVII*, Pavia, 1968.

Sella, D., "Industrial Production in 17th-century Italy," in *Explorations in Entrepreneurial History*, vol. 6 (1969).

Sella, D., *Crisis and Continuity: The Economy of Spanish Lombardy in the Seventeenth Century*, Cambridge, Mass., 1979.

Serrano Mangas, F., *Armadas y flotas de la Plata*, Madrid, 1989.

Sestan, E., "La città comunale italiana dei secoli X–XII," *XI Congrés International des Sciences Historiques*, vol. 3, Stockholm, 1960.

Sevcenko, I., "The Decline of Byzantium Seen through the Eyes of Its Intellectuals," *Dumbarton Oaks Papers*, vol. 15 (1961).

Shrewsbury, J.F.D., *A History of Bubonic Plague in the British Isles*, Cambridge, 1970.

Siegfried, A., *Itinéraires de contagions: épidémies et idéologies*, Paris, 1960.

Simons, F.J., *Eat not This Flesh*, Madison, Wis., 1961.

Sivori, G., "Il tramonto dell'industria serica genovese," *Rivista storica italiana*, vol. 84 (1972).

Slicher van Bath, B.H., "Accounts and Diaries of Farmers before 1800," *Afdeling Agrarische Geschiedenis Bijdragen*, vol. 8 (1962).

Slicher van Bath, B.H., "Yield Ratios 810–1820," *Afdeling Agrarische Geschiedenis Bijdragen*, vol. 10 (1963).

Slicher van Bath, B.H., *The Agrarian History of Western Europe 500–1850*, London, 1963.

Smith, C.T., *An Historical Geography of Western Europe before 1800*, New York/Washington, 1967.

Smith, J., *Old Scottish Clockmakers*, Edinburgh, 1921.

Smith, R.A., *Canterbury Cathedral Priory; A Study in Monastic Administration*, Cambridge, 1969.

Snape, R.H., *English Monastic Finances in the Late Middle Ages*, London, 1968.

Soltow, L., "Long-run changes in British income inequality," *The Economic History Review*, ser. 2, vol. 21 (1968).

Spengler, J.J., "The Population Problem," *The Southern Economic Journal*, vol. 27 (1961).

Sprandel, R., *Das Eisengewerbe im Mitellalter*, Stuttgart, 1968.

Spufford, P., *Money and Its Use*, London, 1989.

Stella, A., "La proprietà ecclesiastica nella Repubblica di Venezia dal secolo XV al secolo XVII," *Nuova rivista storica*, vol. 42 (1958).

Stephenson, C., *Borough and Town: A Study of Urban Origins in England*, Cambridge, Mass., 1933.

Stone, L., "Elizabethan Overseas Trade," *The Economic History Review*, ser. 2, vol. 2 (1949).

Stone, L., *La crisis dell'aristocrazia*, Turin, 1972.

Stouff, L., *Ravitaillement et alimentation en Provence au XIVe et XVe siècles*, Paris/The Hague, 1970.

Stow, J., *Annales*, continued and augmented by E. Howes, London, 1631.
Stoye, J.W., *English Travellers Abroad*, London, 1952.
Strachey, L., *Portraits in Miniature*, New York, 1962.
Strauss, G., *Nuremberg in the 16th Century*, New York, 1966.
Supple, B.E., *Commercial Crisis and Change in England 1600–1642*, Cambridge, 1959.
Sutherland, I., "John Graunt: A Tercentenary Tribute," *Journal of the Royal Statistical Society*, ser. A, vol. 126 (1963).
Svenskt Biografiskt Lexikon, Stockholm, 1918.

Tadino, A., *Raguaglio dell'origine et giornali successi della gran peste*, Milan, 1648.
Tagliaferri, A., *L'economia veronese secondo gli estimi dal 1409 al 1635*, Milan, 1966.
Tagliaferri, A., *Consumi e tenore di vita di una famiglia borghese del 1600*, Milan, 1968.
Tagliaferri, A. (ed.), *Relazioni dei Rettori Veneti in Terraferma*, Milan, 1973–79.
Talbot, C.H., *Medicine in Medieval England*, London, 1967.
Tawney, A.J. and Tawney, R.H., "An Occupational Census of the Seventeenth Century," *The Economic History Review*, vol. 5 (1934–35).
Tawney, R.H., *Business and Politics under James I*, Cambridge, 1958.
Tawney, R.H. and Power, E. (eds), *Tudor Economic Documents*, London/New York/ Toronto, 1953.
Taylor, E.G.R., "Mathematics and the Navigator in the 13th Century," *Journal of the Institute of Navigation*, vol. 13 (1960).
Thirsk, J., *Economic Policy and Projects. The Development of a Consumer Society in Early Modern England*, London/Oxford, 1978.
Thirsk, J. and Cooper, J.P., *Seventeenth-Century Economic Documents*, Oxford, 1972.
Tissot, S.A., *De la santé des gens de Lettres*, Lausanne, 1768.
Titow, J.Z., *English Rural Society 1200–1350*, London, 1969.
Titow, J.Z., *Winchester Yields. A Study in Medieval Agricultural Productivity*, Cambridge, 1972.
Toderi, G., Toderi, F., and Paolozzi Strozzi, B., *Le monete della Repubblica Senese*, Siena, 1992.
Tooley, R.V., *Maps and Map Makers*, New York, 1962.
Trenard, L., "Le charbon avant l'ère industrielle," in *Charbon et Sciences Humaines* (col. Université de Lille), Paris/The Hague, 1966.
Trevor-Davies, R., *Spain in Decline, 1621–1700*, London/New York, 1965.
Trexler, R.C., "Une table florentine d'espérance de vie," *Annales E.S.C.*, vol. 26 (1971).
Trow-Smith, R., *A History of British Livestock Husbandry to 1700*, London, 1957.
Tucci, U., "L'industria del ferro nel Settecento in Val Trompia," in *Ricerche storiche ed economiche in memoria di C. Barbagallo*, Naples, 1970.

Ullyet, K., *British Clocks and Clockmakers*, London, 1947.
Unger, R.W., "Dutch ship design in the 15th and 16th Centuries," *Viator*, vol. 4 (1973).
Unger, R.W., *Dutch Shipbuilding before 1800*, Assen, 1978.
Unger, R.W., *The Ship in the Medieval Economy (600–1600)*, London/Montreal, 1980.
United Nations, *The Determinants and Consequences of Population Trends*, New York, 1953.
Unwin, G., *Studies in Economic History*, London, 1927.
Urlanis, T.S., *Rost naselenija v Evropi*, Moscow, 1941.
Usher, A.P., *The Early History of Deposit Banking in Mediterranean Europe*, Cambridge, Mass., 1943.
Usher, A.P., *A History of Mechanical Inventions*, Boston, 1959.

Valentinitsch, H., "Der ungarische und innerösterreichische Viehhandel nach Venedig," *Carinthia*, vol. 1 (1973).

Vandenbroeke, C., "Cultivation and Consumption of the Potato in the 17th and 18th Century," in *Acta Historiae Neerlandica*, vol. 5 (1971).

Van der Wee, H., *The Growth of the Antwerp Market and the European Economy*, The Hague, 1963.

Van der Wee, H., "Anvers et les innovations de la technique financière aux XVIᵉ– XVIIᵉ siècles," *Annales E.S.C.*, vol. 22 (1967).

Van der Wee, H., "The Economy as a Factor in the Start of the Revolt in the Southern Netherlands," *Acta Historiae Neerlandica*, vol. 5 (1971).

Van der Woude, A.M., "Het Noorderkwartier," in *Afdeling Agrarische Geschiedenis Bijdragen*, vol. 16 (1972).

Van Houtte, J.A., "La genèse du grand marché international d'Anvers à la fin du Moyen Age," *Revue belge de philologie et d'histoire*, vol. 19 (1940).

Van Houtte, J.A., "Anvers aux XVᵉ et XVIᵉ siècles. Expansion et apogée," *Annales E.S.C.*, vol. 16 (1961).

Van Houtte, J.A., *Economische en Sociale Geschiedenis van de Lage Landen*, Antwerp, 1964.

Van Houtte, J.A., *An Economic History of the Low Countries, 800–1800*, London, 1977.

Van Kampen, S.C. *De Rotterdamse particuliere Sheepsbouw in de tijd van de Republiek*, Assen, 1953.

Van Linschoten, J.H., *The Voyage to the East Indies*, ed. A.C. Burnell and P.A. Tiele, London, 1885.

Van Uytven, R., "The Fulling Mill: Dynamics of the Revolution in Industrial Attitudes," *Acta Historiae Neerlandica*, vol. 5 (1971).

Vauban, S. La Preste de, *Project de dîme royale*, Paris, 1707.

Ventura, A., *Nobilità e popolo nella società veneta del '400 e '500*, Bari, 1965.

Verdenius, W.J., "Science grecque et science moderne," *Revue philosophique*, vol. 152 (1962).

Vicens Vives, J., *Manual de historia economica de España*, Barcelona, 1959.

Vilar, P., *Crecimiento y desarrollo. Economia e historia: reflexiones sobre el caso espanol*, Barcelona, 1964.

Vilar, P., *Catalunya dins l'Espanya moderna*, Barcelona, 1964–68.

Vilar, P., *Oro e moneta nella storia*, Bari, 1971.

Villermé, L.R., *Tableau de l'état physique et moral des ouvriers*, Paris, 1840.

Violante, C., "I Vescovi dell'Italia centro-settentrionale e lo sviluppo dell'economia monetaria," in *Vescovi e Diocesi in Italia nel Medio-Evo*, Padua, 1964.

Violet, T., *Mysteries and Secrets of Trade and Mint Affairs*, London, 1653.

Vogel, W., "Zur Grosse der Europäischen Handelsflotten im 15., 16. und 17. Jahrhundert," *Festschrift Dietrich Schäfer*, Jena, 1915.

Waddington, C.H., *The Ethical Animal*, Chicago, 1960.

Walford, C., "The Famines of the World, Past and Present," *Journal of the Statistical Society*, vols 41–42 (1878–79).

Walker, P.G., "The Origins of the Machine Age," *History Today*, vol. 16 (1966).

Waters, D.W., *The Art of Navigation in England in Elizabethen and Early Stuart Times*, London/New Haven, Conn., 1958.

Wertime, T., *The Coming of the Age of Steel*, Leyden, 1961.

Westermann, E., "Zum Handel mit Ochsen aus Osteuropa in 16 Jahrhundert," *Zeitschrift für Ortforschung*, vol. 22 (1973).

Westermann, E., "Zur Erforschung des nordmitteleuropäischen Ochshandels," *Zeitschrift für Agrargeschichte und Agrarsoziologie*, vol. 23 (1975).

White, L., *Medieval Technology and Social Change*, Oxford, 1962.
White, L., "What Accelerated Technological Progress in the Western Middle Ages," in A.C. Crombie (ed.), *Scientific Change*, New York, 1963.
White, L., "Cultural Climates and Technological Advance in the Middle Ages," *Viator*, vol. 2 (1971).
White, L., "The Expansion of Technology 500–1500," in *The Fontana Economic History of Europe*, vol. 1, London, 1972.
Williams, N.J., *The Maritime Trade of the East Anglian Ports 1550–1590*, Oxford, 1988.
Wilson, C., *England's Apprenticeship, 1603–1763*, Oxford, 1965.
Wilson, C., *The Dutch Republic*, London, 1968.
Wilson, C. and Parker, G. (eds), *An Introduction to the Sources of European Economic History, 1500–1800*, Ithaca, 1977.
Wolff, P., *Commerce et marchands de Toulouse (1350–1450)*, Toulouse, 1954.
Wolff, P., "Prix et marché," *Méthodologie de l'histoire et des sciences humaines*, Toulouse, 1973.
Woodward, G.W.O., *The Dissolution of the Monasteries*, London, 1966.
Working, H., "Statistical Laws of Family Expenditure," *Journal of the American Statistical Association*, vol. 38 (1943).
Wrigley, E.A., *Population and History*, New York, 1969.
Wrigley, E.A. and Schofield, R.S., *The Population History of England 1541–1871*, Cambridge, 1981.

Youings, Y., *The Dissolution of the Monasteries*, London, 1971.
Young, A., *Political Arithmetic*, London, 1774.
Young, A., *Travels in France during the Years 1787, 1788, 1789*, London, 1912.

Zanetti, D., *Problemi alimentari di una economia preindustriale*, Turin, 1964.
Zanetti, D., "Note sulla Rivoluzione dei prezzi," *Rivista storica italiana*, vol. 77 (1965).
Zanetti, D., *La demografia del patriziato milanese*, Pavia, 1973.
Ziegler, P., *The Black Death*, London, 1969.
Zinsser, H., *Rats, Lice and History*, New York, 1935.

历史地图

Atlas Historique Belfram, ed. F. Michel, B. Anglivel and A. Rigade, Paris, 1969.
Atlas of World History, ed. R.R. Palmer, Chicago, 1965.
British History Atlas, ed. M. Gilbert, London, 1968.
Historical Atlas, ed. W.R. Shepherd, New York, 1980.
Historical Atlas of the Muslim Peoples, ed. H.A.R. Gibb, Cambridge, Mass., 1957.
Historischer Atlas der Schweiz, ed. H. Amman and K. Schib, Aarau, 1958.
Nouvel Atlas historique, ed. P. Serryn and R. Plasselle, n.d.
Russian History Atlas, ed. M. Gilbert, London, 1972.
Westermanns Grosser Atlas zur Weltgeschichte, ed. H.E. Stier and Associates, Berlin, 1956.

索　引

（以下页码为原书页码，即本书页边码）

图书在版编目（CIP）数据

工业革命前的欧洲社会与经济：1000—1700 /（意）
卡洛·M. 奇波拉（Carlo M. Cipolla）著；苏世军译
. --北京：社会科学文献出版社，2020.11
　书名原文：Before the Industrial Revolution：
European Society and Economy，1000－1700
　ISBN 978－7－5201－6986－8

　Ⅰ.①工…　Ⅱ.①卡…②苏··　Ⅲ.①社会发展史－
研究－欧洲－1000－1700②经济史－研究－欧洲－1000－
1700　Ⅳ.①K154②F159

中国版本图书馆 CIP 数据核字（2020）第 140834 号

地图审图号：GS（2020）5081 号（书中地图系原文插附地图）

工业革命前的欧洲社会与经济，1000~1700

著　　者 / ［意］卡洛·M. 奇波拉（Carlo M. Cipolla）
译　　者 / 苏世军

出 版 人 / 谢寿光
组稿编辑 / 董风云
责任编辑 / 张金勇　张冬锐

出　　版 / 社会科学文献出版社·甲骨文工作室（分社）（010）59366527
　　　　　　地址：北京市北三环中路甲 29 号院华龙大厦　邮编：100029
　　　　　　网址：www. ssap. com. cn
发　　行 / 市场营销中心（010）59367081　59367083
印　　装 / 三河市东方印刷有限公司

规　　格 / 开　本：889mm × 1194mm　1/32
　　　　　　印　张：14.125　字　数：327 千字
版　　次 / 2020 年 11 月第 1 版　2020 年 11 月第 1 次印刷
书　　号 / ISBN 978－7－5201－6986－8
著作权合同
登 记 号 / 图字 01－2018－7144 号
定　　价 / 82.00 元